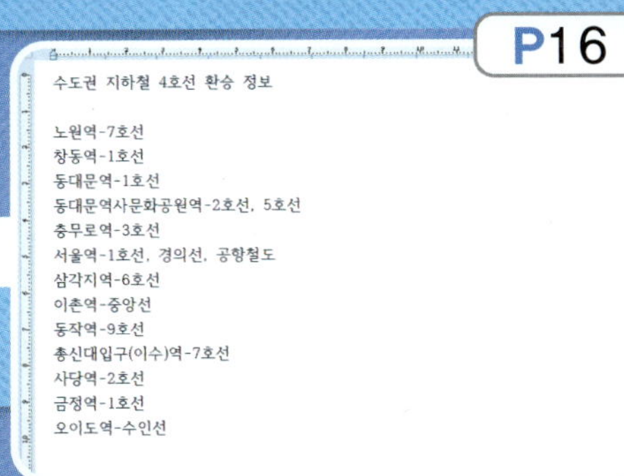

P16

수도권 지하철 4호선 환승 정보

노원역-7호선
창동역-1호선
동대문역-1호선
동대문역사문화공원역-2호선, 5호선
충무로역-3호선
서울역-1호선, 경의선, 공항철도
삼각지역-6호선
이촌역-중앙선
동작역-9호선
총신대입구(이수)역-7호선
사당역-2호선
금정역-1호선
오이도역-수인선

03장 · 문서 열고 내용 수정하기

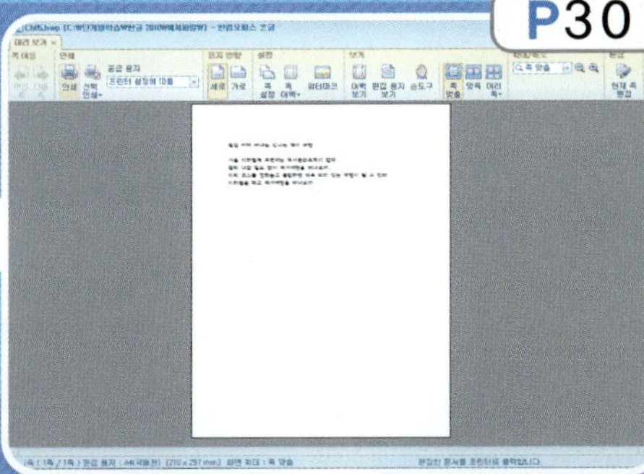

P24

◆ 친구 관련 고사성어(故事成語)
① 간담상조(肝膽相照) : 서로 간과 쓸개를 내보인다는 뜻으로, 서로 속마음을 터놓고 친하게 지내는 것을 말한다.
② 송무백열(松茂柏悅) : 소나무가 무성한 것을 보고 잣나무가 기뻐한다는 뜻으로, 친구가 잘되는 것을 보고 기뻐하는 것을 말한다.
③ 죽마고우(竹馬故友) : 대나무 말을 타고 놀던 어릴 때 친구라는 뜻으로, 어릴 때부터 친하게 지내며 자란 친구를 말한다.

04장 · 한자와 특수문자 입력하기

P30

05장 · 상용구 사용하고 문서 인쇄하기

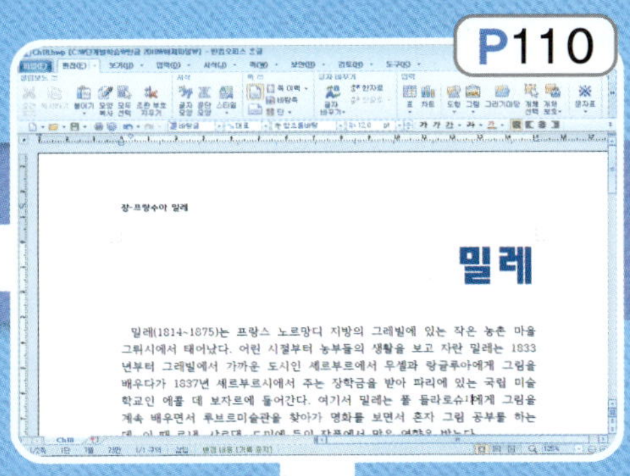

P110

밀 레

밀레(1814~1875)는 프랑스 노르망디 지방의 그레빌에 있는 작은 농촌 마을 그뤼시에서 태어났다. 어린 시절부터 농부들의 생활을 보고 자란 밀레는 1833년부터 그레빌에서 가까운 도시인 셰르부르에서 무명과 말굴루아에게 그림을 배우다가 1837년 셰르부르시에서 주는 장학금을 받아 파리에 있는 국립 미술학교인 에꼴 데 보자르에 들어간다. 여기서 밀레는 폴 들라로슈[1][1] 화실을 계속 배우면서 루브르미술관을 찾아가 명화를 보면서 혼자 그림 공부를 하는

18장 · 머리말/꼬리말과 주석 삽입하기

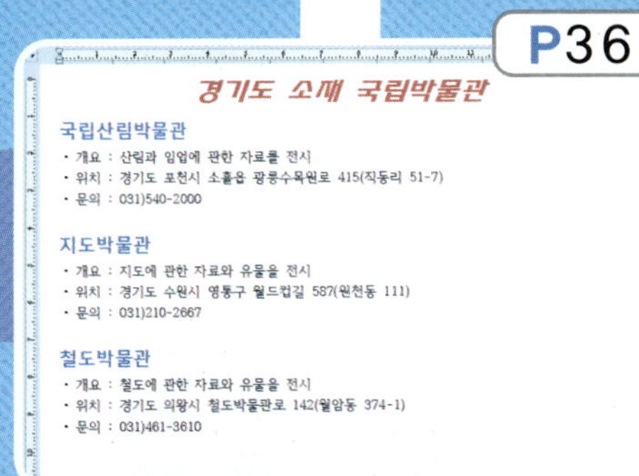

P36

경기도 소재 국립박물관

국립산림박물관
· 개요 : 산림과 임업에 관한 자료를 전시
· 위치 : 경기도 포천시 소홀읍 광릉수목원로 415(직동리 51-7)
· 문의 : 031)540-2000

지도박물관
· 개요 : 지도에 관한 자료와 유물을 전시
· 위치 : 경기도 수원시 영통구 월드컵길 587(원천동 111)
· 문의 : 031)210-2667

철도박물관
· 개요 : 철도에 관한 자료와 유물을 전시
· 위치 : 경기도 의왕시 철도박물관로 142(월암동 374-1)
· 문의 : 031)461-3610

06장 · 글자 모양과 문단 모양 지정하기

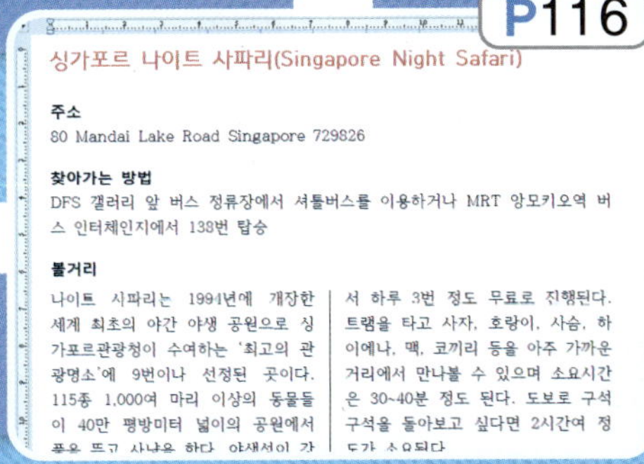

P116

싱가포르 나이트 사파리(Singapore Night Safari)

주소
80 Mandai Lake Road Singapore 729826

찾아가는 방법
DFS 갤러리 앞 버스 정류장에서 셔틀버스를 이용하거나 MRT 앙모키오역 버스 인터체인지에서 138번 탑승

볼거리
나이트 사파리는 1994년에 개장한 세계 최초의 야간 야생 공원으로 싱가포르관광청이 수여하는 '최고의 관광명소'에 9번이나 선정된 곳이다. 115종 1,000여 마리 이상의 동물들이 40만 평방미터 넓이의 공원에서 살고 있다. 사파리 하면 야생동물이 가득한 서 하루 3번 정도 무료로 진행된다. 트램을 타고 사자, 호랑이, 사슴, 하이에나, 맥, 코끼리 등을 아주 가까운 거리에서 만날 수 있으며 소요시간은 30~40분 정도 된다. 도보로 구석구석을 돌아보고 싶다면 2시간여 정도가 소요된다.

19장 · 책갈피 사용하고 다단 설정하기

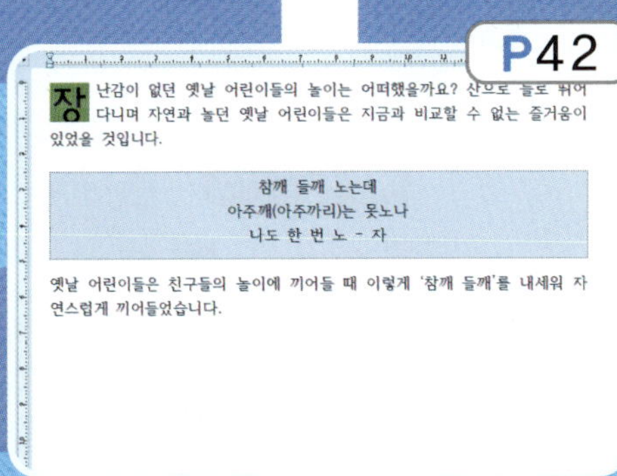

P42

난감이 없던 옛날 어린이들의 놀이는 어떠했을까요? 산으로 들로 뛰어다니며 자연과 놀던 옛날 어린이들은 지금과 비교할 수 없는 즐거움이 있었을 것입니다.

참깨 들깨 노는데
아주깨(아주끼리)는 못노나
나도 한 번 노 - 자

옛날 어린이들은 친구들의 놀이에 끼어들 때 이렇게 '참깨 들깨'를 내세워 자연스럽게 끼어들었습니다.

07장 · 문단 첫 글자 장식하고
문단 테두리/배경 지정하기

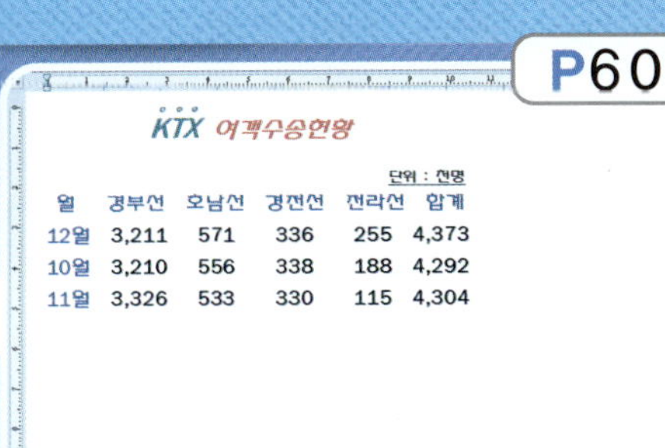

P60

KTX 여객수송현황

단위 : 천명

월	경부선	호남선	경전선	전라선	합계
12월	3,211	571	336	255	4,373
10월	3,210	556	338	188	4,292
11월	3,326	533	330	115	4,304

10장 · 블록 계산하고 정렬하기

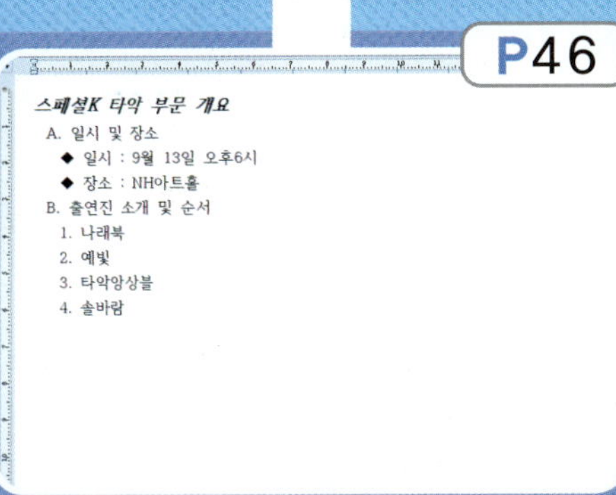

P52

○ 프랑스(France)는 유럽 대륙의 서부, 지중해와 대서양 사이에 위치한 나라로 정식 명칭은 프랑스공화국이다.

· 수도 : 파리
· 공용어 : 프랑스어
· 통화 : 유로화(Euro)
· 면적 : 674,843㎢
· 인구 : 65,630,692명(2012년)

09장 · 스타일 사용하고 모양 복사하기

P46

스페셜K 타악 부문 개요
A. 일시 및 장소
◆ 일시 : 9월 13일 오후6시
· 장소 : NH아트홀
B. 출연진 소개 및 순서
1. 나래북
2. 예빛
3. 타악앙상블
4. 솔바람

08장 · 문단 번호와 글머리표 지정하기

렉스미디어 자료 다운로드 방법

렉스미디어 사이트(www.rexmedia.net)에 접속한 후 [자료실]-[대용량 자료실]을 클릭하면 렉스미디어 출판사에서 제공하는 자료를 다운로드 할 수 있습니다.

Internet

인터넷

I

본문에서 다루는 내용을 미리 확인할 수 있도록 구성한 목차입니다.

Preview 목차

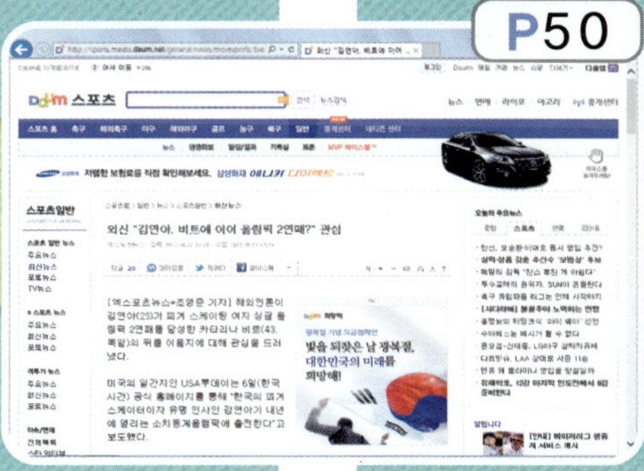

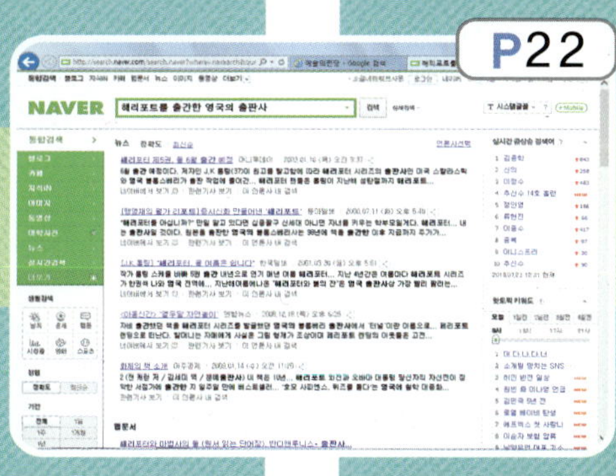

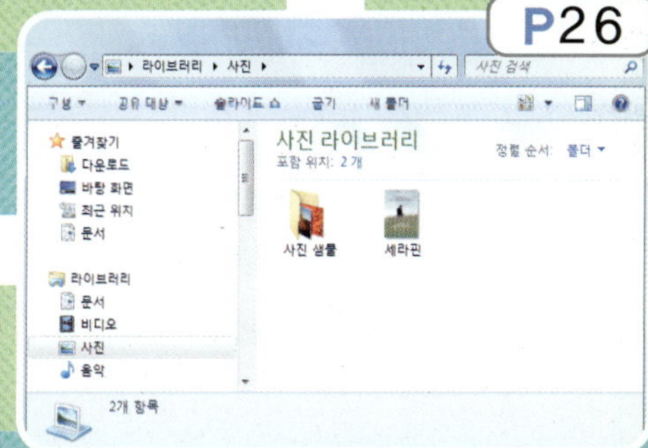

Hangul 2010

한글 2010

본문에서 다루는 내용을 미리 확인할 수 있도록 구성한 목차입니다.

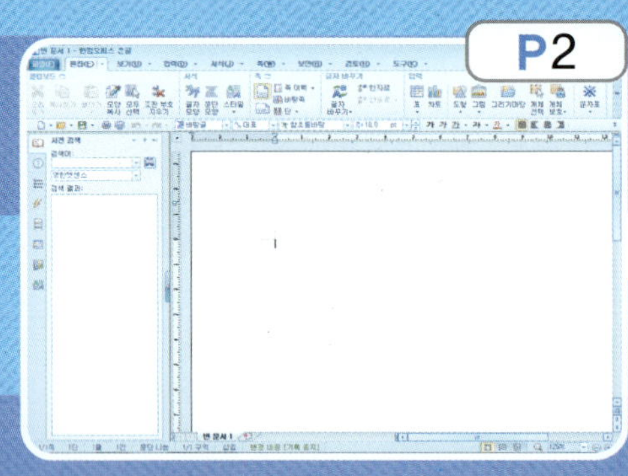

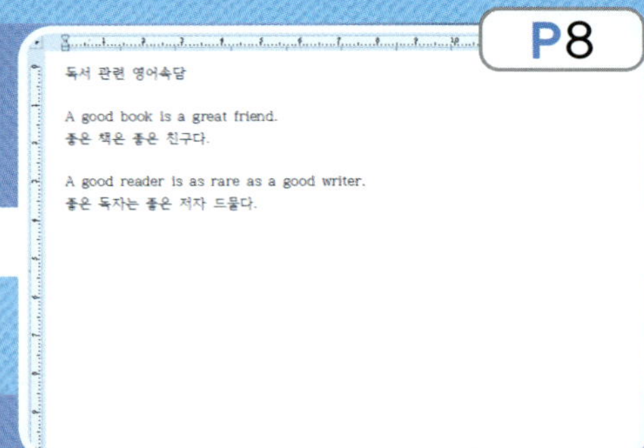

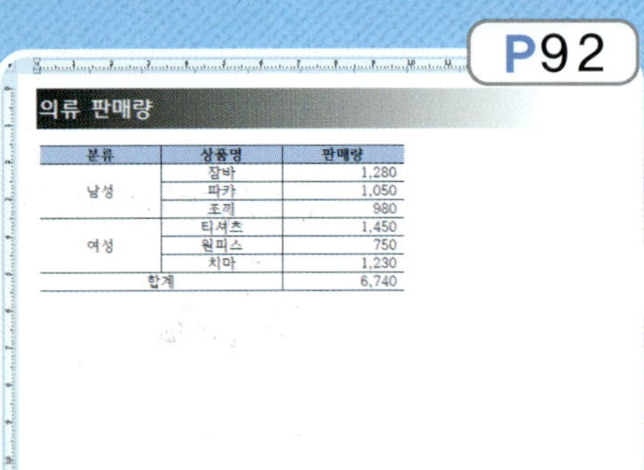

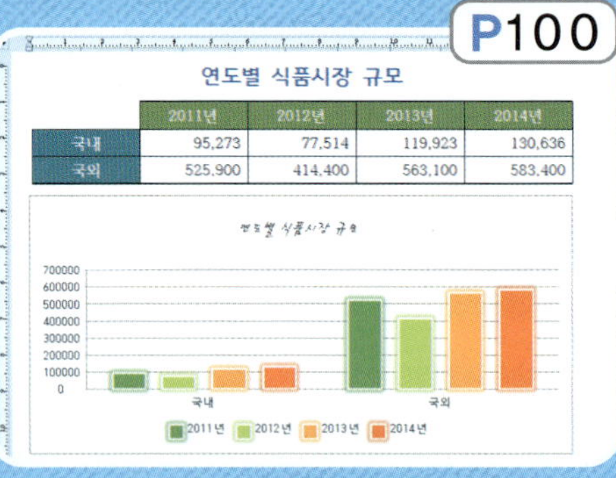

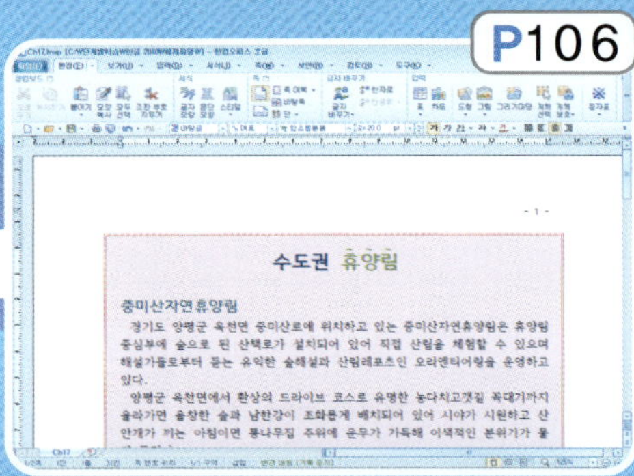

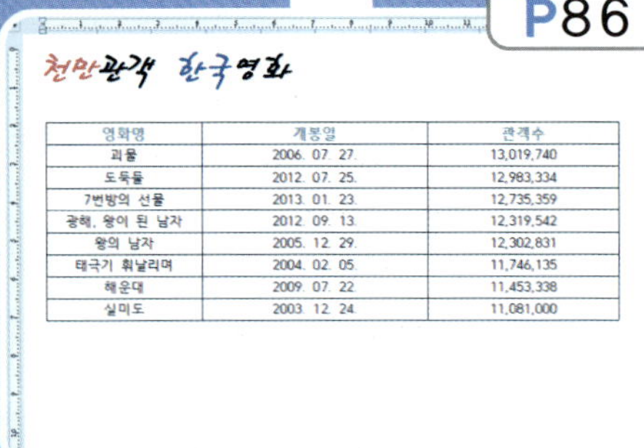

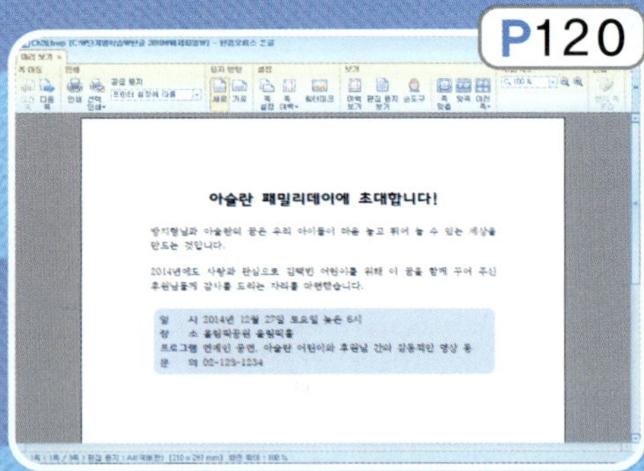

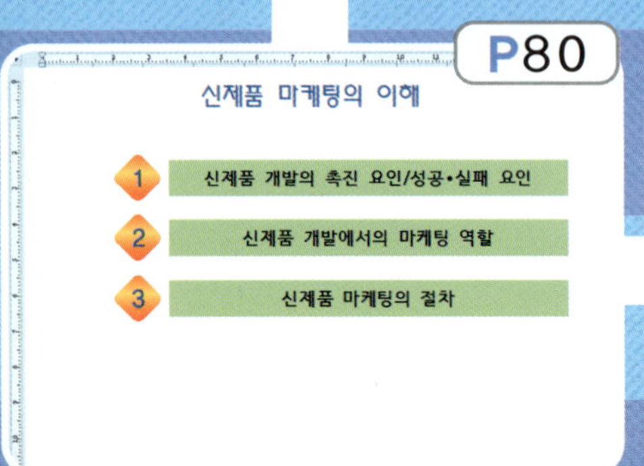

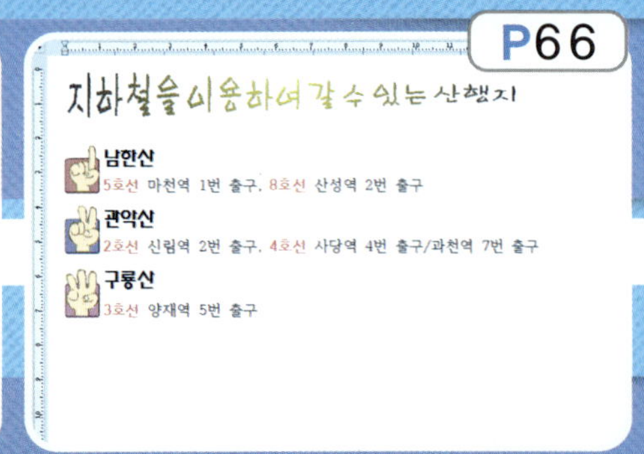

윈도우 7

CONTENTS

컴퓨터 시작하기

준비단계
문서 작성이나 사진 편집 등 컴퓨터를 사용하여 할 수 있는 일은 헤아릴 수 없을 정도로 많습니다. 컴퓨터를 사용하려면 윈도우에 대해 알고 있어야 합니다. 윈도우는 마이크로소프트에서 개발한 운영체제입니다.
그럼, 컴퓨터에 대해 알아본 후 컴퓨터를 시작하고 종료하는 방법에 대해 알아보겠습니다.

미리보기

기초단계 **01**　컴퓨터 알아보기

컴퓨터는 데이터를 입력받아 처리한 후 그 결과를 출력해 주는 장치로 다음과 같이 하드웨어와 소프트웨어로 구성되어 있습니다.

• 하드웨어

컴퓨터 본체나 모니터와 같이 눈에 보이고 손으로 만질 수 있는 것을 말하며 '컴퓨터 장치'라고도 합니다.

❶ 컴퓨터 본체
❷ 모니터
❸ 키보드
❹ 마우스

• 소프트웨어

윈도우 7, 한글 2010, 포토샵 CS6과 같이 눈에 보이지만 손으로 만질 수 없는 것을 말하며 '프로그램'이라고도 합니다. 소프트웨어는 운영체제와 응용 소프트웨어로 구분할 수 있는데, 운영체제는 윈도우 7과 같이 사용자가 컴퓨터를 사용할 수 있도록 도와주는 소프트웨어를 말하고, 응용 소프트웨어는 한글 2010과 같이 문서를 작성하거나 포토샵 CS6과 같이 사진을 편집하는 등의 작업을 할 수 있는 소프트웨어를 말합니다.

1 모니터의 전원 단추를 누른 후 컴퓨터 본체의 전원 단추를 누릅니다.

2 모니터에 부팅 과정이 표시된 후 바탕 화면이 나타납니다.

한마디 더!

컴퓨터를 켜면 컴퓨터는 메모리나 하드 디스크 등을 테스트하여 컴퓨터를 사용할 수 있도록 준비하는데, 이런 준비 과정을 '부팅 과정'이라고 합니다.

알고 넘어갑시다

◉ 윈도우 7의 화면 구성

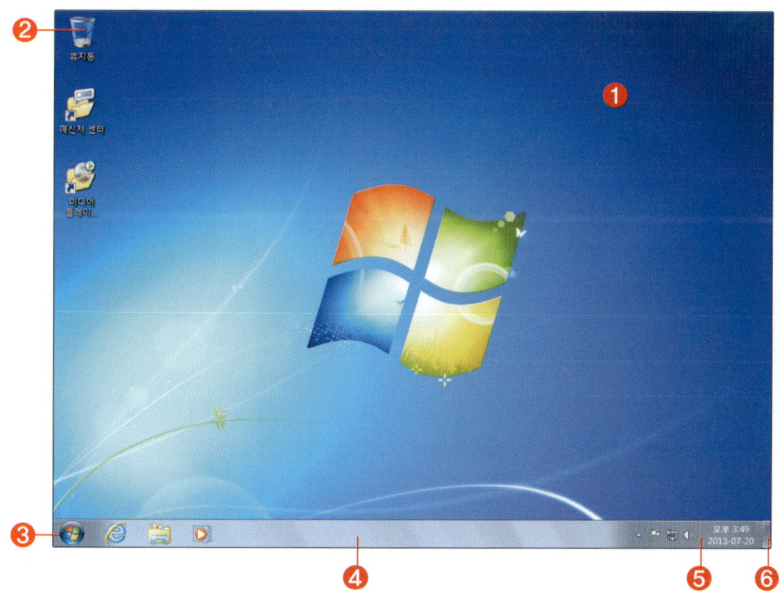

❶ **바탕 화면** : 윈도우 7에서 작업이 이루어지는 공간입니다.

❷ **아이콘** : 프로그램이나 데이터 등을 나타내는 작은 그림입니다.

❸ **시작 단추** : 프로그램을 실행하거나 컴퓨터를 끄는 등의 작업을 할 수 있는 시작 메뉴가 나타납니다.

❹ **작업 표시줄** : 현재 실행되어 있는 프로그램이 단추로 표시되는 곳입니다.

❺ **알림 영역** : 프로그램의 특정 상태를 알려주거나 특정 설정을 할 수 있는 곳입니다. 알림 영역은 아이콘 그룹과 시계로 구성되어 있으며 아이콘 그룹에는 기본적으로 관리 센터 아이콘(▣), 네트워크 아이콘(▣), 볼륨 아이콘(◀))이 표시됩니다.

❻ **바탕 화면 보기** : 바탕 화면을 확인할 수 있는 단추입니다.

1 [시작] 단추를 클릭한 후 전원 단추(시스템 종료)를 클릭합니다.

한 마 디 더!

[시작] 단추를 클릭하라는 것은 [시작] 단추로 마우스 포인터를 가져간 후 마우스 왼쪽 단추를 한 번 누르라는 것입니다. 마우스 포인터는 마우스를 움직일 때마다 바탕 화면에서 똑같이 따라 움직이는 모양(작업에 따라서 모양이나 모양 등으로 변경됩니다)을 말합니다.

알 고 넘 어 갑 시 다

● **전원 단추가 [시스템 종료]로 선택되어 있지 않은 경우**

전원 단추가 [시스템 종료]로 선택되어 있지 않은 경우에는 다음과 같이 [시작] 단추를 클릭한 후 전원 단추의 [목록] 단추를 클릭한 다음 [시스템 종료]를 클릭합니다.

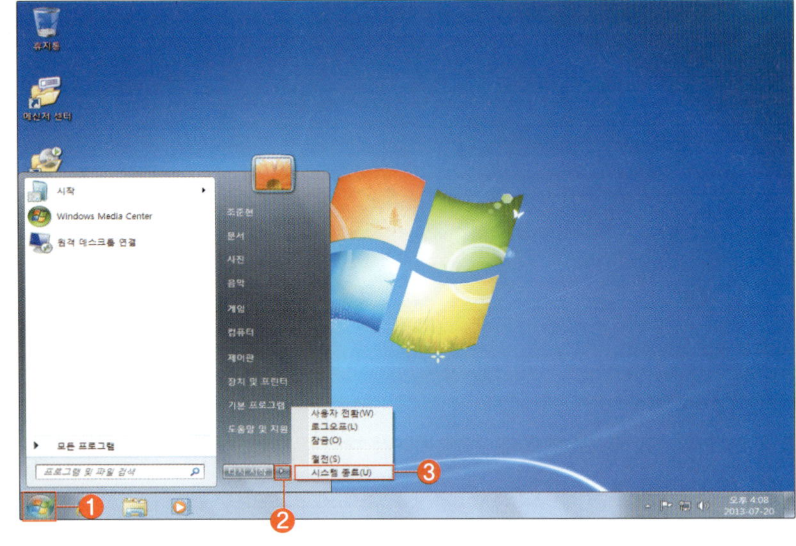

2 컴퓨터가 종료됩니다.

01 다음 ( ) 안에 들어갈 말은 무엇인지 적어 보세요.

> 소프트웨어는 윈도우 7, 한글 2010, 포토샵 CS6과 같이 눈에 보이지만 손으로 만질 수 없는 것을 말하며 '( )'(이)라고도 합니다. 소프트웨어는 운영체제와 응용 소프트웨어로 구분할 수 있는데, 운영체제는 윈도우 7과 같이 사용자가 컴퓨터를 사용할 수 있도록 도와주는 소프트웨어를 말하고, 응용 소프트웨어는 한글 2010과 같이 문서를 작성하거나 포토샵 CS6과 같이 사진을 편집하는 등의 작업을 할 수 있는 소프트웨어를 말합니다.

02 컴퓨터를 시작해 보세요.

03 다음은 윈도우 7의 화면 구성입니다. 각 구성 요소의 이름을 적어 보세요.

04 컴퓨터를 다시 시작해 보세요.

> **힌트**
>
> [시작] 단추를 클릭한 후 전원 단추의 [목록] 단추를 클릭한 다음 [다시 시작]을 클릭하면 컴퓨터를 다시 시작할 수 있습니다.

05 컴퓨터를 종료해 보세요.

Chapter 02 마우스와 키보드 사용하기

준비단계 마우스는 아이콘이나 메뉴 등을 선택하거나 프로그램을 실행할 때 주로 사용하는 장치입니다. 키보드는 글자를 입력할 때 주로 사용하는 장치로 '자판'이라고도 합니다.
그럼, 마우스와 키보드를 사용하는 방법에 대해 알아보겠습니다.

미리보기

기초단계 01 마우스 사용하기

1 바탕 화면 아이콘을 표시하지 않기 위해 바탕 화면의 바로 가기 메뉴에서 [보기]-[바탕 화면 아이콘 표시]를 선택 해제합니다.

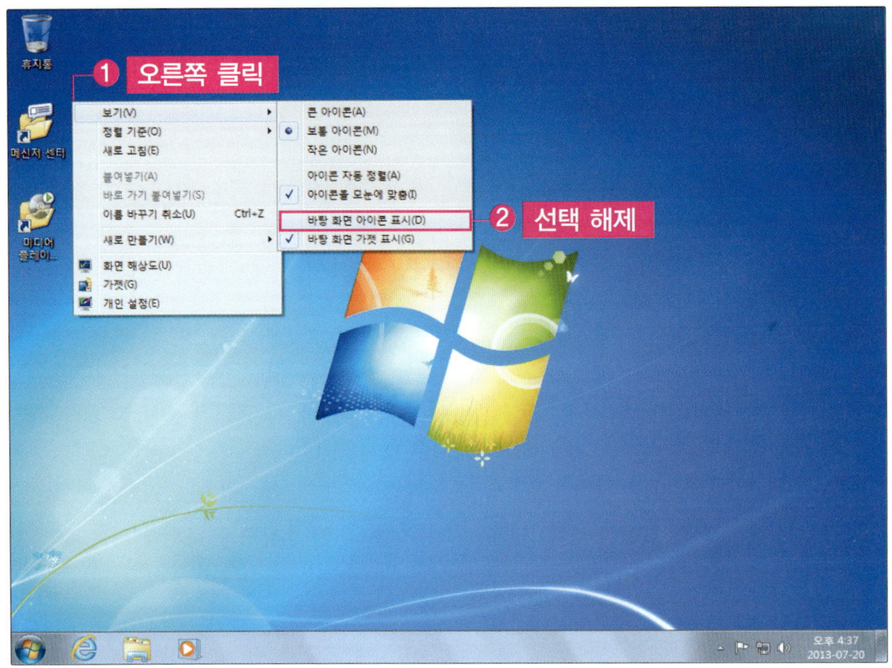

한마디 더!

- 마우스 오른쪽 단추를 클릭하면 나타나는 메뉴를 '바로 가기 메뉴'라고 합니다. 바로 가기 메뉴는 마우스 포인터의 위치에 따라 다르게 나타납니다.
- [바탕 화면 아이콘 표시]에 ✓ 표시가 있으면 선택되어 있는 것이고, ✓ 표시가 없으면 선택 해제되어 있는 것입니다. [바탕 화면 아이콘 표시]가 선택되어 있는 경우에는 클릭하면 선택 해제되고, 선택 해제되어 있는 경우에는 클릭하면 선택됩니다.

◉ 마우스 사용 방법

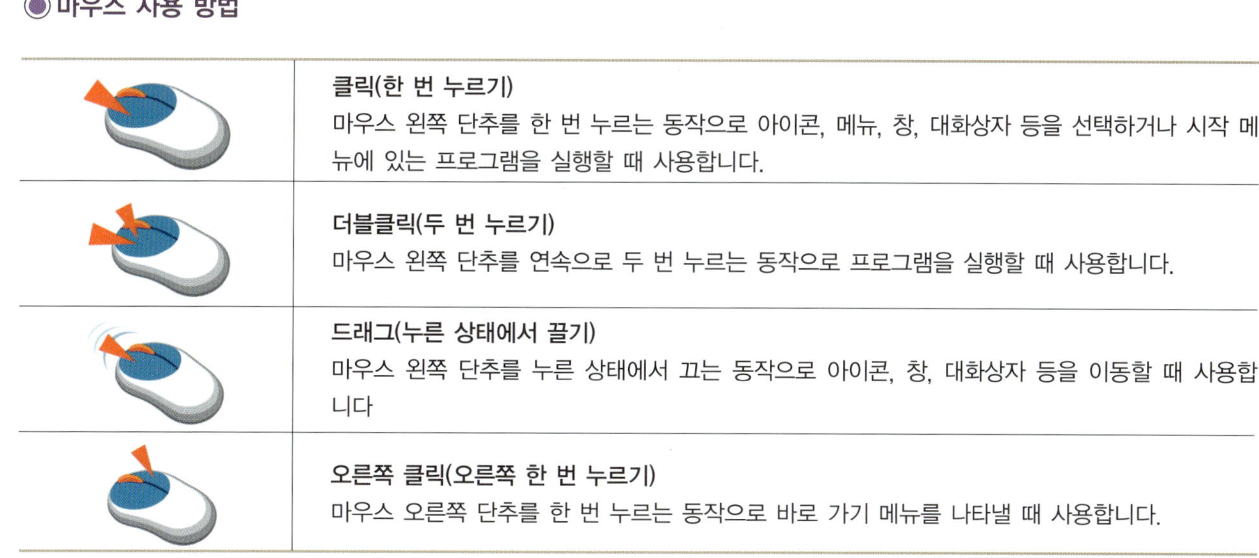

클릭(한 번 누르기)
마우스 왼쪽 단추를 한 번 누르는 동작으로 아이콘, 메뉴, 창, 대화상자 등을 선택하거나 시작 메뉴에 있는 프로그램을 실행할 때 사용합니다.

더블클릭(두 번 누르기)
마우스 왼쪽 단추를 연속으로 두 번 누르는 동작으로 프로그램을 실행할 때 사용합니다.

드래그(누른 상태에서 끌기)
마우스 왼쪽 단추를 누른 상태에서 끄는 동작으로 아이콘, 창, 대화상자 등을 이동할 때 사용합니다

오른쪽 클릭(오른쪽 한 번 누르기)
마우스 오른쪽 단추를 한 번 누르는 동작으로 바로 가기 메뉴를 나타낼 때 사용합니다.

2 바탕 화면 아이콘이 표시되지 않으면 바탕 화면 아이콘을 표시하기 위해 바탕 화면의 바로 가기 메뉴에서 [보기]-[바탕 화면 아이콘 표시]를 선택합니다.

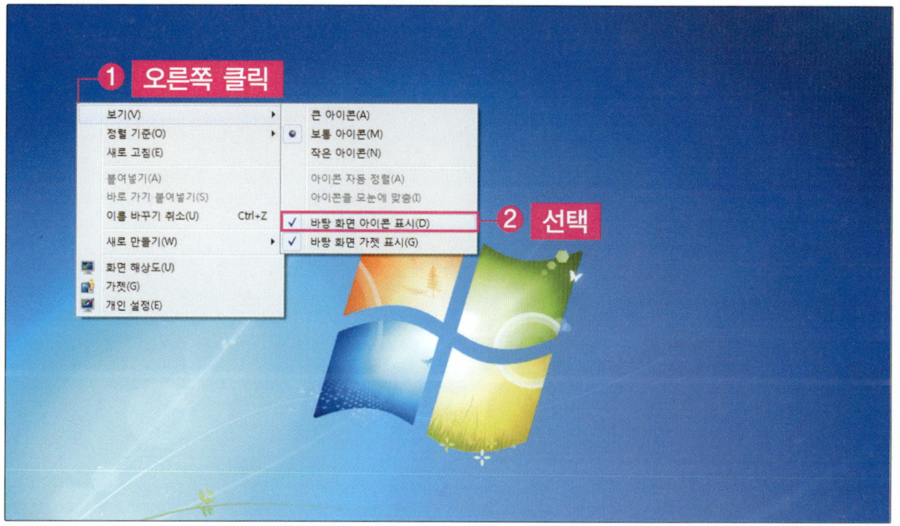

3 다음과 같이 바탕 화면 아이콘이 표시됩니다.

4 휴지통 아이콘(🗑)을 이동하기 위해 바탕 화면에서 다음과 같이 휴지통 아이콘(🗑)을 드래그합니다.

◉ **바탕 화면 아이콘을 이동할 수 없는 경우**

바탕 화면 아이콘을 이동할 수 없는 경우에는 다음과 같이 바탕 화면의 바로 가기 메뉴에서 [보기]-[아이콘 자동 정렬]을 선택 해제합니다.

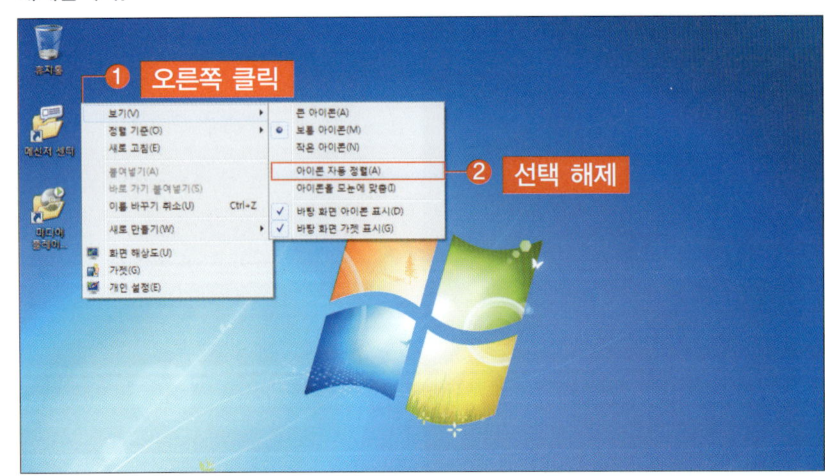

5 다음과 같이 휴지통 아이콘(🗑)이 이동됩니다.

1 타자 연습을 실행하기 위해 ⊙[시작] 단추를 클릭한 후 [모든 프로그램]–[한글과컴퓨터]를 클릭한 다음 [한컴오피스 한글 2010]–[한컴 타자연습]을 클릭합니다.

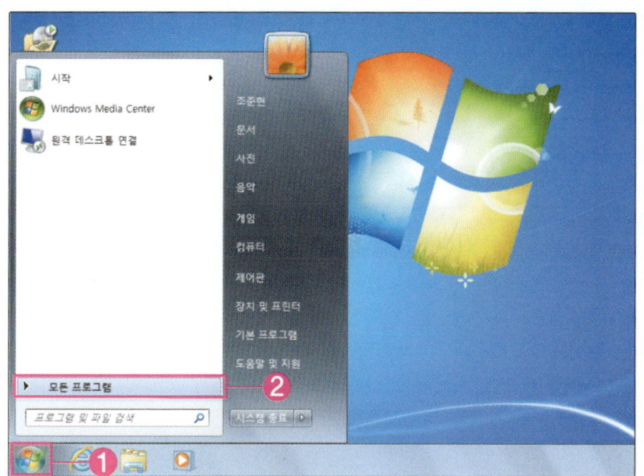
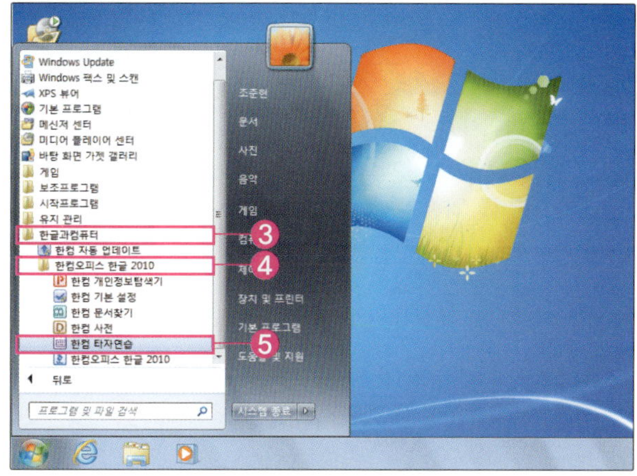

- [모든 프로그램]을 클릭하거나 [모든 프로그램]으로 마우스 포인터를 가져간 후 잠시 기다리면 [한글과컴퓨터]가 나타납니다.
- 시작 메뉴에 있는 프로그램은 클릭하여 실행하고, 바탕 화면에 있는 프로그램은 더블클릭하여 실행합니다.

2 타자 연습이 실행되면 [혼자하기] 단추를 클릭합니다. 그런 다음 '사용자 목록' 화면이 나타나면 [시작] 단추를 클릭합니다.

3 초기 화면의 [자리연습] 탭이 나타나면 [1단계]를 선택한 후 [시작] 단추를 클릭합니다.

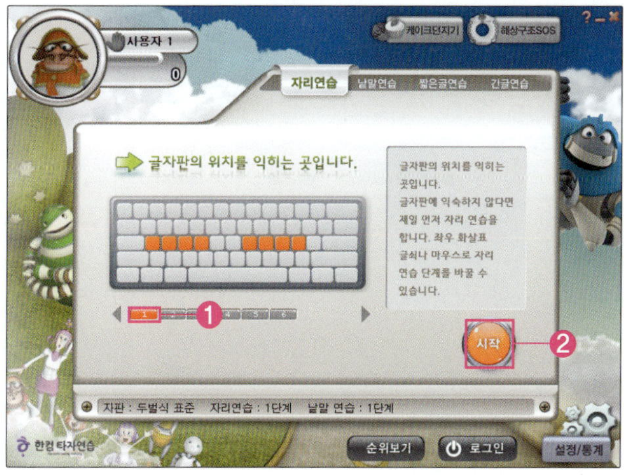

4 자리 연습 화면이 나타나면 **자리 연습 화면에 나타난 글자 순서대로 입력**하면서 자리를 익힙니다.

1단계 자리 연습이 끝나면 [자리 연습 결과]가 나타납니다. [자리 연습 결과]에서 [계속] 단추를 클릭하면 다음 단계의 자리를 익힐 수 있습니다.

5 타자를 연습하였으면 타자 연습을 종료하기 위해 **[닫기] 단추를 클릭**합니다. 그런 다음 [한컴 타자연습] 대화상자가 나타나면 [끝냄] 단추를 클릭합니다.

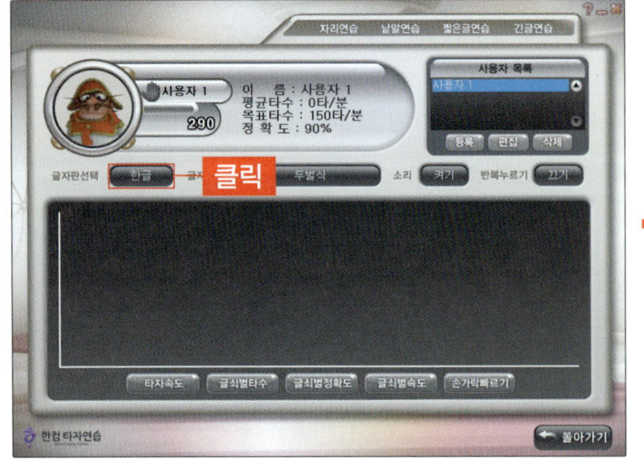

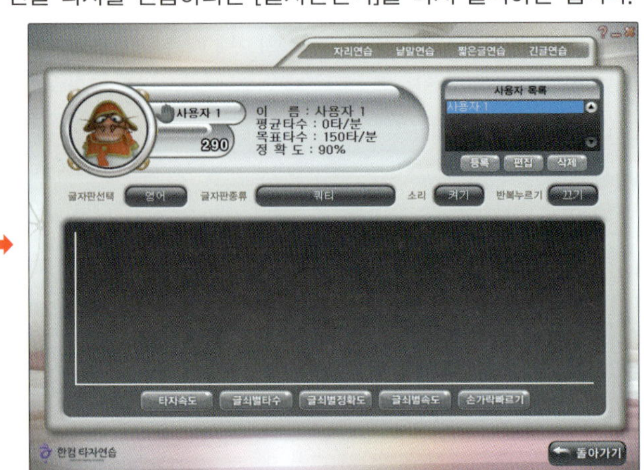

사용자의 지시 사항이나 어떤 사항에 대한 결정을 묻기 위해 나타나는 상자를 '대화상자'라고 합니다.

6 타자 연습이 종료됩니다.

알 고 넘 어 갑 시 다

● 영문 타자 연습하기

타자 연습의 초기 화면에서 [설정/통계] 단추를 클릭하면 '설정/통계' 화면이 나타납니다. 다음과 같이 '설정/통계' 화면에서 [글자판선택]을 클릭하면 영문 타자를 연습할 수 있습니다. 다시 한글 타자를 연습하려면 [글자판선택]을 다시 클릭하면 됩니다.

01 다음은 마우스 사용 방법입니다. 알맞은 항목끼리 연결해 보세요.

클릭 •　　　　　　　　　　　• 마우스 오른쪽 단추를 한 번 누르는 동작

더블클릭 •　　　　　　　　　　　• 마우스 왼쪽 단추를 한 번 누르는 동작

드래그 •　　　　　　　　　　　• 마우스 왼쪽 단추를 연속으로 두 번 누르는 동작

오른쪽 클릭 •　　　　　　　　　　　• 마우스 왼쪽 단추를 누른 상태에서 끄는 동작

02 다음과 같이 바탕 화면 아이콘을 이동해 보세요.

03 다음과 같이 타자 연습을 실행한 후 짧은 글을 연습한 다음 타자 연습을 종료해 보세요.

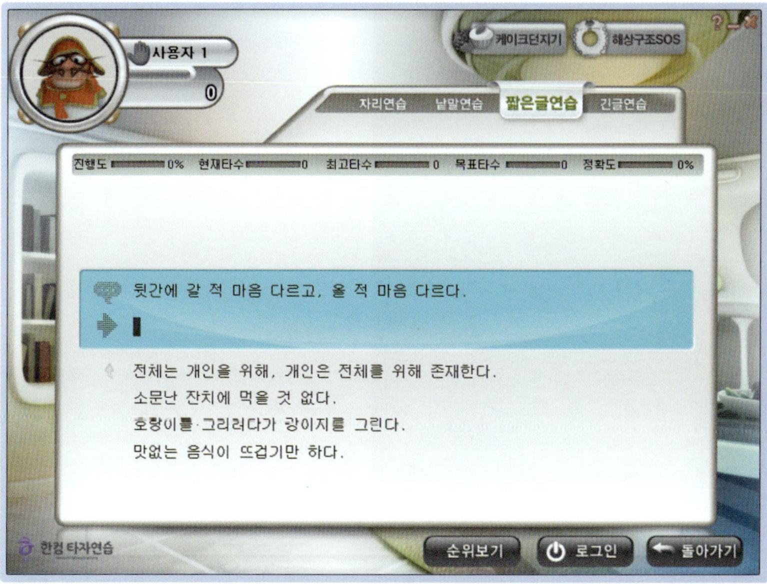

힌트

타자 연습의 초기 화면에서 [짧은글연습] 탭을 클릭하면 짧은 글을 연습할 수 있습니다.

Chapter 03 창 다루기

준비단계

윈도우 7에서 하나의 작업이 이루어지는 공간을 '창'이라고 합니다. 즉, 그림판이나 메모장 등의 프로그램을 실행하면 나타나는 화면을 말합니다. 창은 프로그램에 따라 조금씩 다르게 구성되어 있습니다.
그럼, 창을 다루는 방법에 대해 알아보겠습니다.

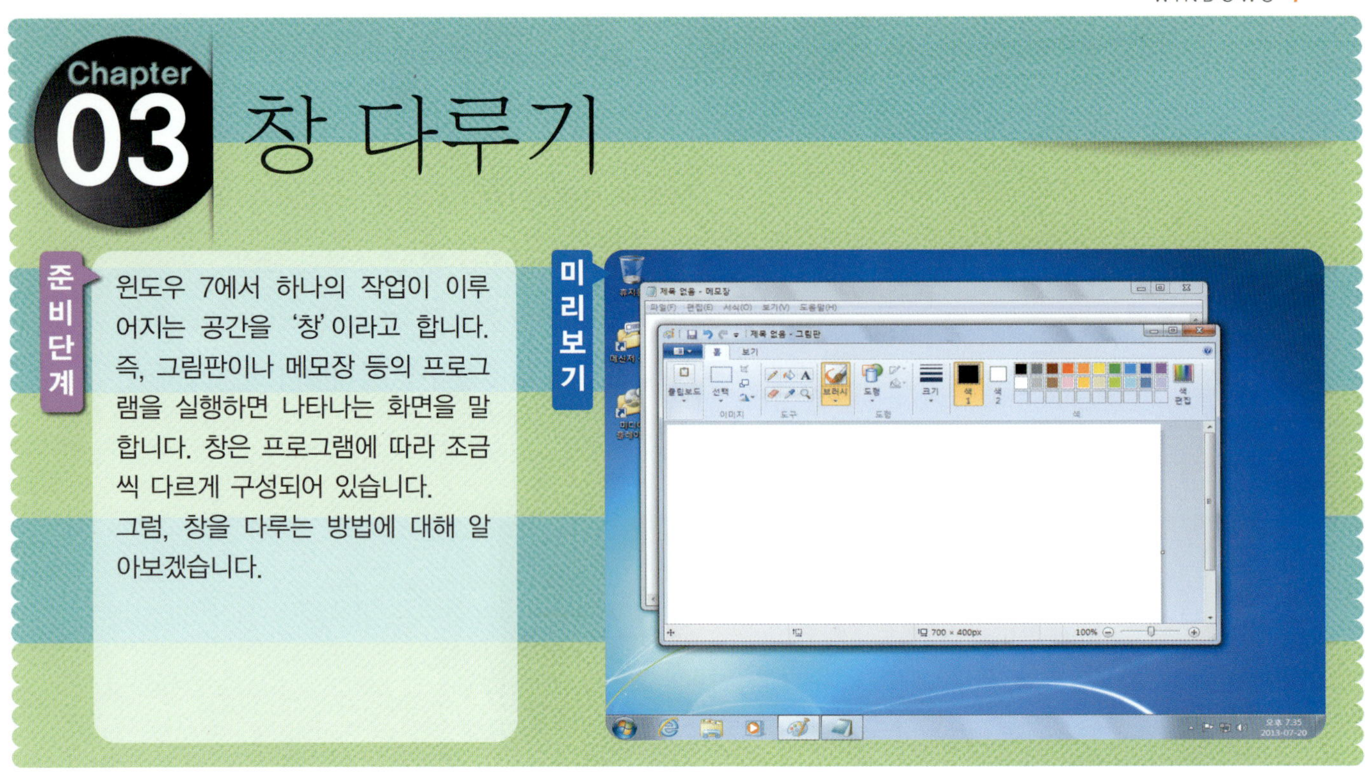

기초단계 01 창의 크기 조정하기

1 그림판을 실행하기 위해 ●[시작] 단추를 클릭한 후 [모든 프로그램]-[보조프로그램]을 클릭한 다음 [그림판]을 클릭합니다.

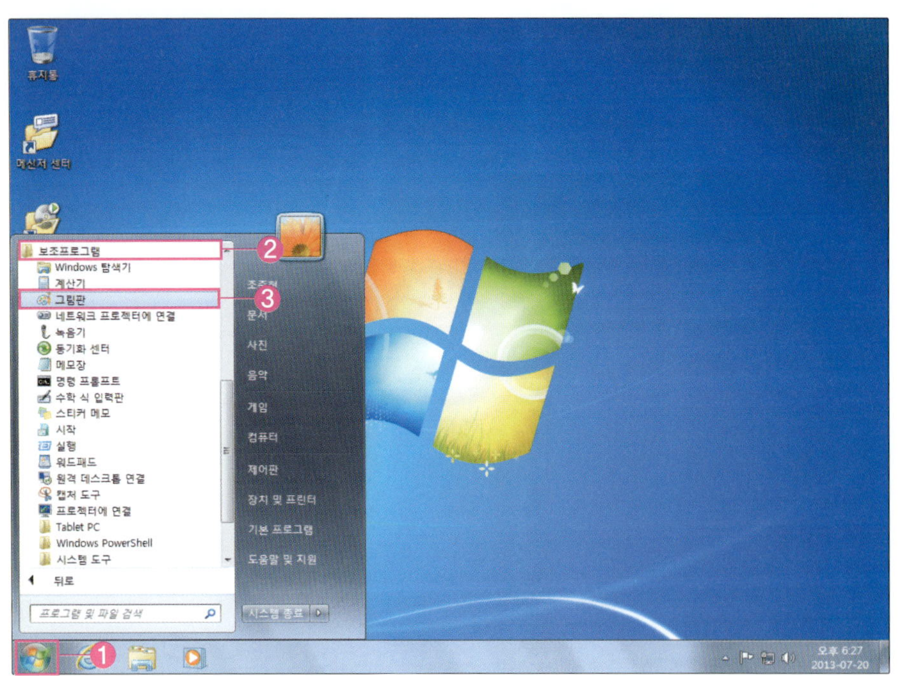

2 그림판이 실행되면 메모장을 실행하기 위해 ●[시작] 단추를 클릭한 후 [모든 프로그램]-[보조프로그램]을 클릭한 다음 [메모장]을 클릭합니다.

◉ **창의 구성**

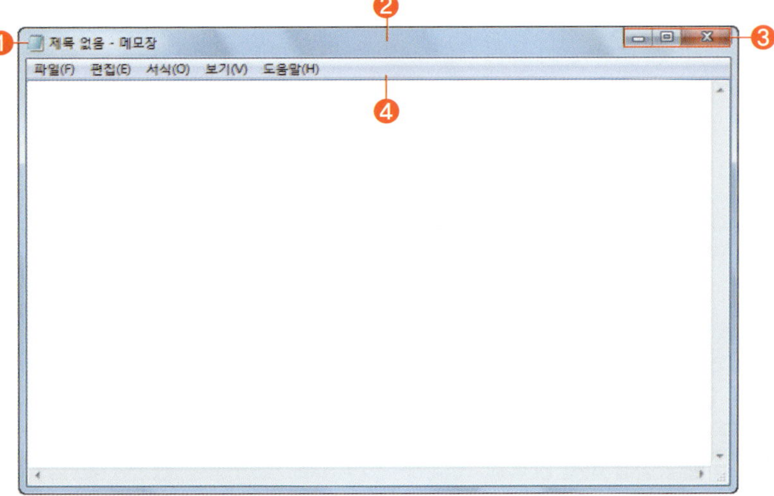

① **창 조절 아이콘** : 창을 이동하거나 창의 크기를 조정하는 등의 작업을 할 수 있는 메뉴가 나타납니다.

② **제목 표시줄** : 창의 이름이 표시되는 곳입니다.

③ **창 조절 단추** : 창을 최소화하거나 최대화하는 등의 작업을 할 수 있는 단추입니다.

- **[최소화]** : 창을 바탕 화면에는 표시하지 않고 작업 표시줄에만 단추로 표시합니다.
- **[최대화]** : 창의 크기를 바탕 화면 크기로 조정합니다.
- **[이전 크기로 복원]** : 창의 크기를 최대화 이전의 크기로 조정합니다.
- **[닫기]** : 창을 닫습니다.

④ **메뉴 모음** : 창의 기능을 공통성 있는 기능별로 구분하여 놓은 곳입니다.

3 메모장이 실행되면 [메모장] 창의 크기를 조정하기 위해 **다음과 같이 [메모장] 창의 오른쪽 아래 모서리를 드래그**합니다.

한마디 더!

[메모장] 창의 오른쪽 아래 모서리로 마우스 포인터를 가져가서 마우스 포인터가 ↖ 모양으로 변경되었을 때 바깥쪽으로 드래그합니다.

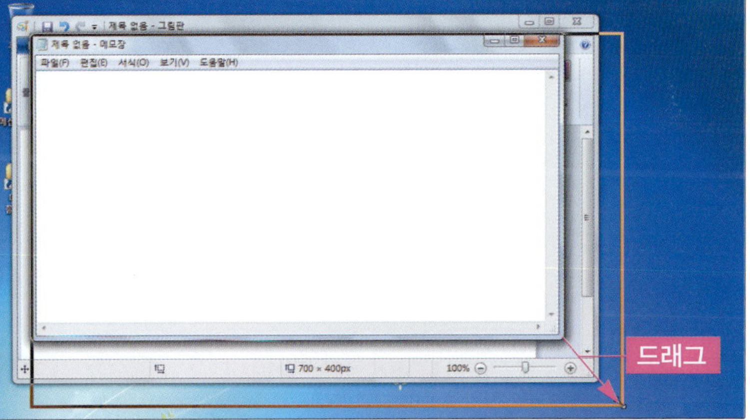

4 다음과 같이 [메모장] 창의 크기가 조정됩니다.

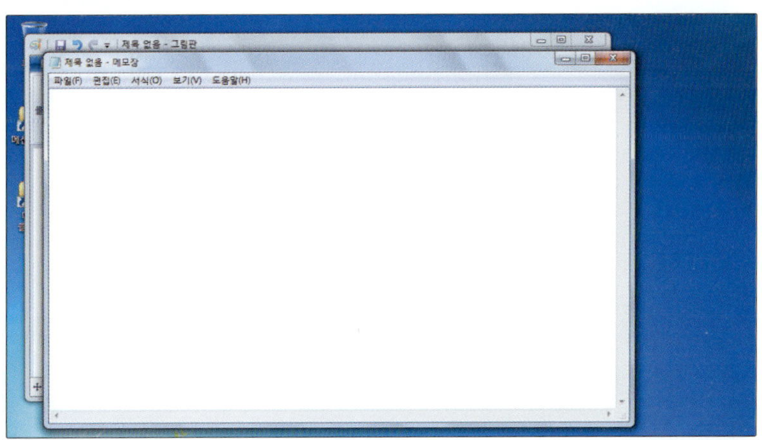

1 [그림판] 창을 활성화하기 위해 [그림판] 창을 **클릭**합니다.

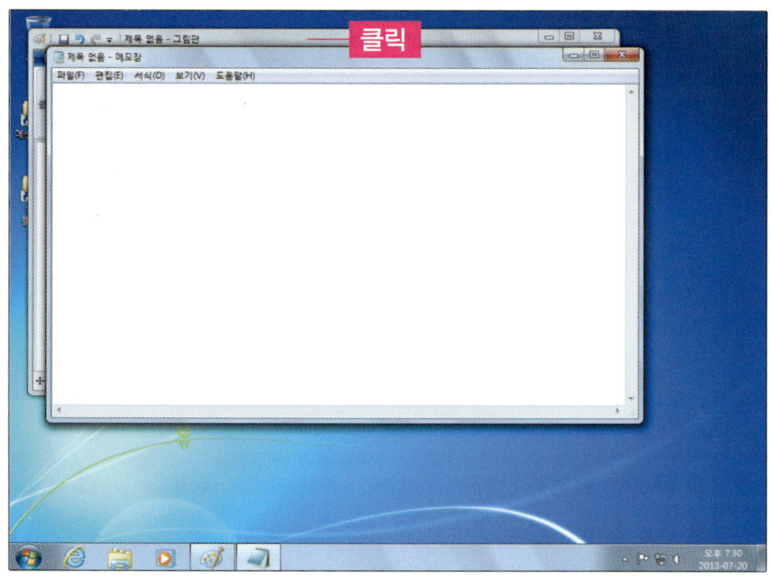

한마디 더!

- 창 중에서 현재 선택되어 있는 창을 '활성 창'이라고 하고, 선택되어 있지 않은 창을 '비활성 창'이라고 합니다. 활성 창은 화면의 맨 앞에 표시되며 제목 표시줄의 색이 비활성 창에 비해 밝습니다.
- 작업 표시줄에서 [그림판] 단추를 클릭하여 [그림판] 창을 활성화할 수도 있습니다.

2 [그림판] 창이 활성화되면 [그림판] 창을 이동하기 위해 **다음과 같이 [그림판] 창의 제목 표시줄을 드래그**합니다.

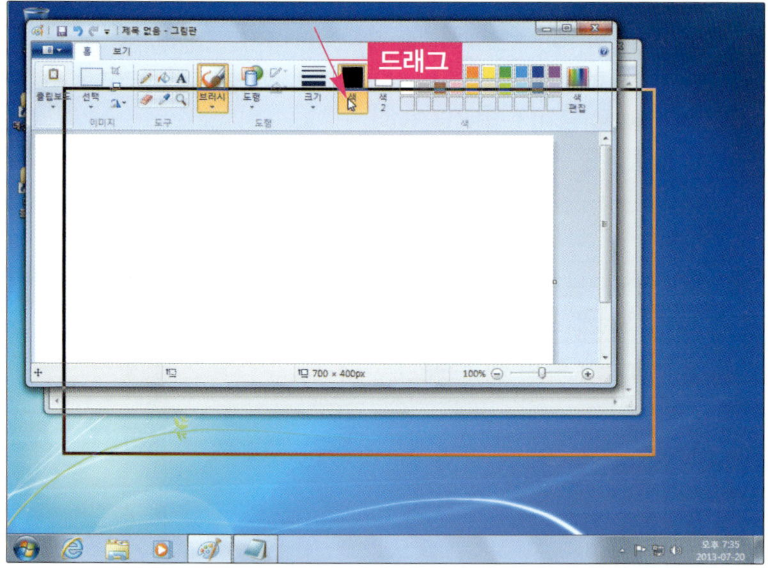

3 다음과 같이 [그림판] 창이 이동됩니다.

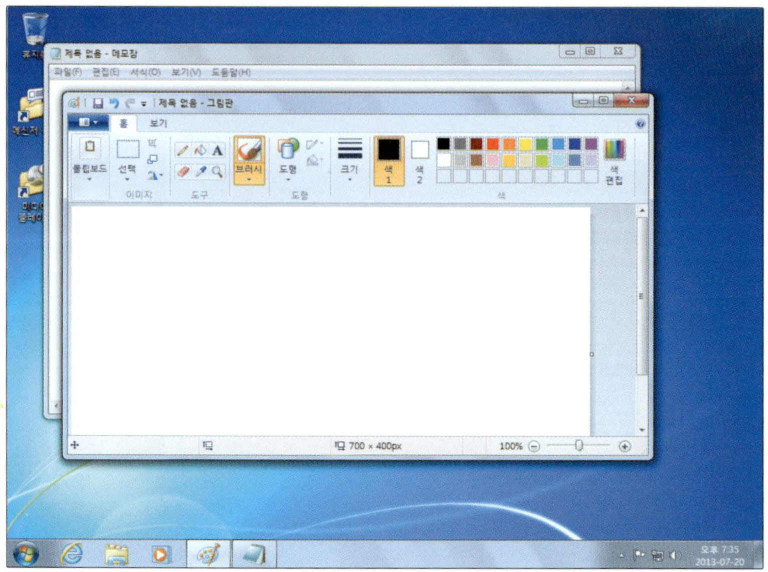

● 창 내용을 미리 보며 창 전환하기

여러 개의 창이 열려 있는 경우, 비활성 창은 활성 창에 가려서 보이지 않을 수 있습니다. 이런 경우, Alt + Tab 을 누르면 다음과 같이 열려 있는 창이 섬네일(축소판 그림)로 표시되어 창 내용을 미리 보며 창을 전환할 수 있습니다.

Alt 를 누른 상태에서 Tab 을 눌러 활성화할 창을 선택한 후 Alt 를 놓으면 선택한 창이 활성화됩니다.

다음과 같이 열려 있는 창이 섬네일로 표시되지 않으면 컴퓨터가 에어로(Aero)를 지원하지 않거나 테마가 Aero 테마로 지정되어 있지 않은 경우입니다.

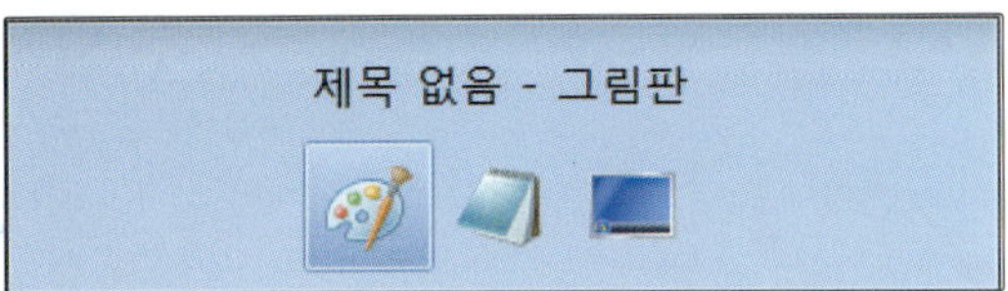

에어로는 고급 시각적 기능입니다. 에어로를 사용하면 창의 제목 표시줄과 테두리를 반투명 처리하여 창 뒤에 있는 내용을 보거나 창을 섬네일로 표시하여 창 내용을 미리 볼 수 있습니다.

테마는 바탕 화면에 지정되는 바탕 화면의 배경, 창 색, 소리의 모음입니다. 테마를 지정하면 바탕 화면의 전반적인 디자인을 변경할 수 있으며 바탕 화면의 바로 가기 메뉴에서 [개인 설정]을 클릭하면 바탕 화면에 지정된 테마를 확인할 수 있습니다.

컴퓨터가 에어로를 지원하고 테마가 Aero 테마로 지정되어 있으면 다음과 같이 에어로 전환 3D를 사용하여 창을 전환할 수도 있습니다. 에어로 전환 3D를 사용하려면 Ctrl + ⊞ + Tab 누르면 되고, 사용하지 않으려면 바탕 화면을 클릭하거나 Esc 를 누르면 됩니다.

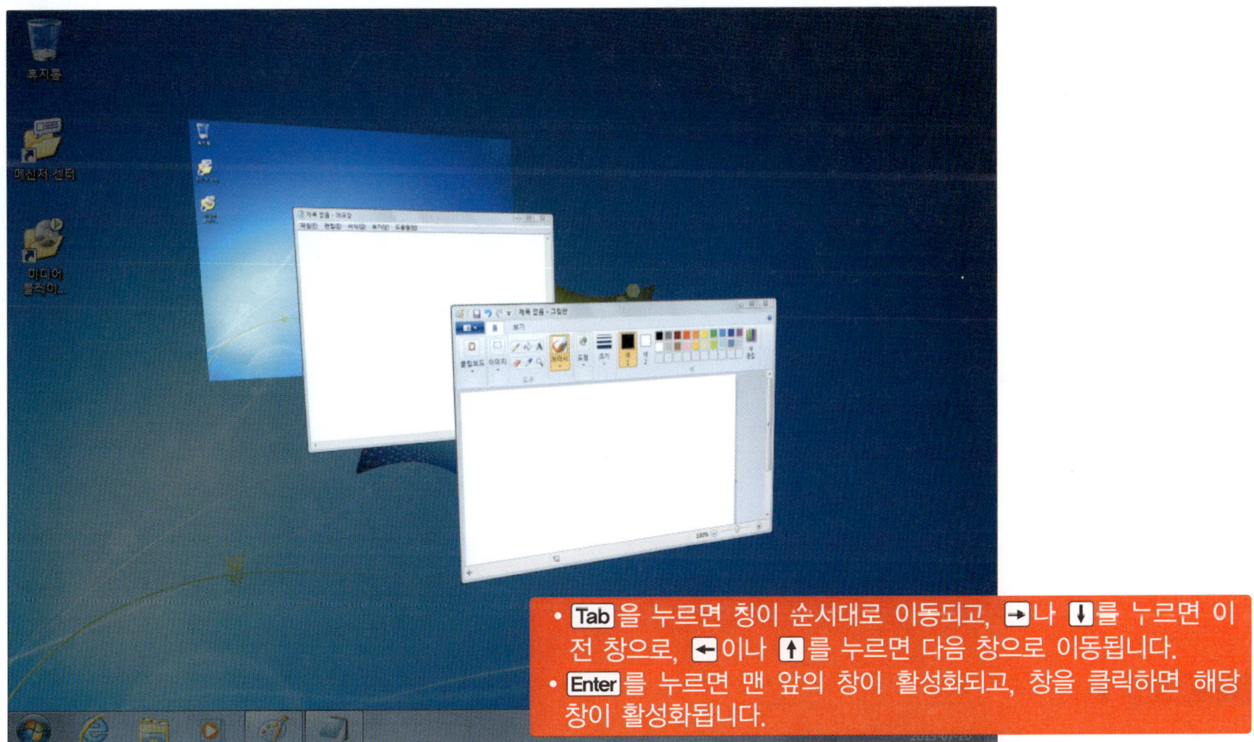

• Tab 을 누르면 창이 순서대로 이동되고, → 나 ↓ 를 누르면 이전 창으로, ← 이나 ↑ 를 누르면 다음 창으로 이동됩니다.
• Enter 를 누르면 맨 앞의 창이 활성화되고, 창을 클릭하면 해당 창이 활성화됩니다.

⊞ + Tab 을 누르면 에어로 전환 3D를 일시적으로 사용하여 창을 전환할 수 있습니다. 창을 전환하는 방법은 Alt + Tab 을 눌러 창을 전환하는 방법과 같습니다. 즉, ⊞ 를 누른 상태에서 Tab 을 눌러 활성화할 창을 선택한 후 ⊞ 를 놓으면 선택한 창이 활성화됩니다.

1 [그림판] 창을 최소화하기 위해 창 조절 단추에서 ▬[최소화] 단추를 클릭합니다.

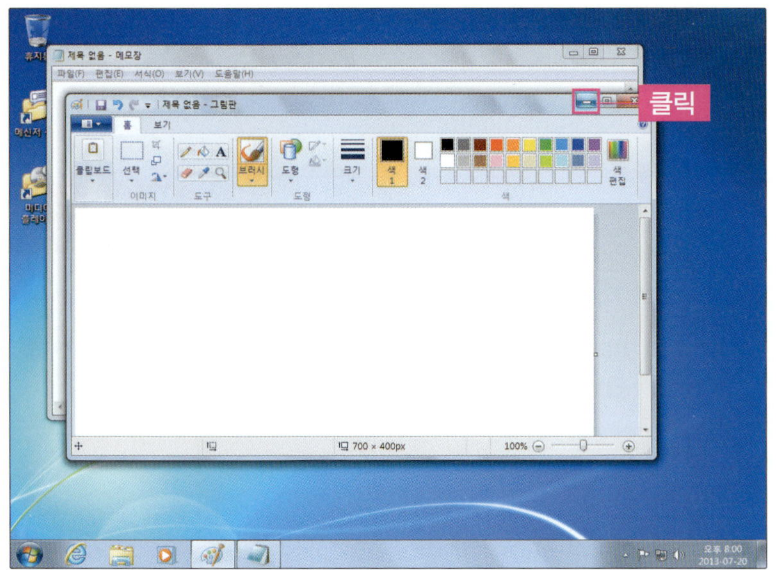

2 [그림판] 창이 최소화되면 [메모장] 창을 최대화하기 위해 창 조절 단추에서 ▭[최대화] 단추를 클릭합니다.

한마디 더!

[메모장] 창의 제목 표시줄을 더블클릭하여 [메모장] 창을 최대화할 수도 있습니다.

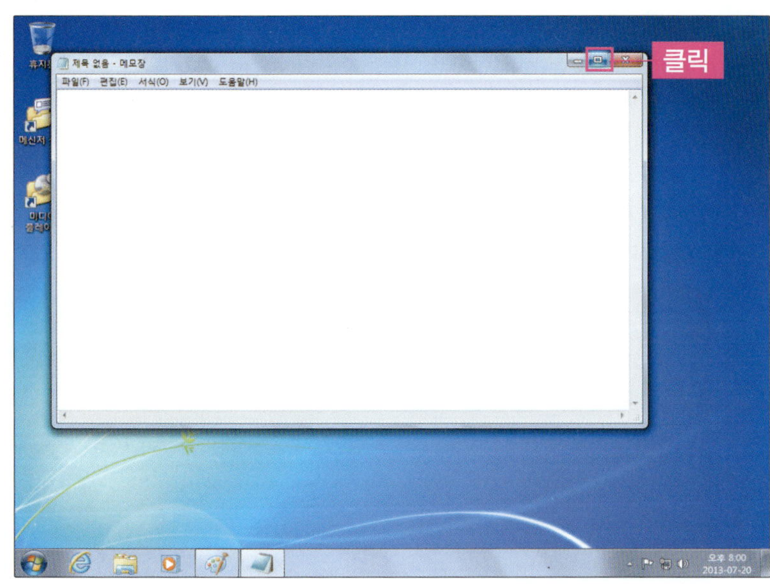

3 [메모장] 창이 최대화되면 [메모장] 창을 최대화 이전의 크기로 조정하기 위해 창 조절 단추에서 ▣[이전 크기로 복원] 단추를 클릭합니다.

한마디 더!

• [메모장] 창을 최대화하면 ▭[최대화] 단추가 ▣[이전 크기로 복원] 단추로 변경됩니다.
• [메모장] 창의 제목 표시줄을 더블클릭하여 [메모장] 창을 최대화 이전의 크기로 조정할 수도 있습니다.

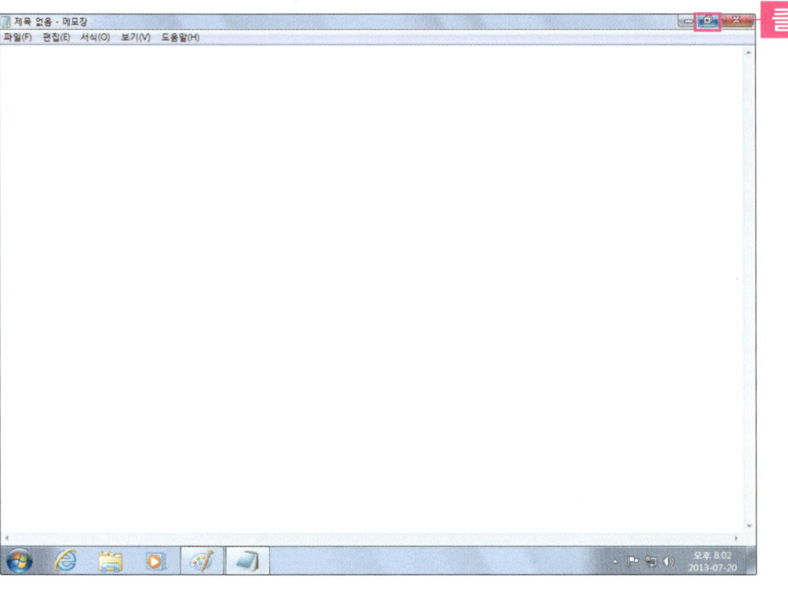

4 [메모장] 창이 최대화 이전의 크기로 조
정되면 [메모장] 창을 닫기 위해 창 조절 단
추에서 ▨ **[닫기] 단추를 클릭**합니다.

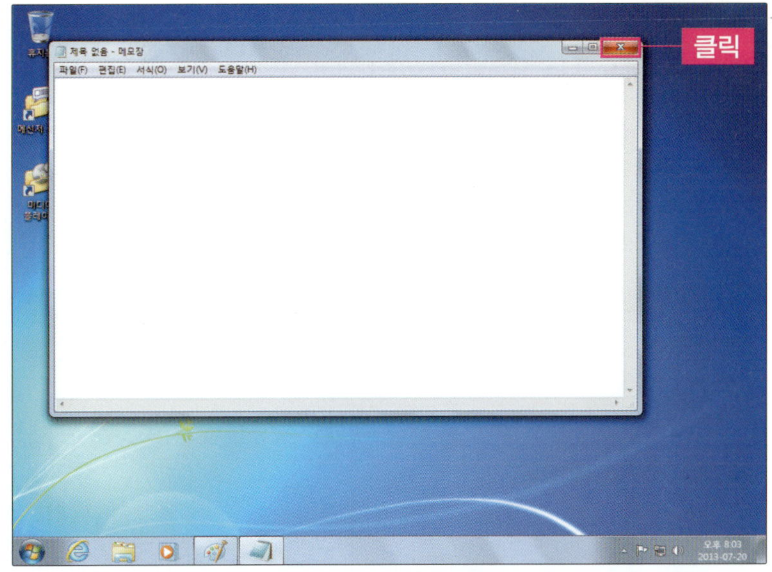

5 [메모장] 창이 닫히면 [그림판] 창을 닫기
위해 작업 표시줄에 있는 [그림판] 단추
의 바로 가기 메뉴에서 **[창 닫기]를 클릭**합
니다.

6 다음과 같이 [그림판] 창이 닫힙니다.

◉ 에어로 스냅 사용하기

에어로 스냅(Aero Snap)은 다음과 같이 창을 바탕 화면의 가장자리로 드래그하면 창의 크기가 조정되는 기능입니다. 창을 바탕 화면의 왼쪽/오른쪽 가장자리로 드래그하면 창의 크기가 바탕 화면 크기의 50%(1/2)로 조정되고, 바탕 화면의 위쪽 가장자리로 드래그하면 창이 최대화되며 창의 위쪽/아래쪽 테두리를 바탕 화면의 위쪽/아래쪽 가장자리로 드래그하면 창의 크기가 바탕 화면의 위쪽과 아래쪽 가장자리에 맞춘 크기로 조정됩니다.

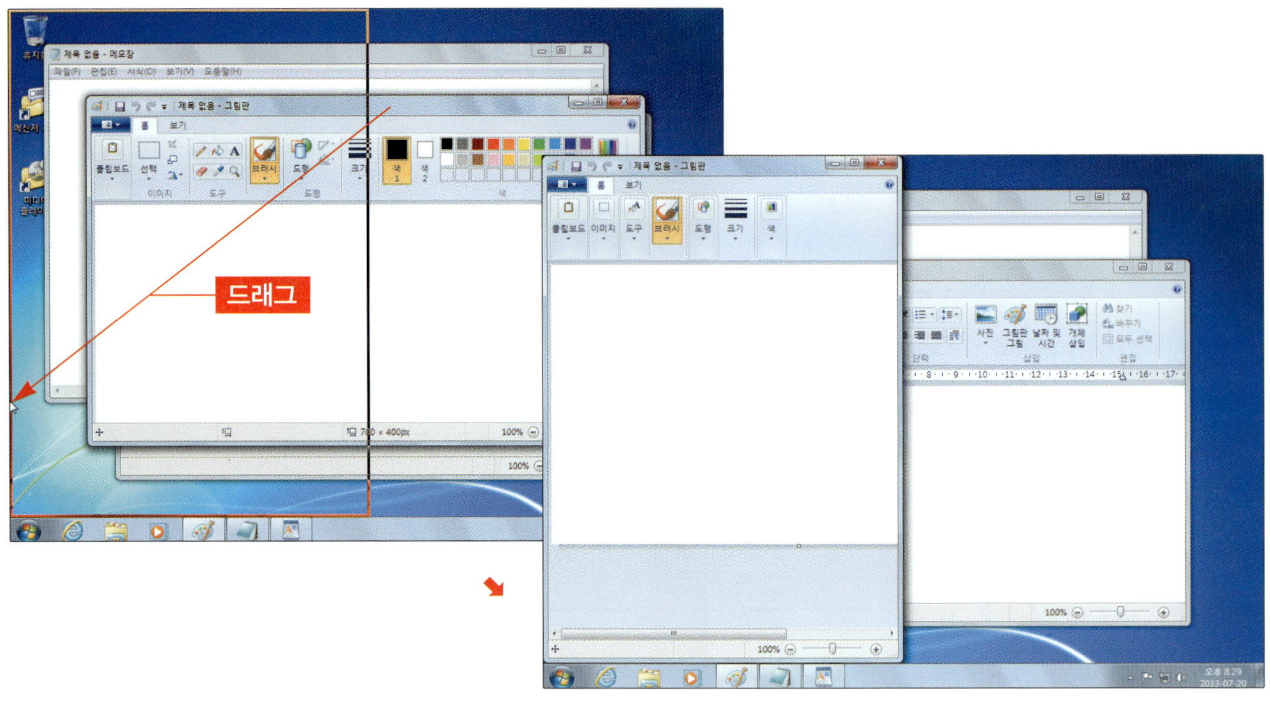

◉ 에어로 셰이크 사용하기

에어로 셰이크(Aero Shake)는 다음과 같이 창을 흔들면 해당 창 이외의 모든 창이 최소화되는 기능입니다. 창을 다시 흔들면 해당 창 이외의 모든 창이 최소화 이전 크기로 조정됩니다.

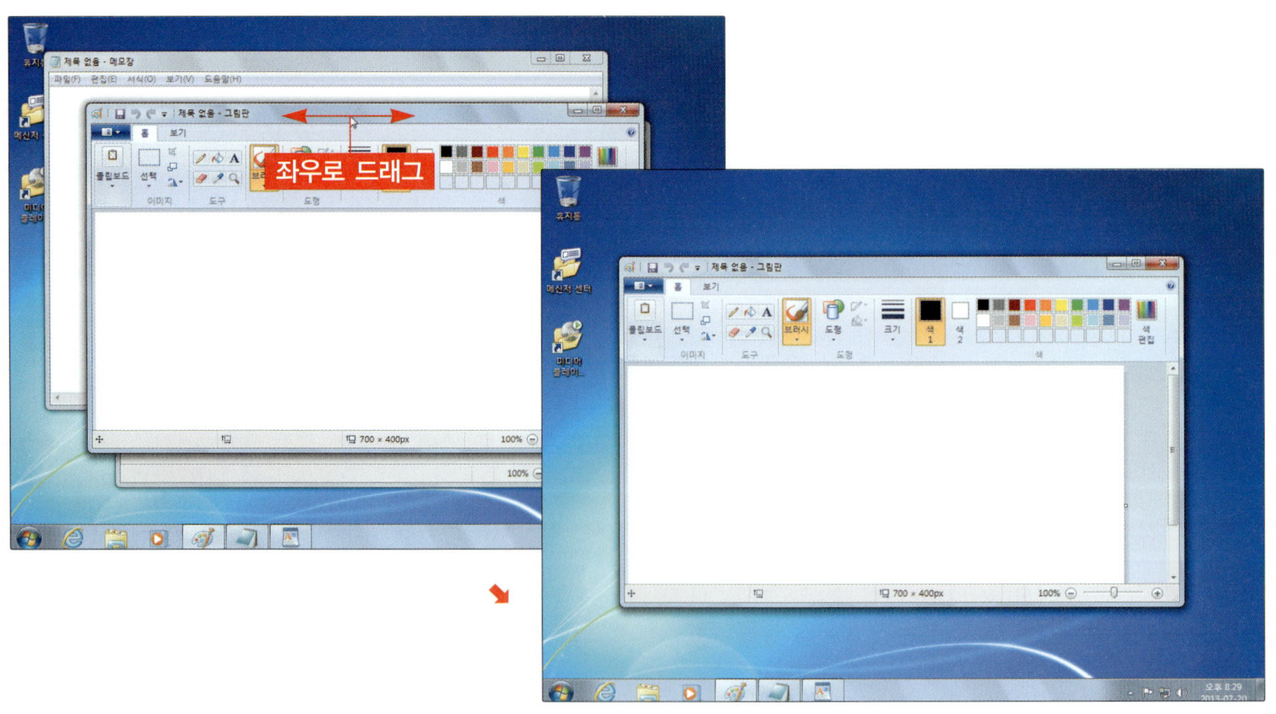

01 다음과 같이 그림판과 워드패드를 실행한 후 [그림판] 창을 최소화시켜 보세요.

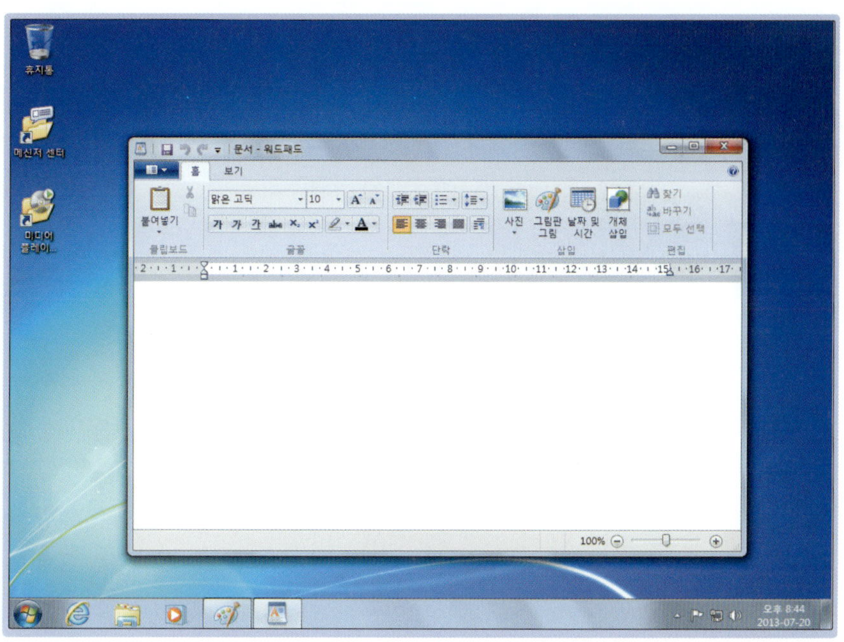

힌트

[그림판] 창의 창 조절 단추에서 ▭ [최소화] 단추를 클릭하면 [그림판] 창을 최소화시킬 수 있습니다.

02 다음과 같이 [워드패드] 창을 최대화시켜 보세요.

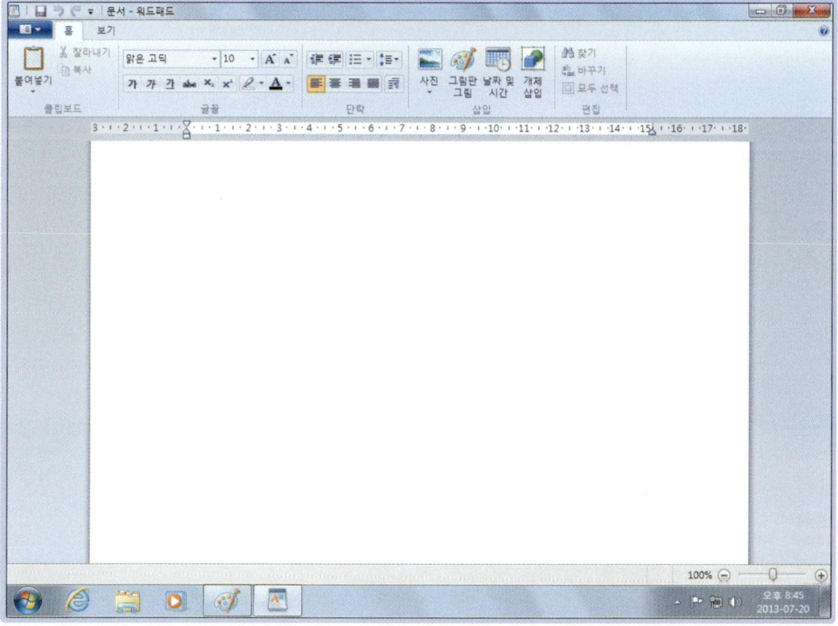

03 [그림판] 창과 [워드패드] 창을 닫아 보세요.

Chapter 04 프로그램 바로 실행하기

작업 표시줄에 프로그램을 고정하거나 바탕 화면에 프로그램의 바로 가기 아이콘을 만들면 시작 메뉴에서 해당 프로그램을 찾지 않고 바로 실행할 수 있습니다.
그럼, 프로그램을 바로 실행하는 방법에 대해 알아보겠습니다.

기초단계 01 작업 표시줄에 프로그램 고정하기

1 ⊙[시작] 단추를 클릭한 후 [모든 프로그램]-[보조프로그램]을 클릭한 다음 [그림판]의 바로 가기 메뉴에서 [작업 표시줄에 고정]을 클릭합니다.

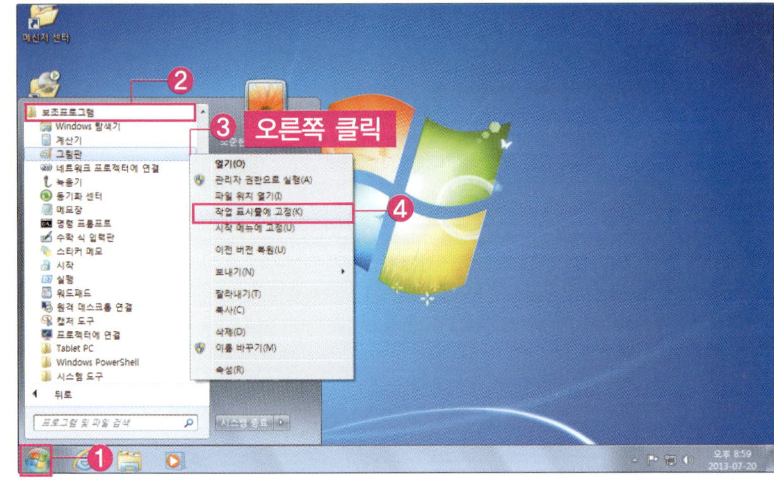

2 작업 표시줄에 그림판이 고정되면 작업 표시줄에서 [그림판] 단추를 클릭합니다.

한마디 더!

작업 표시줄에 있는 단추의 바로 가기 메뉴에서 [이 프로그램을 작업 표시줄에서 제거]를 클릭하면 작업 표시줄에서 해당 프로그램을 제거할 수 있습니다.

알고 넘어갑시다

◉ 점프 목록 사용하기

다음과 같이 작업 표시줄에 있는 단추의 바로 가기 메뉴에는 최근 항목이나 자주 사용하는 항목 등의 점프 목록이 있는데, 점프 목록에서 항목을 클릭하면 해당 항목을 바로 열 수 있습니다. 점프 목록은 최근에 연 문서나 사진 등의 항목을 프로그램별로 구분하여 놓은 목록입니다.

◉ 에어로 피크 사용하기

에어로 피크(Aero Peek)는 다음과 같이 작업 표시줄에 있는 단추로 마우스 포인터를 가져간 후 섬네일로 표시된 창으로 마우스 포인터를 가져가면 해당 창 이외의 다른 창이 투명 처리되어 해당 창을 손쉽게 확인할 수 있는 기능입니다. 섬네일로 표시된 창으로 마우스 포인터를 가져간 후 클릭하면 해당 창이 활성화되고, ☒[닫기] 단추를 클릭하면 해당 창이 닫힙니다.

1 ◉[시작] 단추를 클릭한 후 [모든 프로그램]-[보조프로그램]을 클릭한 다음 [메모장]의 바로 가기 메뉴에서 [보내기]-[바탕 화면에 바로 가기 만들기]를 클릭합니다.

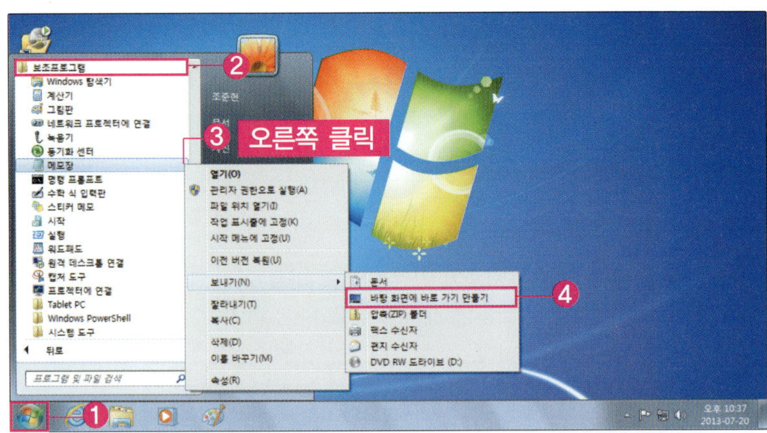

한마디 더!

바로 가기 아이콘은 프로그램이나 데이터 등에 연결되어 있는 아이콘으로 아이콘 왼쪽 아래에 🔳 표시가 있습니다.

2 바탕 화면에 메모장의 바로 가기 아이콘(🔳)이 만들어지면 메모장의 바로 가기 아이콘(🔳)을 더블클릭합니다.

한마디 더!

바탕 화면에 있는 바로 가기 아이콘을 선택한 후 Delete 를 누르거나 바로 가기 메뉴에서 [삭제]를 클릭하면 바탕 화면에서 해당 바로 가기 아이콘을 삭제할 수 있습니다.

3 메모장이 실행됩니다.

알 고 넘 어 갑 시 다

◉ 시작 메뉴에 프로그램 고정하기

다음과 같이 ◉[시작] 단추를 클릭한 후 [모든 프로그램]-[보조프로그램]을 클릭한 다음 [메모장]의 바로 가기 메뉴에서 [시작 메뉴에 고정]을 클릭하면 시작 메뉴에 메모장을 고정시킬 수 있습니다. 시작 메뉴에 프로그램을 고정하면 시작 메뉴에서 해당 프로그램을 찾지 않고 ◉[시작] 단추를 클릭한 후 해당 프로그램을 클릭하여 바로 실행할 수 있습니다. 시작 메뉴에서 해당 프로그램을 제거하려면 ◉[시작] 단추를 클릭한 후 해당 프로그램의 바로 가기 메뉴에서 [시작 메뉴에서 제거]나 [이 목록에서 제거]를 클릭하면 됩니다.

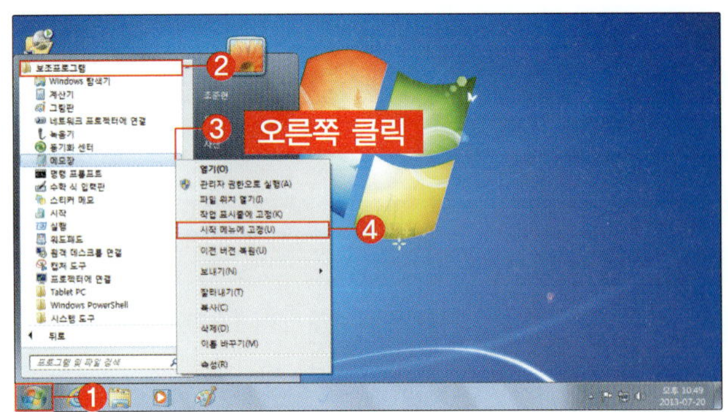

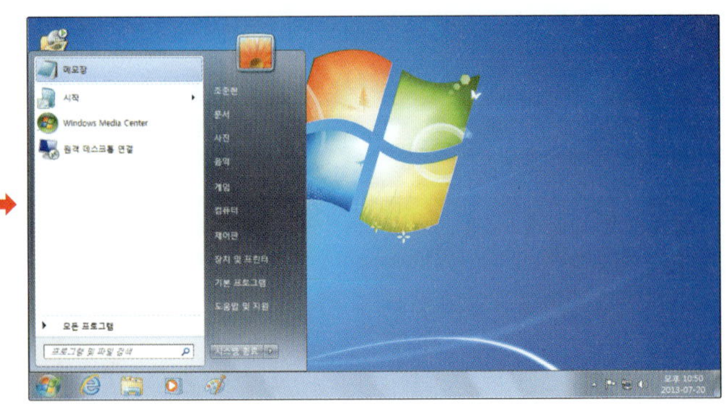

01 다음과 같이 작업 표시줄에 워드패드를 고정시킨 후 작업 표시줄에서 [워드패드] 단추를 클릭하여 워드패드를 실행시켜 보세요.

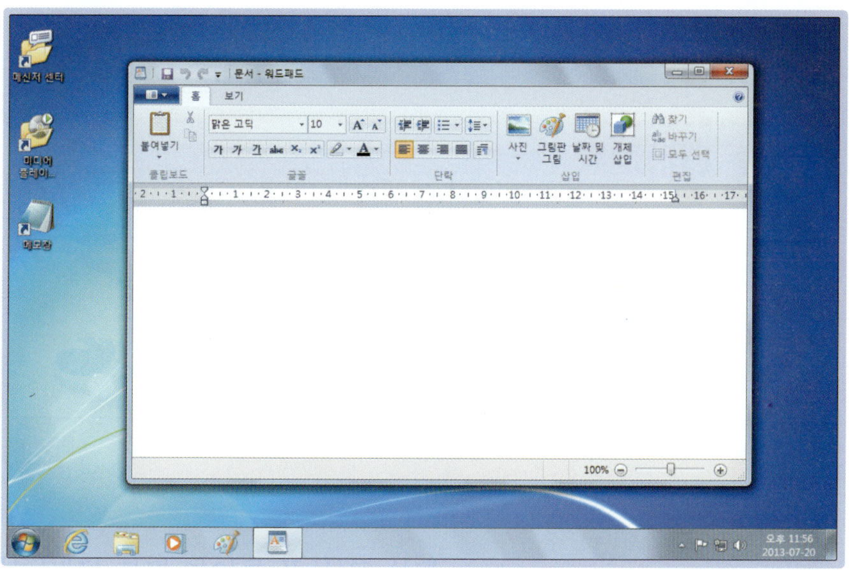

힌트

[시작] 단추를 클릭한 후 [모든 프로그램]-[보조프로그램]을 클릭한 다음 [워드패드]의 바로 가기 메뉴에서 [작업 표시줄에 고정]을 클릭하면 작업 표시줄에 워드패드를 고정시킬 수 있습니다.

02 다음과 같이 바탕 화면에 스티커 메모의 바로 가기 아이콘( )을 만든 후 바탕 화면에서 스티커 메모의 바로 가기 아이콘( )을 더블클릭하여 스티커 메모를 실행시켜 보세요.

03 작업 표시줄에서 그림판과 워드패드를 제거한 후 바탕 화면에서 메모장의 바로 가기 아이콘( )과 스티커 메모의 바로 가기 아이콘( )을 삭제해 보세요.

05 작업 표시줄 다루기

준비단계
작업 표시줄은 기본적으로 바탕 화면 아래쪽 가장자리에 위치하고 있지만 왼쪽, 오른쪽, 위쪽 가장자리에 위치하게 할 수 있으며 작업 표시줄의 크기를 바탕 화면 크기의 50%(1/2)까지 조정할 수 있습니다. 그럼, 작업 표시줄을 다루는 방법에 대해 알아보겠습니다.

미리보기

기초단계 01 작업 표시줄의 크기 조정하고 위치 변경하기

1 작업 표시줄의 크기를 조정하기 위해 **다음과 같이 작업 표시줄의 경계선을 드래그합니다.**

한마디 더!

작업 표시줄의 경계선으로 마우스 포인터를 가져가서 마우스 포인터가 ↕ 모양으로 변경되었을 때 위쪽으로 드래그합니다.

◉ **작업 표시줄의 크기를 조정할 수 없는 경우**

작업 표시줄의 크기를 조정할 수 없는 경우에는 다음과 같이 작업 표시줄의 바로 가기 메뉴에서 [작업 표시줄 잠금]을 선택 해제합니다.

2 작업 표시줄의 크기가 조정되면 작업 표시줄의 위치를 변경하기 위해 다음과 같이 작업 표시줄을 드래그합니다.

3 다음과 같이 작업 표시줄의 위치가 변경됩니다.

4 같은 방법으로 작업 표시줄의 위치를 바탕 화면 아래쪽 가장자리에 위치하게 한 후 작업 표시줄의 크기를 원래의 크기로 조정합니다.

1 작업 표시줄의 바로 가기 메뉴에서 [속성]을 클릭합니다.

알 고 넘 어 갑 시 다

◉ 날짜와 시간 변경하기

다음과 같이 알림 영역에 있는 시계의 바로 가기 메뉴에서 [날짜/시간 조정]을 클릭하면 [날짜 및 시간] 대화상자가 나타납니다. [날짜 및 시간] 대화상자의 [날짜 및 시간] 탭에서 [날짜 및 시간 변경] 단추를 클릭하면 날짜와 시간을 변경할 수 있습니다. 탭은 지정할 내용을 공통성 있는 내용별로 구분하여 놓은 곳으로 '시트 탭'이라고도 하며 탭을 클릭하였을 때 지정할 내용이 표시되는 곳을 '시트'라고 합니다.

2 [작업 표시줄 및 시작 메뉴 속성] 대화상자가 나타나면 [작업 표시줄] 탭에서 [작업 표시줄 자동 숨기기]와 [작은 아이콘 사용]을 선택한 후 [확인] 단추를 클릭합니다.

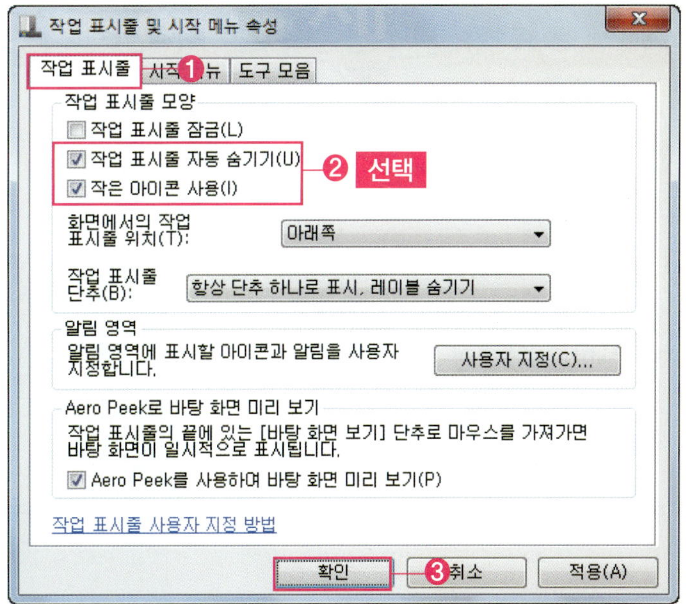

> **한마디 더!**
>
> [확인] 단추를 클릭하면 지정한 내용을 적용하고 대화상자를 닫지만 [취소] 단추를 클릭하면 지정한 내용을 적용하지 않고 대화상자를 닫습니다. [적용] 단추를 클릭하면 지정한 내용은 적용하지만 대화상자는 닫지 않습니다.

알고 넘어갑시다

● 작업 표시줄에 있는 단추에 아이콘과 레이블 표시하기

[작업 표시줄 및 시작 메뉴 속성] 대화상자의 [작업 표시줄] 탭에서 작업 표시줄 단추를 '단추 하나로 표시 안 함'으로 선택하면 다음과 같이 작업 표시줄에 있는 단추에 아이콘과 레이블(파일 이름, 폴더 이름, 프로그램 이름 등)이 표시되는 것을 확인할 수 있습니다.

3 다음과 같이 작업 표시줄로 마우스 포인터를 가져가면 작업 표시줄이 표시되고 작업 표시줄에 있는 단추의 아이콘이 작은 아이콘으로 표시된 것을 확인할 수 있습니다.

> **한마디 더!**
>
> 작업 표시줄로 마우스 포인터를 가져가지 않으면 작업 표시줄이 자동으로 숨겨집니다.

4 같은 방법으로 [작업 표시줄 및 시작 메뉴 속성] 대화상자의 [작업 표시줄] 탭에서 [작업 표시줄 자동 숨기기]와 [작은 아이콘 사용]을 선택 해제합니다.

1 그림판을 실행하기 위해 ⊙[시작] 단추를 클릭한 후 [모든 프로그램]-[보조프로그램]을 클릭한 다음 [그림판]을 클릭합니다.

2 다음과 같이 ▌[바탕 화면 보기]로 마우스 포인터를 가져가면 [그림판] 창이 투명 처리되어 바탕 화면을 확인할 수 있습니다.

알고 넘어 갑시다

◉ ▌[바탕 화면 보기]로 마우스 포인터를 가져가도 창이 투명 처리되지 않는 경우

▌[바탕 화면 보기]로 마우스 포인터를 가져가도 창이 투명 처리되지 않는 경우에는 다음과 같이 [작업 표시줄 및 시작 메뉴 속성] 대화상자의 [작업 표시줄] 탭에서 [Aero Peek를 사용하여 바탕 화면 미리 보기]를 선택하거나 ▌[바탕 화면 보기]의 바로 가기 메뉴에서 [바탕 화면 미리 보기]를 선택합니다.

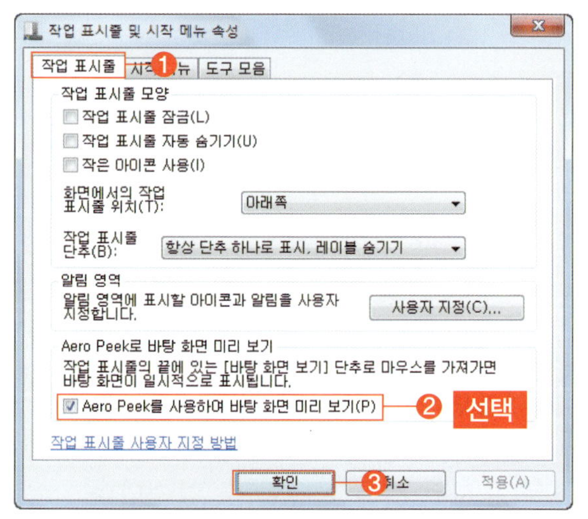

3 다음과 같이 ▌[바탕 화면 보기]를 클릭하면 창이 최소화되어 바탕 화면을 확인할 수 있습니다.

한마디 더!

▌[바탕 화면 보기]를 다시 클릭하면 최소화된 창이 최소화 이전의 크기로 조정됩니다.

01 다음과 같이 작업 표시줄의 크기를 바탕 화면 크기의 50%로 조정한 후 바탕 화면 위쪽 가장자리에 위치하게 해 보세요.

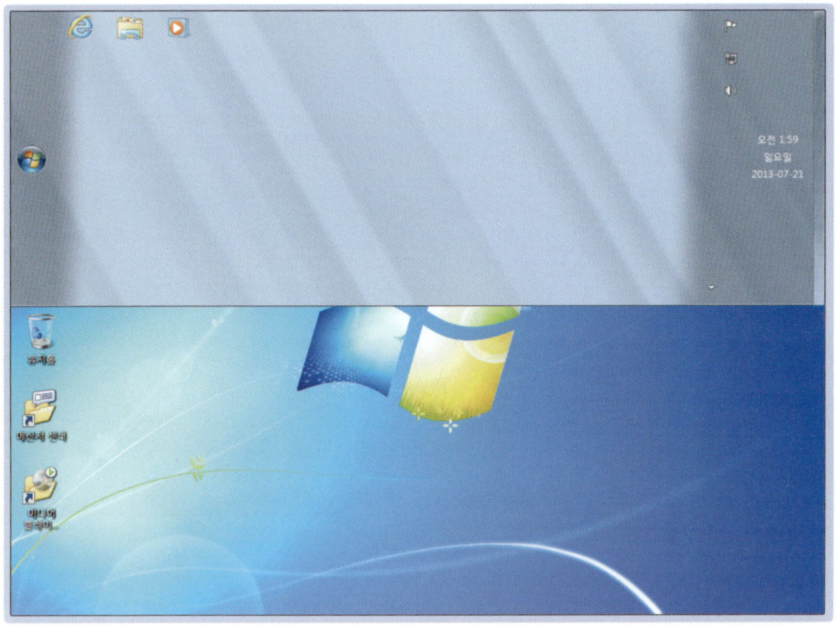

02 작업 표시줄의 위치를 바탕 화면 아래쪽 가장자리에 위치하게 한 후 작업 표시줄의 크기를 원래의 크기로 조정해 보세요.

03 다음과 같이 워드패드를 실행한 후 [워드패드] 창을 투명 처리하여 바탕 화면을 확인해 보세요.

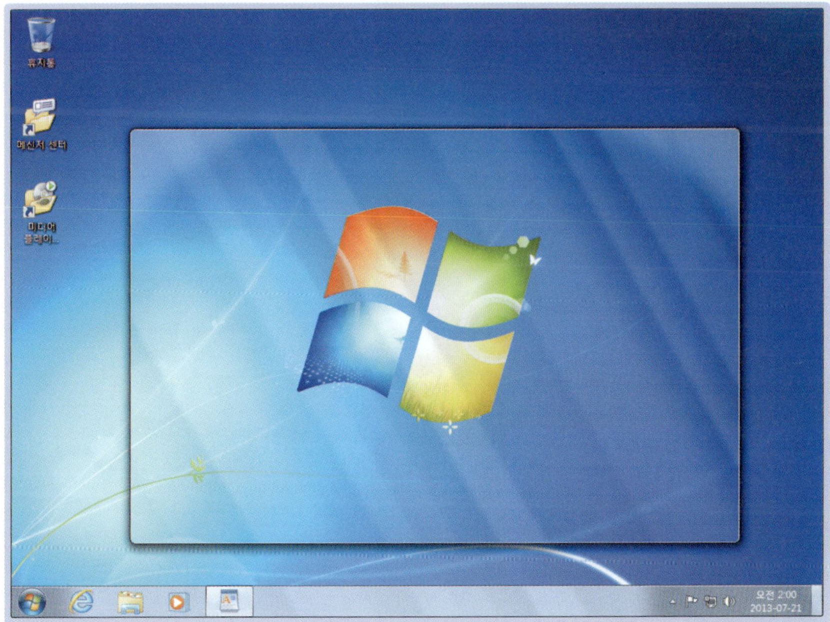

힌트

[바탕 화면 보기]로 마우스 포인터를 가져가면 [워드패드] 창을 투명 처리하여 바탕 화면을 확인할 수 있습니다.

Chapter 06 바탕 화면 설정하기

준비단계

윈도우 7에서는 바탕 화면의 전반적인 디자인을 변경할 수 있는 테마를 제공하며 엔터테인먼트나 보안을 목적으로 화면 보호기를 설정하거나 화면 해상도를 변경할 수 있습니다.
그럼, 바탕 화면을 설정하는 방법에 대해 알아보겠습니다.

미리보기

기초단계 01 테마 지정하기

1 바탕 화면의 바로 가기 메뉴에서 [개인 설정]을 클릭합니다.

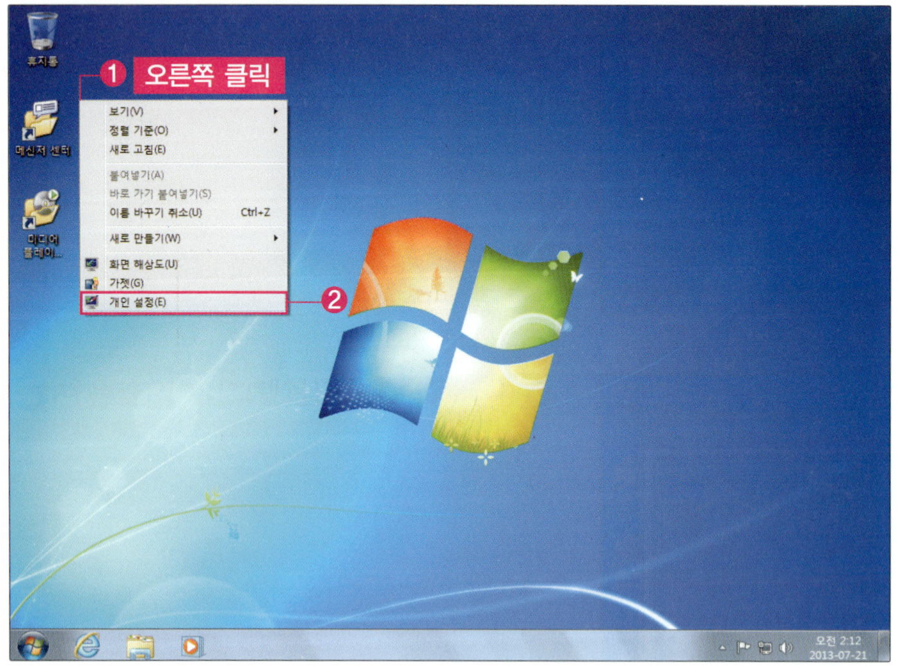

한마디 더!

바탕 화면의 바로 가기 메뉴에서 [정렬 기준]-[이름]/[크기]/[항목 유형]/[수정한 날짜]를 클릭하면 바탕 화면 아이콘을 해당 정렬 기준으로 정렬할 수 있습니다.

2 [개인 설정] 창이 나타나면 Aero 테마에서 **테마(경치)를 선택**한 후 **[바탕 화면 배경]을 클릭**합니다.

3 [바탕 화면 배경] 창이 나타나면 **사진 변경 간격(3분)과 [순서 섞기]를 선택**한 후 **[변경 내용 저장] 단추를 클릭**합니다.

- 사진을 두 장 이상 선택한 경우에만 사진 변경 간격을 선택할 수 있으며 [순서 섞기]를 선택하면 사진이 순서대로 표시되지 않고 임의의 순서대로 표시됩니다.
- [찾아보기] 단추를 클릭하면 컴퓨터에 저장되어 있는 사진을 바탕 화면의 배경으로 설정할 수 있습니다.

4 [개인 설정] 창이 다시 나타나면 [개인 설정] 창을 닫기 위해 창 조절 단추에서 **[닫기] 단추를 클릭**합니다.

5 다음과 같이 테마가 지정됩니다.

1 바탕 화면의 바로 가기 메뉴에서 [개인 설정]을 클릭합니다.

한마디 더!

화면 보호기는 일정 시간 동안 컴퓨터를 사용하지 않으면 화면을 어둡게 하거나 움직이는 그림을 표시하여 화면을 보호하는 프로그램입니다. 오늘날의 화면 보호기는 엔터테인먼트나 보안을 목적으로 사용합니다.

2 [개인 설정] 창이 나타나면 [화면 보호기]를 클릭합니다.

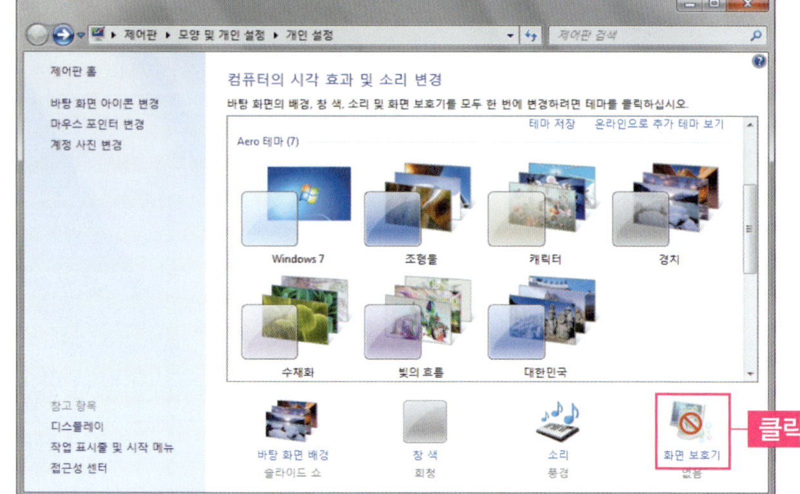

한마디 더!

[창 색]을 클릭하면 창의 테두리, 시작 메뉴, 작업 표시줄의 색을 변경할 수 있습니다.

알 고 넘 어 갑 시 다

● 바탕 화면에 가젯 추가하기

바탕 화면의 바로 가기 메뉴에서 [가젯]을 클릭하면 [바탕 화면 가젯 갤러리] 창이 나타납니다. 다음과 같이 [바탕 화면 가젯 갤러리] 창에서 가젯을 더블클릭하거나 가젯의 바로 가기 메뉴에서 [추가]를 클릭하면 바탕 화면에 가젯을 추가할 수 있습니다. 가젯은 날씨, 시계, 일정, 환율 등의 미니 프로그램입니다. 바탕 화면에 가젯을 추가하면 실시간으로 정보를 확인하거나 자주 사용하는 도구를 손쉽게 사용할 수 있습니다. 가젯을 닫으려면 가젯의 바로 가기 메뉴에서 [가젯 닫기]를 클릭하면 됩니다.

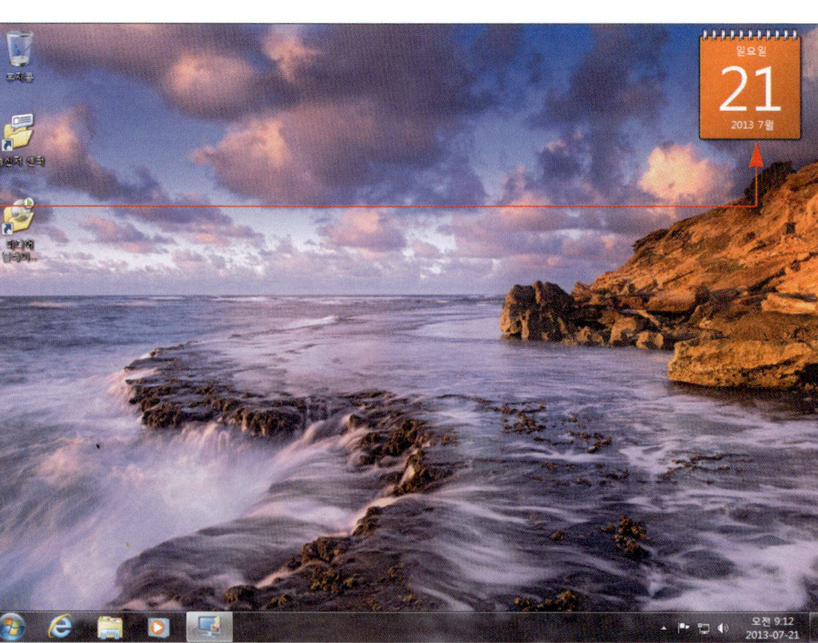

3 [화면 보호기 설정] 대화상자가 나타나면 **화면 보호기(리본)를 선택**한 후 **대기(3)를 입력**한 다음 [확인] 단추를 클릭합니다.

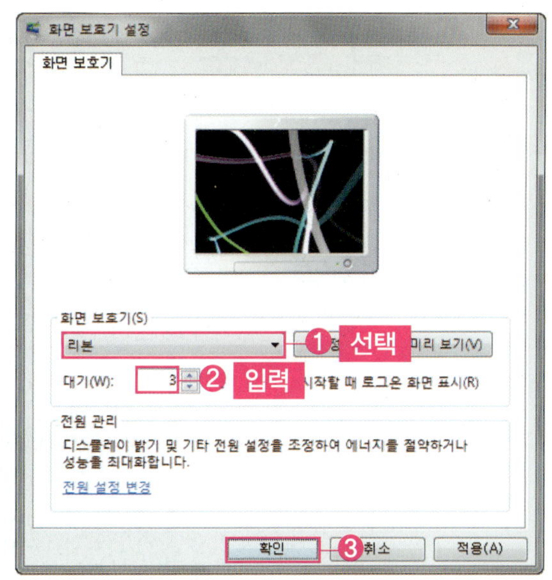

4 [개인 설정] 창이 다시 나타나면 [개인 설정] 창을 닫기 위해 창 조절 단추에서 **[닫기] 단추를 클릭**합니다.

5 지정한 대기 시간동안 컴퓨터를 사용하지 않으면 다음과 같이 화면 보호기가 자동으로 실행됩니다.

● 바탕 화면 아이콘의 크기 조정하기

바탕 화면의 바로 가기 메뉴에서 [보기]-[큰 아이콘]을 클릭하면 다음과 같이 바탕 화면 아이콘의 크기를 크게 조정하여 보기 쉽게 만들 수 있습니다.

1 바탕 화면의 바로 가기 메뉴에서 [화면 해상도]를 클릭합니다.

한마디 더!

화면 해상도는 화면의 선명도를 말하는 것으로 '1024 × 768'과 같이 곱하기 형식으로 나타냅니다. '1024 × 768'은 786,432개의 점(가로 1024개의 점, 세로 768개의 점)으로 화면을 표시할 수 있다는 것입니다.

2 [화면 해상도] 창이 나타나면 **해상도 (1280 × 1024)를 선택**한 후 [확인] 단추를 클릭합니다.

3 화면이 잠시 동안 검은 화면이 된 후 [디스플레이 설정] 대화상자가 나타나면 [변경한 설정 유지] 단추를 클릭합니다.

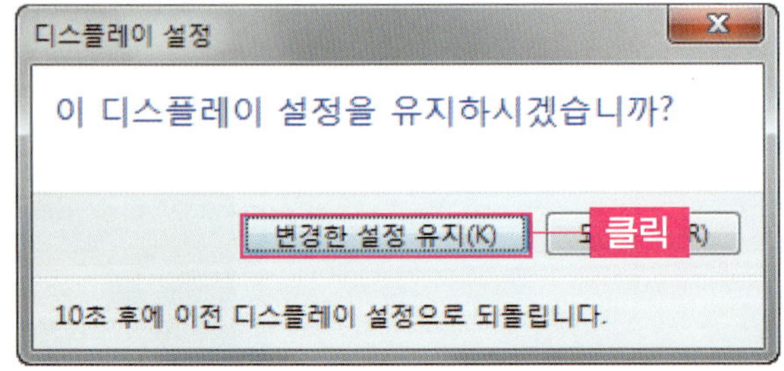

4 다음과 같이 화면 해상도가 변경됩니다.

한마디 더!

화면 해상도를 높이면 바탕 화면 아이콘의 크기는 작아지고 상대적으로 바탕 화면은 커집니다.

01 화면 해상도를 '1024 × 768'로 변경해 보세요.

힌트

> 바탕 화면의 바로 가기 메뉴에서 [화면 해상도]를 클릭하면 화면 해상도를 변경할 수 있습니다.

02 다음과 같이 테마를 지정해 보세요.

- **테마** : 수채화
- **순서 섞기** : 선택
- **사진 변경 간격** : 1분

03 다음과 같이 화면 보호기를 설정해 보세요.

- **화면 보호기** : 비눗방울
- **대기** : 1분

Chapter 07 파일과 폴더 다루기

준비단계 컴퓨터로 작업하여 저장한 문서나 그림 등을 '파일'이라고 하며 파일이 저장된 공간을 '폴더'라고 합니다. 즉, 파일이 책이라면 폴더는 책을 보관하는 책장이라고 할 수 있습니다.
그럼, 파일과 폴더를 다루는 방법에 대해 알아보겠습니다.

미리보기

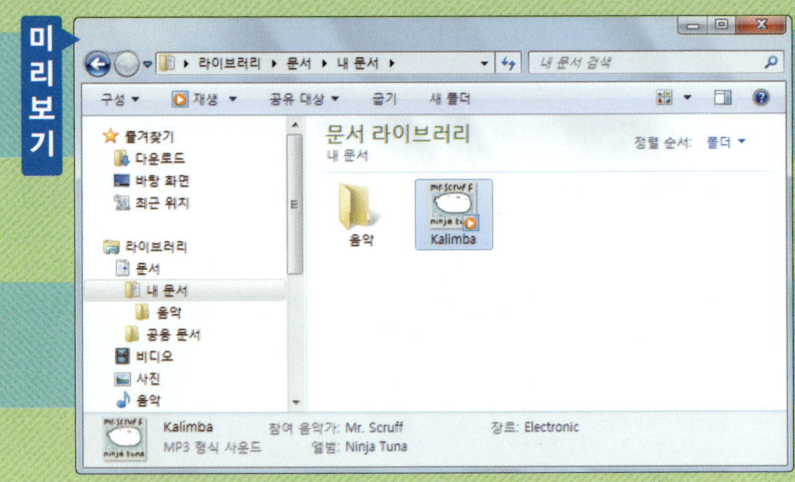

기초단계 01 새 폴더 만들기

1 Windows 탐색기를 실행하기 위해 ⊙[시작] 단추를 클릭한 후 [모든 프로그램]-[보조프로그램]을 클릭한 다음 [Windows 탐색기]를 클릭합니다.

한마디 더!

작업 표시줄에서 📁[Windows 탐색기] 단추를 클릭하여 Windows 탐색기를 실행할 수도 있습니다.

알고 넘어갑시다

● Windows 탐색기의 구성

❶ **주소 표시줄** : 현재 선택되어 있는 폴더의 경로(현재 위치를 자세히 열거한 것)와 이름이 표시되는 곳입니다.

❷ **도구 모음** : 자주 사용하는 기능을 단추로 만들어 놓은 곳입니다.

❸ **[탐색] 창** : 폴더를 표시하는 곳입니다.

❹ **[내용] 창** : [탐색] 창에서 선택한 폴더의 내용(파일이나 폴더)을 표시하는 곳입니다.

❺ **세부 정보 창** : 선택한 파일/폴더의 개수나 정보가 표시되는 곳입니다.

❻ **이동 막대** : 창의 내용을 한 화면에 표시하지 못한 경우에 나타나는 막대입니다. 이동 막대를 드래그하면 표시하지 못한 내용을 확인할 수 있으며 가로 이동 막대와 세로 이동 막대가 있습니다.

2 Windows 탐색기가 실행되면 새 폴더를
만들기 위해 [탐색] 창에서 '라이브러리\문
서\내 문서' 폴더를 선택한 후 도구 모음에
서 [새 폴더]를 클릭합니다.

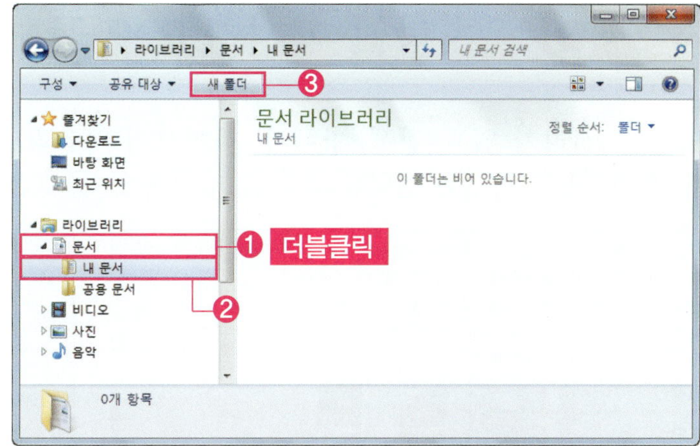

한마디 더!

• 폴더의 경로를 표기할 때는 '라이브러리\문서'와 같이 역슬래시(\)를 사용하여 표기합니다.
• [탐색] 창에서 '문서' 폴더를 더블클릭하면 '문서' 폴더 앞의 ▷ 표시가 ◢ 표시로 변경되면서 '내 문서' 폴더가 나타납니다. 즉, 폴더
  앞의 ▷ 표시는 하위 폴더가 있지만 표시되어 있지 않다는 의미이고, ◢ 표시는 하위 폴더가 표시되어 있다는 의미입니다.

3 새 폴더가 만들어지면 새 폴더의 이름(음악)을 입력한 후 Enter 를 누릅니다.

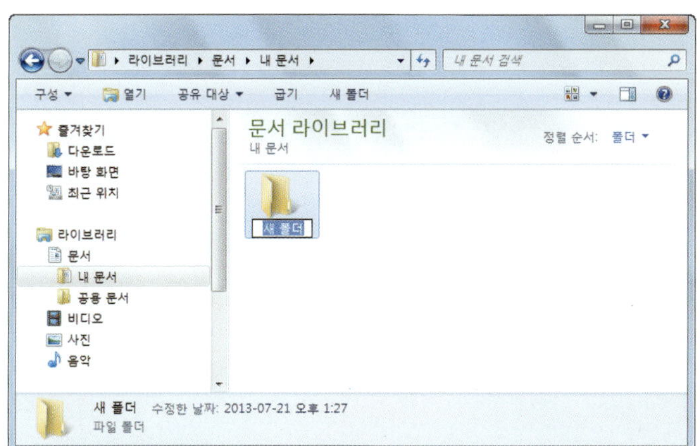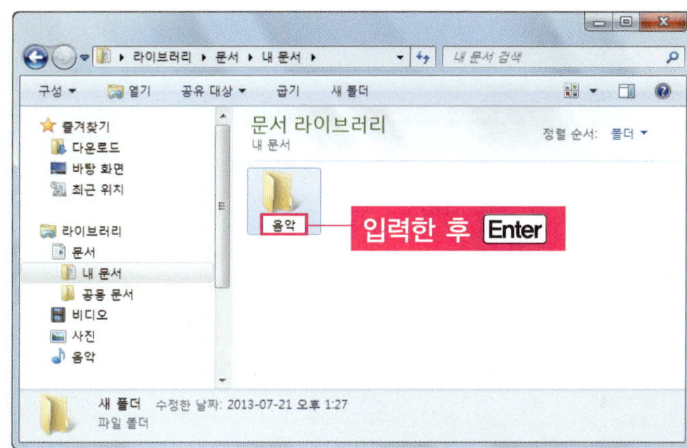

한마디 더!

• 새 폴더의 기본 이름은 '새 폴더'입니다.
• 파일/폴더를 선택한 후 도구 모음에서 [구성]을 클릭한 다음 [이름 바꾸기]를 클릭하거나 F2 를 누르면 파일/폴더의 이름을 바꿀 수
  있습니다.

4 새 폴더의 이름이 '음악'으로 바꾸어집니다.

알 고 넘 어 갑 시 다

● **파일/폴더 선택하기**

• **연속적인 파일/폴더 선택** : 첫 번째 파일/폴더를 선택한 후 Shift 를 누른 상태에서 마지막 파일/폴더를 선택합니다.
• **비연속적인 파일/폴더 선택** : 첫 번째 파일/폴더를 선택한 후 Ctrl 을 누른 상태에서 다른 파일/폴더를 선택합니다.
• **모든 파일/폴더 선택** : 도구 모음에서 [구성]을 클릭한 후 [모두 선택]을 클릭하거나 Ctrl + A 를 누릅니다.

1 파일을 복사하기 위해 [탐색] 창에서 '라이브러리\음악\공용 음악\음악 샘플' 폴더를 선택한 후 [내용] 창에서 'Kalimba' 파일을 선택합니다. 그런 다음 도구 모음에서 [구성]을 클릭한 후 [복사]를 클릭합니다.

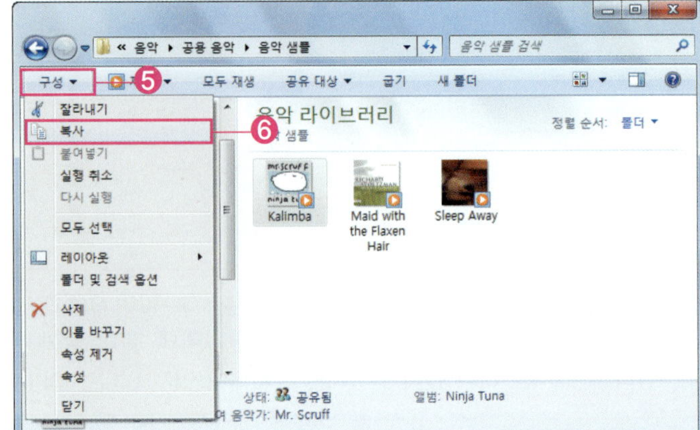

2 [탐색] 창에서 '라이브러리\문서\내 문서\음악' 폴더를 선택한 후 도구 모음에서 [구성]을 클릭한 다음 [붙여넣기]를 클릭합니다.

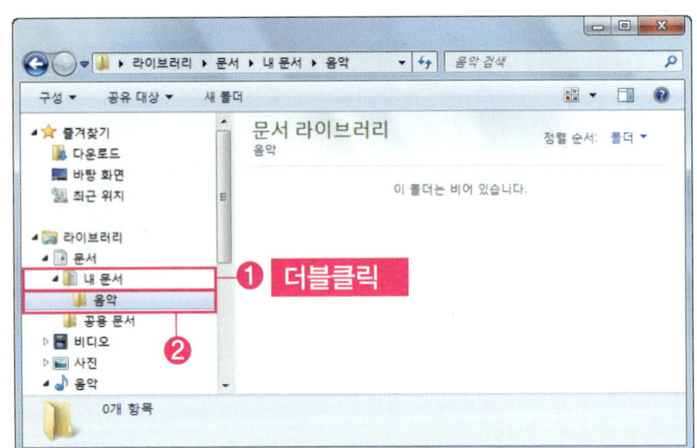
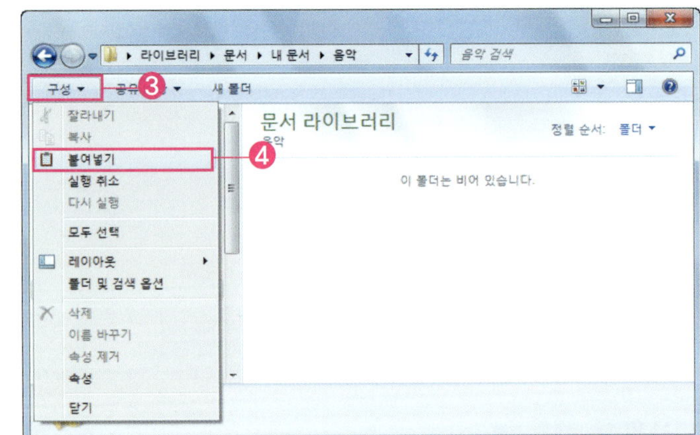

3 다음과 같이 '음악 샘플' 폴더에 있는 'Kalimba' 파일이 '음악' 폴더에 복사됩니다.

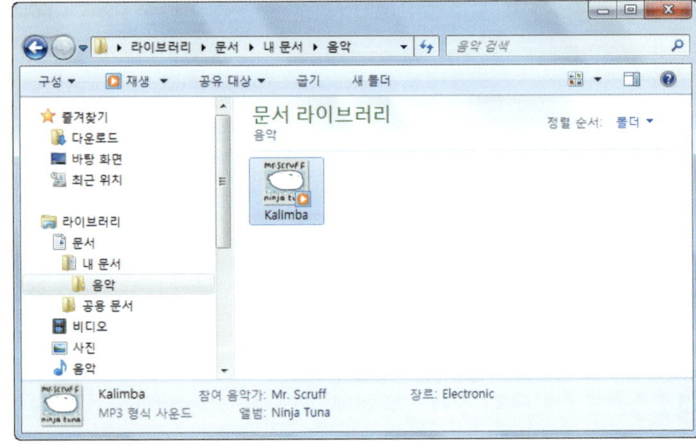

4 파일을 이동하기 위해 [탐색] 창에서 '라이브러리\문서\내 문서\음악' 폴더를 선택한 후 [내용] 창에서 'Kalimba' 파일을 선택합니다. 그런 다음 도구 모음에서 [구성]을 클릭한 후 [잘라내기]를 클릭합니다.

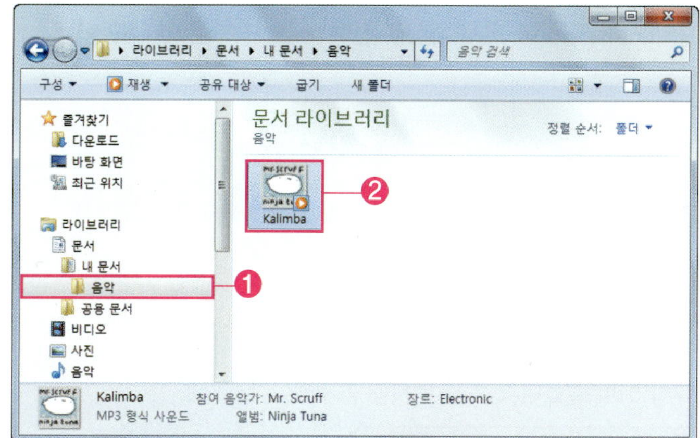
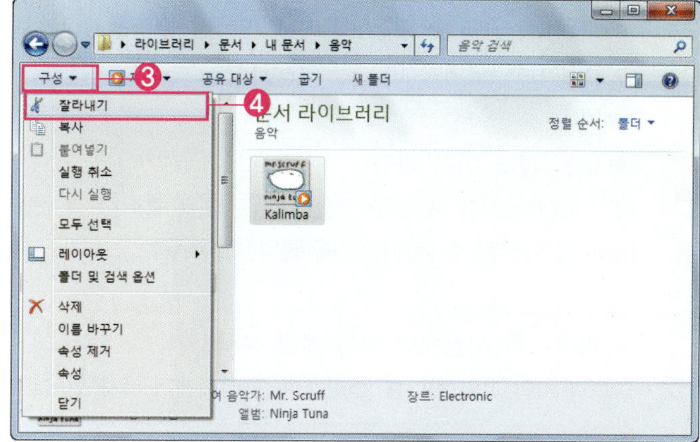

5 [탐색] 창에서 '라이브러리\문서\내 문서' 폴더를 선택한 후 도구 모음에서 [구성]을 클릭한 다음 [붙여넣기]를 클릭합니다.

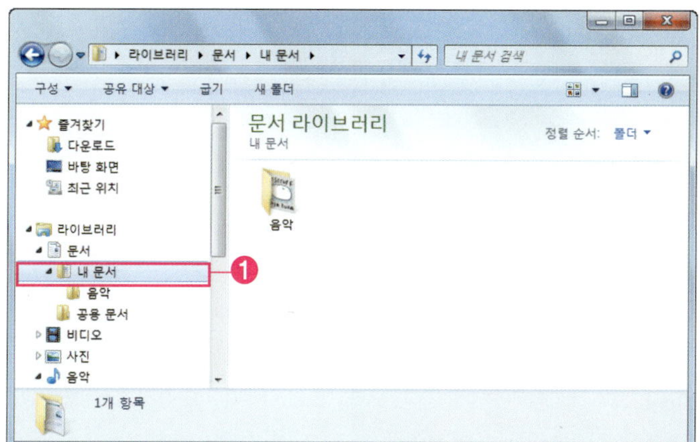
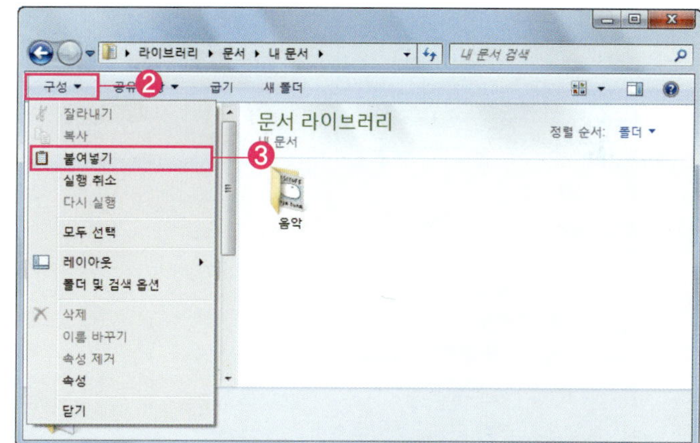

6 다음과 같이 '음악' 폴더에 있는 'Kalimba' 파일이 '내 문서' 폴더로 이동됩니다.

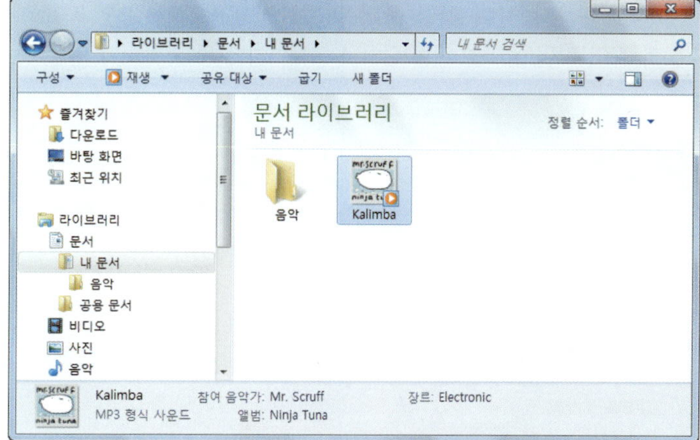

◉ 파일/폴더 복사 과정

파일/폴더를 선택 ➡ 도구 모음에서 [구성]을 클릭한 후 [복사]를 클릭(Ctrl+C) ➡ 복사 위치를 선택 ➡ 도구 모음에서 [구성]을 클릭한 후 [붙여넣기]를 클릭(Ctrl+V)

◉ 파일/폴더 이동 과정

파일/폴더를 선택 ➡ 도구 모음에서 [구성]을 클릭한 후 [잘라내기]를 클릭(Ctrl+X) ➡ 이동 위치를 선택 ➡ 도구 모음에서 [구성]을 클릭한 후 [붙여넣기]를 클릭(Ctrl+V)

◉ 마우스를 사용하여 파일/폴더 복사하기

다음과 같이 파일/폴더를 Ctrl을 누른 상태에서 복사 위치로 드래그하면 파일/폴더가 복사 위치에 복사됩니다.

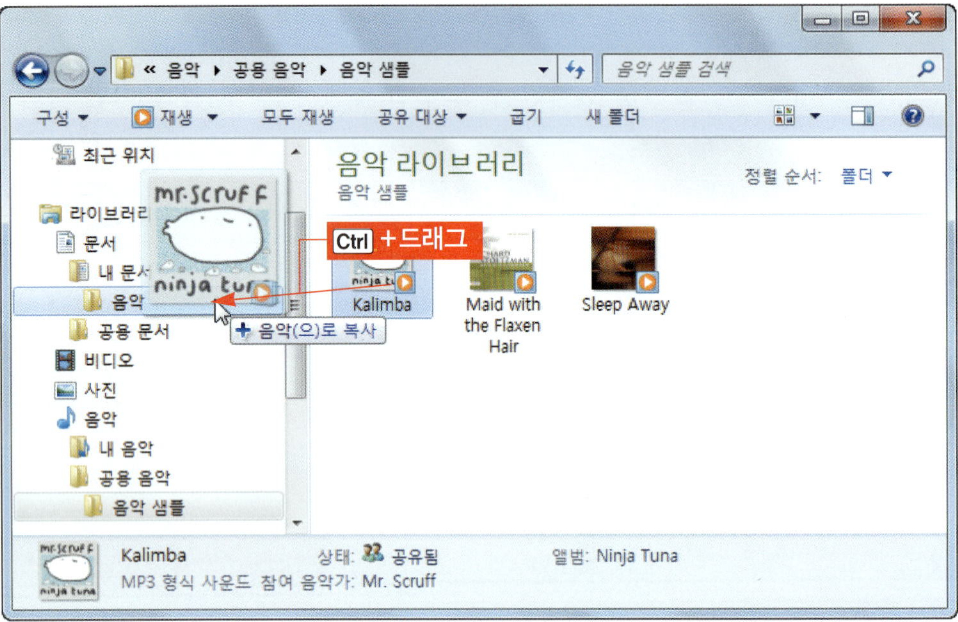

◉ 마우스를 사용하여 파일/폴더 이동하기

다음과 같이 파일/폴더를 이동 위치로 드래그하면 파일/폴더가 이동 위치로 이동됩니다.

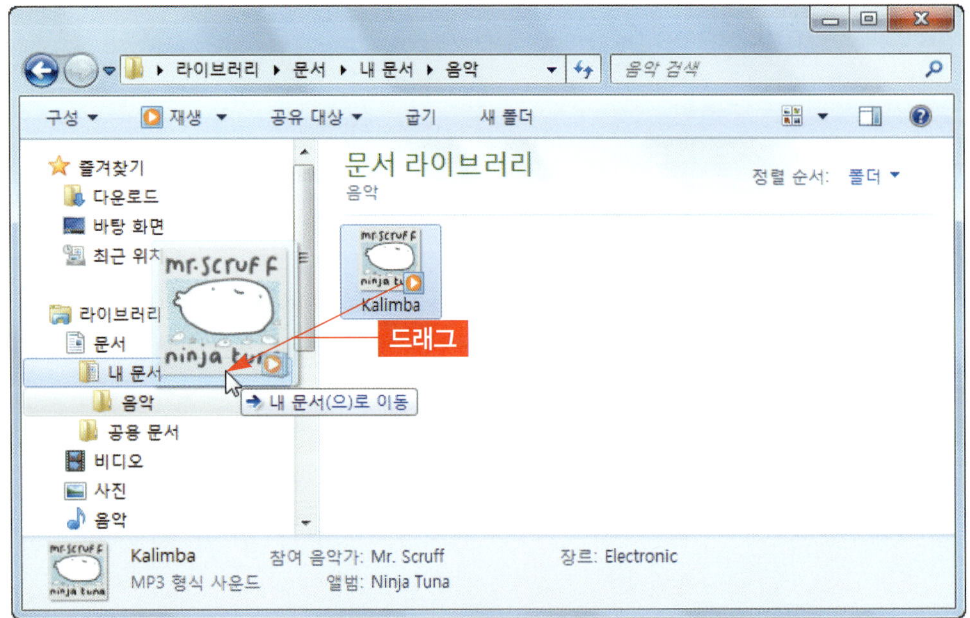

1 파일을 삭제하기 위해 [탐색] 창에서 '라이브러리\문서\내 문서' 폴더를 선택한 후 [내용] 창에서 'Kalimba' 파일을 선택합니다. 그런 다음 도구 모음에서 [구성]을 클릭한 후 [삭제]를 클릭합니다.

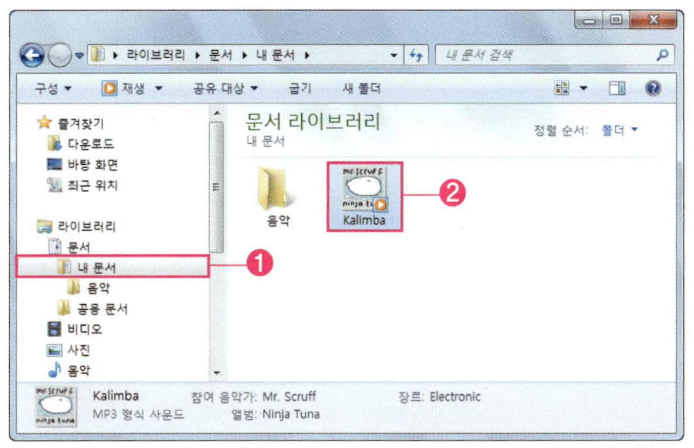 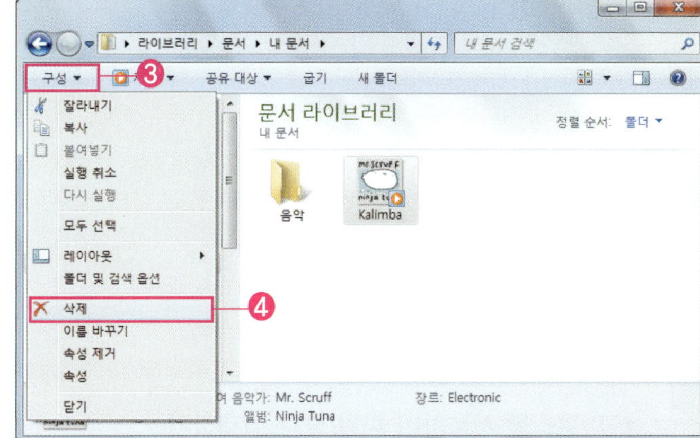

한마디 더!

파일을 선택한 후 Delete 를 눌러 파일을 삭제할 수도 있습니다.

2 [파일 삭제] 대화상자가 나타나면 [예] 단추를 클릭합니다.

3 파일이 삭제됩니다.

4 폴더를 삭제하기 위해 [탐색] 창에서 '라이브러리\문서\내 문서' 폴더를 선택한 후 [내용] 창에서 '음악' 폴더를 선택합니다. 그런 다음 도구 모음에서 [구성]을 클릭한 후 [삭제]를 클릭합니다.

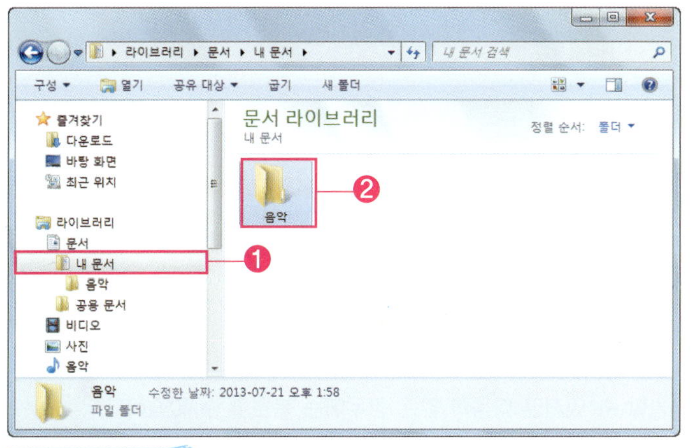 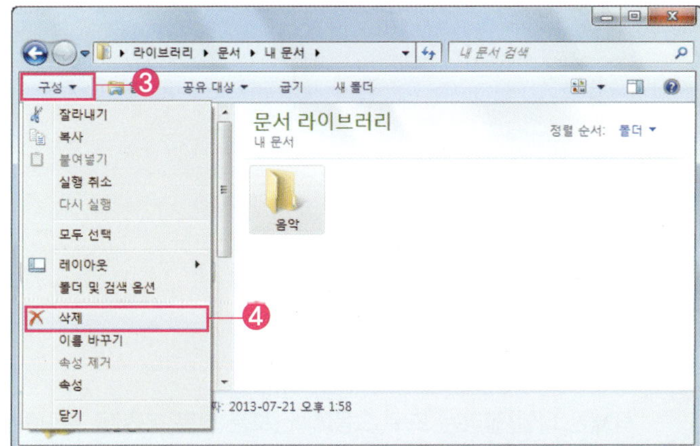

한마디 더!

폴더를 선택한 후 Delete 를 눌러 폴더를 삭제할 수도 있습니다.

5 [폴더 삭제] 대화상자가 나타나면 [예] 단추를 클릭합니다.

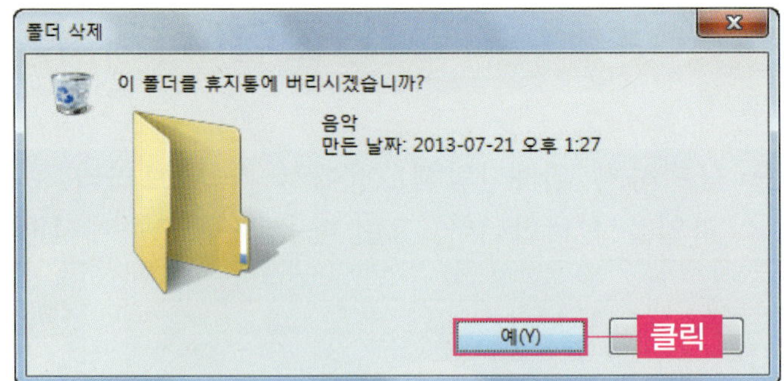

6 폴더가 삭제됩니다.

● 마우스를 사용하여 파일/폴더 삭제하기

다음과 같이 파일/폴더를 바탕 화면에 있는 휴지통 아이콘( )으로 드래그하면 파일/폴더가 삭제됩니다.

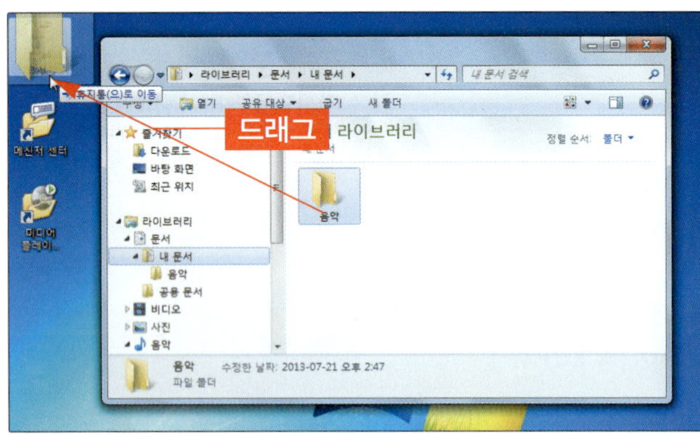

● 휴지통

휴지통은 삭제한 파일/폴더를 임시로 보관하는 곳입니다. 바탕 화면에서 휴지통 아이콘( )을 더블클릭하면 다음과 같이 삭제한 'Kalimba' 파일과 '음악' 폴더가 휴지통에 보관되어 있는 것을 확인할 수 있습니다. 휴지통 아이콘은 휴지통이 비워져 있으면 모양으로, 채워져 있으면 모양으로 나타납니다.

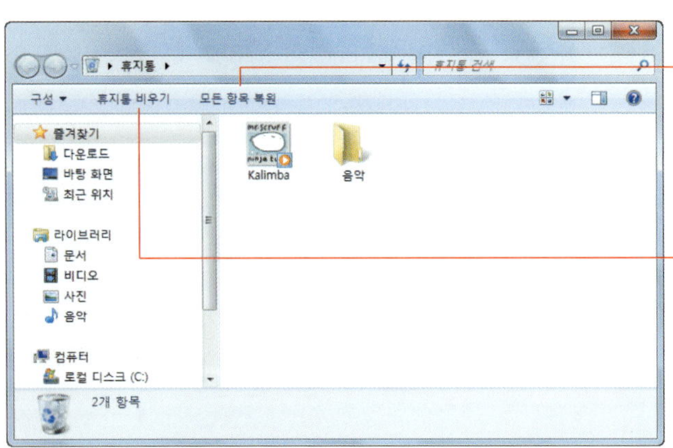

삭제한 파일/폴더는 도구 모음에서 [모든 항목 복원]을 클릭하면 복원할 수 있지만 다음과 같은 경우에는 복원할 수 없습니다.
- 파일/폴더를 선택한 후 Shift 를 누른 상태에서 Delete 를 눌러 파일/폴더를 영구 삭제한 경우
- 도구 모음에서 [휴지통 비우기]를 클릭하여 삭제한 모든 파일/폴더를 영구 삭제한 경우

01 다음과 같이 '라이브러리\문서\내 문서' 폴더의 하위 폴더로 '동영상' 폴더를 만든 후 '라이브러리\비디오\공용 비디오\비디오 샘플' 폴더에 있는 '야생' 파일을 '동영상' 폴더에 복사해 보세요.

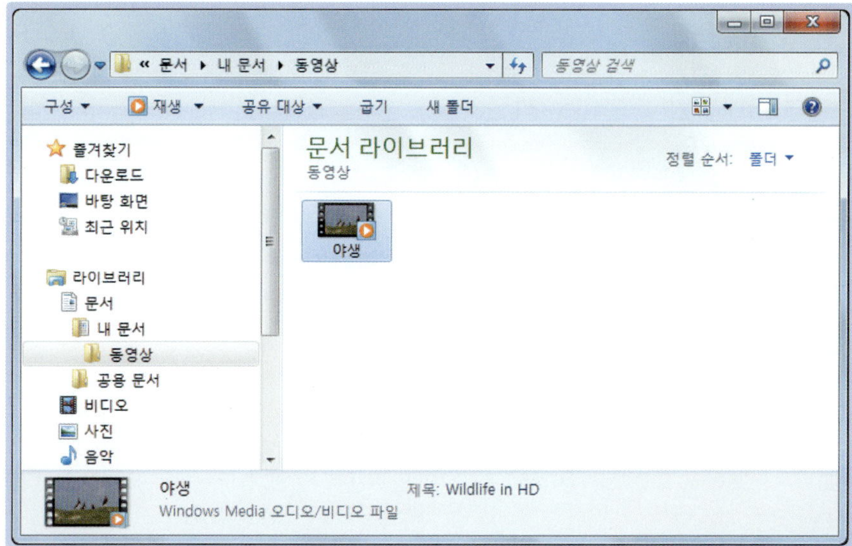

힌트

[탐색] 창에서 '라이브러리\문서\내 문서' 폴더를 선택한 후 도구 모음에서 [새 폴더]를 클릭하면 '라이브러리\문서\내 문서' 폴더의 하위 폴더로 '동영상' 폴더를 만들 수 있습니다.

02 다음과 같이 '동영상' 폴더에 있는 '야생' 파일을 '내 문서' 폴더로 이동시켜 보세요.

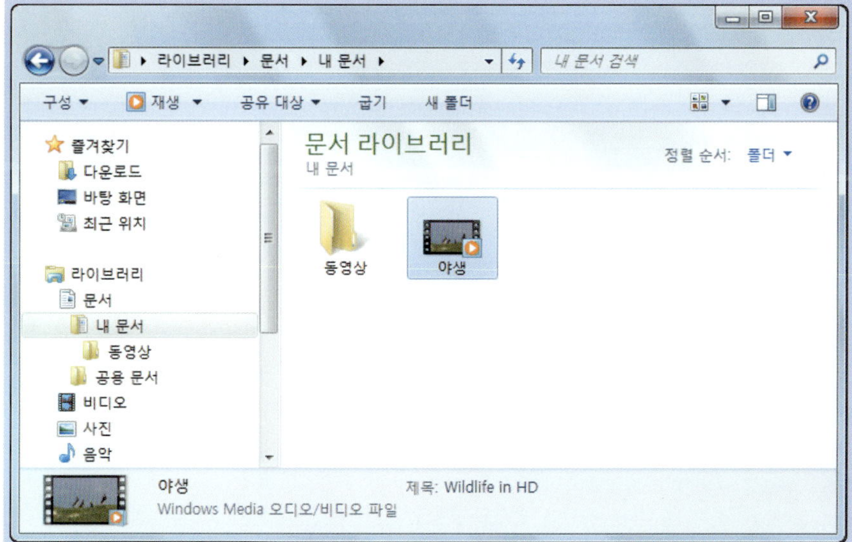

03 '내 문서' 폴더에 있는 '야생' 파일과 '동영상' 폴더를 삭제해 보세요.

Chapter 08 문서 작성하고 인쇄하기

준비단계

워드패드는 문서를 작성하거나 편집할 수 있는 프로그램입니다. 윈도우 7에서는 워드패드를 사용하면 문서를 작성할 수 있습니다.
그럼, 문서를 작성하고 인쇄하는 방법에 대해 알아보겠습니다.

미리보기

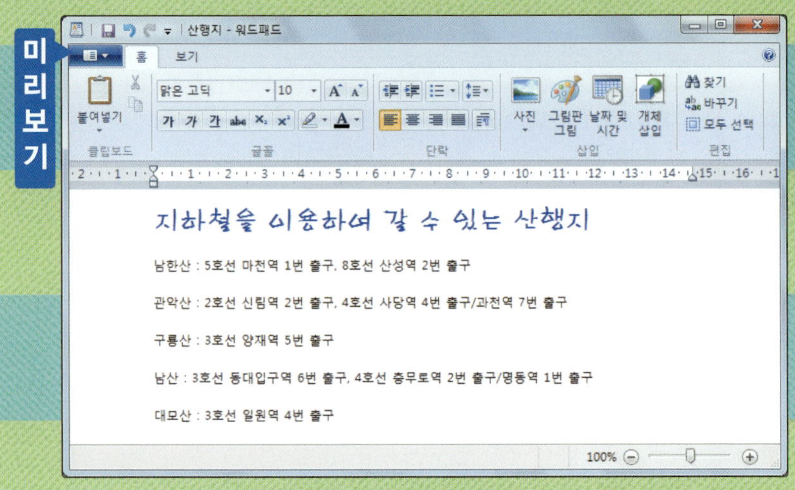

기초단계 01 문서 작성하기

1 워드패드를 실행하기 위해 ⊙[시작] 단추를 클릭한 후 [모든 프로그램]-[보조프로그램]을 클릭한 다음 [워드패드]를 클릭합니다.

알고 넘어갑시다

◉ **워드패드의 화면 구성**

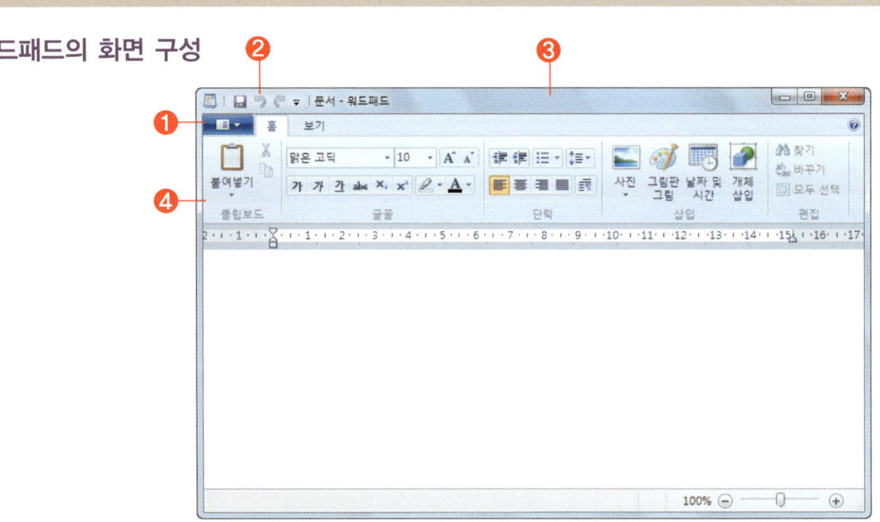

❶ **워드패드 단추** : 문서를 열거나 저장하는 등의 작업을 할 수 있는 메뉴가 나타납니다.

❷ **빠른 실행 도구 모음** : 자주 사용하는 도구를 빠르게 실행할 수 있는 도구 모음입니다.

❸ **제목 표시줄** : 문서의 파일 이름과 프로그램의 이름(워드패드)이 표시되는 곳입니다. 문서를 저장하지 않아서 문서의 파일 이름이 없는 경우에는 '문서'로 표시됩니다.

❹ **리본 메뉴** : 메뉴와 도구 모음이 하나로 통합된 메뉴입니다. [홈] 탭과 [보기] 탭으로 구성되어 있으며 각 탭은 서로 관련 있는 명령들을 묶어서 표시한 그룹으로 구성되어 있습니다.

2 워드패드가 실행되면 다음과 같이 입력한 후 글자 모양을 지정하기 위해 제목을 드래그하여 선택한 다음 [홈] 탭-[글꼴] 그룹에서 글꼴 패밀리(HY센스L), 글꼴 크기(20), 텍스트 색(생생한 파랑)을 선택합니다.

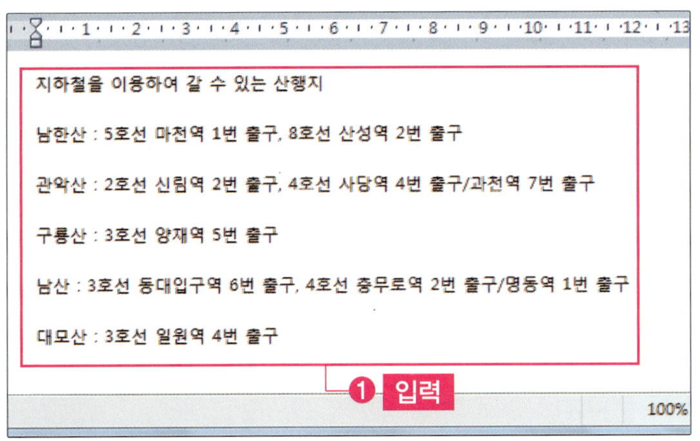

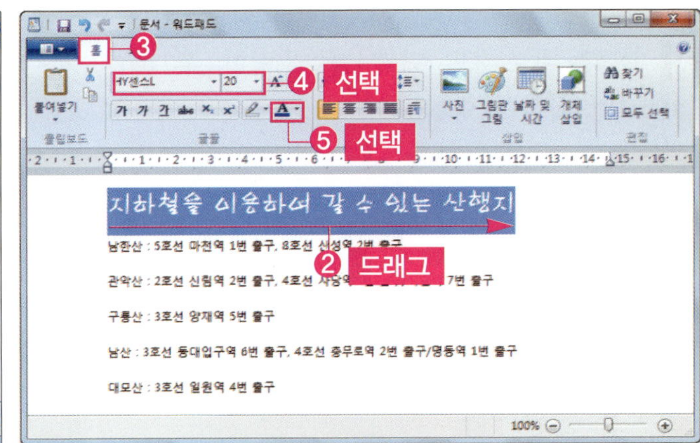

한 칸을 띄울 때는 [SpaceBar]를 누르고, 줄을 바꿀 때는 [Enter]를 누릅니다.

3 글자 모양이 지정되면 문서를 저장하기 위해 [워드패드 단추]를 클릭한 후 [저장]을 클릭합니다.

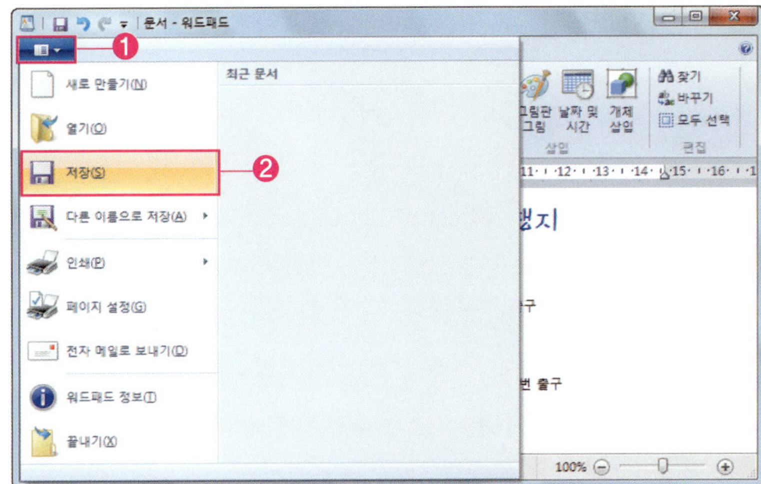

[Ctrl]+[S]를 눌러 문서를 저장할 수도 있습니다.

4 [다른 이름으로 저장] 대화상자가 나타나면 저장 위치(라이브러리\문서)를 지정한 후 파일 이름(산행지)을 입력한 다음 [저장] 단추를 클릭합니다.

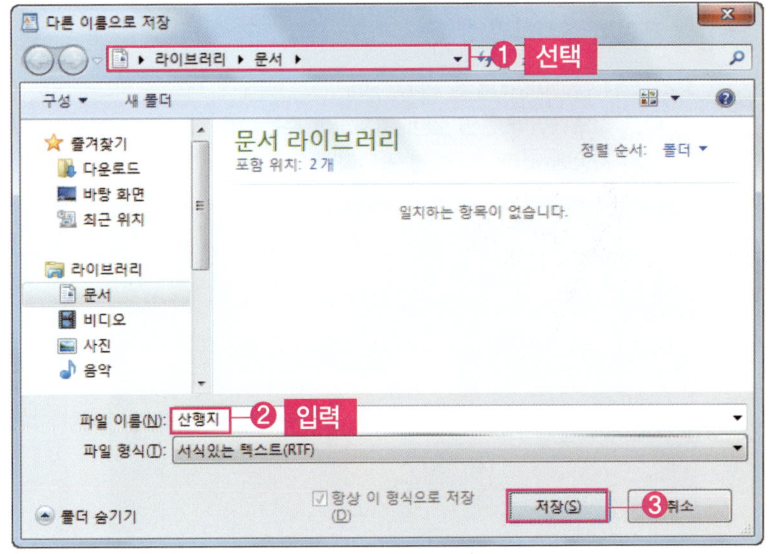

5 문서가 저장됩니다.

1 [워드패드 단추]를 클릭한 후 [인쇄]-[인쇄]를 클릭합니다.

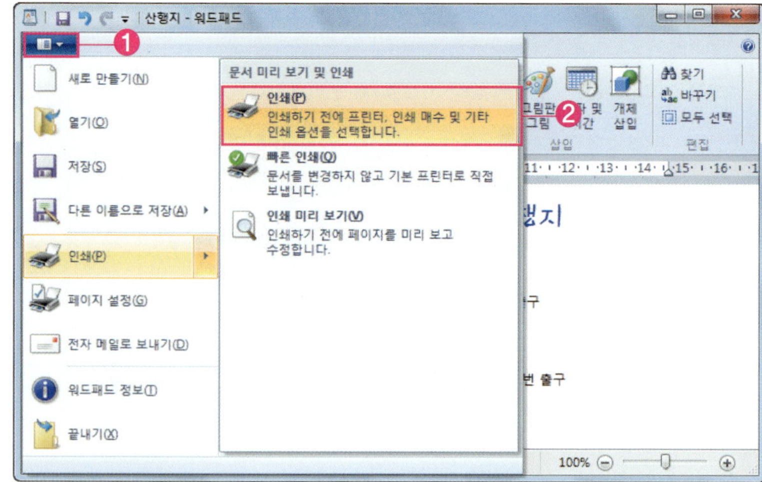

2 [인쇄] 대화상자가 나타나면 [인쇄] 단추를 클릭합니다.

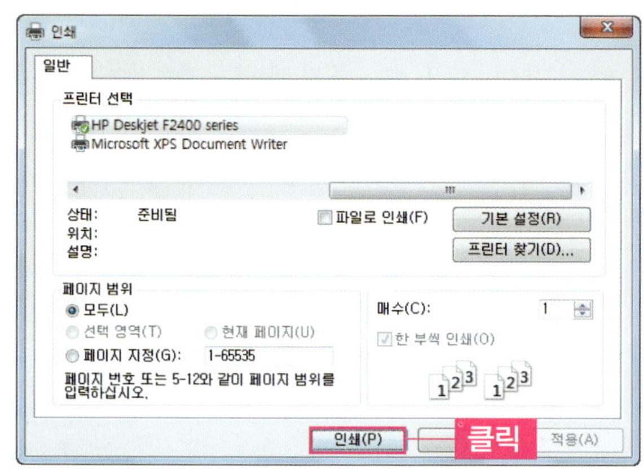

3 문서가 인쇄됩니다.

알 고 넘 어 갑 시 다

◉ 프린터 설치하기

플러그 앤 플레이(Plug & Play, PnP)는 컴퓨터에 새로운 하드웨어를 설치하는 경우, 다음과 같이 운영체제가 자동으로 감지하여 다른 하드웨어와 충돌 없이 설치하여 주는 기능입니다. 대부분의 프린터는 플러그 앤 플레이를 지원하므로 프린터 제조업체의 지시 사항에 따라 설치하면 됩니다.

01 다음과 같이 워드패드를 사용하여 문서를 작성해 보세요.

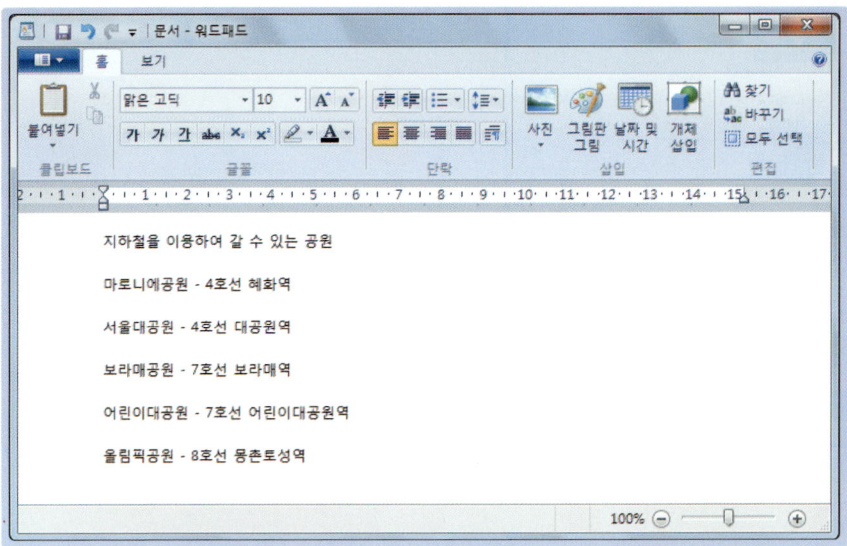

02 다음과 같이 글자 모양을 지정한 후 문서를 저장해 보세요.

- **제목** : 글꼴 패밀리(HY수평선M), 글꼴 크기(16), 텍스트 색(생생한 빨강)
- **내용** : 글꼴 패밀리(HY강M), 글꼴 크기(14)
- **저장 위치** : '라이브러리\문서' 폴더
- **파일 이름** : 공원

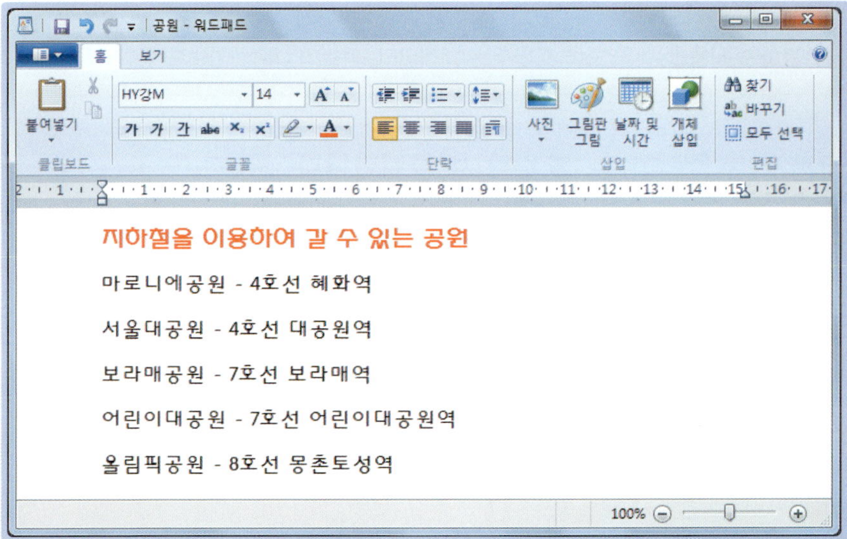

03 문서를 인쇄해 보세요.

 힌트

[워드패드 단추]를 클릭한 후 [인쇄]–[인쇄]를 클릭하면 문서를 인쇄할 수 있습니다.

Chapter 09 보조프로그램 사용하기

보조프로그램은 윈도우 7에서 제공하는 부가적인 프로그램으로 돋보기, 스티커 메모, 화상 키보드 등이 있습니다. 돋보기는 시력이 안 좋은 사용자가 컴퓨터를 편하게 사용할 수 있도록 도와주는 프로그램입니다. 그럼, 보조프로그램을 사용하는 방법에 대해 알아보겠습니다.

기초단계 01 돋보기 사용하기

1 돋보기를 실행하기 위해 ◉[시작] 단추를 클릭한 후 [모든 프로그램]–[보조프로그램]을 클릭한 다음 [접근성]–[돋보기]를 클릭합니다.

한마디 더!

접근성에는 몸이 불편한 사용자가 컴퓨터를 편하게 사용할 수 있도록 도와주는 내레이터, 돋보기, 화상 키보드 등이 있습니다.

2 돋보기 도구 모음이 나타나면 [보기]를 클릭한 후 [도킹됨]을 클릭합니다.

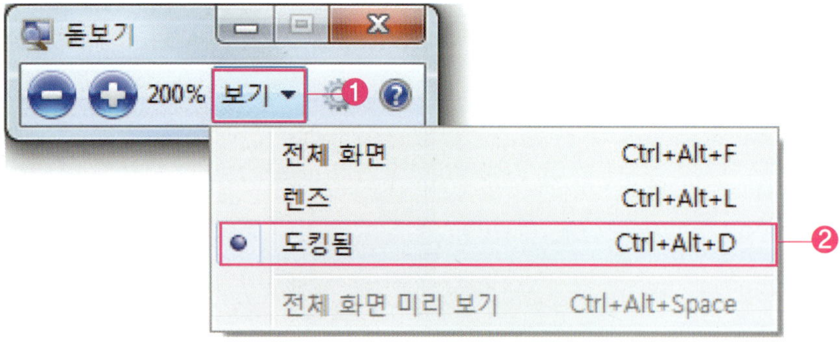

한마디 더!

◉[확대] 단추를 클릭하면 확대/축소 비율이 높아지고, ◉[축소] 단추를 클릭하면 낮아집니다.

3 다음과 같이 마우스 포인터가 있는 곳의 화면이 [돋보기] 창에 확대되어 표시됩니다.

마우스 포인터가 있는 곳의 화면이 [돋보기] 창에 확대되어 표시되지 않는 경우에는 돋보기 도구 모음에서 ⊕[확대] 단추를 클릭하여 확대/축소 비율을 높입니다.

◉ 전체 화면과 렌즈

돋보기 도구 모음에서 [보기]를 클릭한 후 [전체 화면]을 클릭하면 화면 전체를 확대하여 표시하고, [렌즈]를 클릭하면 마우스 포인터 주위의 화면을 확대하여 표시합니다.

▲ 전체 화면

▲ 렌즈

4 돋보기를 종료하기 위해 **돋보기 아이콘(🔍)을 클릭**합니다. 그런 다음 돋보기 도구 모음이 나타나면 창 조절 단추에서 ❌[닫기] 단추를 클릭합니다.

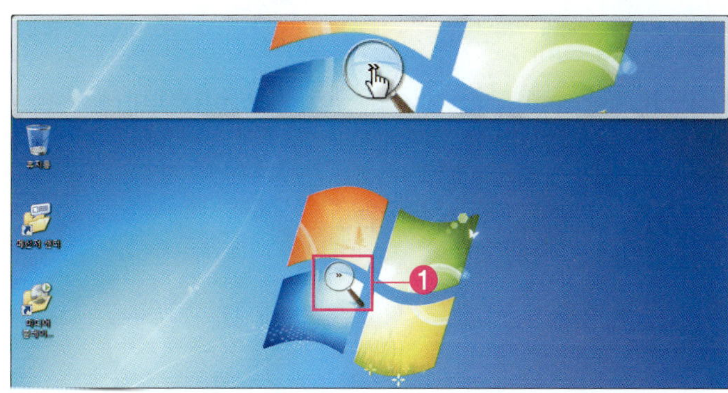

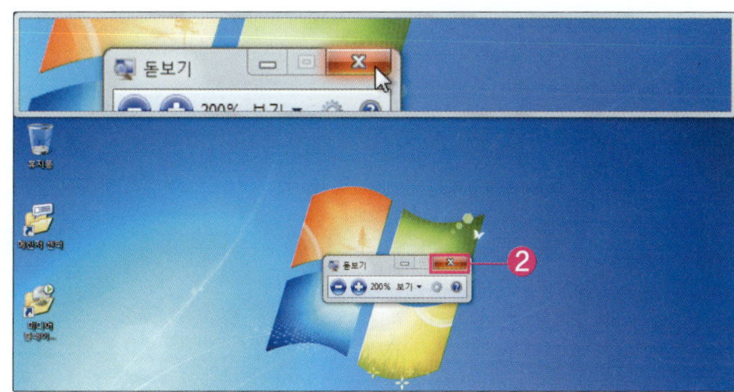

돋보기 도구 모음은 사용하지 않으면 돋보기 아이콘(🔍)으로 변경됩니다.

5 돋보기가 종료됩니다.

1 스티커 메모를 실행하기 위해 ◉[시작] 단추를 클릭한 후 [모든 프로그램]–[보조프로그램]을 클릭한 다음 [스티커 메모]를 클릭합니다.

2 스티커 메모가 실행되면 다음과 같이 메모를 입력한 후 스티커 메모의 바로 가기 메뉴에서 [분홍]을 클릭합니다.

3 스티커 메모의 색이 변경되면 스티커 메모를 삭제하기 위해 ☒[메모 삭제]를 클릭합니다.

한마디 더!

➕[새 메모]를 클릭하면 새 스티커 메모가 추가됩니다.

4 [스티커 메모] 대화상자가 나타나면 [예] 단추를 클릭합니다.

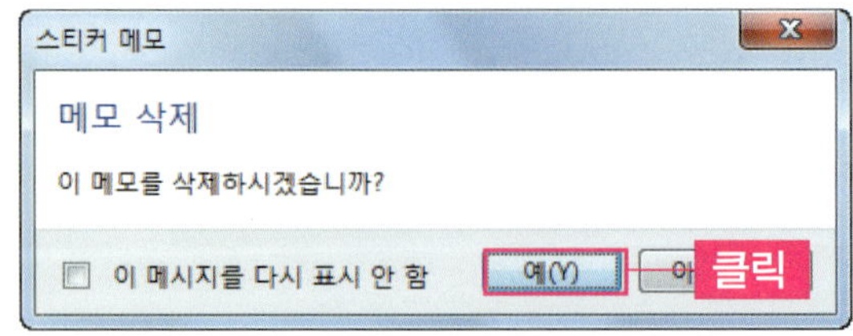

5 스티커 메모가 삭제됩니다.

한마디 더!

스티커 메모를 삭제하지 않으면 컴퓨터를 다시 시작해도 스티커 메모가 나타납니다. 즉, 스티커 메모를 삭제하지 않으면 언제든지 메모를 확인할 수 있습니다.

1 화상 키보드를 실행하기 위해 ⊙[시작] 단추를 클릭한 후 [모든 프로그램]-[보조프로그램]을 클릭한 다음 [접근성]-[화상 키보드]를 클릭합니다.

2 화상 키보드가 실행되면 메모장을 실행하기 위해 ⊙[시작] 단추를 클릭한 후 [모든 프로그램]-[보조프로그램]을 클릭한 다음 [메모장]을 클릭합니다.

3 메모장이 실행되면 화상 키보드를 사용하여 다음과 같이 입력한 후 화상 키보드를 닫기 위해 창 조절 단추에서 ✕[닫기] 단추를 클릭합니다.

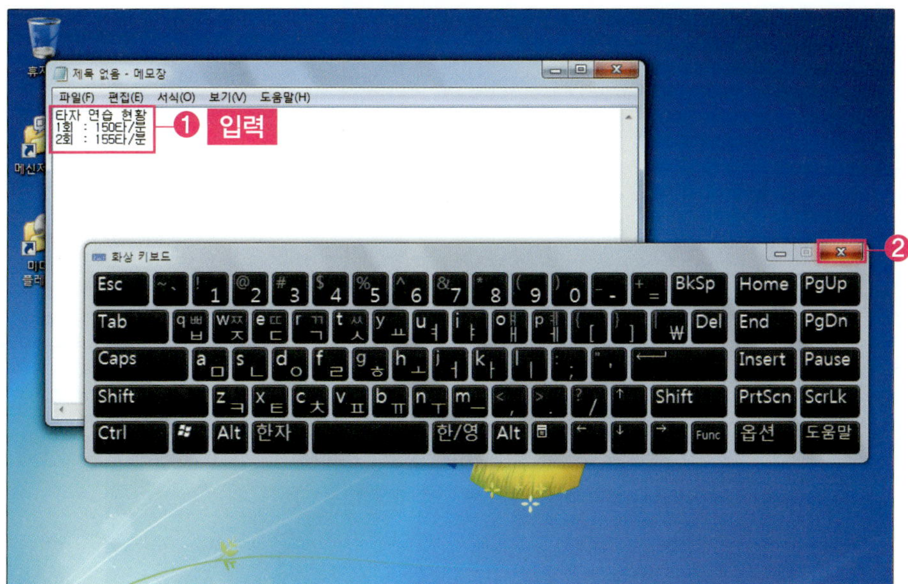

4 화상 키보드가 종료됩니다.

◉ 도움말

화상 키보드에서 [도움말]을 클릭하면 다음과 같이 화상 키보드에 대한 도움말이 나타납니다.

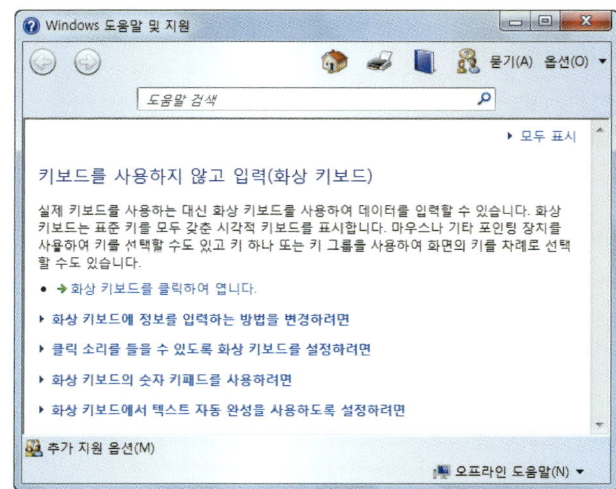

● 보조프로그램

• **계산기** : 덧셈이나 뺄셈 등의 계산을 할 수 있는 프로그램입니다.

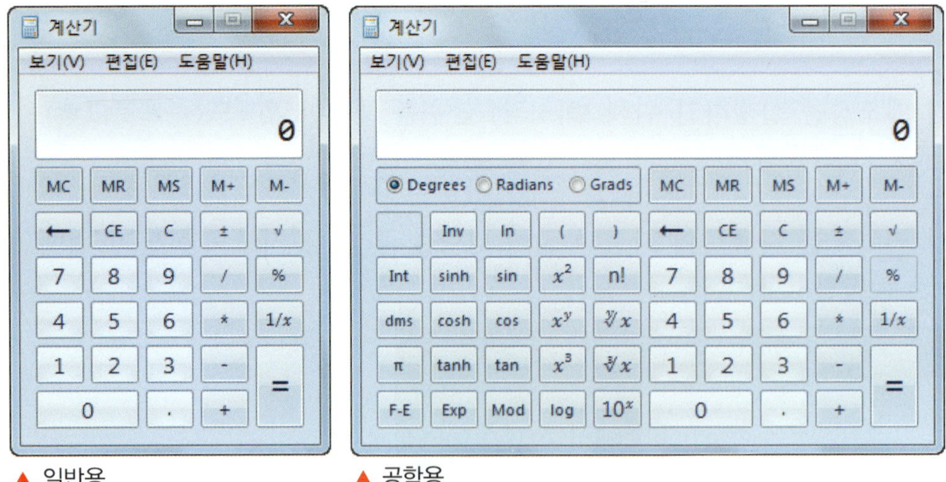

▲ 일반용   ▲ 공학용

• **그림판** : 그림을 그리거나 편집할 수 있는 프로그램입니다.

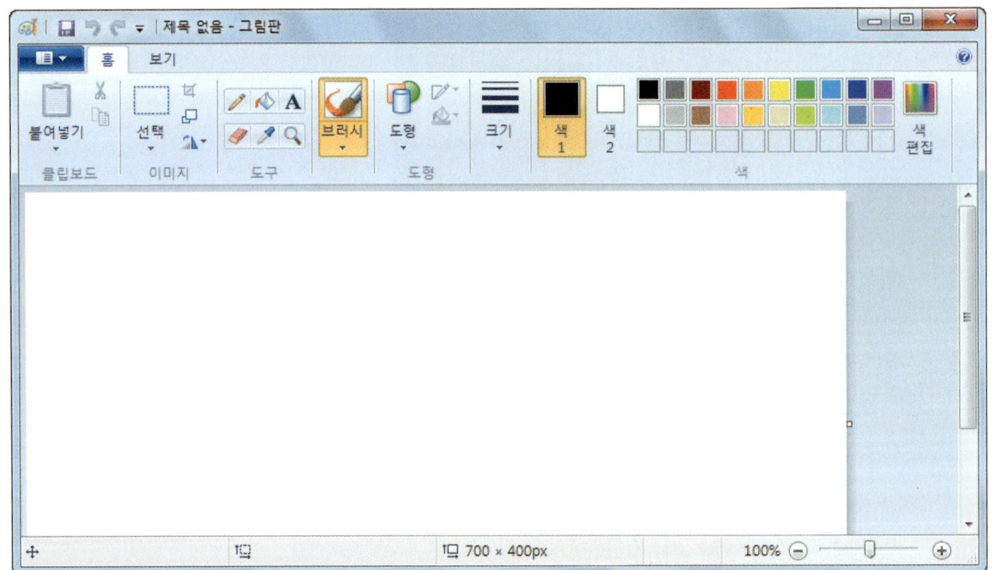

• **녹음기** : 소리를 녹음할 수 있는 프로그램입니다.

• **캡처 도구** : 화면을 캡처할 수 있는 프로그램입니다.

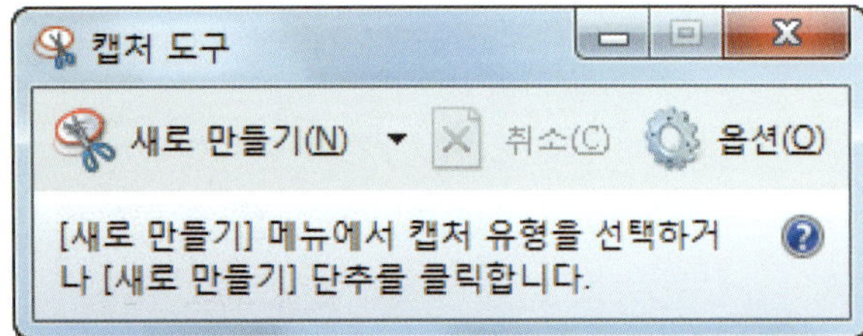

01 다음과 같이 자주색 스티커 메모에 메모를 입력해 보세요.

02 다음과 같이 워드패드에 화상 키보드를 사용하여 입력해 보세요.

03 돋보기를 실행한 후 마우스 포인터 주위의 화면을 확대하여 표시해 보세요.

힌트

돋보기 도구 모음에서 [보기]를 클릭한 후 [렌즈]를 클릭하면 마우스 포인터 주위의 화면을 확대하여 표시할 수 있습니다.

Chapter 10 제어판 사용하기

제어판에는 컴퓨터의 설정을 변경하고 관리할 수 있는 시스템, 관리 도구, 프로그램 및 기능 등이 있습니다. 제어판을 사용하면 컴퓨터를 효율적으로 사용하고 관리할 수 있습니다.
그럼, 제어판을 사용하는 방법에 대해 알아보겠습니다.

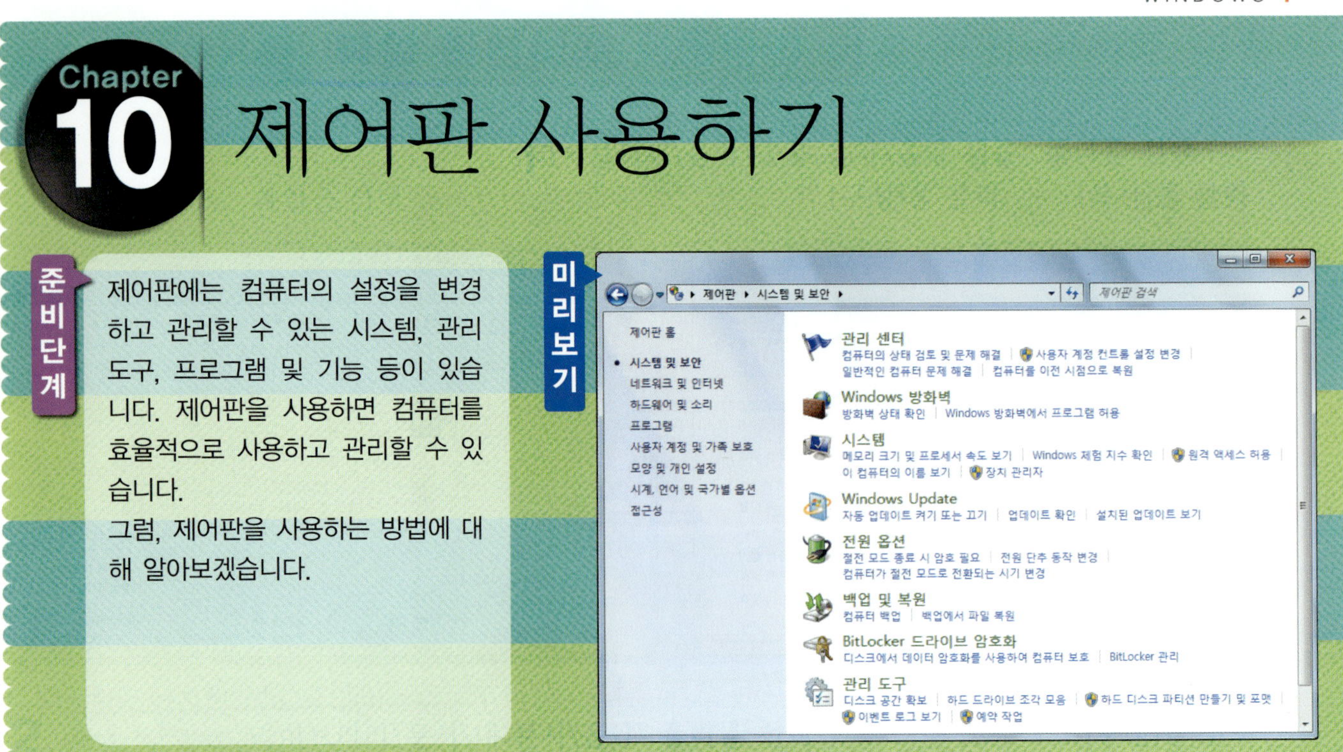

기초단계 01 컴퓨터 기본 정보 확인하기

1 제어판을 실행하기 위해 ◉[시작] 단추를 클릭한 후 [제어판]을 클릭합니다.

2 제어판이 실행되면 [시스템 및 보안]을 클릭합니다.

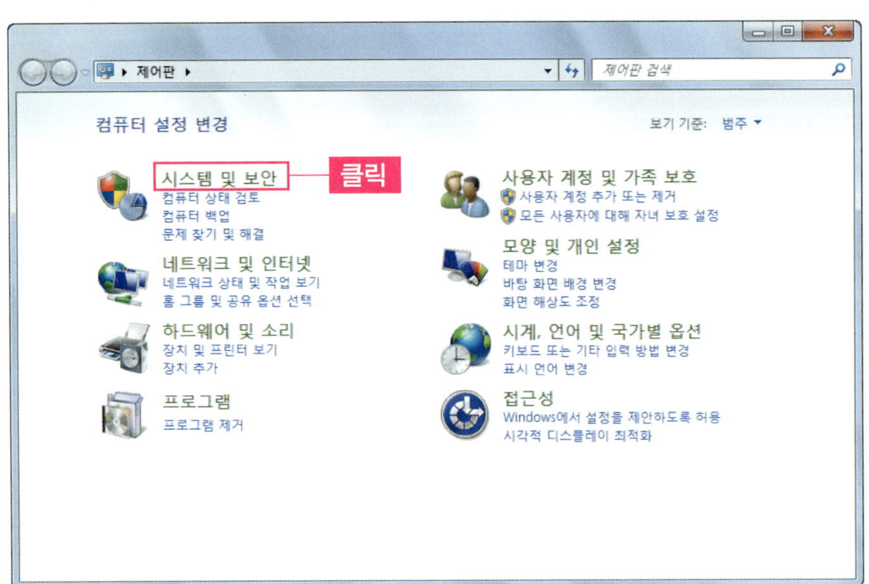

한마디 더!

[보기 기준]에서 [범주]/[큰 아이콘]/[작은 아이콘]을 선택하면 제어판을 해당 보기로 볼 수 있습니다. 범주는 서로 관련 있는 기능을 묶어서 표시하고, 큰 아이콘과 작은 아이콘은 모든 기능을 개별적으로 표시합니다.

3 [시스템 및 보안] 창이 나타나면 [시스템]을 클릭합니다.

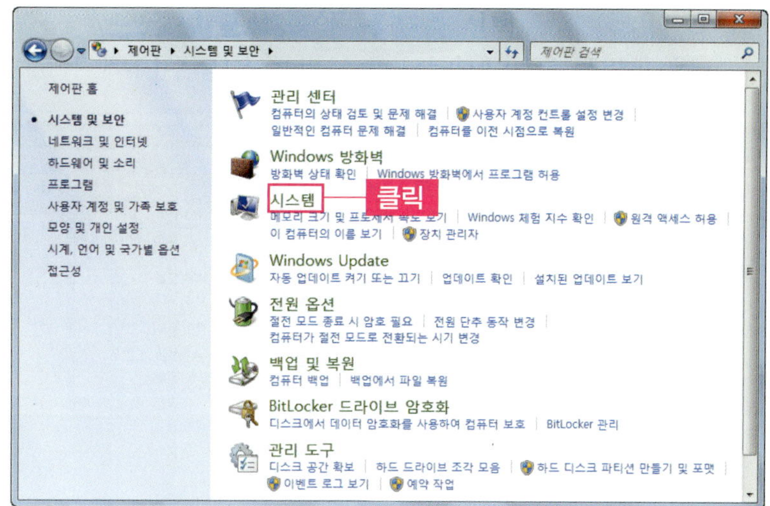

4 다음과 같이 컴퓨터의 기본 정보를 확인할 수 있습니다.

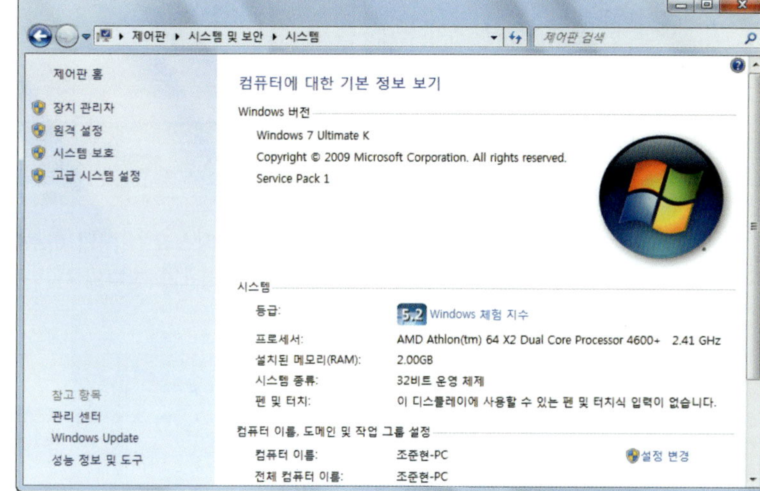

[시스템] 창에서는 Windows 버전, 프로세서(데이터를 처리하는 장치로 'CPU'라고도 합니다), 설치된 메모리(컴퓨터가 작업할 때 사용하는 임시 기억 공간), 컴퓨터 이름 등을 확인할 수 있습니다.

● **컴퓨터에 설치된 하드웨어 정보 확인하기**

[시스템] 창에서 [장치 관리자]를 클릭하면 다음과 같이 컴퓨터에 설치된 하드웨어 정보를 확인할 수 있습니다.

1 디스크 정리를 하기 위해 [시스템 및 보안] 창에서 [디스크 공간 확보]를 클릭합니다.

한마디 더!

- 창에서 ◁[뒤로] 단추를 클릭하면 이전 창으로 이동되고, ▷[앞으로] 단추를 클릭하면 다음 창으로 이동됩니다. [시스템] 창에서 ◁[뒤로] 단추를 클릭하면 [시스템 및 보안] 창으로 이동할 수 있습니다.
- 디스크 정리는 다운로드한 프로그램 파일, 임시 인터넷 파일, 설치 로그 파일 등의 불필요한 파일을 삭제하여 하드 디스크의 여유 공간을 확보하는 기능입니다.

알 고 넘 어 갑 시 다

◉ **Windows 탐색기에서 디스크 정리하기**

다음과 같이 Windows 탐색기를 실행한 후 [로컬 디스크 (C:)]의 바로 가기 메뉴에서 [속성]을 클릭하면 [로컬 디스크 (C:) 속성] 대화상자가 나타납니다. [로컬 디스크 (C:) 속성] 대화상자의 [일반] 탭에서 [디스크 정리] 단추를 클릭하여 디스크 정리를 할 수도 있습니다.

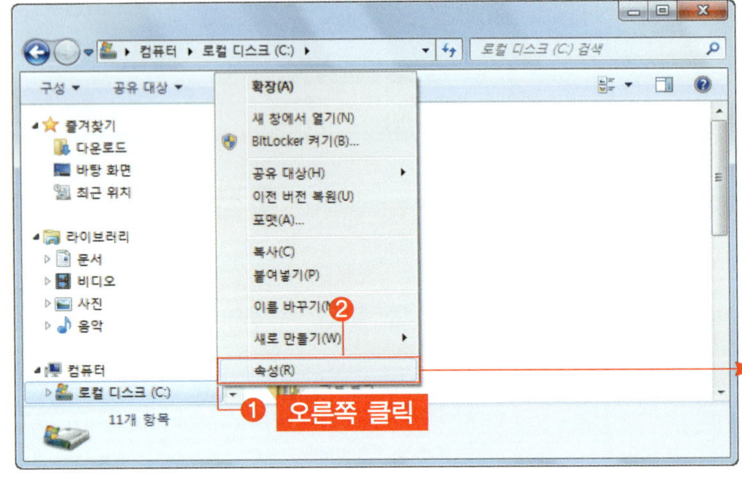
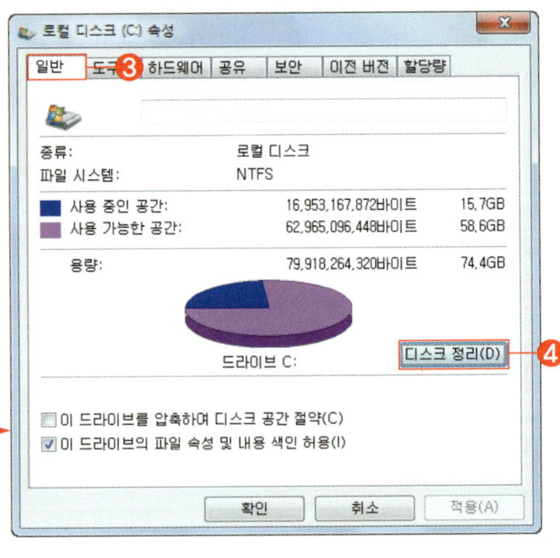

---

2 [디스크 정리 : 드라이브 선택] 대화상자가 나타나면 드라이브((C:))를 선택한 후 [확인] 단추를 클릭합니다.

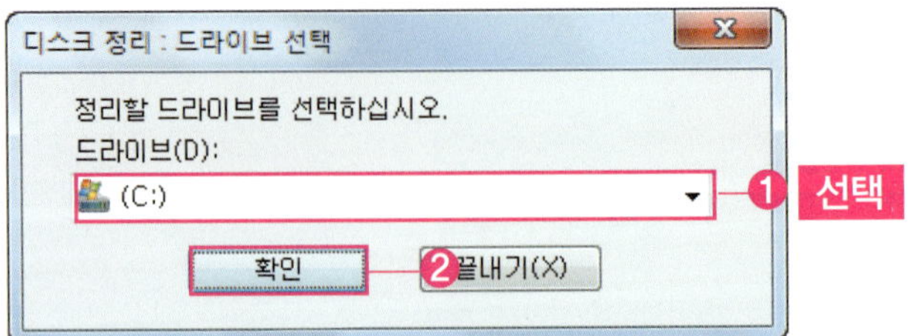

한마디 더!

[디스크 정리 : 드라이브 선택] 대화상자는 드라이브가 하나인 경우에는 나타나지 않습니다.

3 얼마만큼의 디스크 공간을 비울 수 있는지 계산한 후 [디스크 정리: (C:)] 대화상자가 나타나면 [삭제할 파일]에서 **모든 파일을 선택**한 후 [확인] 단추를 클릭합니다.

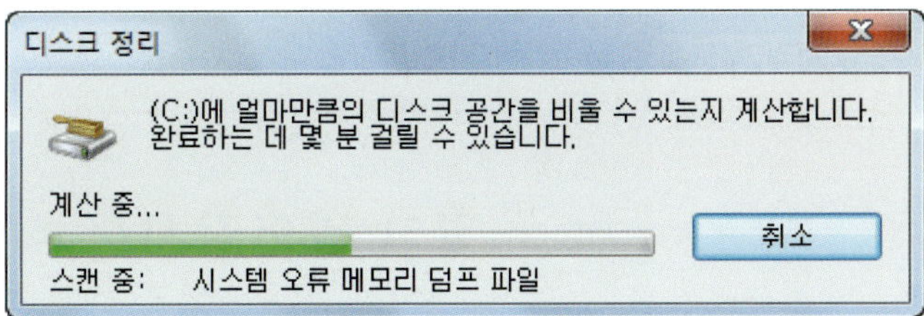

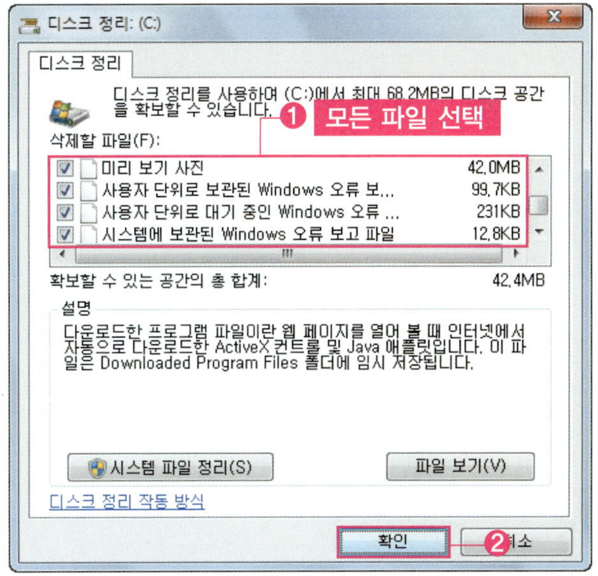

4 [디스크 정리] 대화상자가 나타나면 [파일 삭제] 단추를 클릭합니다.

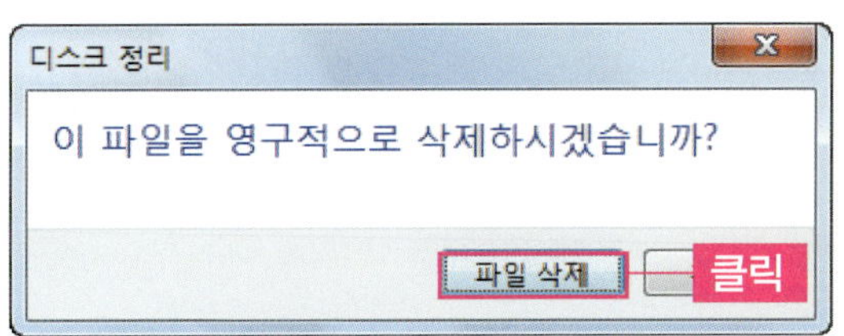

5 다음과 같이 디스크 정리를 합니다.

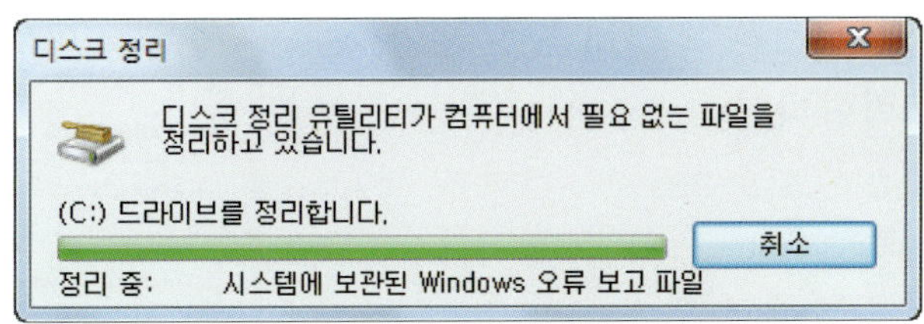

알 고 넘 어 갑 시 다

● **프로그램 제거하기**

[제어판] 창에서 [프로그램 제거]를 클릭하면 [프로그램 및 기능] 창이 나타납니다. 다음과 같이 [프로그램 및 기능] 창에서 프로그램을 선택한 후 [제거] 단추(프로그램에 따라 [변경], [제거/변경], [복구] 단추 등이 나타납니다)를 클릭하면 해당 프로그램을 제거할 수 있습니다.

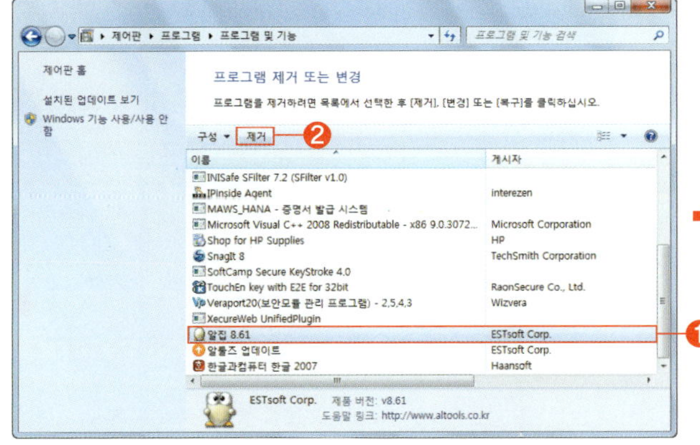

6 디스크 조각 모음을 하기 위해 [시스템 및 보안] 창에서 [하드 드라이브 조각 모음]을 클릭합니다.

디스크 조각 모음은 하드 디스크에 분산되어 저장된 데이터를 모아서 컴퓨터의 처리 속도를 향상시키는 기능입니다.

● Windows 탐색기에서 디스크 조각 모음하기

다음과 같이 Windows 탐색기를 실행한 후 [로컬 디스크 (C:)]의 바로 가기 메뉴에서 [속성]을 클릭하면 [로컬 디스크 (C:) 속성] 대화상자가 나타납니다. [로컬 디스크 (C:) 속성] 대화상자의 [도구] 탭에서 [지금 조각 모음] 단추를 클릭하여 디스크 조각 모음을 할 수도 있습니다.

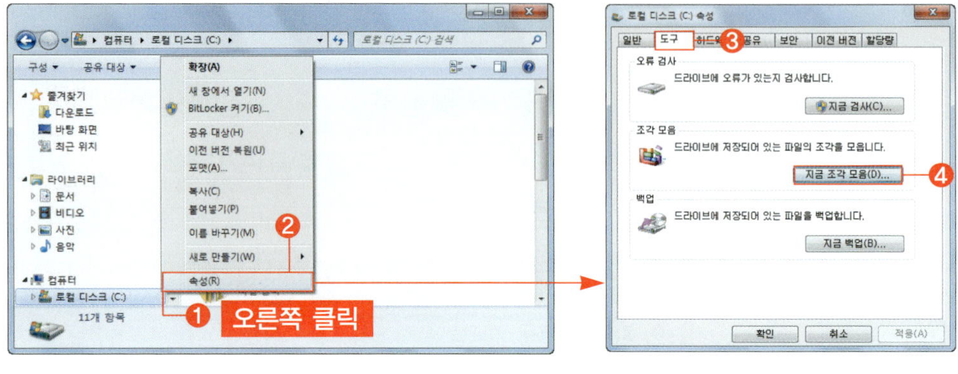

7 [디스크 조각 모음] 대화상자가 나타나면 디스크((C:))를 선택한 후 [디스크 조각 모음] 단추를 클릭합니다.

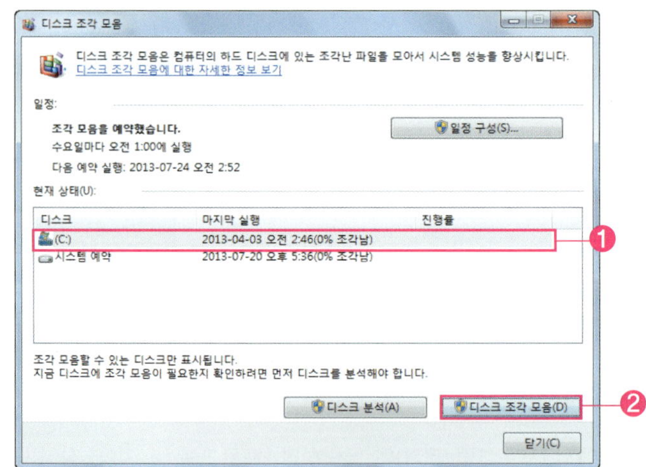

[디스크 분석] 단추를 클릭하면 데이터가 하드 디스크에 분산되어 저장된 비율을 확인할 수 있습니다. 비율이 10%를 넘으면 디스크 조각 모음을 하는 것이 좋습니다.

8 다음과 같이 디스크 조각 모음을 합니다.

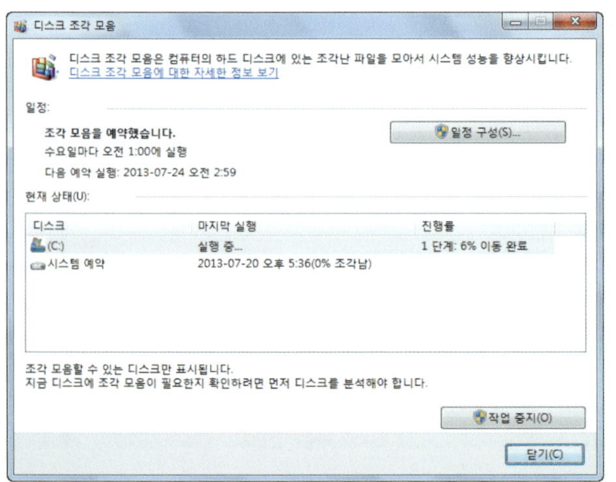

01 컴퓨터에 설치된 하드웨어 정보를 확인해 보세요.

힌트

[시스템] 창에서 [장치 관리자]를 클릭하면 컴퓨터에 설치된 하드웨어 정보를 확인할 수 있습니다.

02 다음과 같이 디스크 정리를 해 보세요.

- **삭제할 파일** : 임시 인터넷 파일, 오프라인 웹 페이지, 게임 통계 파일

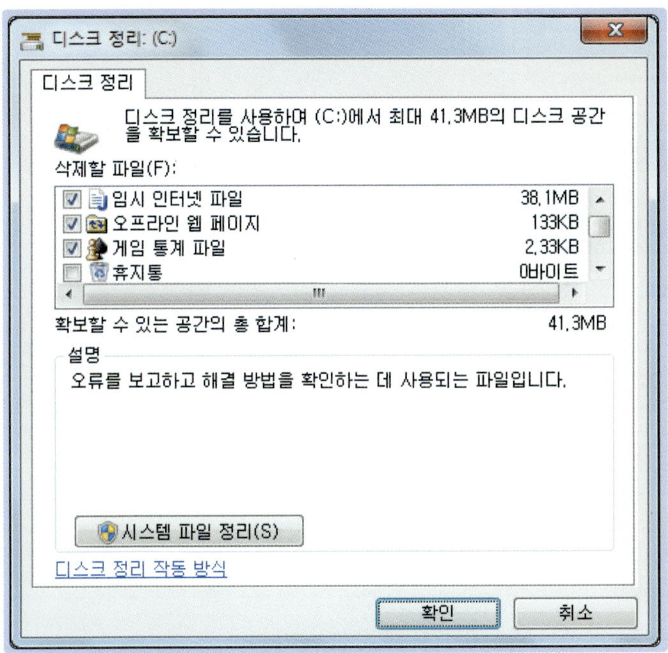

03 다음과 같이 디스크 조각 모음을 해야 하는지 디스크 분석을 해 보세요.

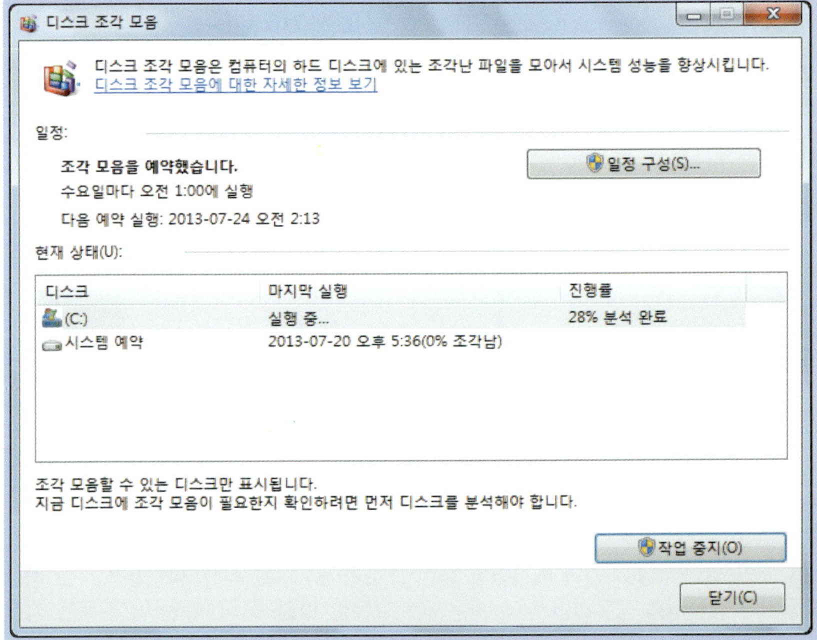

◆ 자녀 보호 설정하기

자녀 보호를 설정하면 자녀가 컴퓨터를 사용할 수 있는 시간, 실행할 수 있는 게임, 실행할 수 있는 프로그램을 설정하여 자녀의 컴퓨터 사용 방법을 손쉽게 관리할 수 있습니다.
그럼, 자녀 보호를 설정하는 방법에 대해 알아보겠습니다.

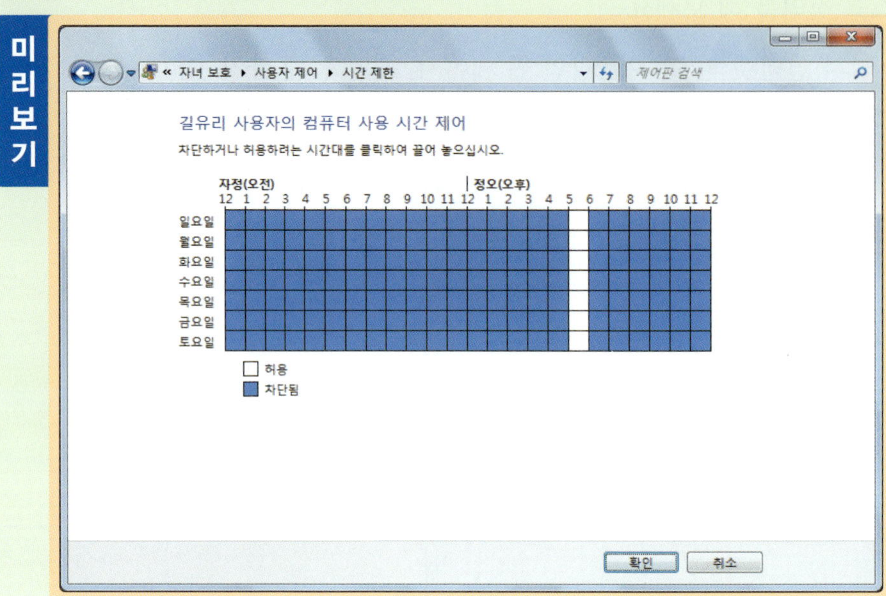

01 제어판을 실행하기 위해 ⊙[시작] 단추를 클릭한 후 [제어판]을 클릭합니다.

02 제어판이 실행되면 [사용자 계정 추가 또는 제거]를 클릭합니다.

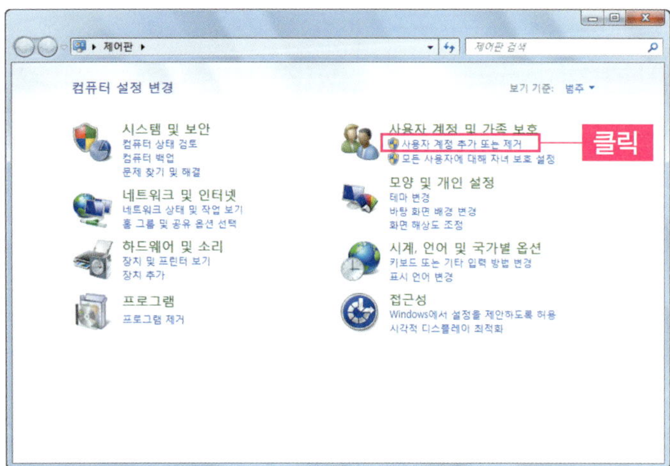

한마디 더!

사용자 계정이란 접근할 수 있는 파일, 폴더, 개인 설정(바탕 화면의 배경이나 화면 보호기 등) 등을 컴퓨터에 알려 주는 정보 모음입니다. 사용자 계정을 사용하면 여러 사용자가 컴퓨터를 공유하면서 각 사용자는 고유한 파일, 폴더, 개인 설정 등을 가질 수 있습니다.

03 [계정 관리] 창이 나타나면 [Administrator]를 클릭합니다.

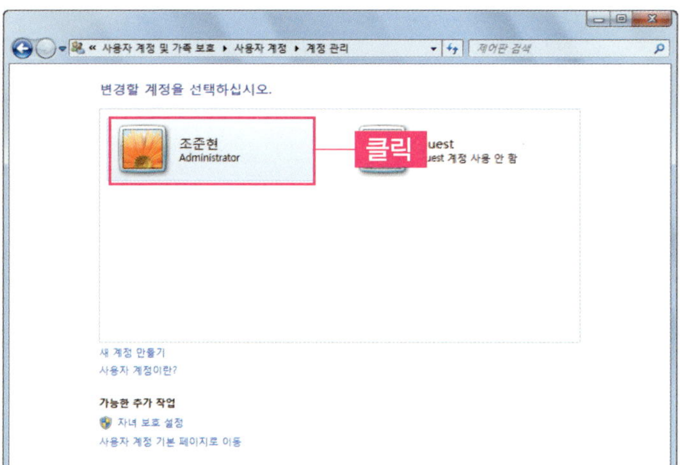

한마디 더!

사용자 계정에는 관리자(Administrator) 계정, 게스트(Guest) 계정, 표준 사용자 계정이 있습니다. 관리자 계정은 컴퓨터에 대한 제어 권한이 가장 많은 계정이고, 게스트 계정은 주로 컴퓨터를 임시로 사용하는 사용자를 위한 것이며 표준 사용자 계정은 일상적인 컴퓨터 작업에 사용하는 계정입니다.

04 [계정 변경] 창이 나타나면 관리자 계정의 암호를 만들기 위해 [암호 만들기]를 클릭합니다.

한마디 더!

자녀가 관리자 계정으로 로그인(컴퓨터에게 자신을 알린 후 컴퓨터의 사용 권한을 받는 것)하는 것을 방지하기 위해 관리자 계정의 암호를 만드는 것입니다.

05 [암호 만들기] 창이 나타나면 새 암호(1234)와 새 암호 확인(1234)을 입력한 후 [암호 만들기] 단추를 클릭합니다.

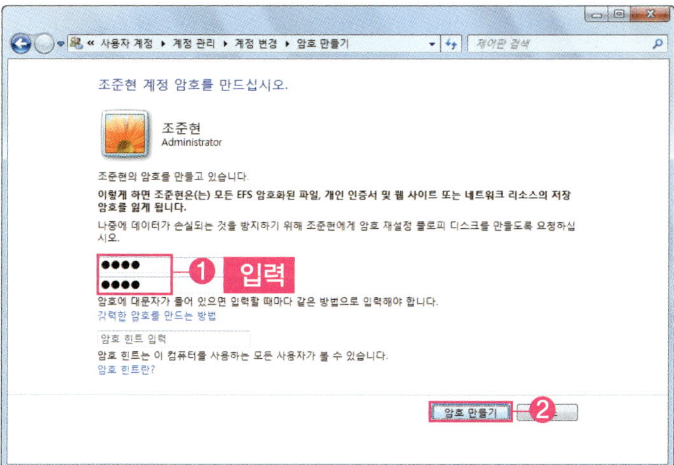

한마디 더!

새 암호 입력란과 새 암호 확인 입력란에 입력하는 암호는 똑같이 입력해야 합니다.

06 [계정 변경] 창이 다시 나타나면 [다른 계정 관리]를 클릭합니다.

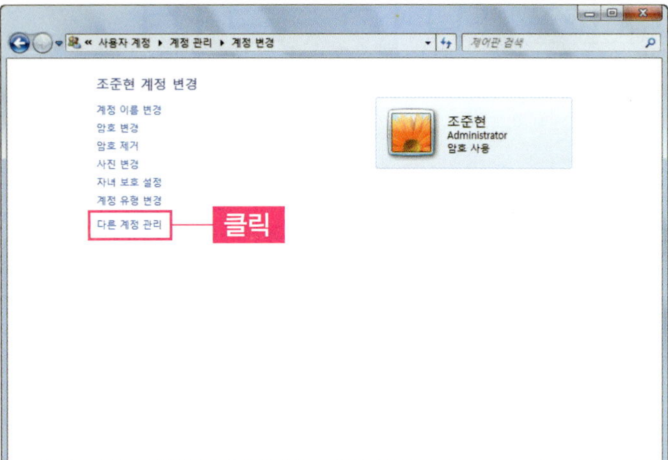

07 [계정 관리] 창이 나타나면 자녀의 계정을 만들기 위해 [새 계정 만들기]를 클릭합니다.

08 [새 계정 만들기] 창이 나타나면 새 계정 이름을 입력한 후 [표준 사용자]를 선택한 다음 [계정 만들기] 단추를 클릭합니다.

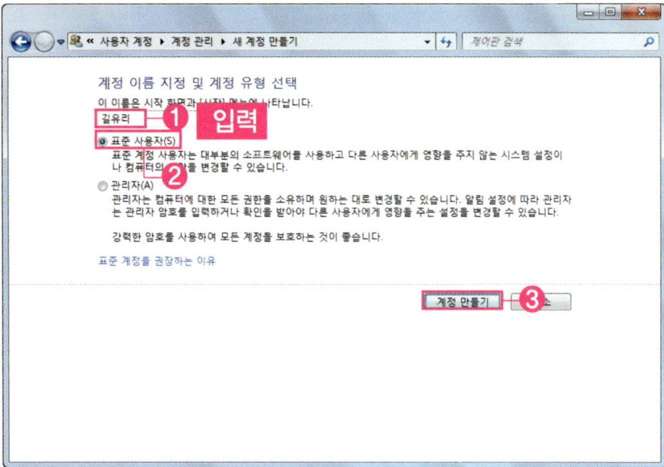

09 [계정 관리] 창이 다시 나타나면 자녀 보호를 설정하기 위해 [자녀 보호 설정]을 클릭합니다.

10 [자녀 보호] 창이 나타나면 [표준 사용자]를 클릭합니다.

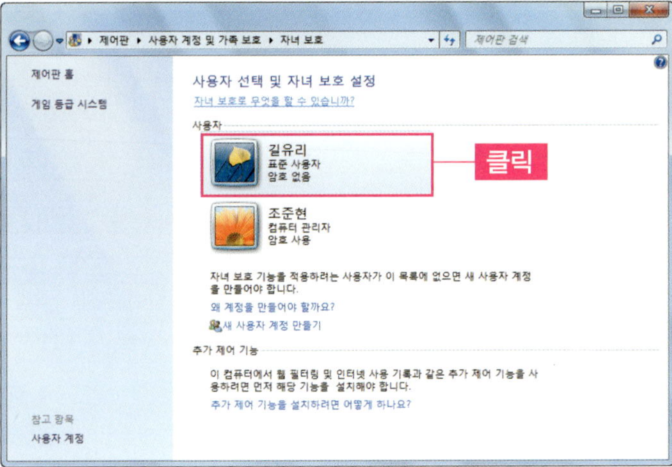

11 [사용자 제어] 창이 나타나면 [사용 – 현재 설정 적용]을 선택한 후 자녀가 컴퓨터를 사용할 수 있는 시간을 설정하기 위해 [시간 제한]을 클릭합니다.

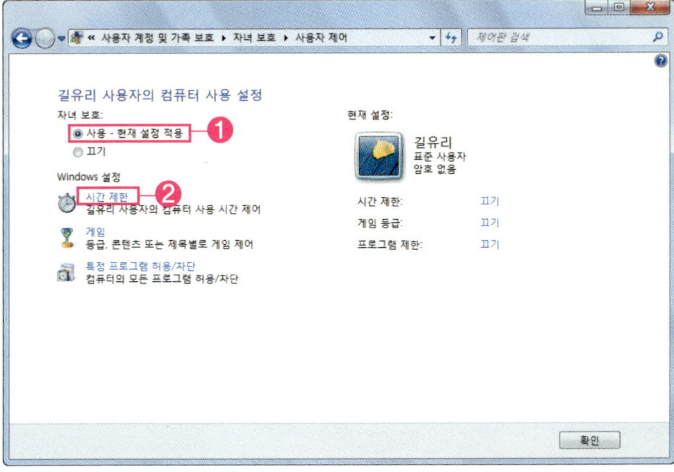

12 [시간 제한] 창이 나타나면 **다음과 같이 드래그하여 자녀가 컴퓨터를 사용할 수 있는 시간을 설정한** 후 [확인] 단추를 클릭합니다.

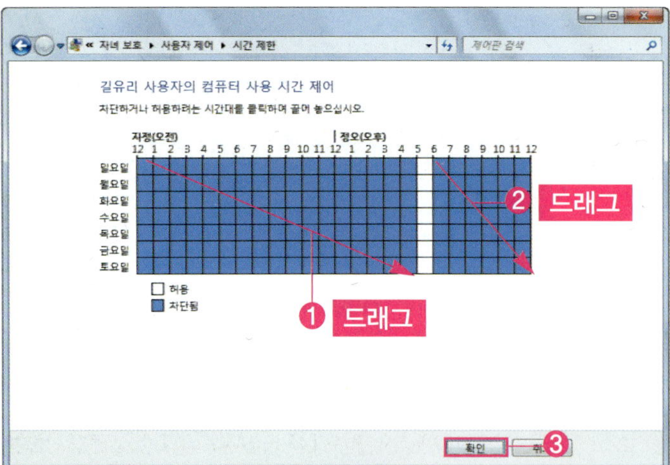

13 [사용자 제어] 창이 다시 나타나면 [확인] 단추를 클릭합니다.

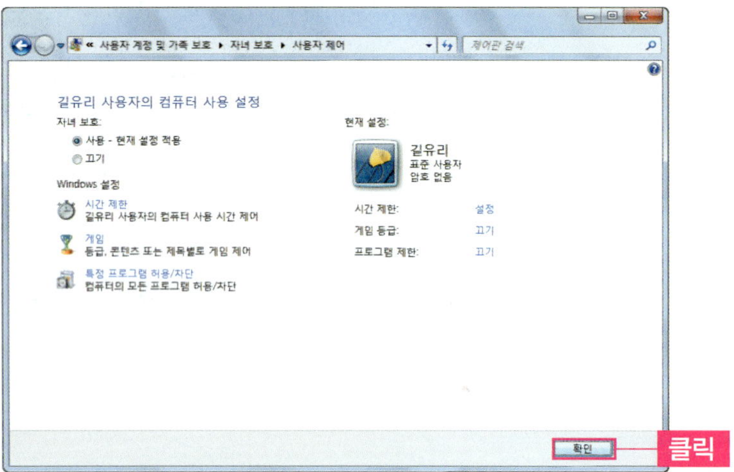

14 [자녀 보호] 창이 나타나면 [자녀 보호] 창을 닫기 위해 창 조절 단추에서 [닫기] 단추를 클릭합니다.

15 **컴퓨터를 종료한 후 자녀가 컴퓨터를 사용할 수 없는 시간에 컴퓨터를 시작한 다음 자녀의 계정을 클릭** 하면 '사용자 계정의 시간 제한에 의해 지금 로그온할 수 없다' 는 메시지가 나타나고 **관리자 계정을 클릭**하면 암호를 입력해야 한다는 것을 확인할 수 있습니다.

인터넷

CONTENTS

Chapter 01 인터넷 시작하기

준비단계
인터넷 뱅킹이나 인터넷 쇼핑 등 인터넷을 사용하여 할 수 있는 일은 헤아릴 수 없을 정도로 많습니다. 인터넷을 사용하려면 먼저 인터넷 서비스 업체에 가입해야 하며 인터넷 익스플로러에 대해 알고 있어야 합니다.
그럼, 인터넷에 대해 알아본 후 인터넷 익스플로러를 실행하고 종료하는 방법에 대해 알아보겠습니다.

미리보기

기초단계 01 인터넷 알아보기

컴퓨터를 서로 연결하여 이루어진 통신망을 '네트워크'라고 하고, 전 세계의 컴퓨터와 네트워크를 서로 연결하여 이루어진 거대한 통신망을 '인터넷'이라고 합니다. 즉, 인터넷은 전 세계에서 가장 큰 네트워크인 것입니다. 인터넷에는 전 세계의 컴퓨터와 네트워크가 연결되어 있기 때문에 수많은 정보가 있습니다. 그래서 인터넷을 흔히 '정보의 바다'라고도 합니다.

인터넷 서비스에는 월드 와이드 웹, 전자우편, 파일전송 등이 있습니다.

- **월드 와이드 웹(WWW;World Wide Web)** : 하이퍼텍스트 형식으로 표현된 정보를 검색할 수 있는 서비스로 일반적으로 '웹(Web)'이라고 합니다. 하이퍼텍스트는 하이퍼링크가 있는 텍스트를 말하고, 하이퍼링크('링크'라고도 합니다)는 텍스트를 클릭하면 해당 텍스트와 연결된 정보로 이동되게 해 주는 기능을 말합니다.

- **전자우편(E-mail;Electronic mail)** : 인터넷에서 편지를 보내고 받을 수 있는 서비스입니다.

- **파일전송(FTP;File Transfer Protocol)** : 인터넷에서 파일을 전송할 수 있는 서비스입니다.

1 인터넷 익스플로러를 실행하기 위해 ◉[시작] 단추를 클릭한 후 [모든 프로그램]–[Internet Explorer]를 클릭합니다.

한마디 더!

- 작업 표시줄에서 📄[Internet Explorer] 단추를 클릭하여 인터넷 익스플로러를 실행할 수도 있습니다.
- 인터넷 익스플로러는 '윈도우 7'과 같은 운영체제에 포함되어 있으므로 별도로 설치할 필요가 없습니다.

2 시작 페이지가 나타나면 네이버 사이트에 접속하기 위해 주소 표시줄에 '네이버'를 입력한 후 Enter 를 누릅니다.

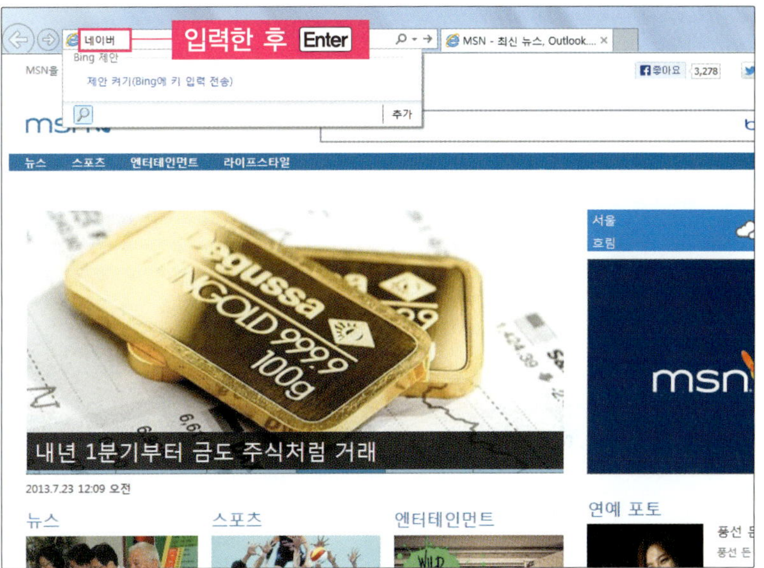

한마디 더!

- 인터넷 익스플로러가 실행되었을 때 처음 화면에 나타나는 페이지를 '시작 페이지'라고 합니다. '페이지'라는 단어를 사용하는 것은 일반적으로 웹에서 정보를 표현하는 화면 하나를 문서 한 장에 비유하기 때문입니다.
- 사이트는 원래 정보를 제공하는 컴퓨터를 말하지만 지금은 인터넷의 한 가상공간에서 제공되는 서비스와 그 서비스를 구성하는 모든 요소를 의미합니다.

알고 넘어갑시다

● 인터넷 익스플로러의 화면 구성

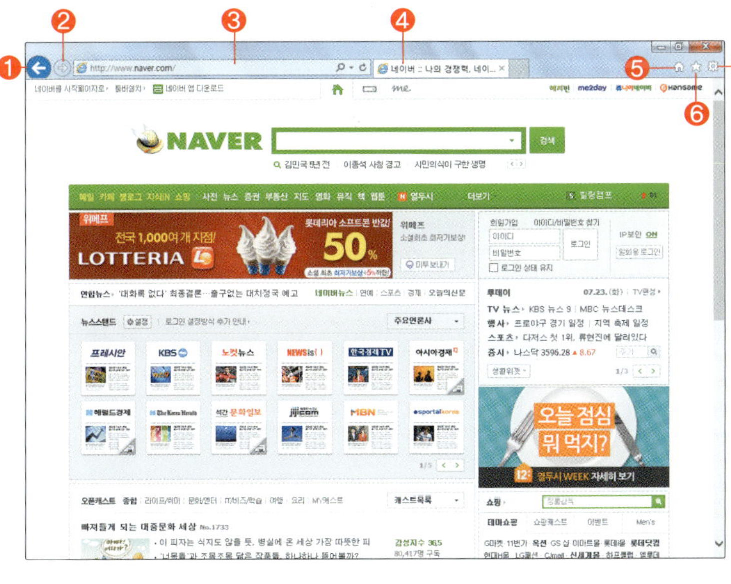

❶ 뒤로 : 이전 페이지로 이동합니다.

❷ 앞으로 : 다음 페이지로 이동합니다.

❸ 주소 표시줄 : 접속한 페이지의 주소(URL)가 표시되는 곳입니다.

❹ 탭 : 접속한 페이지를 탭으로 나타낸 곳입니다. 탭에는 접속한 페이지의 제목이 표시됩니다.

❺ 홈 : 시작 페이지로 이동합니다.

❻ 즐겨찾기, 피드 및 열어본 페이지 목록 보기 : 자주 접속하는 사이트를 관리하고 편리하게 접속할 수 있도록 도와주는 즐겨찾기 센터가 나타납니다. 즐겨찾기 센터는 [즐겨찾기], [피드], [열어본 페이지 목록] 탭으로 구성되어 있습니다.

❼ 도구 : 페이지를 인쇄하거나 인터넷 옵션을 설정하는 등의 작업을 할 수 있는 메뉴가 나타납니다.

3 '네이버'에 대한 검색 결과가 나타나면 [사이트]에서 [네이버]를 클릭합니다.

한마디 더!

[사이트]에서 [네이버]로 마우스 포인터를 가져가면 마우스 포인터가 ⏸ 모양으로 변경됩니다. 마우스 포인터가 ⏸ 모양으로 변경된다는 것은 특정 페이지와 연결되어 있다는 것입니다.

4 네이버 홈 페이지가 나타나면 인터넷 익스플로러를 종료하기 위해 창 조절 단추에서 ✕ [닫기] 단추를 클릭합니다.

한마디 더!

일반적으로 '홈 페이지'라고 하면 특정 사이트에 접속했을 때 처음 화면에 나타나는 페이지를 말하지만 지금은 사이트 전체를 '홈 페이지'라고도 합니다.

5 '모든 탭을 닫으시겠습니까? 아니면, 현재 탭을 닫으시겠습니까?'라고 묻는 대화상자가 나타나면 [모든 탭 닫기] 단추를 클릭합니다.

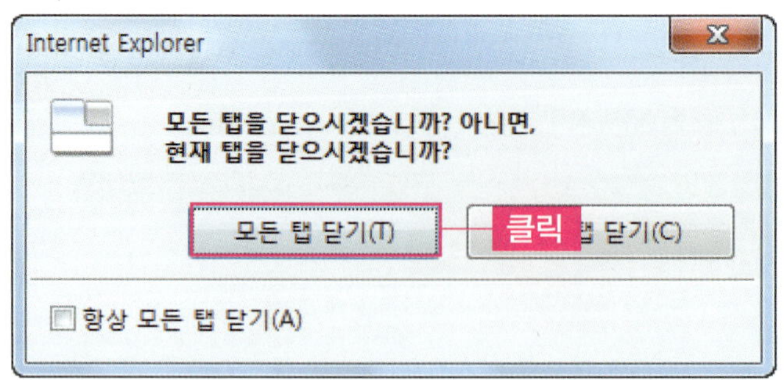

6 인터넷 익스플로러가 종료됩니다.

01 다음은 인터넷 익스플로러의 화면 구성입니다. 각 구성 요소의 이름을 적어 보세요.

02 다음과 같이 인터넷 익스플로러를 실행한 후 다음 사이트에 접속해 보세요.

힌트

주소 표시줄에 '다음'을 입력한 후 Enter 를 누르면 '다음'에 대한 검색 결과가 나타납니다. '다음'에 대한 검색 결과의 [바로가기]에서 [다음]을 클릭하면 다음 사이트에 접속할 수 있습니다.

03 인터넷 익스플로러를 종료해 보세요.

Chapter 02 인터넷 익스플로러 사용하기

준비단계

사용자가 인터넷을 사용할 수 있도록 도와주는 프로그램을 '웹 브라우저'라고 합니다. 웹 브라우저에는 인터넷 익스플로러, 구글 크롬, 파이어폭스 등이 있는데, 인터넷 익스플로러는 마이크로소프트에서 개발한 웹 브라우저입니다.

그럼, 인터넷 익스플로러를 사용하는 방법에 대해 알아보겠습니다.

미리보기

기초단계 01 페이지 이동하기

1 인터넷 익스플로러를 실행한 후 청계천 사이트에 접속하기 위해 **주소 표시줄에** 'www.sisul.or.kr/open_content/cheonggye'를 입력한 후 Enter 를 누릅니다. 그런 다음 청계천 홈 페이지가 나타나면 [고척스카이돔]을 클릭합니다.

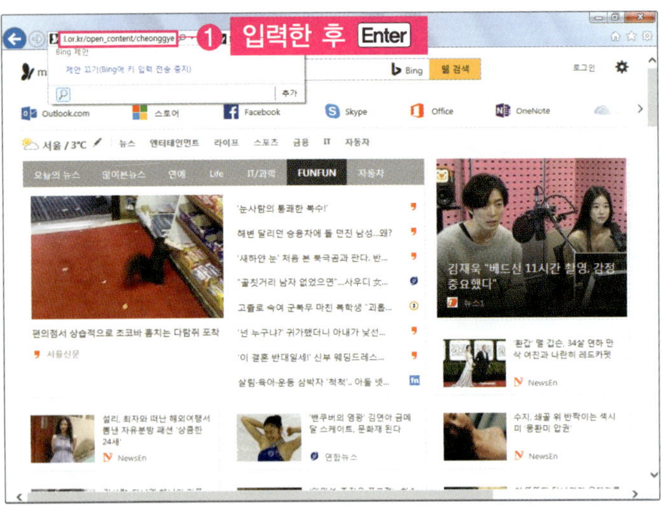

한마디 더!

주소 표시줄에 'www.sisul.or.kr/open_content/cheonggye'를 입력한 후 Enter 를 누르면 현재 탭에 청계천 홈 페이지가 나타나고, Alt + Enter 를 누르면 새 탭에 청계천 홈 페이지가 나타납니다.

● 인터넷 주소

인터넷 주소는 인터넷상의 특정 컴퓨터를 인식하기 위해 사용하는 주소를 말합니다. 인터넷 주소에는 컴퓨터가 인식할 수 있는 숫자 형식의 IP 주소와 IP 주소를 대신하여 사람이 인식할 수 있는 문자 형식의 도메인명이 있는데, 도메인명은 다음과 같이 구성되어 있습니다.

www.sisul.or.kr

www.imbc.com

❶ 컴퓨터 이름　❷ 기관 이름　❸ 기관 성격　❹ 국가 코드

컴퓨터 이름은 제공하는 인터넷 서비스에 따라 결정됩니다. 즉, 웹 서비스를 제공하면 'www'가 되고, FTP 서비스를 제공하면 'ftp'가 됩니다.

• 기관 성격에 따른 도메인명

기관 성격	한국인터넷진흥원에서 관리하는 도메인명	ICANN(국제인터넷주소관리기구)에서 관리하는 도메인명
영리 기관	co	com
비영리 기관	or	org
정부 기관	go	gov
교육 기관	ac	edu
네트워크 관련 기관	ne	net

• 국가 코드에 따른 도메인명

국가	도메인명	국가	도메인명
대한민국	kr	미국	us
북한	kp	캐나다	ca
일본	jp	영국	uk
중국	cn	독일	de
대만	tw	프랑스	fr

2 고척스카이돔 홈 페이지가 나타나면 이전 페이지로 이동하기 위해 ◀[뒤로] 단추를 **클릭**합니다.

한마디 더!

`Alt` + `←`를 눌러 이전 페이지로 이동할 수도 있습니다.

3 청계천 홈 페이지가 다시 나타나면 다음 페이지로 이동하기 위해 ➡[앞으로] 단추를 클릭합니다.

> **한마디 더!**
>
> Alt + ➡를 눌러 다음 페이지로 이동할 수도 있습니다.

4 고척스카이돔 홈 페이지가 다시 나타나면 ⬅[뒤로] 단추의 바로 가기 메뉴에서 [서울시설공단 | 청계천]을 클릭합니다.

> **한마디 더!**
>
> ⬅[뒤로] 단추를 길게 눌러도 현재 탭에서 열어본 페이지 목록이 나타납니다.

5 청계천 홈 페이지가 다시 나타납니다.

알고 넘어갑시다

◉ 인터넷 익스플로러 화면 확대하고 축소하기

다음과 같이 ⚙[도구]를 클릭한 후 [확대/축소]–[확대]를 클릭하거나 Ctrl + +를 누르면 인터넷 익스플로러 화면을 확대할 수 있고, [확대/축소]–[축소]를 클릭하거나 Ctrl + −를 누르면 인터넷 익스플로러 화면을 축소할 수 있습니다. Ctrl + +를 누르면 누를 때마다 인터넷 익스플로러 화면이 25%씩 확대되고, Ctrl + −를 누르면 누를 때마다 인터넷 익스플로러 화면이 25%씩 축소됩니다.

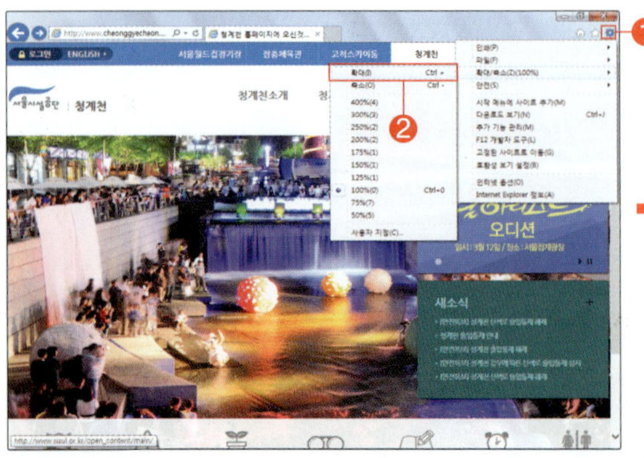

1 새 탭에 서울어린이대공원 홈 페이지를 나타내기 위해 [어린이대공원]의 바로 가기 메뉴에서 [새 탭에서 열기]를 클릭합니다.

한마디 더!

■ [새 탭]을 클릭하면 새 탭이 나타납니다. 새 탭의 주소 표시줄에 주소를 입력한 후 Enter 를 눌러 직접 새 탭에 해당 홈 페이지를 나타낼 수도 있습니다.

알 고 넘 어 갑 시 다

◉ **새 창에 홈 페이지 나타내기**

[어린이대공원]의 바로 가기 메뉴에서 [새 창에서 열기]를 클릭하면 다음과 같이 새 창에 서울어린이대공원 홈 페이지가 나타납니다.

2 새 탭에 서울어린이대공원 홈 페이지가 나타나면 [서울시설공단 | 서울어린이대공원] 탭을 클릭합니다.

3 [서울시설공단|서울어린이대공원] 탭이 선택되면 [서울시설공단|서울어린이대공원] 탭을 닫기 위해 ✕[탭 닫기]를 클릭합니다.

4 [서울시설공단|서울어린이대공원] 탭이 닫힙니다.

◉ 메뉴 모음, 즐겨 찾기 모음, 명령 모음, 상태 표시줄 표시하기

다음과 같이 ⚙[도구]의 바로 가기 메뉴에서 [메뉴 모음]을 선택하면 메뉴 모음을 표시할 수 있는데, [메뉴 모음]은 🏠[홈]과 ☆[즐겨찾기, 피드 및 열어본 페이지 목록 보기]의 바로 가기 메뉴에도 나타납니다. 즐겨찾기 모음, 명령 모음, 상태 표시줄도 같은 방법으로 표시할 수 있습니다.

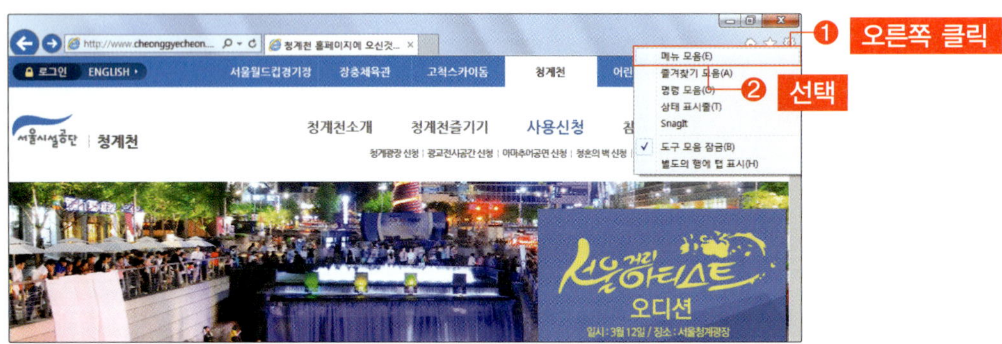

◉ 메뉴 모음, 즐겨 찾기 모음, 명령 모음, 상태 표시줄 알아보기

❶ **메뉴 모음** : 인터넷 익스플로러의 기능을 공통성 있는 기능별로 구분하여 놓은 곳입니다.

❷ **즐겨찾기 모음** : 자주 접속하는 사이트를 관리하고 편리하게 접속할 수 있도록 도와주는 곳입니다.

❸ **명령 모음** : 자주 사용하는 기능을 아이콘으로 만들어 놓은 곳입니다.

❹ **상태 표시줄** : 사용자에게 필요한 정보를 알려주는 곳입니다.

01 다음과 같이 새 탭에 서울특별시청 홈 페이지(www.seoul.go.kr)를 나타낸 후 인터넷 익스플로러 화면의 확대/축소 비율을 '125%'로 지정해 보세요.

> **힌트**
>
> ⚙[도구]를 클릭한 후 [확대/축소]–[125%]를 클릭하면 인터넷 익스플로러 화면의 확대/축소 비율을 '125%'로 지정할 수 있습니다.

02 다음과 같이 즐겨찾기 모음과 명령 모음을 표시해 보세요.

03 즐겨찾기 모음과 명령 모음을 표시하지 않은 후 인터넷 익스플로러 화면의 확대/축소 비율을 '100%'로 지정한 다음 [서울특별시 – 시민과 함께, 세계와 함께] 탭을 닫아 보세요.

Chapter 03
시작 페이지 변경하고 시작 메뉴에 사이트 추가하기

준비단계

인터넷 익스플로러를 실행한 후 맨 처음 접속하는 사이트가 매번 같은 경우, 이 사이트를 시작 페이지로 지정하거나 시작 메뉴에 추가하면 언제든지 쉽고 빠르게 접속할 수 있습니다.

그럼, 시작 페이지를 변경하고 시작 메뉴에 사이트를 추가하는 방법에 대해 알아보겠습니다.

미리보기

기초단계 01 시작 페이지 변경하기

1 인터넷 익스플로러를 실행한 후 다음 사이트(www.daum.net)에 접속합니다.

2 다음 홈 페이지가 나타나면 [홈]의 바로 가기 메뉴에서 [홈 페이지 추가 및 변경]을 클릭합니다.

3 [홈 페이지 추가 및 변경] 대화상자가 나타나면 [이 웹 페이지를 유일한 홈 페이지로 사용]을 선택한 후 [예] 단추를 클릭합니다.

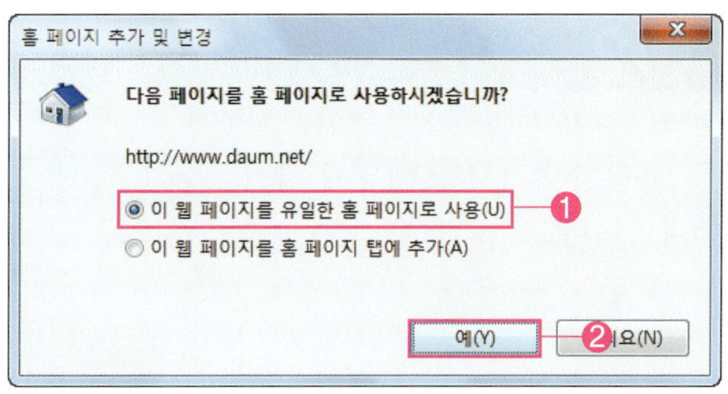

• 인터넷 익스플로러에서는 홈 페이지가 시작 페이지를 의미합니다.
• [이 웹 페이지를 홈 페이지 탭에 추가]를 선택하면 기존 시작 페이지와 현재 페이지가 모두 시작 페이지로 지정됩니다.

4 인터넷 익스플로러를 종료한 후 다시 실행하면 시작 페이지가 변경된 것을 확인할 수 있습니다.

언제든지 [홈]을 클릭하면 시작 페이지(여기서는 다음 홈 페이지)가 나타납니다.

알고 넘어갑시다

◉ 시작 페이지 변경하기

다음과 같이 [도구]를 클릭한 후 [인터넷 옵션]을 클릭하면 [인터넷 옵션] 대화상자가 나타납니다. [인터넷 옵션] 대화상자의 [일반] 탭에서 홈 페이지 입력란에 주소를 입력한 후 [확인] 단추를 클릭하여 시작 페이지를 변경할 수도 있습니다.

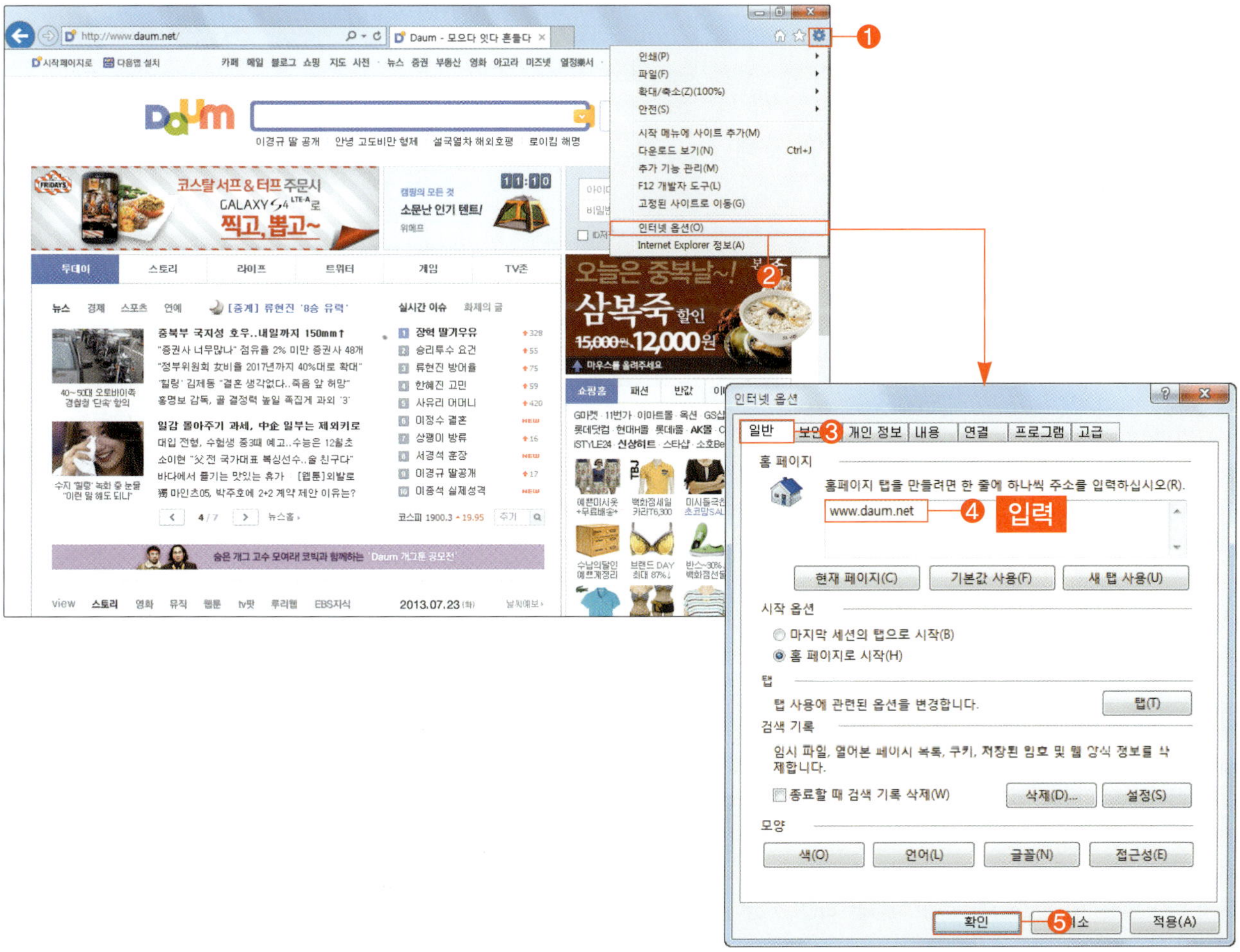

1 ⚙[도구]를 클릭한 후 [시작 메뉴에 사이트 추가]를 클릭합니다.

2 '이 웹 사이트를 시작 메뉴에 추가합니다.'라는 내용의 대화상자가 나타나면 [추가] 단추를 클릭합니다.

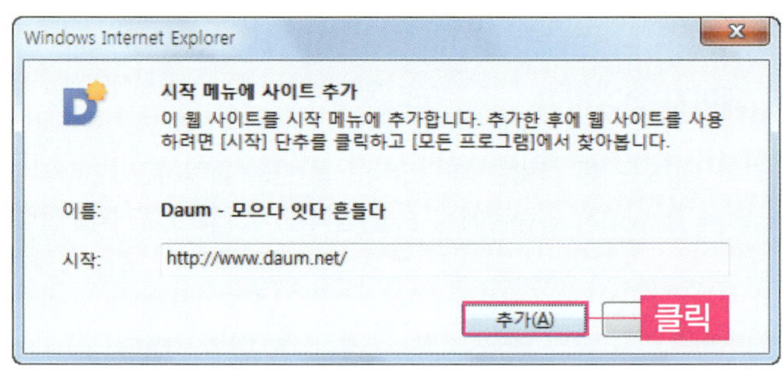

3 다음과 같이 기존 창은 닫히고 새 창에 다음 홈 페이지가 나타납니다.

- 시작 메뉴에 다음 사이트가 추가된 것입니다. ⊕[시작] 단추를 클릭한 후 [모든 프로그램]을 클릭하면 다음 사이트가 'Daum - 모으다 잇다 흔들다'라는 이름으로 추가된 것을 확인할 수 있으며 [Daum - 모으다 잇다 흔들다]를 클릭하면 다음 사이트에 접속할 수 있습니다.
- 새 창을 보면 ⌂[홈]은 표시되지 않고 ⬅[뒤로] 단추 앞에 다음 사이트의 아이콘(▣)이 표시된 것을 확인할 수 있습니다. 다음 사이트의 아이콘(▣)이 ⌂[홈]과 같은 기능을 하는 것입니다. 즉, 언제든지 다음 사이트의 아이콘(▣)을 클릭하면 다음 홈 페이지가 나타납니다.

01 다음과 같이 시작 페이지를 네이버 홈 페이지(www.naver.com)로 변경해 보세요.

02 다음과 같이 시작 메뉴에 네이버 사이트를 추가해 보세요.

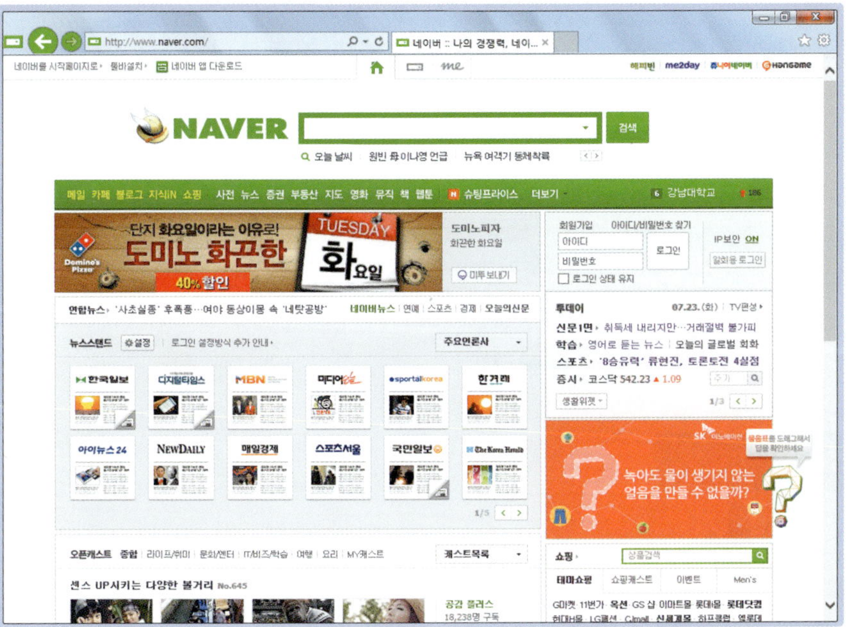

03 시작 메뉴에 추가된 네이버 사이트를 삭제해 보세요.

힌트

[시작] 단추를 클릭한 후 [모든 프로그램]-[네이버 나의 경쟁력, 네이버]의 바로 가기 메뉴에서 [삭제]를 클릭하면 시작 메뉴에 추가된 네이버 사이트를 삭제할 수 있습니다.

Chapter 04 즐겨찾기 사용하기

자주 접속하는 사이트는 외우거나 메모해 둘 필요 없이 즐겨찾기에 추가해 두면 언제든지 쉽고 빠르게 접속할 수 있습니다.
그럼, 즐겨찾기를 사용하는 방법에 대해 알아보겠습니다.

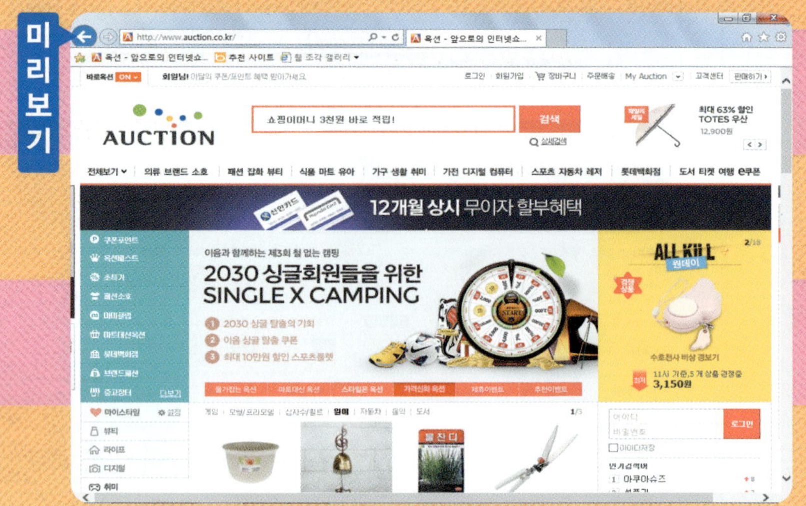

기초단계 01 즐겨찾기 모음에 홈 페이지 추가하기

1 인터넷 익스플로러를 실행한 후 옥션 사이트(www.auction.co.kr)에 접속합니다.

2 옥션 홈 페이지가 나타나면 ☆[즐겨찾기, 피드 및 열어본 페이지 목록 보기]를 클릭한 후 [즐겨찾기에 추가]의 ▾[목록] 단추를 클릭한 다음 [즐겨찾기 모음에 추가]를 클릭합니다.

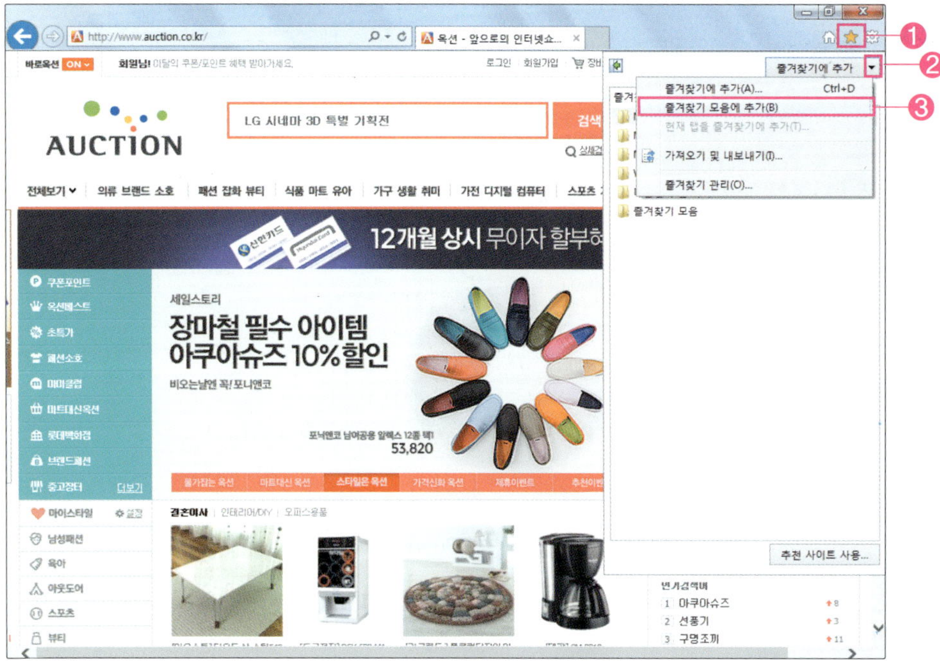

3 옥션 홈 페이지가 즐겨찾기 모음에 추가
되면 ⌂[홈]을 클릭합니다.

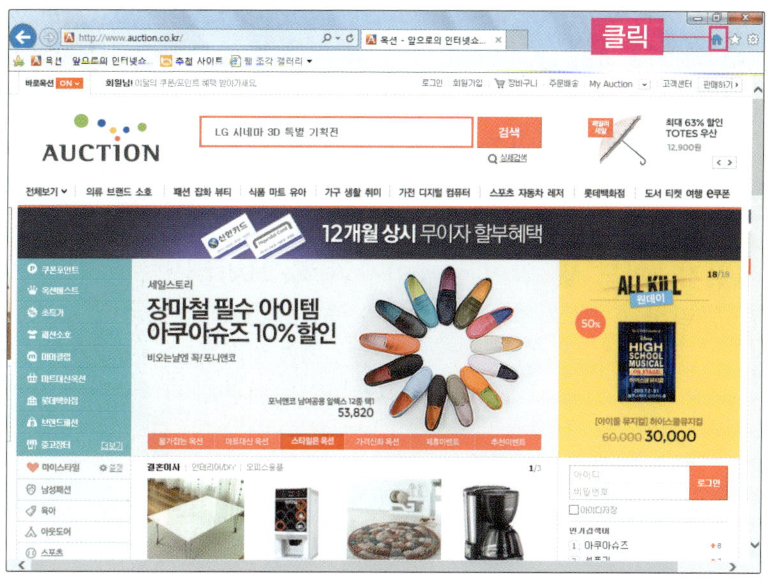

> **한마디 더!**
>
> - 즐겨찾기 모음이 표시되어 있지 않은 경우에는
>   자동으로 즐겨찾기 모음이 표시됩니다.
> - 즐겨찾기 모음에서 ★[즐겨찾기 모음에 추가]를
>   클릭하면 현재 페이지를 즐겨찾기 모음에 추가할
>   수 있습니다.

4 시작 페이지가 나타나면 즐겨찾기 모음
에서 '옥션 – 앞으로의 인터넷쇼핑, 옥션'
항목을 클릭합니다.

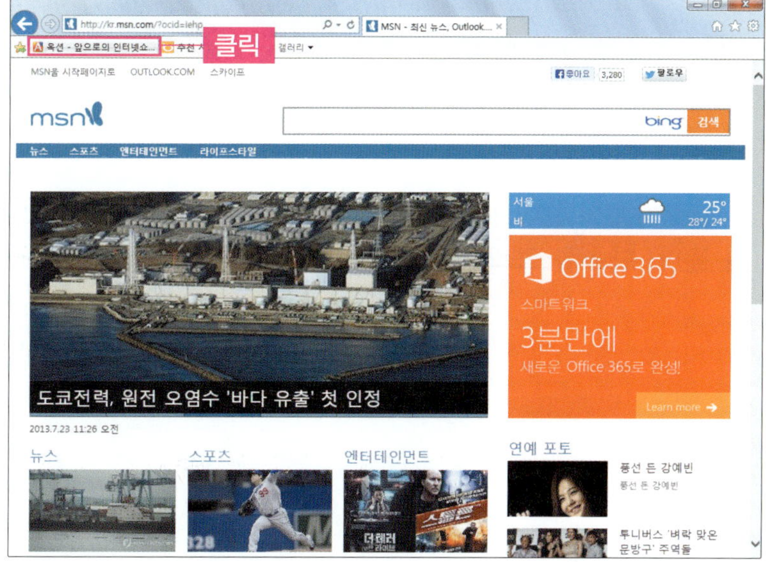

5 다음과 같이 옥션 홈 페이지가 나타납니다.

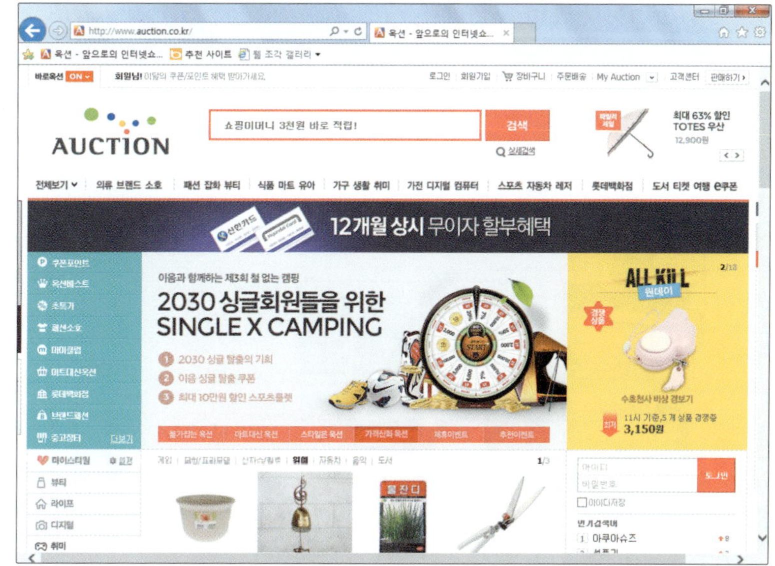

1 롯데시네마 사이트(www.lottecinema.co.kr)에 접속합니다.

2 롯데시네마 홈 페이지가 나타나면 ☆[즐겨찾기, 피드 및 열어본 페이지 목록 보기]를 클릭한 후 [즐겨찾기에 추가]를 클릭합니다.

3 [즐겨찾기 추가] 대화상자가 나타나면 [새 폴더] 단추를 클릭합니다.

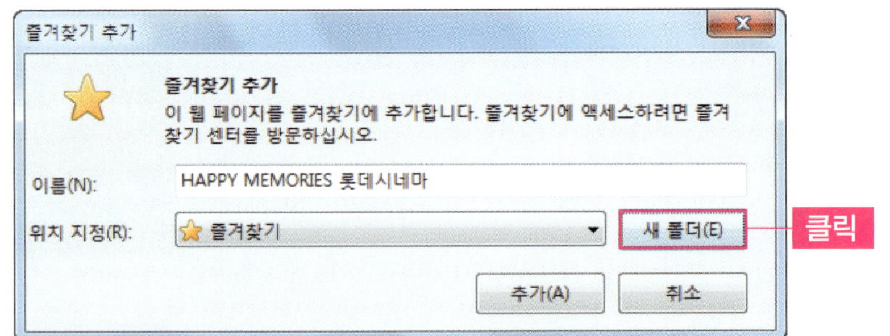

알고 넘어갑시다

◉ 즐겨찾기 센터 고정하기

다음과 같이 ▣[즐겨찾기 센터 고정]을 클릭하면 인터넷 익스플로러 화면의 왼쪽에 즐겨찾기 센터가 고정됩니다. 즐겨찾기 센터를 닫으려면 ×[즐겨찾기 센터 닫기]를 클릭하면 됩니다.

4 [폴더 만들기] 대화상자가 나타나면 **폴더 이름(영화관)을 입력**한 후 [만들기] 단추를 클릭합니다. 그런 다음 [즐겨찾기 추가] 대화상자가 다시 나타나면 **이름(LOTTE CINEMA)을 입력**한 후 [추가] 단추를 클릭합니다.

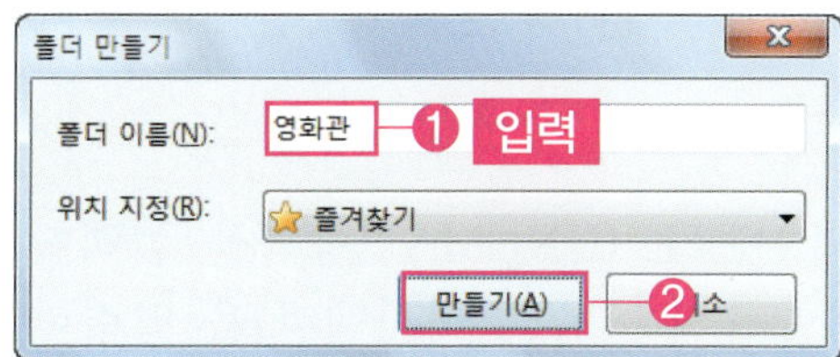
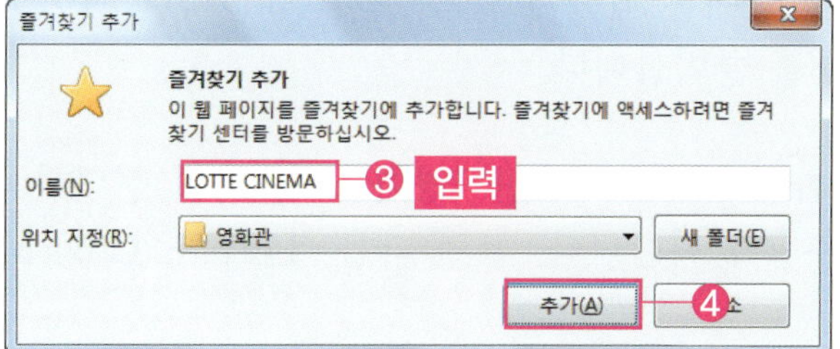

> **한 마 디 더 !**
>
> 롯데시네마 홈 페이지가 '영화관' 폴더에 'LOTTE CINEMA' 라는 항목으로 추가됩니다.

5 롯데시네마 홈 페이지가 즐겨찾기에 추가되면 [홈]을 클릭합니다.

6 시작 페이지가 나타나면 [즐겨찾기, 피드 및 열어본 페이지 목록 보기]를 클릭한 후 [즐겨찾기] 탭에서 '영화관' 폴더를 선택한 다음 'LOTTE CINEMA' 항목을 클릭합니다.

> **한 마 디 더 !**
>
> '영화관' 폴더를 선택하면 'LOTTE CINEMA' 항목이 나타납니다.

7 롯데시네마 홈 페이지가 나타납니다.

알 고 넘 어 갑 시 다

● 바탕 화면에 사이트의 바로 가기 아이콘 만들기

다음과 같이 메뉴 모음에서 [파일]을 클릭한 후 [보내기]-[바탕 화면에 바로 가기 만들기]를 클릭하면 바탕 화면에 사이트의 바로 가기 아이콘을 만들 수 있습니다. 바탕 화면에서 사이트의 바로 가기 아이콘을 더블클릭하면 해당 사이트에 바로 접속할 수 있습니다.

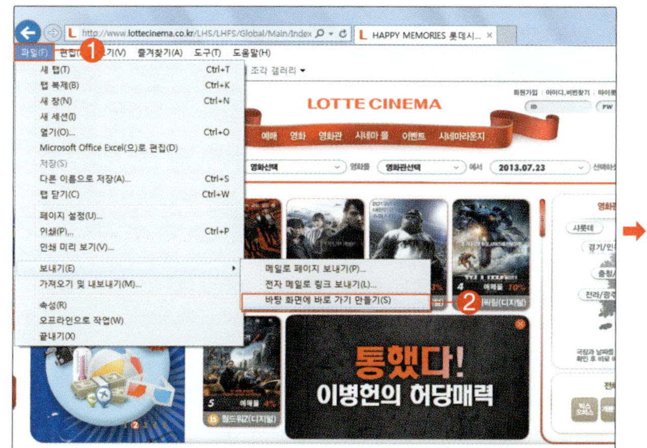

1 ☆[즐겨찾기, 피드 및 열어본 페이지 목록 보기]를 클릭한 후 [즐겨찾기에 추가]의 ▾[목록] 단추를 클릭한 다음 [즐겨찾기 관리]를 클릭합니다.

2 [즐겨찾기 관리] 대화상자가 나타나면 '영화관' 폴더를 선택한 후 'LOTTE CINEMA' 항목을 선택한 다음 [이름 바꾸기] 단추를 클릭합니다. 그런 다음 'LOTTE CINEMA' 항목의 이름(롯데시네마)을 입력한 후 Enter 를 누릅니다.

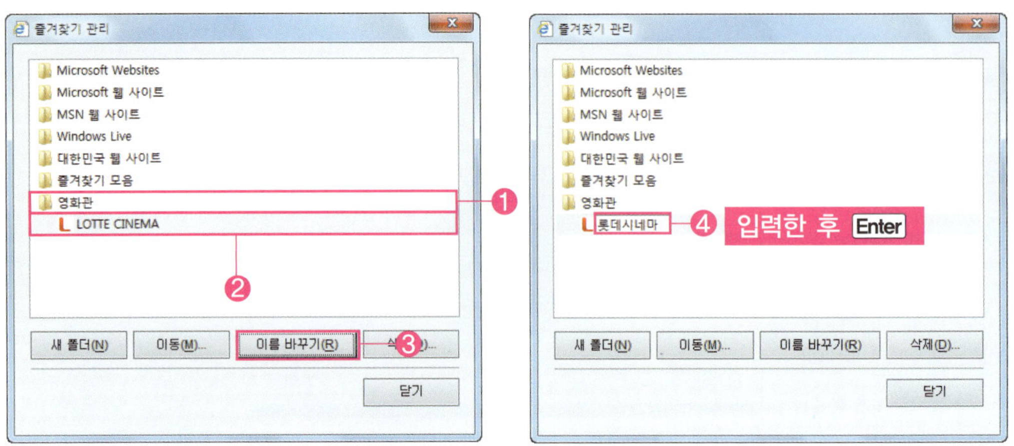

한 마 디 더!

'영화관' 폴더를 선택하면 'LOTTE CINEMA' 항목이 나타납니다.

3 'LOTTE CINEMA' 항목의 이름이 '롯데시네마' 로 바꾸어지면 '즐겨찾기 모음' 폴더를 선택한 후 '옥션 – 앞으로의 인터넷쇼핑, 옥션' 항목을 선택한 다음 [삭제] 단추를 클릭합니다. 그런 다음 '옥션 – 앞으로의 인터넷쇼핑, 옥션' 항목이 삭제되면 [닫기] 단추를 클릭합니다.

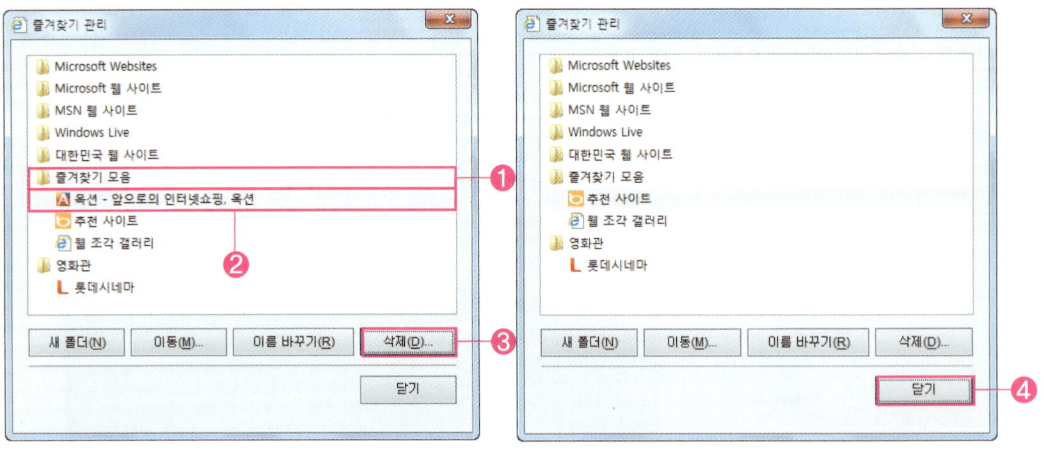

한 마 디 더!

• '즐겨찾기 모음' 폴더를 선택하면 '옥션 – 앞으로의 인터넷쇼핑, 옥션' 항목이 나타납니다.
• [새 폴더] 단추를 클릭하면 새 폴더를 만들 수 있고, [이동] 단추를 클릭하면 폴더나 항목을 다른 폴더로 이동시킬 수 있습니다.

4 ☆[즐겨찾기, 피드 및 열어본 페이지 목록 보기]를 클릭한 후 [즐겨찾기] 탭에서 '영화관' 폴더를 선택하면 'LOTTE CINEMA' 항목의 이름이 '롯데시네마' 로 바꾸어진 것을 확인할 수 있고, '즐겨찾기 모음' 폴더를 선택하면 '옥션 – 앞으로의 인터넷쇼핑, 옥션' 항목이 삭제된 것을 확인할 수 있습니다.

01 다음과 같이 즐겨찾기 모음에 G마켓 사이트(www.gmarket.co.kr)를 추가해 보세요.

힌트

G마켓 사이트에 접속한 후 즐겨찾기 모음에서 ☆[즐겨찾기 모음에 추가]를 클릭하면 즐겨찾기 모음에 G마켓 사이트를 추가할 수 있습니다.

02 다음과 같이 즐겨찾기에 '인터넷 서점' 폴더를 만든 후 '인터넷 서점' 폴더에 교보문고, YES24, 반디앤루니스, 인터파크도서 사이트를 추가해 보세요.

- **교보문고 사이트** : www.kyobobook.co.kr
- **YES24 사이트** : www.yes24.com
- **반디앤루니스 사이트** : www.bandinlunis.com
- **인터파크도서 사이트** : book.interpark.com

03 즐겨찾기 모음에 추가된 G마켓 사이트를 삭제한 후 즐겨찾기에 만든 '영화관' 폴더와 '인터넷 서점' 폴더를 삭제해 보세요.

Chapter 05 검색엔진 사용하기

검색엔진을 사용하면 인터넷에 있는 수많은 정보 중에서 원하는 정보를 쉽고 빠르게 찾을 수 있습니다. 검색엔진은 원래 정보를 수집하는 시스템을 말하지만 지금은 검색 서비스 또는 검색 서비스를 제공하는 사이트를 의미합니다.

그럼, 검색엔진을 사용하는 방법에 대해 알아보겠습니다.

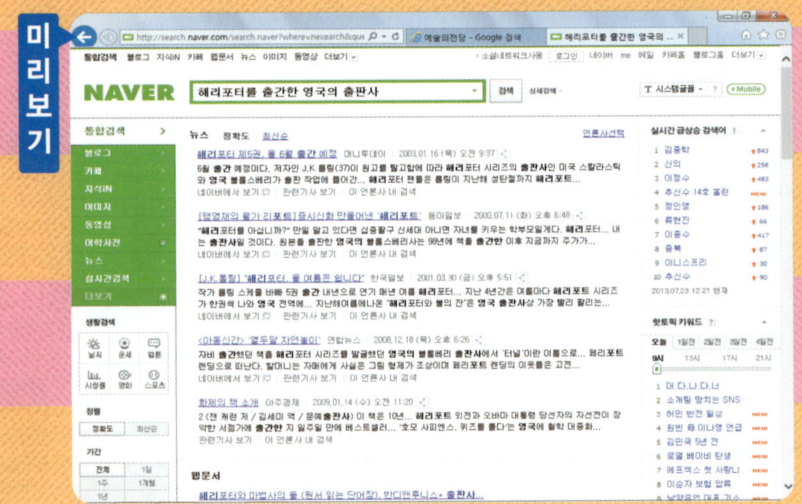

기초단계 01 키워드로 검색하기

1 인터넷 익스플로러를 실행한 후 **구글 사이트(www.google.co.kr)**에 접속합니다.

한마디 더!

- 검색엔진에는 네이버, 다음, 구글, Bing 등이 있습니다.
- 키워드는 원하는 정보와 관련된 핵심 단어를 말합니다.

2 구글 홈 페이지가 나타나면 **검색어 입력란에 '예술의전당'을 입력**한 후 🔍 단추를 클릭합니다.

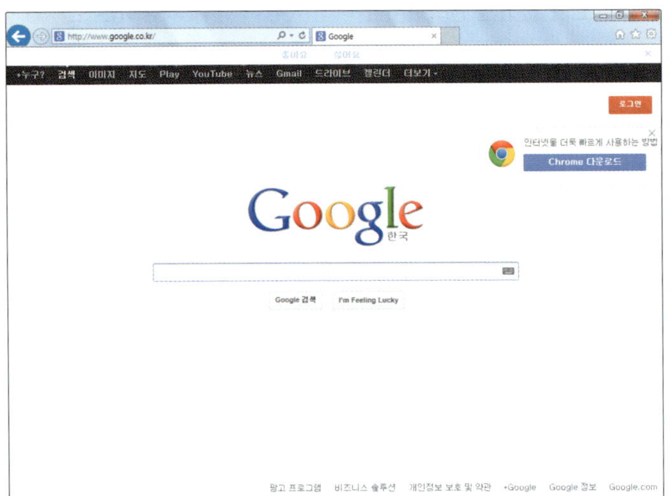

3 '예술의전당'에 대한 검색 결과가 나타나면 [바로가기]에서 [예술의전당]을 클릭합니다.

4 다음과 같이 예술의전당 홈 페이지가 나타납니다.

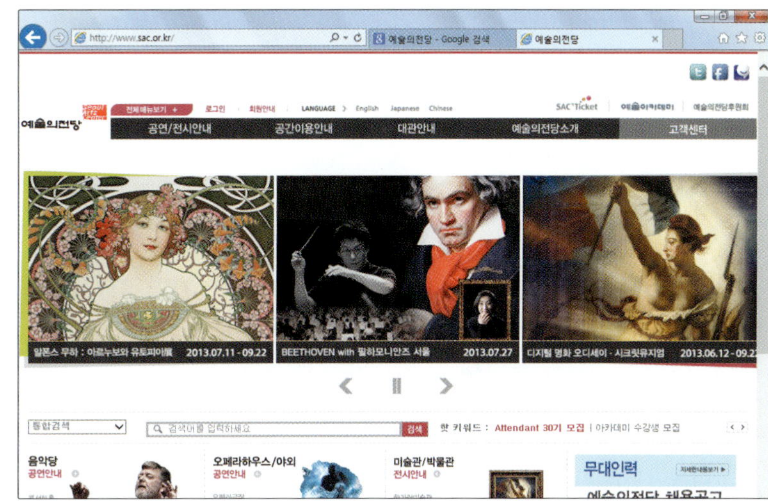

◉ 검색 기록 삭제하기

인터넷 익스플로러는 접속한 사이트에 대한 정보와 사용자에게 자주 요구하는 정보(아이디나 암호 등)를 저장합니다. 이와 같은 정보를 저장하면 검색 속도가 향상되고, 반복하여 같은 정보를 입력할 필요가 없어서 편리하지만 여러 사람이 함께 사용하는 컴퓨터에서는 개인 정보의 보안을 위해 삭제하는 것이 좋습니다. [도구]를 클릭한 후 [인터넷 옵션]을 클릭하면 [인터넷 옵션] 대화상자가 나타납니다. 다음과 같이 [인터넷 옵션] 대화상자의 [일반] 탭에서 [삭제] 단추를 클릭하여 [검색 기록 삭제] 대화상자가 나타나면 삭제하려는 정보를 선택한 후 [삭제] 단추를 클릭합니다. 그러면 검색 기록을 삭제할 수 있습니다.

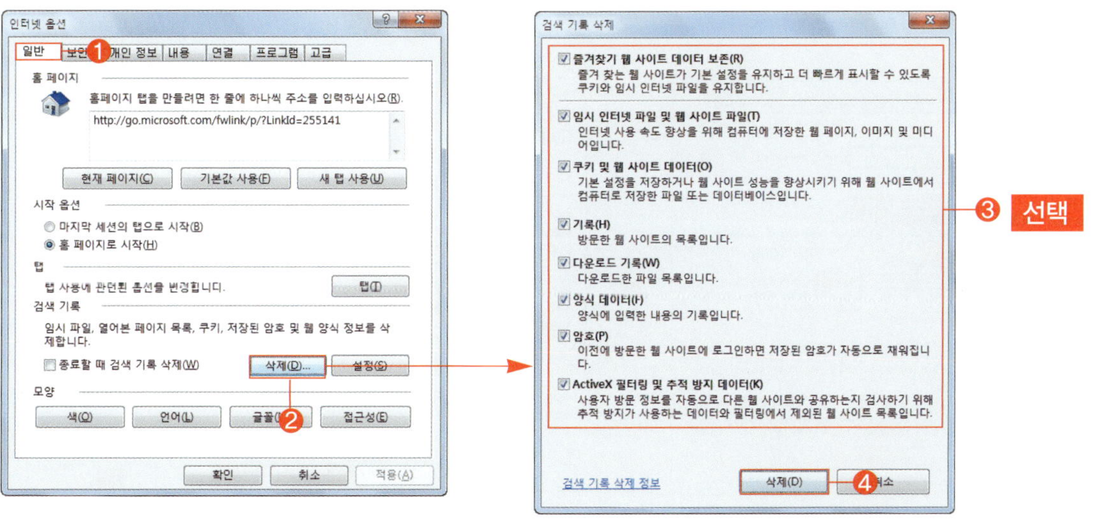

1 네이버 사이트(www.naver.com)에 접속합니다.

한마디 더!

자연어는 평소에 쓰는 대화나 문장을 말합니다.

2 네이버 홈 페이지가 나타나면 **검색어 입력란에 '해리포터를 출간한 영국의 출판사'를 입력**한 후 **[검색] 단추를 클릭**합니다.

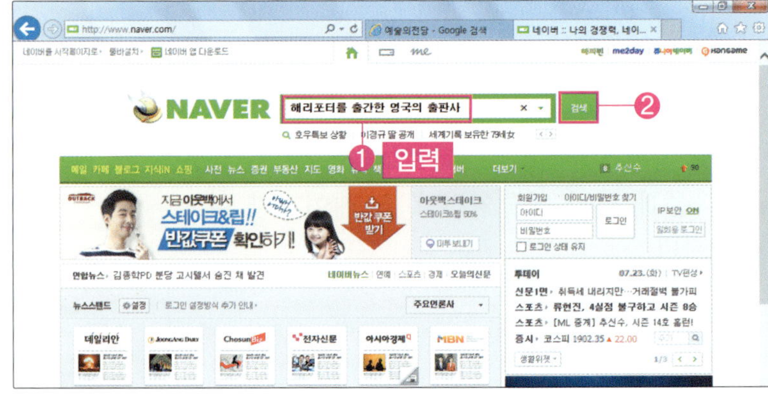

3 '해리포터를 출간한 영국의 출판사'에 대한 검색 결과가 나타나면 '블룸스베리'인 것을 확인할 수 있습니다.

알고 넘어갑시다

● **바로 연결 기능을 사용하여 검색하기**

인터넷 익스플로러에서는 페이지에서 검색하고 싶은 내용이 있는 경우, 다음과 같이 검색하려는 단어를 드래그하여 선택한 후 [바로 연결] 단추를 클릭한 다음 검색엔진을 선택하면 검색어를 입력하지 않고 바로 연결 기능을 사용하여 쉽고 빠르게 검색할 수 있습니다.

01 다음과 같이 다음 사이트(www.daum.net)에서 '광주지하철노선도'를 검색해 보세요.

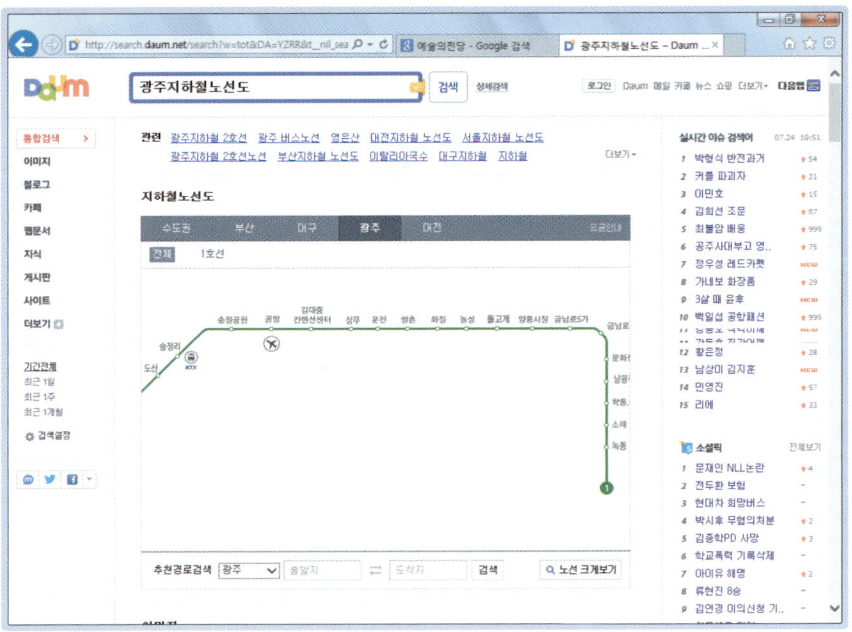

힌트

다음 사이트(www.daum.net)에 접속한 후 검색어 입력란에 '광주지하철노선도'를 입력한 다음 [검색] 단추를 클릭하면 '광주지하철노선도'를 검색할 수 있습니다.

02 다음 (   ) 안에 들어갈 말은 무엇인지 검색하여 적어 보세요.

먼지나 날파리 등의 부유물이 눈앞에서 떠다니는 것처럼 보이면 (   )을/를 의심해 봐야 합니다. (   )은/는 연령의 증가에 따른 유리체의 변화에 의해 생기며 주로 40대에서부터 발생하기 시작합니다. (   )은/는 시야 확보에 어려움이 생기는 병이므로 정신적인 스트레스를 매우 많이 받으며 시력에는 특별한 영향을 주지 않는 것으로 알려져 있으나 아주 심할 경우에는 시력을 상실할 수 있으므로 조심해야 합니다.

03 다음 (   ) 안에 들어갈 말은 무엇인지 검색하여 적어 보세요.

세계 최초의 국립공원은 미국에 있는 옐로우스톤 국립공원으로 1872년에 지정되었습니다. 우리나라는 1967년에 (   )을/를 최초의 국립공원으로 지정하였으며 현재 (   )을/를 포함하여 21개소가 국립공원으로 지정되어 있습니다. 국립공원을 전문적으로 관리하기 위해 1987년 국립공원관리공단을 설립하였으며 박운영 초대 이사장이 취임하였습니다. 국립공원관리공단의 명예대사로는 임권택 감독이 위촉되어 있습니다.

04 뿌리가 다른 나뭇가지가 서로 엉켜 마치 한 나무처럼 자라는 현상을 무엇이라고 하는지 검색하여 적어 보세요.

05 물과 밀가루를 사용하여 만드는 이탈리아 국수요리를 무엇이라고 하는지 검색하여 적어 보세요.

➡ 정답은 인터넷 과목 64페이지에 있습니다.

Chapter 06 내 컴퓨터로 정보 가져오기

준비단계

인터넷에 있는 사진은 내 컴퓨터에 저장할 수 있으며 페이지에 있는 내용 중에서 일부 내용만 필요한 경우, 해당 내용만 복사할 수 있습니다.
그럼, 내 컴퓨터로 정보를 가져오는 방법에 대해 알아보겠습니다.

미리보기

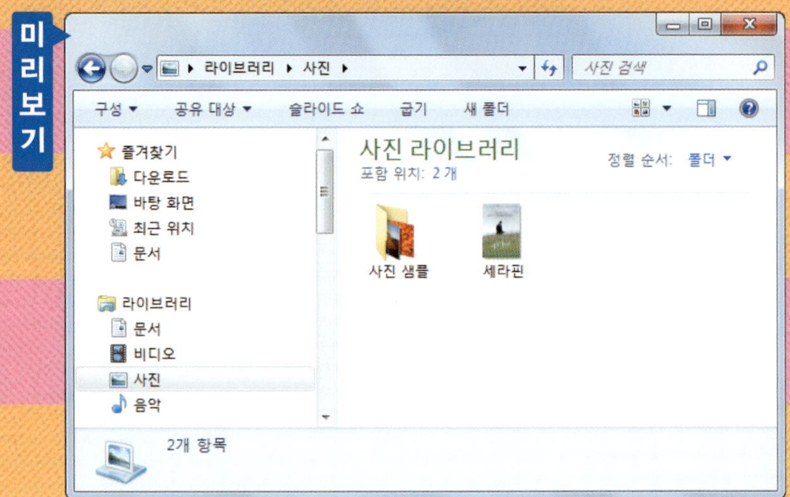

기초단계 01 내 컴퓨터로 사진 가져오기

1 인터넷 익스플로러를 실행한 후 네이버 사이트(www.naver.com)에 접속합니다.

2 네이버 홈 페이지가 나타나면 [영화]를 클릭합니다.

3 네이버 영화 페이지가 나타나면 **검색어 입력란에 '세라핀'을 입력한 후 [검색] 단추를 클릭**합니다.

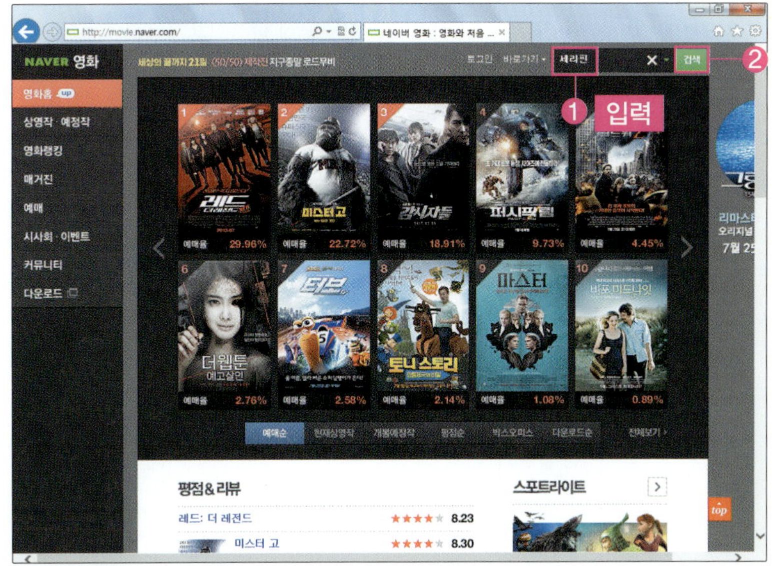

4 '세라핀'에 대한 검색 결과가 나타나면 [영화]에서 **[세라핀 (Seraphine)]을 클릭**합니다.

5 네이버 영화 '세라핀' 페이지가 나타나면 포스터를 크게 보기 위해 **포스터를 클릭**합니다.

6 포스터가 새 창에 나타나면 포스터를 저장하기 위해 포스터의 바로 가기 메뉴에서 [다른 이름으로 사진 저장]을 클릭합니다.

알 고 넘 어 갑 시 다

● 사진 인쇄하고 바탕 화면의 배경으로 설정하기

사진의 바로 가기 메뉴에서 [사진 인쇄]를 클릭하면 사진을 인쇄할 수 있고, [배경으로 설정]을 클릭하면 다음과 같이 사진을 바탕 화면의 배경으로 설정할 수 있습니다.

7 [사진 저장] 대화상자가 나타나면 저장 위치(라이브러리\사진)를 지정한 후 파일 이름(세라핀)을 입력한 다음 [저장] 단추를 클릭합니다.

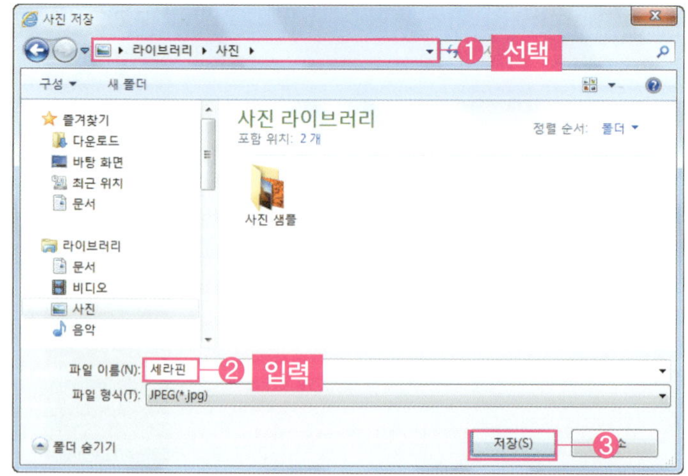

8 Windows 탐색기를 실행한 후 [폴더] 창에서 '라이브러리\사진' 폴더를 선택하면 포스터가 저장되어 있는 것을 확인할 수 있습니다.

1 다음 사이트(www.daum.net)에 접속합니다.

2 다음 홈 페이지가 나타나면 **검색어 입력란**에 '도담도담'을 입력한 후 **[검색] 단추**를 클릭합니다.

3 '도담도담'에 대한 검색 결과가 나타나면 **[어학사전]**을 클릭합니다.

4 다음 어학사전 '도담도담' 페이지가 나타나면 내용을 복사하기 위해 **다음과 같이 내용을 드래그하여 선택**한 후 **Ctrl**+**C**를 누릅니다.

5 메모장을 실행한 후 내용을 붙여넣기 위해 [편집]을 클릭한 다음 [붙여넣기]를 클릭합니다.

Ctrl + V 를 눌러 내용을 붙여넣을 수도 있습니다.

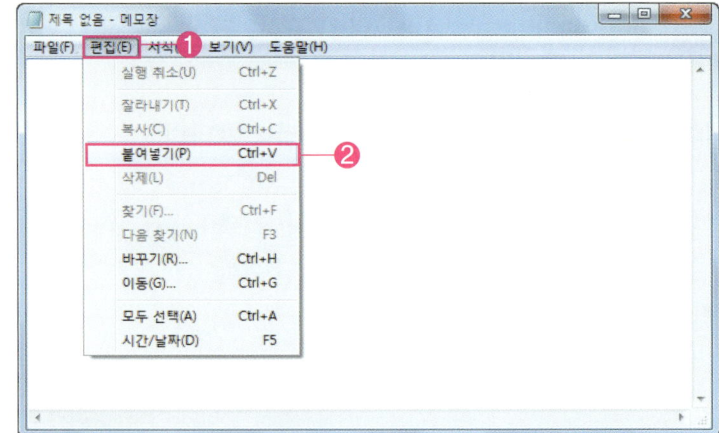

6 내용이 붙여넣어지면 내용을 저장하기 위해 [파일]을 클릭한 후 [저장]을 클릭합니다.

Ctrl + S 를 눌러 내용을 저장할 수도 있습니다.

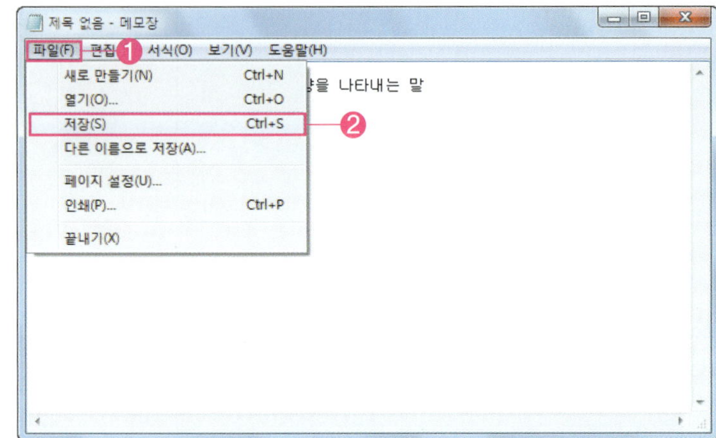

7 [다른 이름으로 저장] 대화상자가 나타나면 저장 위치(라이브러리\문서)를 지정한 후 파일 이름(도담도담)을 입력한 다음 [저장] 단추를 클릭합니다.

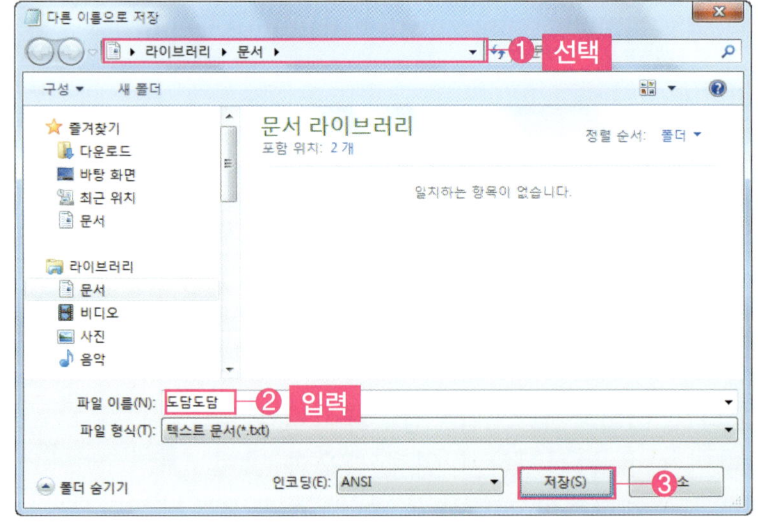

8 Windows 탐색기를 실행한 후 [폴더] 창에서 '라이브러리\문서' 폴더를 선택하면 내용이 저장되어 있는 것을 확인할 수 있습니다.

01 다음과 같이 네이버 사이트(www.naver.com)에서 천지연폭포 이미지를 검색하여 저장해 보세요.

- **저장 위치** : 라이브러리\사진
- **파일 이름** : 천지연폭포

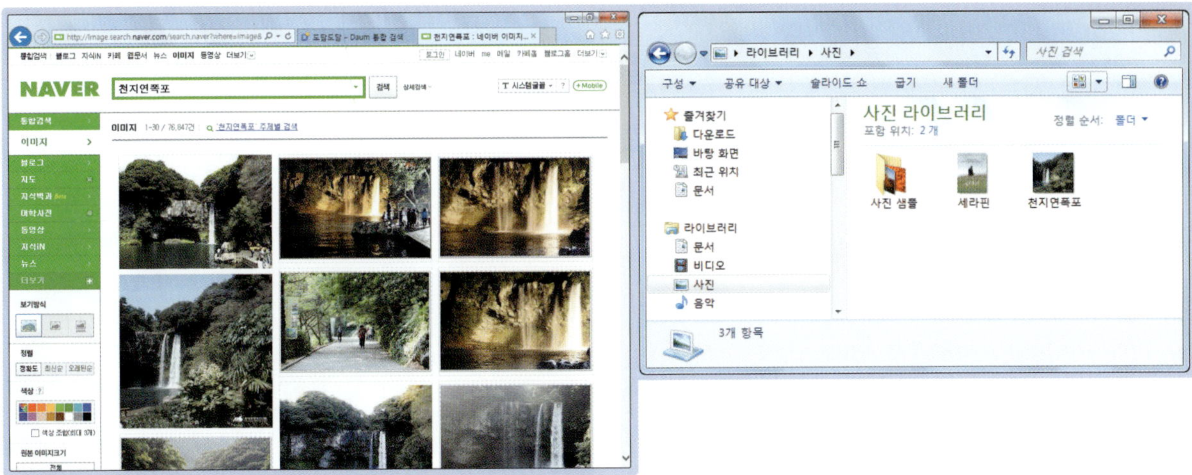

힌트

네이버 사이트(www.naver.com)에 접속한 후 검색어 입력란에 '천지연폭포'를 입력한 다음 [검색] 단추를 클릭하면 '천지연폭포'에 대한 검색 결과가 나타납니다. '천지연폭포'에 대한 검색 결과에서 [이미지]를 클릭하여 천지연폭포 이미지가 나타나면 천지연폭포 이미지의 바로 가기 메뉴에서 [다른 이름으로 사진 저장]을 클릭합니다. 그러면 천지연폭포 이미지를 저장할 수 있습니다.

02 다음과 같이 다음 사이트(www.daum.net)에서 '미쁘다'를 검색하여 복사한 후 워드패드에 붙여넣은 다음 저장해 보세요.

- **저장 위치** : 라이브러리\문서
- **파일 이름** : 미쁘다

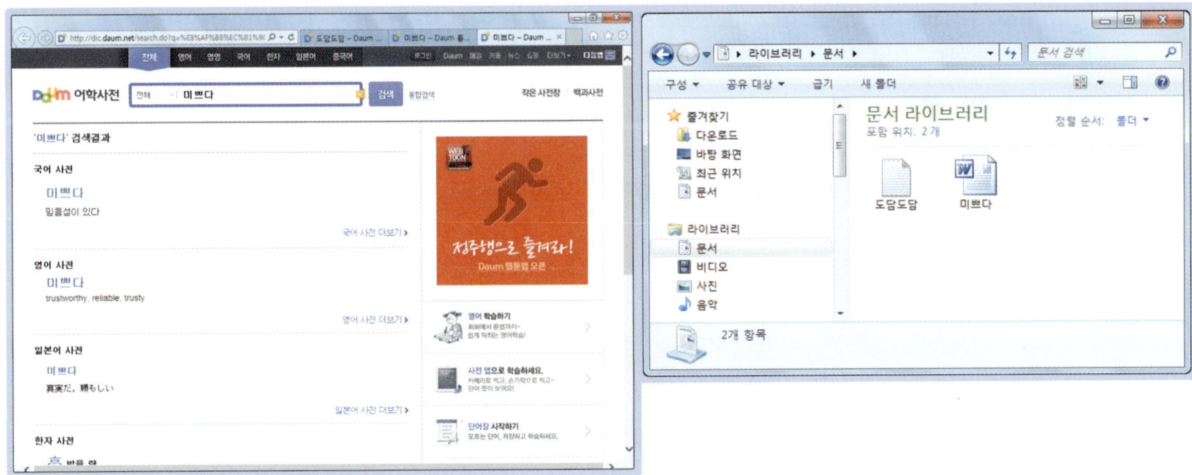

03 천지연폭포 이미지를 바탕 화면의 배경으로 설정해 보세요.

Chapter 07 유틸리티 활용하기

준비단계 유틸리티는 사용자가 컴퓨터를 효율적으로 사용하고 관리할 수 있도록 도와주는 프로그램으로 백신 프로그램, 압축 프로그램, 동영상 재생 프로그램 등이 있습니다.
그럼, 유틸리티를 활용하는 방법에 대해 알아보겠습니다.

미리보기

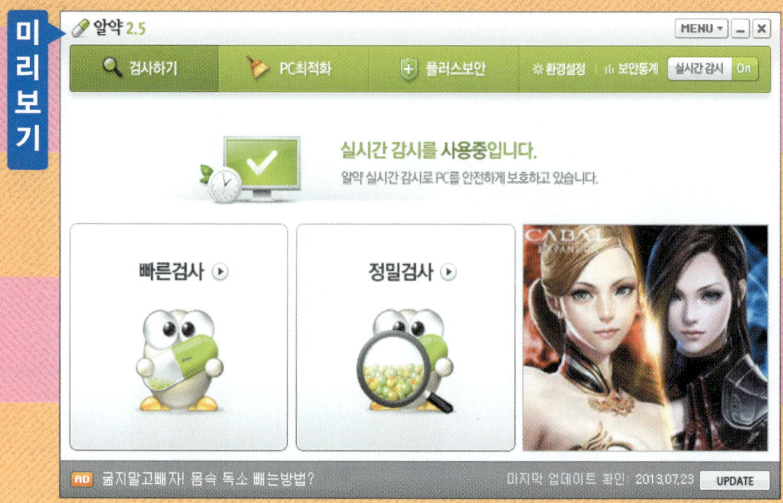

기초단계 01 바이러스와 악성코드 검사하고 치료하기

1 인터넷 익스플로러를 실행한 후 알약 사이트(alyac.altools.co.kr)에 접속합니다.

한마디 더!

바이러스와 악성코드를 검사하고 치료하는 프로그램을 '백신 프로그램'이라고 합니다. 백신 프로그램에는 알약, 안랩 V3 Lite, 네이버 백신 등이 있습니다.

알고 넘어갑시다

◉ **바이러스**

사용자가 모르게 컴퓨터에 침투한 후 스스로 복제하여 데이터나 프로그램 등을 제대로 사용할 수 없게 만드는 유해 프로그램을 말합니다.

◉ **악성코드**

사용자의 동의 없이 설치된 후 사용자의 정보를 유출하고 불량 사이트에 접속하거나 강제로 팝업 광고를 나타내는 등 컴퓨터를 제대로 사용할 수 없게 만드는 유해 프로그램을 말합니다.

2 알약 홈 페이지가 나타나면 [공개용 다운로드] 단추를 클릭합니다.

한마디 더!

인터넷에 있는 데이터나 프로그램 등을 내 컴퓨터로 가져오는 것을 '다운로드'라고 합니다.

3 ALYac25.exe를 실행하거나 저장할 것인지 묻는 대화상자가 나타나면 [실행] 단추를 클릭합니다.

한마디 더!

ALYac25.exe를 실행하거나 저장할 것인지 묻는 대화상자에서 [실행] 단추를 클릭하면 ALYac25.exe가 이 컴퓨터를 변경할 수 있도록 허용할 것인지 묻는 [사용자 계정 컨트롤] 대화상자가 나타납니다. [사용자 계정 컨트롤] 대화상자가 나타나면 [예] 단추를 클릭합니다.

4 [알약 설치] 대화상자의 '라이선스 계약 동의' 화면이 나타나면 라이선스 계약 내용을 확인한 후 [동의] 단추를 클릭합니다. 그런 다음 [알약 설치] 대화상자의 '알약이 설치됩니다.' 화면이 나타나면 [zum을 홈페이지로]와 [알툴바 추가 설치]를 선택 해제한 후 [빠른 설치] 단추를 클릭합니다.

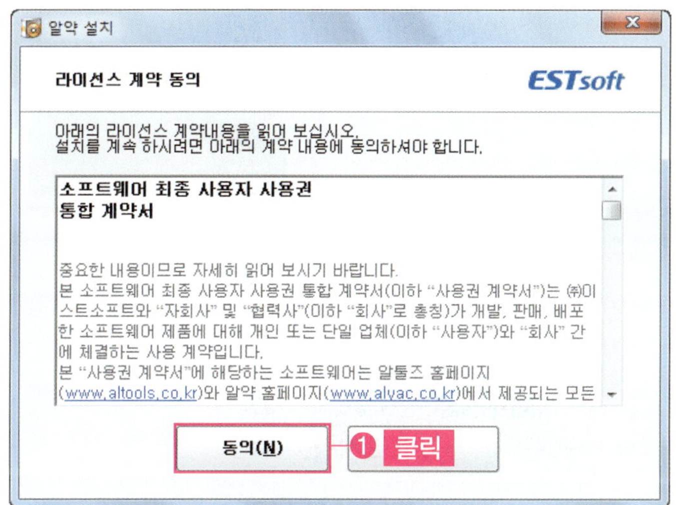

5 알약이 설치된 후 [알씨 설치] 대화상자의 '알송을(를) 설치 해 보시겠습니까?' 화면이 나타나면 [아니요] 단추를 클릭합니다.

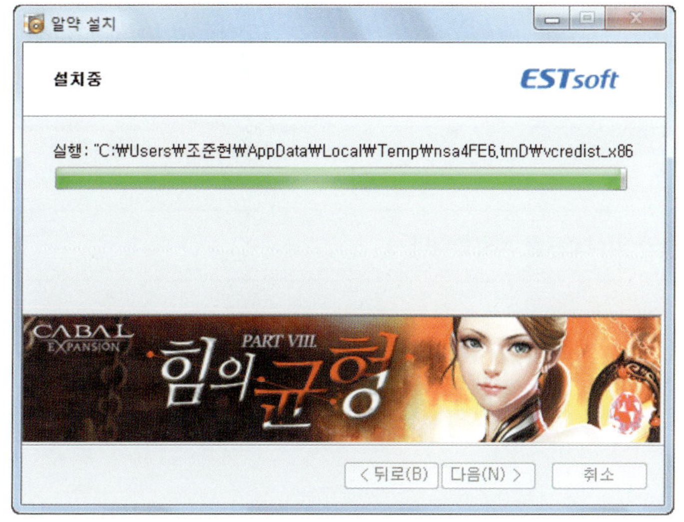

6 알약이 실행되면 [정밀검사] 단추를 클릭합니다.

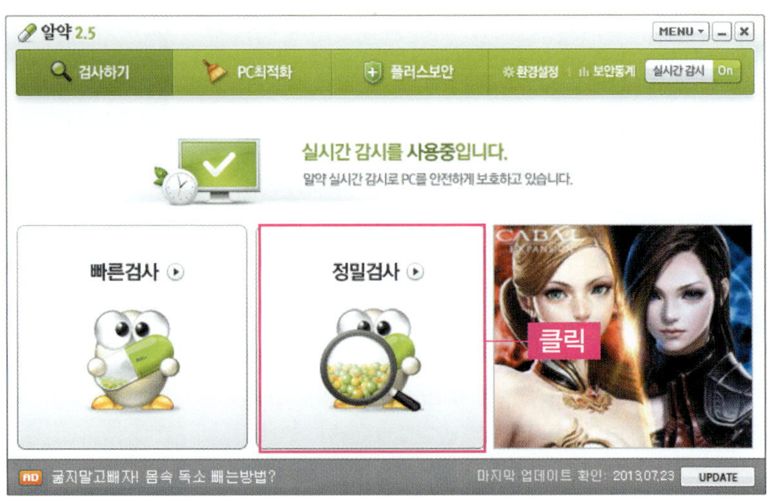

한마디 더!

알약이 실행된 후 [업데이트 안내] 대화상자가 나타나면 [업데이트 시작] 단추를 클릭하여 최신 버전의 알약으로 업데이트합니다.

7 [정밀검사] 창의 '정밀검사 영역을 설정합니다.' 화면이 나타나면 검사할 디스크(로컬 디스크 (C:))를 선택한 후 [검사시작] 단추를 클릭합니다.

8 정밀검사를 한 후 [정밀검사] 창의 '정밀검사를 완료하였습니다.' 화면이 나타나면 [닫기] 단추를 클릭합니다.

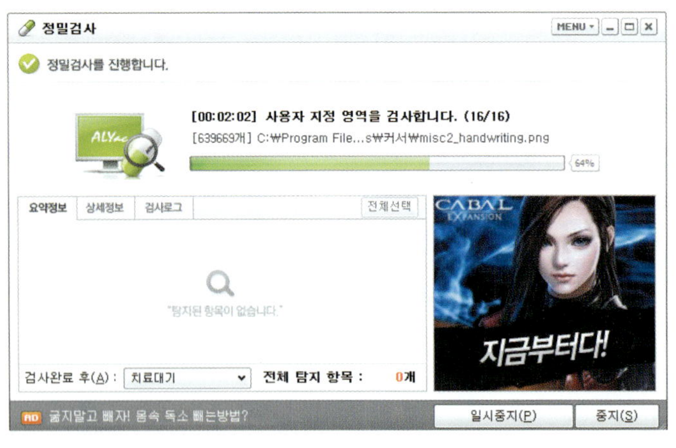

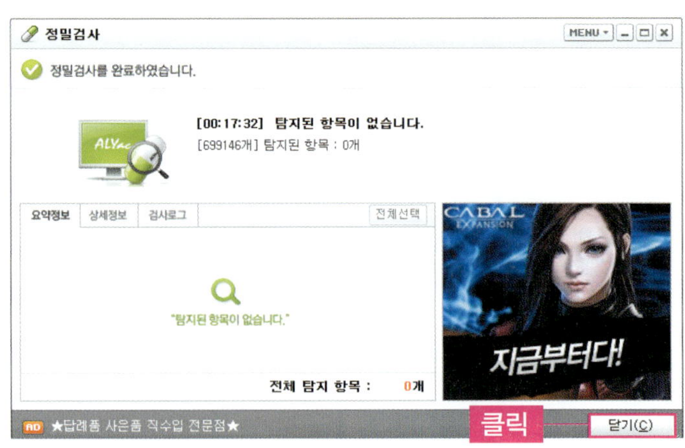

한마디 더!

바이러스와 악성코드가 발견되면 [치료하기] 단추를 클릭하여 바이러스와 악성코드를 치료합니다.

1 Windows 탐색기를 실행하기 위해 ⊙[시작] 단추를 클릭한 후 [모든 프로그램]-[보조프로그램]을 클릭한 다음 [Windows 탐색기]를 클릭합니다.

2 Windows 탐색기가 실행되면 파일을 압축하기 위해 [탐색] 창에서 '라이브러리\음악\공용 음악\음악 샘플' 폴더를 선택한 후 [내용] 창에서 모든 파일을 선택한 다음 모든 파일의 바로 가기 메뉴에서 [알집으로 압축하기]를 클릭합니다.

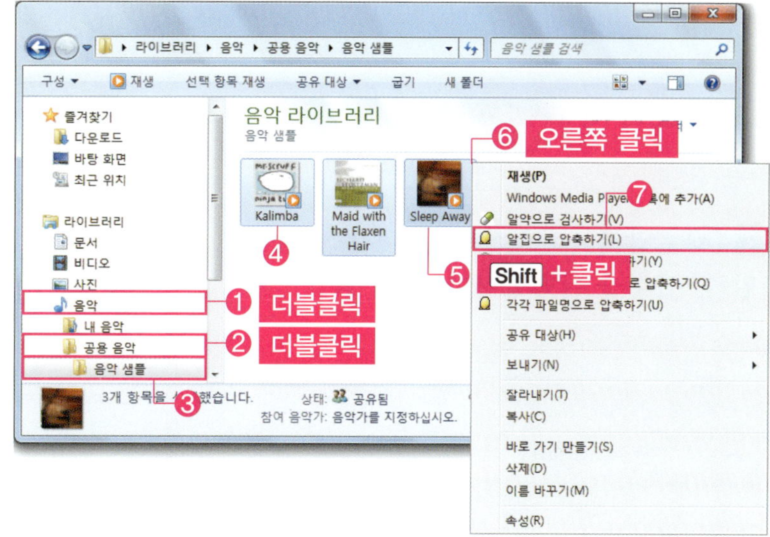

한마디 더!

• 파일의 크기를 줄이는 것을 '압축'이라고 합니다. 압축 프로그램에는 알집, 반디집, WinRAR 등이 있습니다.
• 알집이 설치되어 있지 않으면 알툴즈 다운로드 페이지(www.altools.co.kr/Download)에 접속하여 알집을 설치합니다.

알고 넘어갑시다

◉ **파일을 압축하는 이유**

파일의 크기를 줄일 수 있으므로 디스크의 공간을 절약할 수 있고, 인터넷으로 파일을 보내거나 받을 때 전송 시간을 줄일 수 있습니다. 그리고 여러 개의 파일을 하나의 파일로 만들 수 있으므로 파일을 편리하게 관리할 수 있습니다.

3 [새로압축] 대화상자가 나타나면 압축 파일의 저장 위치와 파일 이름을 지정하기 위해 ⸬ 단추를 클릭합니다.

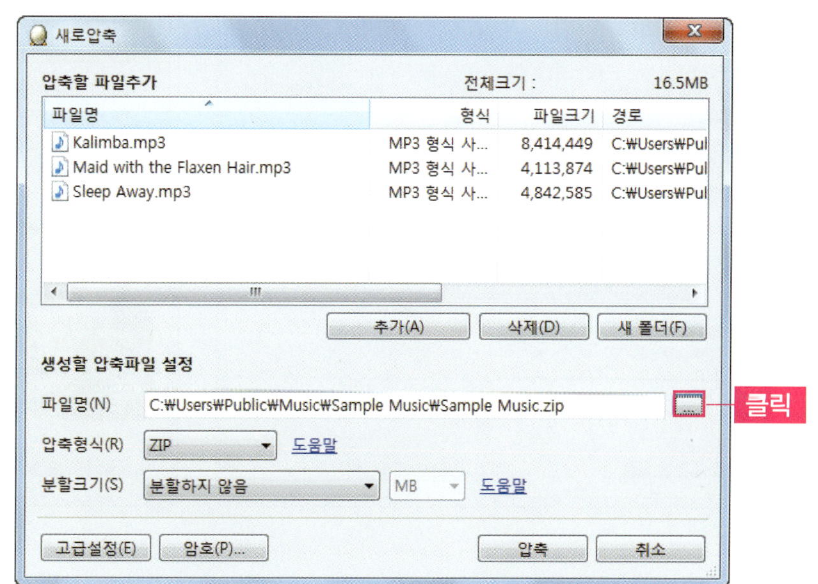

4 [다른 이름으로 저장] 대화상자가 나타나면 **저장 위치(바탕 화면)**를 지정한 후 **파일 이름(음악)**을 입력한 다음 **[저장] 단추를 클**릭합니다.

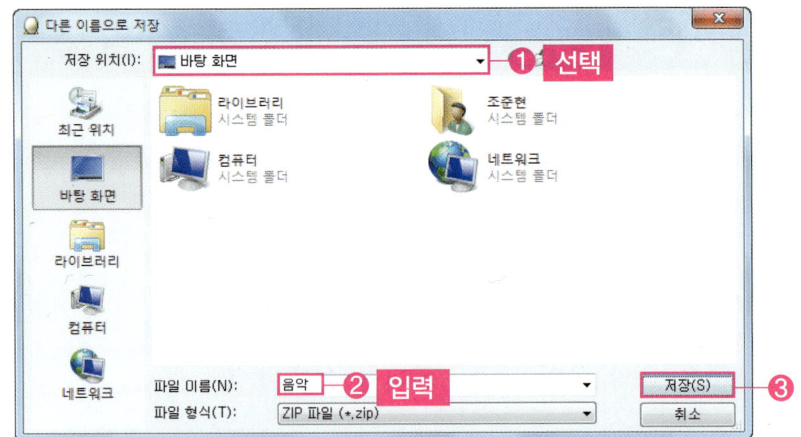

5 [새로압축] 대화상자가 다시 나타나면 **[압축] 단추를 클릭**합니다.

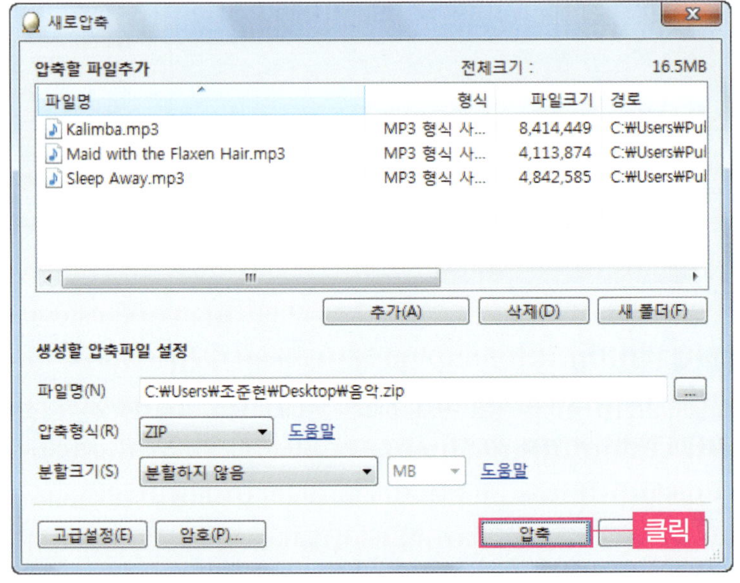

6 파일을 압축한 후 [100% 음악.zip – 알집] 대화상자의 '압축 완료' 화면이 나타나면 **[닫기] 단추를 클**릭합니다.

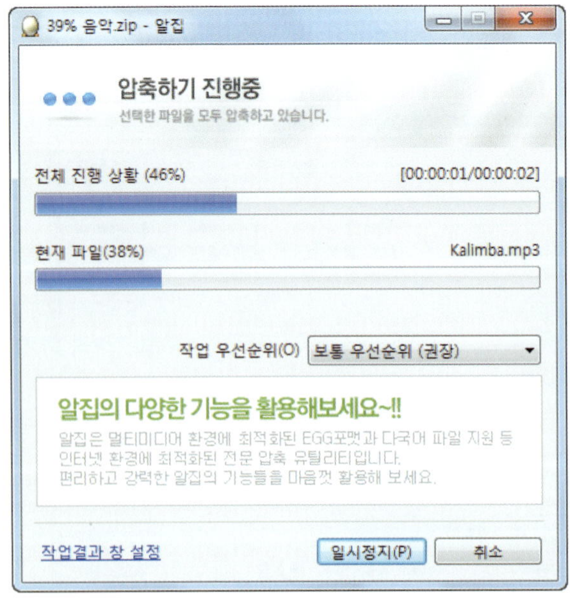

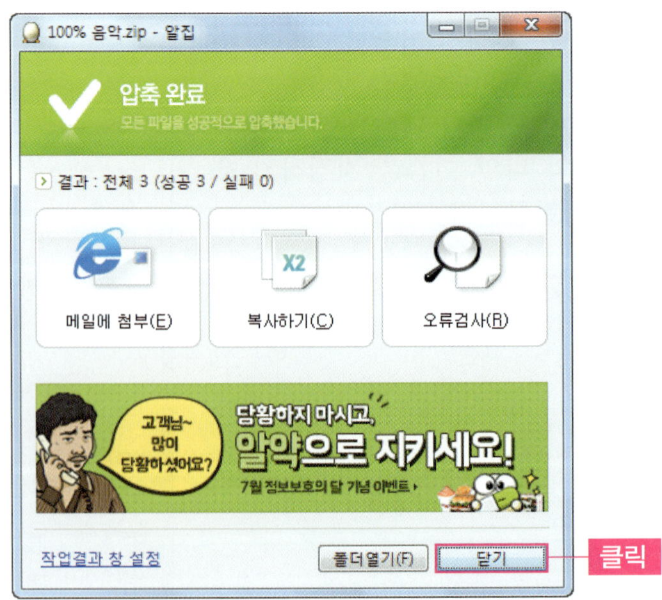

7 다음과 같이 **바탕 화면을 보면** 파일이 압축되어 있는 것을 확인할 수 있습니다.

8 압축 파일을 풀기 위해 바탕 화면에 있는 '음악' 파일의 바로 가기 메뉴에서 [알집으로 압축풀기]를 클릭합니다.

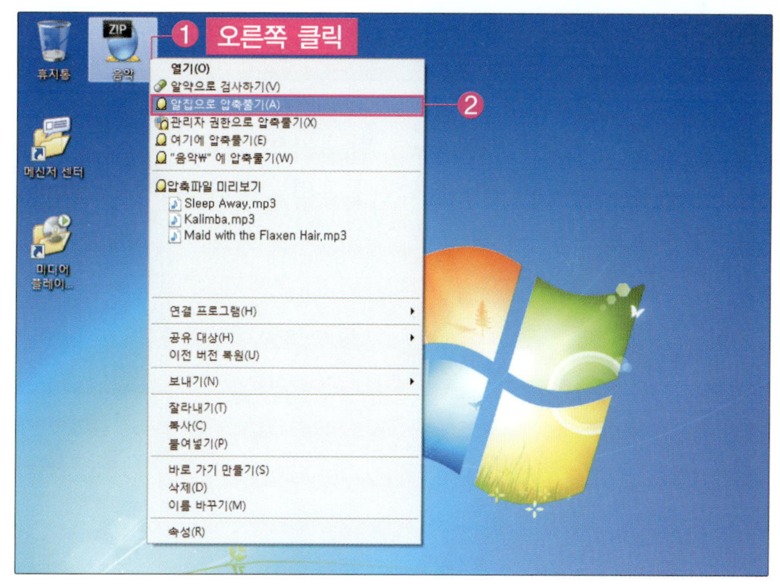

9 [압축풀기] 대화상자가 나타나면 **압축 풀 위치(라이브러리\음악\내 음악)**를 지정한 후 [선택된 폴더 하위에 압축파일명으로 폴더 생성]과 [압축풀기 후 폴더열기]를 선택 해제한 다음 [확인] 단추를 클릭합니다.

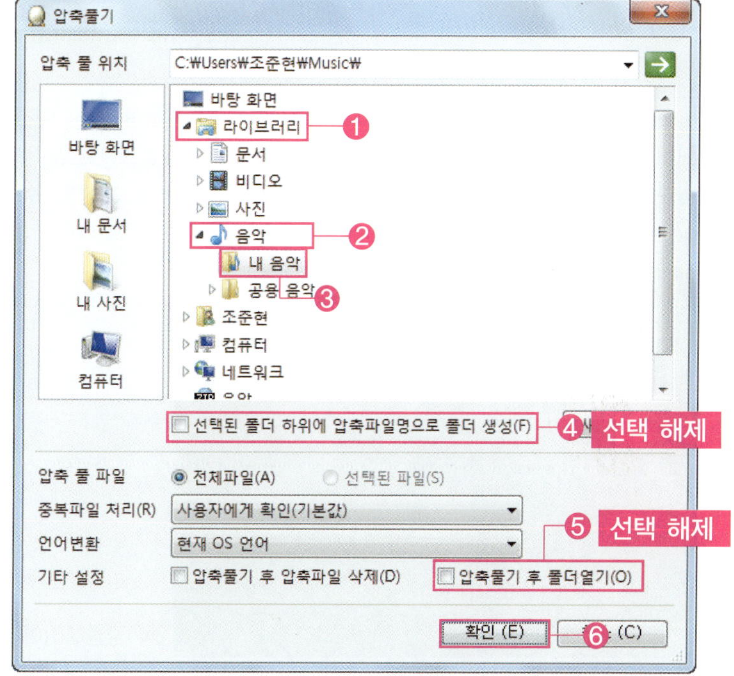

10 압축 파일을 푼 후 [100% 음악.zip – 알집] 대화상자의 '압축풀기 완료' 화면이 나타나면 [닫기] 단추를 클릭합니다.

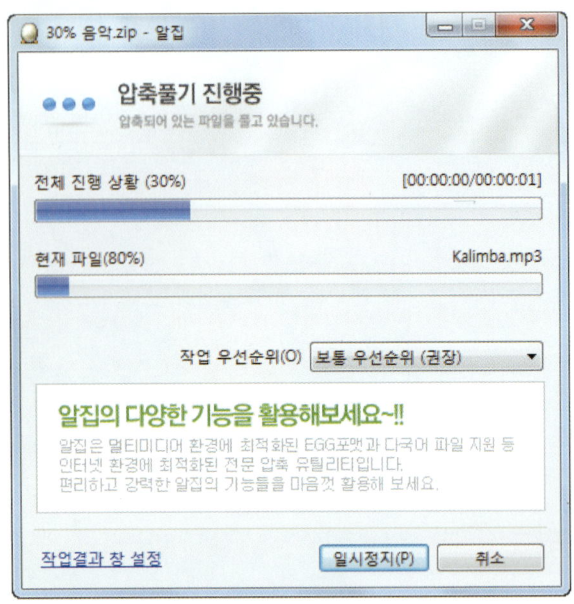

11 다음과 같이 Windows 탐색기의 [폴더] 창에서 '라이브러리\음악\내 음악' 폴더를 선택하면 압축 파일이 풀어져 있는 것을 확인할 수 있습니다.

알 고 넘 어 갑 시 다

● 동영상 재생 프로그램

동영상을 볼 수 있는 동영상 재생 프로그램에는 곰플레이어, 다음 팟플레이어, Windows Media Player 등이 있습니다. 곰플레이어는 그래텍에서 2003년에 출시한 동영상 재생 프로그램으로 다양한 코덱(codec, 데이터 압축 규격)을 내장하고 있어서 별도로 코덱을 설치하지 않아도 여러 규격의 동영상을 재생할 수 있습니다. 곰플레이어는 곰 다운로드 페이지(gom2.gomtv.com/release/down.html)에 접속하면 설치할 수 있습니다.

◀ 곰플레이어

01 다음과 같이 '라이브러리\사진\공용 사진\사진 샘플' 폴더에 있는 모든 파일을 압축해 보세요.

- **저장 위치** : 바탕 화면
- **파일 이름** : 사진

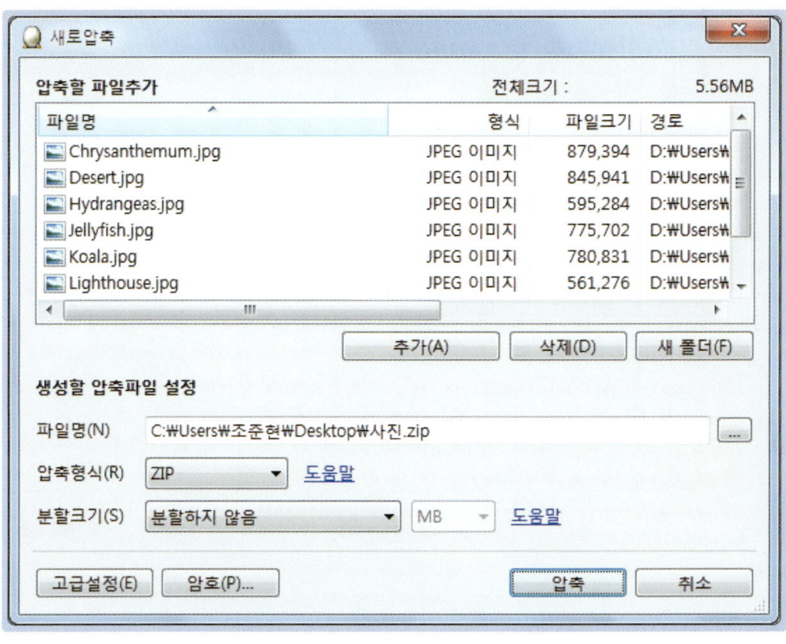

02 다음과 같이 곰플레이어를 사용하여 '라이브러리\비디오\공용 비디오\비디오 샘플' 폴더에 있는 '야생' 파일을 재생해 보세요.

힌트

'야생' 파일의 바로 가기 메뉴에서 [연결 프로그램]-[곰플레이어]를 클릭하면 곰플레이어를 사용하여 '야생' 파일을 재생할 수 있습니다.

03 알약을 사용하여 바이러스와 악성코드를 검사하고 치료해 보세요.

Chapter 08 이메일 사용하기

인터넷에서 편지를 보내고 받는 것을 '전자우편' 또는 '이메일(E-mail)'이라고 합니다. 이메일을 사용하려면 먼저 이메일 서비스를 제공하는 사이트에 회원가입하여 이메일 주소를 만들어야 합니다.
그럼, 이메일을 사용하는 방법에 대해 알아보겠습니다.

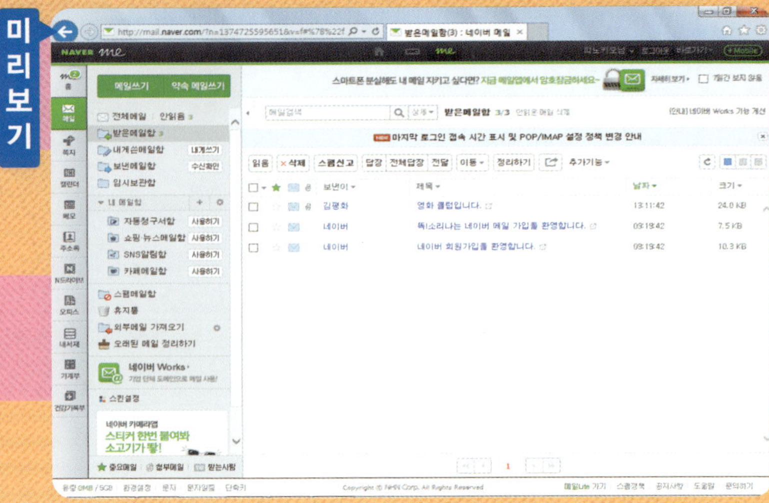

기초단계 01 회원가입하여 이메일 주소 만들기

1 인터넷 익스플로러를 실행한 후 네이버 사이트(www.naver.com)에 접속합니다.

> **한마디 더!**
>
> 이메일 서비스를 제공하는 사이트에는 네이버 사이트(www.naver.com), 다음 사이트(www.daum.net), 구글 사이트 (www.google.co.kr) 등이 있습니다.

2 네이버 홈 페이지가 나타나면 [회원가입]을 클릭합니다.

3 이용약관 동의 페이지가 나타나면 네이버 이용약관 동의, 개인정보 수집 및 이용에 대한 안내, 위치정보 이용약관 동의를 확인한 후 [이용약관, 개인정보 수집 및 이용, 위치정보 이용약관(선택), 프로모션 안내 메일 수신(선택)에 모두 동의합니다.]를 선택한 다음 [동의] 단추를 클릭합니다.

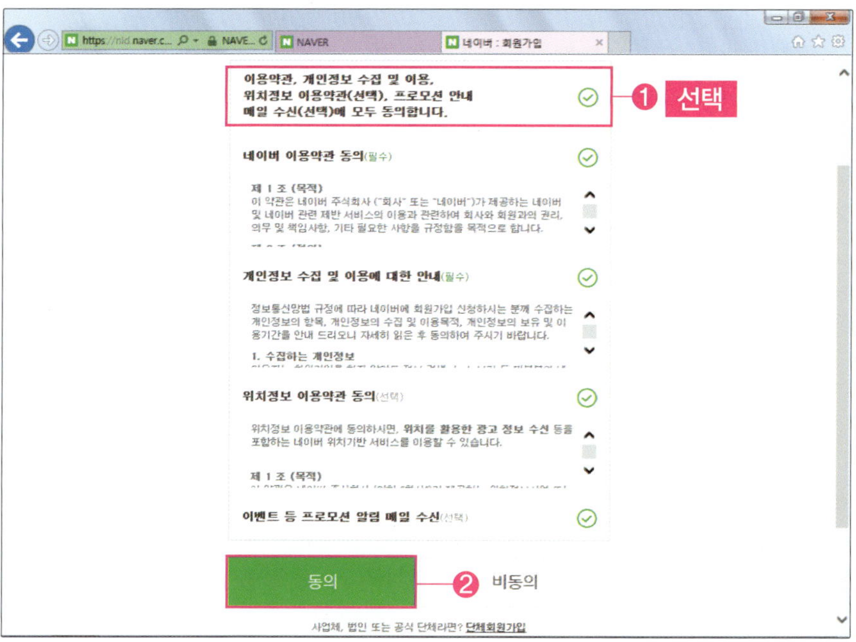

> [이용약관, 개인정보 수집 및 이용, 위치정보 이용약관(선택), 프로모션 안내 메일 수신(선택)에 모두 동의합니다.]를 선택하면 네이버 이용약관 동의, 개인정보 수집 및 이용에 대한 안내, 위치정보 이용약관 동의, 이벤트 등 프로모션 알림 메일 수신이 모두 선택됩니다.

4 회원가입 페이지가 나타나면 아이디, 비밀번호, 비밀번호 재확인을 입력합니다.

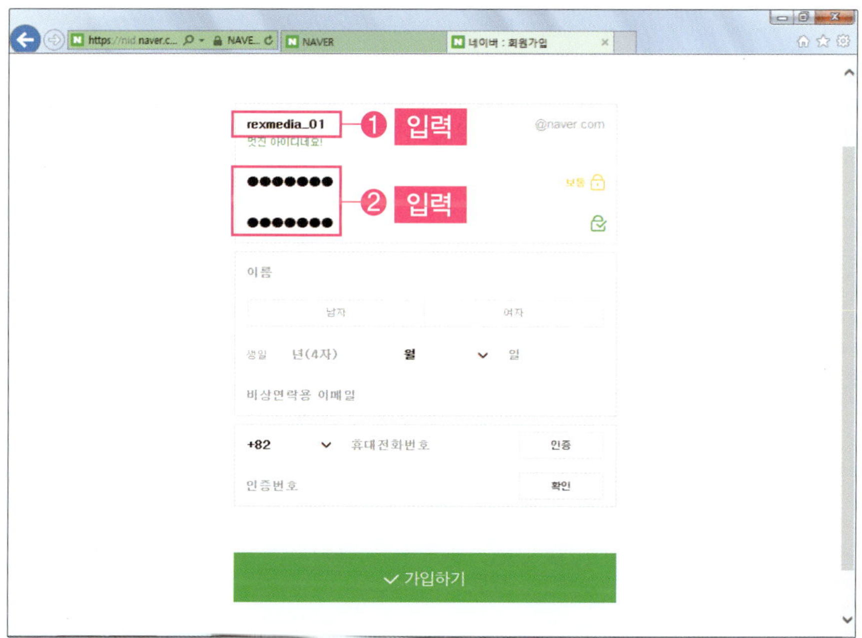

> • 아이디는 사이트에서 사용자를 식별하기 위한 기호로 중복되면 안 되며 영문 소문자, 숫자, 언더바(_), 하이픈(-)만 사용하여 5~20자를 입력할 수 있습니다.
> • 비밀번호는 영문 대/소문자, 숫자, 특수문자를 사용하여 6~16자를 입력할 수 있으며 비밀번호 입력란과 비밀번호 재확인 입력란에 입력하는 비밀번호는 똑같이 입력해야 합니다.

◉ 중복되는 아이디인 경우

다음과 같이 '이미 사용중이거나 탈퇴한 아이디입니다.'라는 메시지가 나타나면 중복되는 아이디인 경우이므로 다른 아이디를 입력합니다.

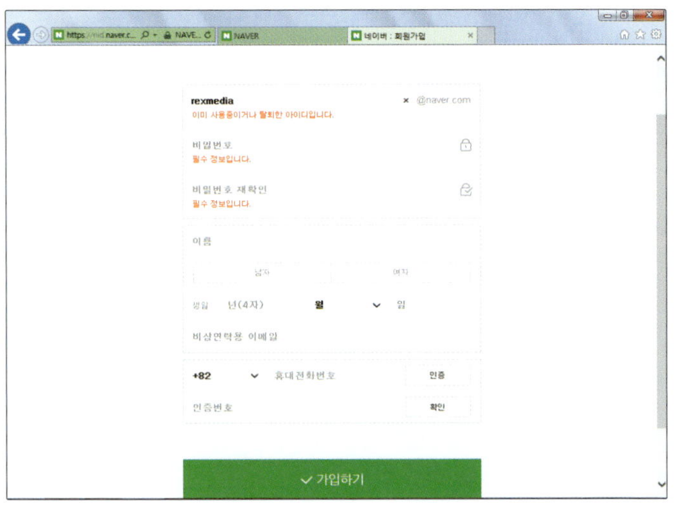

5 아이디, 비밀번호, 비밀번호 재확인을 입력하였으면 이름을 입력한 후 성별과 생일을 지정합니다.

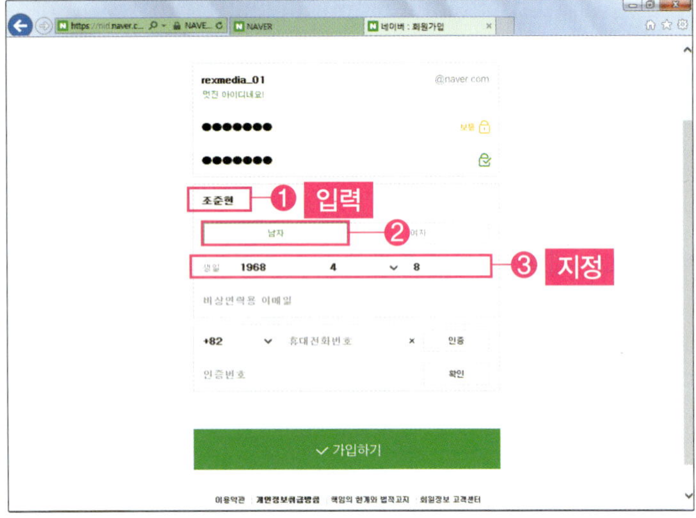

6 이름을 입력한 후 성별과 생일을 지정하였으면 휴대폰으로 인증을 받기 위해 휴대전화번호를 입력한 후 [인증] 단추를 클릭합니다.

7 휴대폰으로 인증번호를 받으면 **받은 인증번호를 입력**한 후 **[확인] 단추를 클릭**합니다.

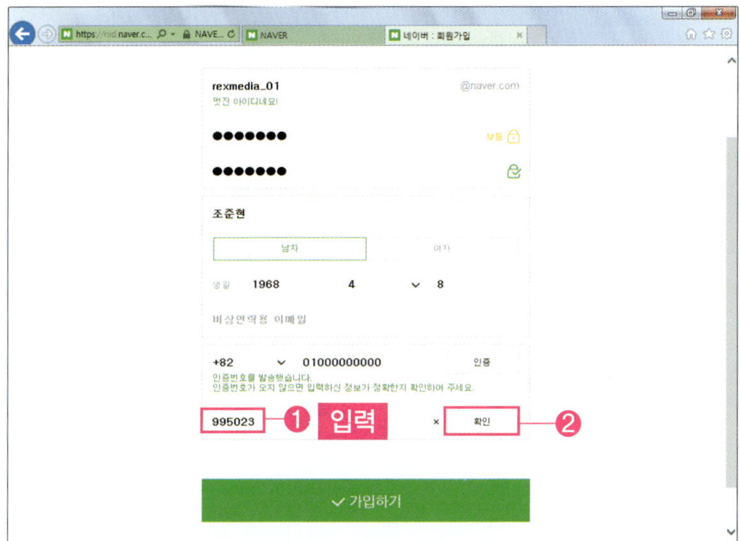

8 '인증이 성공했습니다.' 라는 메시지가 나타나면 **[가입하기] 단추를 클릭**합니다.

9 회원가입이 완료되면 인터넷 익스플로러를 종료하기 위해 창 조절 단추에서 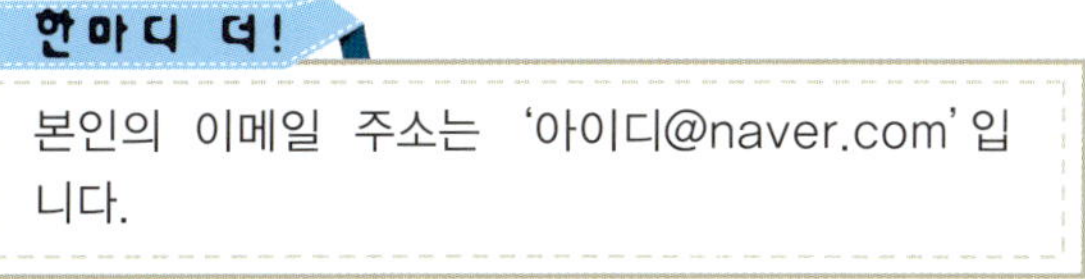 **[닫기] 단추를 클릭**합니다.

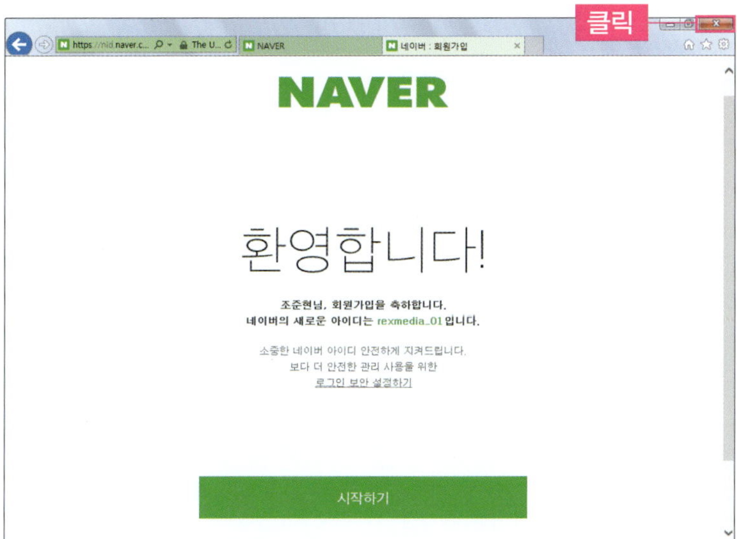

10 '모든 탭을 닫으시겠습니까? 아니면, 현재 탭을 닫으시겠습니까?'라고 묻는 대화 상자가 나타나면 [모든 탭 닫기] 단추를 클릭합니다.

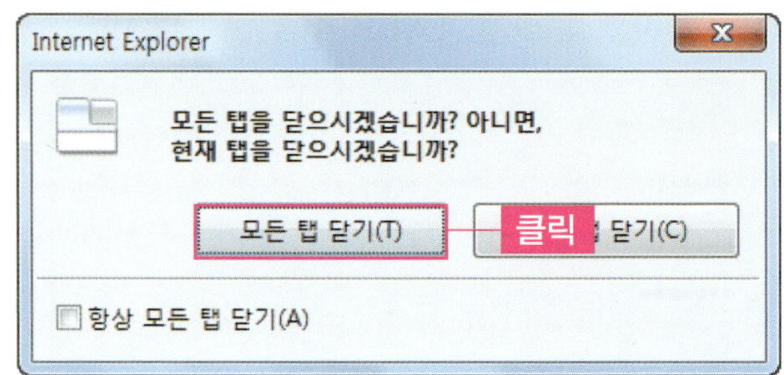

11 인터넷 익스플로러가 종료됩니다.

● 소셜 네트워크 서비스

소셜 네트워크 서비스(SNS:Social Network Service)는 인터넷에서 친구나 동료 등과의 유대를 강화시키고 새로운 인맥을 만들어 폭넓은 인간관계를 형성할 수 있도록 도와주는 서비스로 트위터, 페이스북, me2day 등이 있습니다. 트위터는 블로그와 메신저 기능을 합쳐 놓은 서비스로 사이트에 접속하지 않더라도 핸드폰의 문자 메시지를 사용하여 최대 140자의 글을 올리거나 받아볼 수 있습니다.

▲ 트위터

1 인터넷 익스플로러를 실행한 후 네이버 사이트(www.naver.com)에 접속합니다.

2 네이버 홈 페이지가 나타나면 아이디와 비밀번호를 입력한 후 [로그인] 단추를 클릭합니다. 그런 다음 로그인 되면 [메일]을 클릭합니다.

- 아이디와 비밀번호를 입력해서 사이트에 자신을 알린 후 사이트의 사용 권한을 받아 접속하는 것을 '로그인' 이라고 합니다.
- 로그인 되면 안 읽은 메일의 개수가 표시됩니다.

3 메일 화면이 나타나면 [메일쓰기] 단추를 클릭한 후 받는사람, 제목, 내용을 입력한 다음 파일을 첨부하기 위해 [내 PC] 단추를 클릭합니다.

[내게쓰기]를 선택하면 본인에게 메일을 보낼 수 있도록 받는사람 입력란에 본인의 메일 주소가 자동으로 입력됩니다. [내게쓰기]를 사용하면 메일함을 임시 저장 장소로 사용할 수 있습니다.

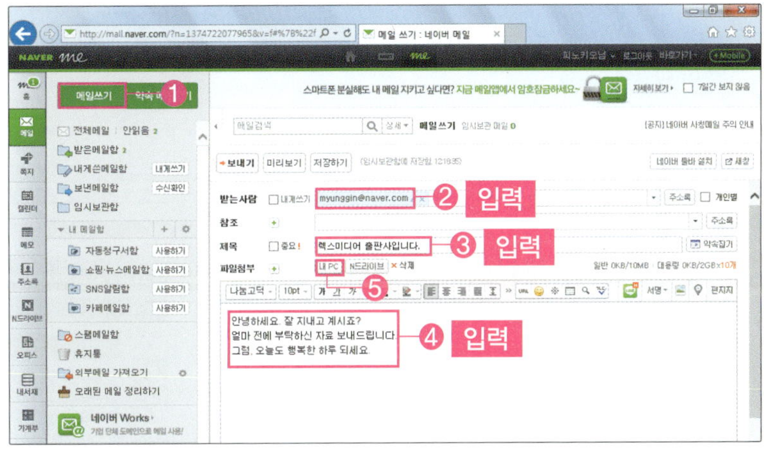

4 [업로드할 파일 선택] 대화상자가 나타나면 찾는 위치(라이브러리\문서)를 지정한 후 파일(도담도담)을 선택한 다음 [열기] 단추를 클릭합니다.

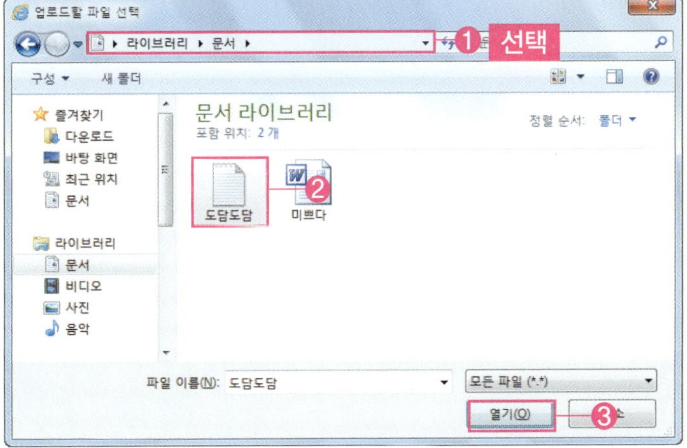

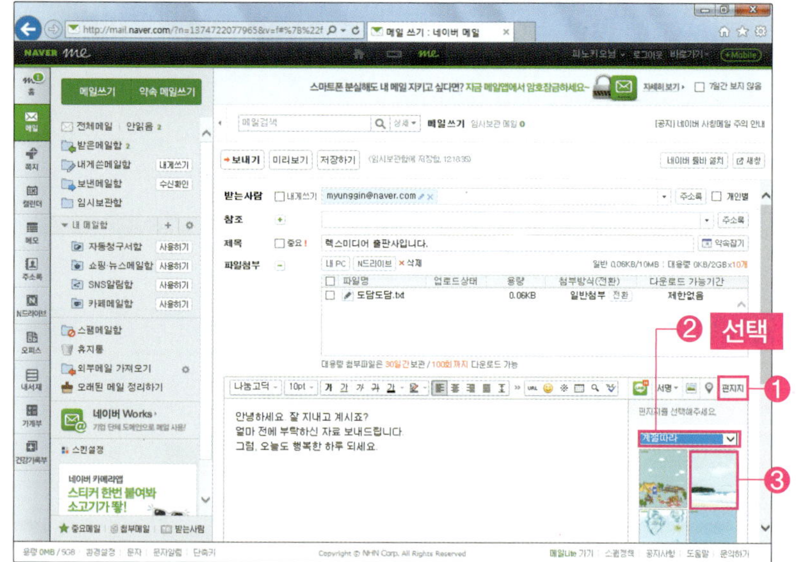

5 파일이 첨부되면 편지지를 지정하기 위해 글쓰기 툴에서 [편지지]를 클릭한 후 편지지 종류(계절따라)를 선택한 다음 편지지(━)를 선택합니다.

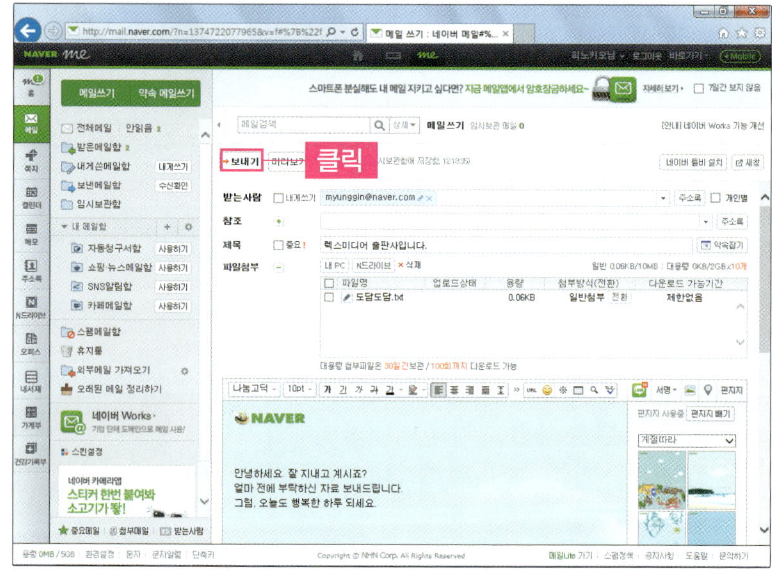

6 편지지가 지정되면 메일을 보내기 위해 [보내기] 단추를 클릭합니다.

[미리보기] 단추를 클릭하면 메일을 보내기 전에 어떻게 보내질지 확인할 수 있습니다.

7 다음과 같이 메일이 보내집니다.

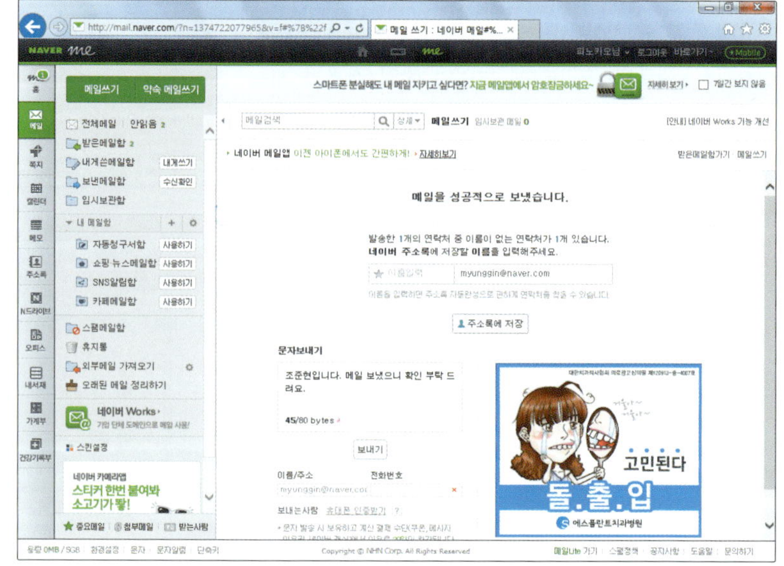

 인터넷

1 메일 화면에서 [받은메일함]을 클릭한 후 읽을 메일의 제목을 클릭합니다.

한마디 더!

안 읽은 메일은 ✉ 아이콘으로, 읽은 메일은 ✉ 아이콘으로 나타납니다. 📎 아이콘이 있는 메일은 파일이 첨부되어 있는 메일입니다.

2 읽을 메일의 내용이 나타나면 첨부 파일을 저장하기 위해 📥[PC저장] 단추를 클릭합니다.

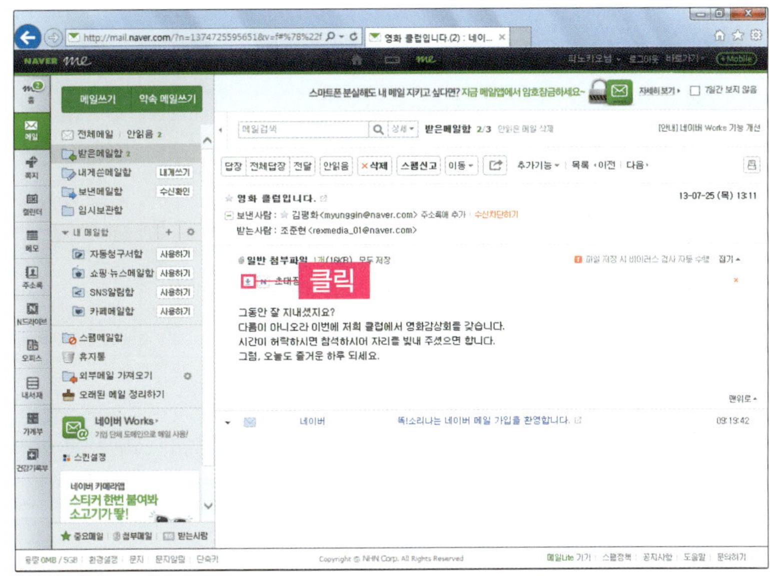

한마디 더!

[답장] 단추를 클릭하면 받는사람 입력란에 메일을 보낸 사람의 메일 주소가 자동으로 입력되어 손쉽게 답장을 보낼 수 있습니다.

3 초대장.hwp를 열거나 저장할 것인지 묻는 대화상자가 나타나면 [저장] 단추의 ▾[목록] 단추를 클릭한 후 [다른 이름으로 저장]을 클릭합니다.

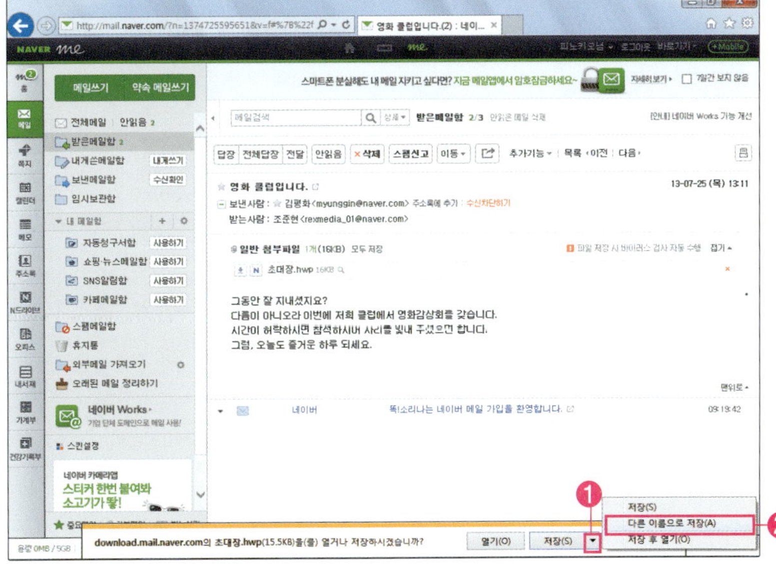

4 [다른 이름으로 저장] 대화상자가 나타나면 **저장 위치(라이브러리\문서)를 지정**한 후 **파일 이름(초대장)을 입력**한 다음 [저장] 단추를 클릭합니다.

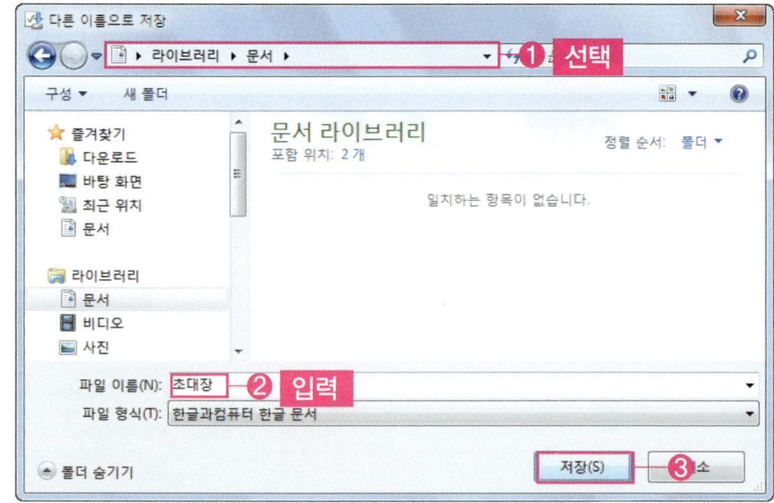

5 다운로드가 완료되면 대화상자를 닫기 위해 ×[닫기]를 클릭합니다.

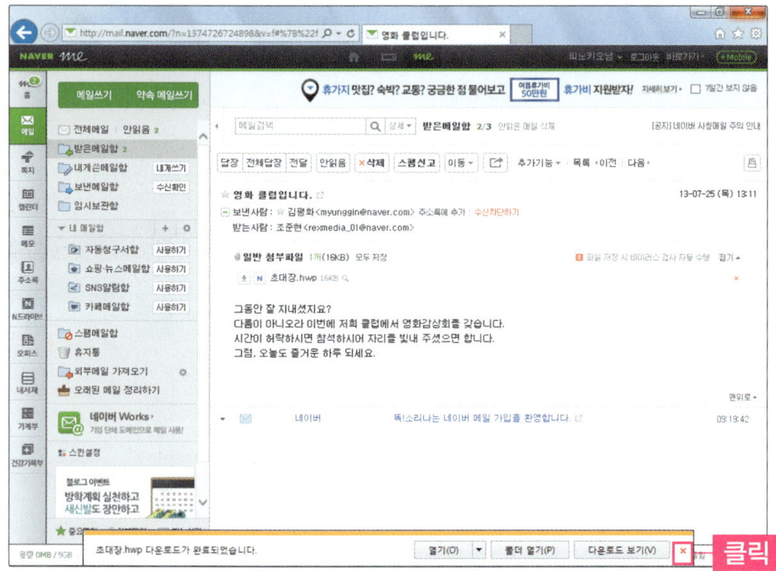

6 Windows 탐색기를 실행한 후 [폴더] 창에서 '라이브러리\문서' 폴더를 선택하면 첨부 파일이 저장되어 있는 것을 확인할 수 있습니다.

알 고 넘 어 갑 시 다

◉ 메일 삭제하고 휴지통 비우기

다음과 같이 메일 화면에서 [받은메일함]을 클릭한 후 삭제할 메일을 선택한 다음 [삭제] 단추를 클릭하면 메일을 삭제할 수 있습니다.

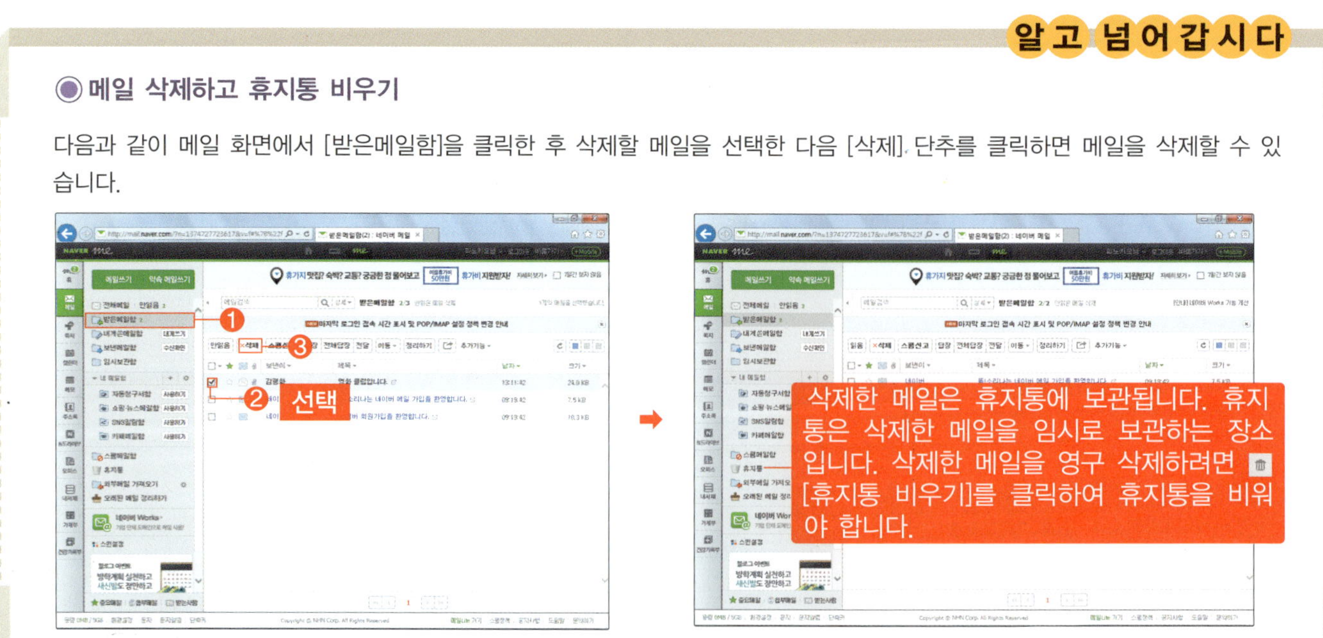

연 습 문 제

01 다음과 같이 메일을 보내 보세요.

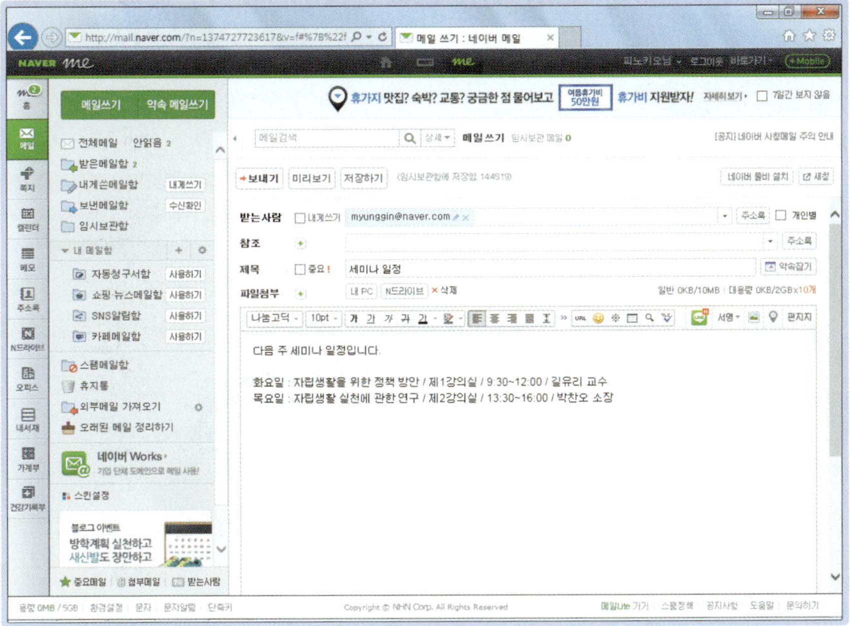

02 다음과 같이 본인에게 메일을 보내 보세요.

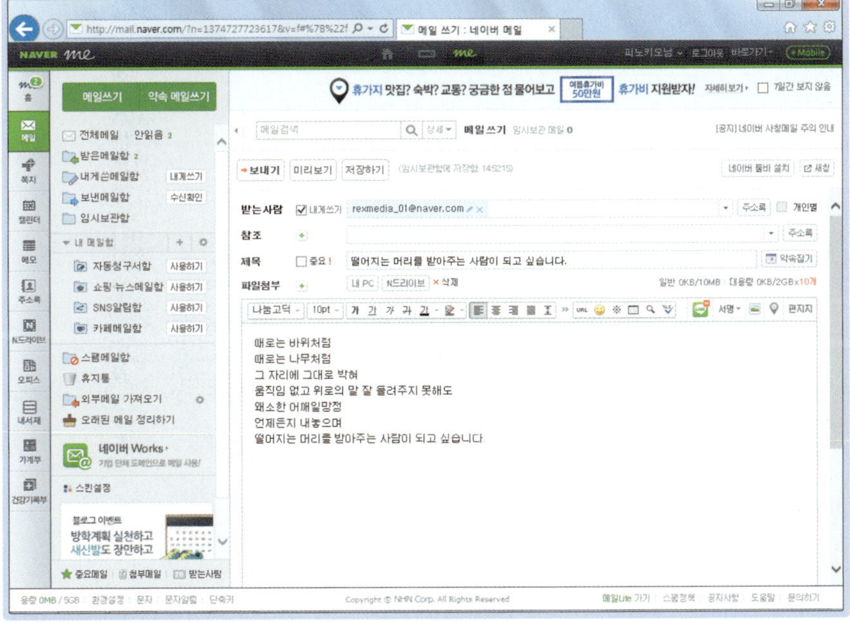

힌트

[메일쓰기] 단추를 클릭한 후 [내게쓰기]를 선택하면 본인에게 메일을 보낼 수 있습니다.

03 본인에게 보낸 메일을 삭제해 보세요.

Chapter 09
최신 뉴스 보고
실시간으로 방송 보기

준비단계

인터넷을 활용하면 다음 날까지 신문을 기다리지 않아도 최신 뉴스를 보거나 TV가 없어도 실시간으로 방송을 볼 수 있습니다.
그럼, 최신 뉴스를 보고 실시간으로 방송을 보는 방법에 대해 알아보겠습니다.

미리보기

기초단계 01　최신 뉴스 보기

1 인터넷 익스플로러를 실행한 후 다음 사이트(www.daum.net)에 접속합니다.

2 다음 홈 페이지가 나타나면 [뉴스]를 클릭합니다.

3 다음 미디어다음의 뉴스홈 페이지가 나타나면 보고 싶은 최신 뉴스를 클릭합니다.

4 다음과 같이 최신 뉴스를 볼 수 있습니다.

한마디 더!

🖶[인쇄하기]를 클릭하면 기사를 인쇄할 수 있습니다.

알고 넘어갑시다

● 필요한 기사만 인쇄하기

다음과 같이 기사에서 필요한 기사만 드래그하여 선택한 후 메뉴 모음에서 [파일]을 클릭한 다음 [인쇄]를 클릭하면 [인쇄] 대화상자가 나타납니다. [인쇄] 대화상자의 [일반] 탭에서 페이지 범위를 '선택 영역'으로 선택한 후 [인쇄] 단추를 클릭하면 필요한 기사만 인쇄할 수 있습니다.

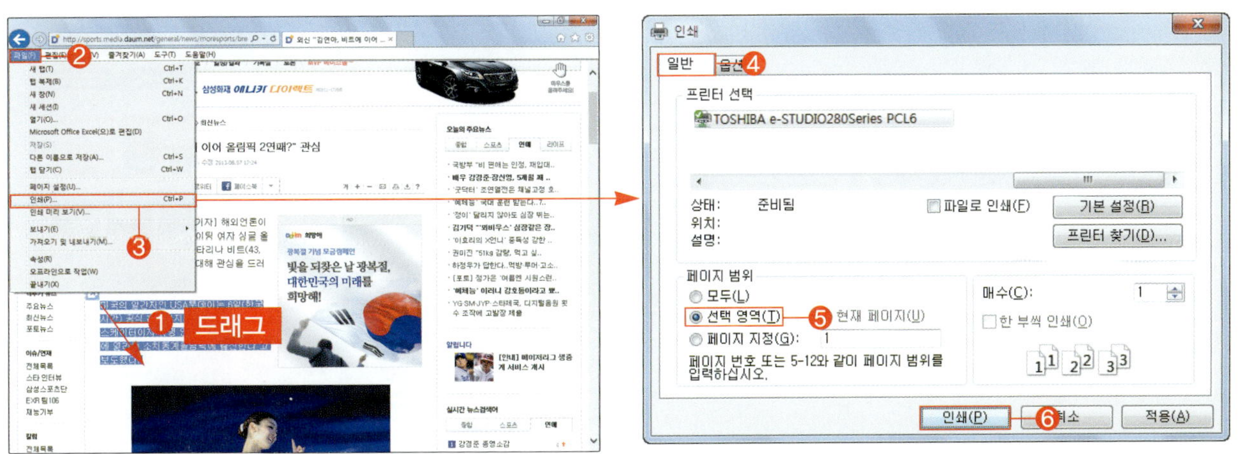

1 KBS 사이트(www.kbs.co.kr)에 접속합니다.

2 KBS 홈 페이지가 나타나면 **로그인**한 후 **[On Air]**를 클릭한 다음 **[KBS1]**을 클릭합니다.

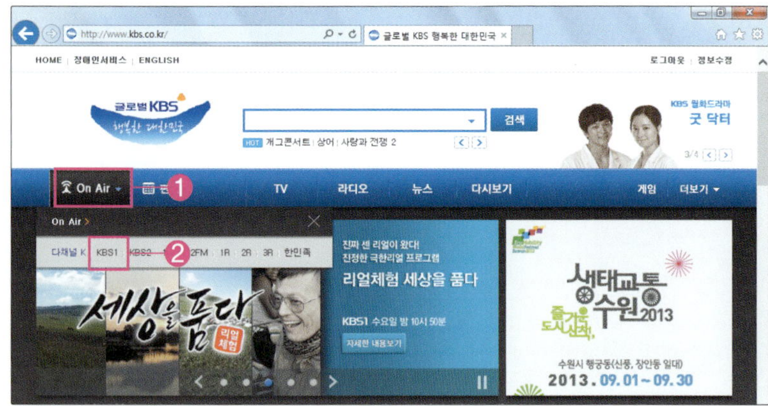

3 다음과 같이 실시간으로 방송을 볼 수 있습니다.

알 고 넘 어 갑 시 다

● 인터넷으로 여행에 대한 정보 얻기

다음과 같이 대한민국 구석구석 사이트(korean.visitkorea.or.kr)에 접속하면 여행에 대한 정보를 얻을 수 있습니다.

01 다음과 같이 네이버 사이트(www.naver.com)에서 최신 뉴스를 봐 보세요.

힌트

네이버 사이트(www.naver.com)에 접속한 후 [뉴스]를 클릭하면 최신 뉴스를 볼 수 있습니다.

02 다음과 같이 KBS 사이트(www.kbs.co.kr)에서 KBS2 방송을 실시간으로 봐 보세요.

03 대한민국 구석구석 사이트(korean.visitkorea.or.kr)에서 여행에 대한 정보를 얻어 보세요.

Chapter 10 인터넷 뱅킹과 인터넷 쇼핑하기

준비단계

인터넷에는 정보뿐만 아니라 인터넷 뱅킹이나 인터넷 쇼핑과 같이 생활을 편리하게 해주는 서비스가 많이 있습니다. 인터넷을 활용하면 은행 업무 시간이 지나도 잔액을 조회하거나 이체를 처리할 수 있습니다.
그럼, 인터넷 뱅킹과 인터넷 쇼핑을 하는 방법에 대해 알아보겠습니다.

미리보기

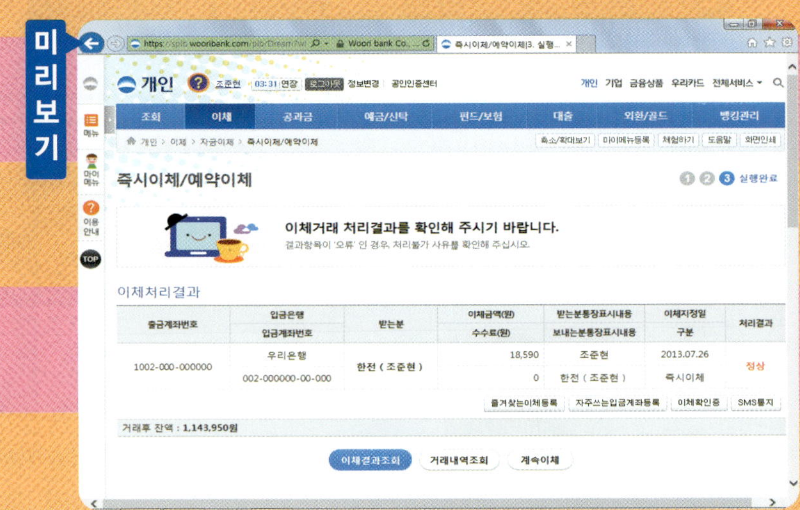

기초단계 01 인터넷 뱅킹하기

1 인터넷 익스플로러를 실행한 후 우리은행 사이트(www.wooribank.com)에 접속합니다.

2 우리은행 홈 페이지가 나타나면 [로그인]-[개인뱅킹]을 클릭합니다.

한마디 더!

인터넷 뱅킹을 하기 위해서는 먼저 은행에 인터넷 뱅킹을 신청하여 아이디와 보안카드를 발급받은 후 해당 은행의 공인인증센터에서 공인인증서를 발급받아야 합니다.

3 로그인 화면이 나타나면 **아이디와 비밀번호를 입력한 후 [로그인] 단추를** 클릭합니다.

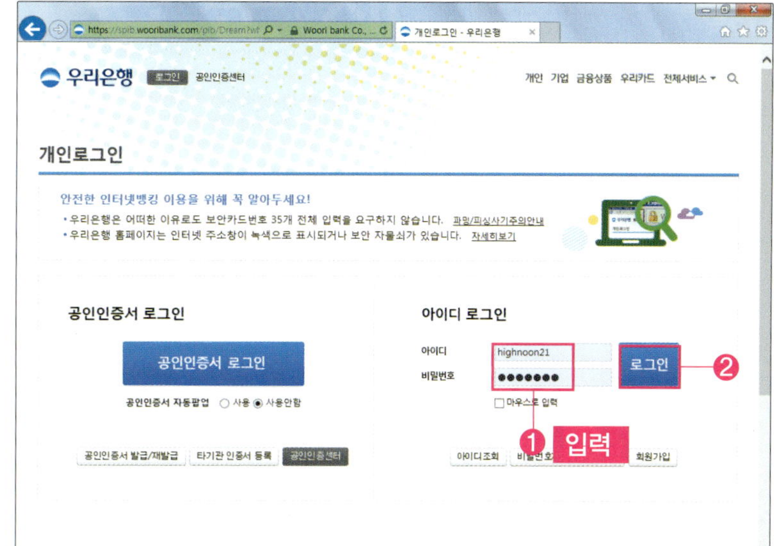

우리은행에 로그인 하는 방법에는 공인인증서를 사용하여 로그인 하는 방법과 아이디와 비밀번호를 입력하여 로그인 하는 방법이 있습니다. 여기서는 아이디와 비밀번호를 입력하여 로그인 합니다.

◉ 공인인증서

공인인증서는 온라인 전자거래를 할 수 있도록 해주는 인터넷 신분증입니다. 공인인증서는 해당 은행의 공인인증센터에서 발급받으며 다른 은행의 공인인증센터에 발급받은 공인인증서를 등록하면 다른 은행에서도 사용할 수 있습니다.

4 전계좌조회의 예금/신탁 화면이 나타나면 **[이체] 단추를** 클릭합니다.

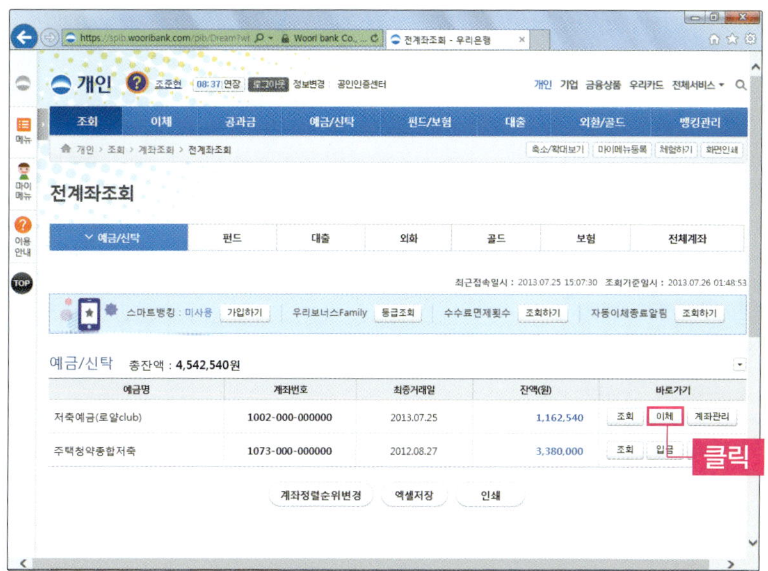

5 즉시이체/예약이체의 출금계좌정보와 입금계좌정보 화면이 나타나면 **출금계좌정보와 입금계좌정보를 입력**한 후 [확인] 단추를 클릭합니다.

6 즉시이체/예약이체의 이체정보확인 화면이 나타나면 **출금계좌정보와 입금계좌정보가 맞는지 확인**한 후 [이체실행] 단추를 클릭합니다.

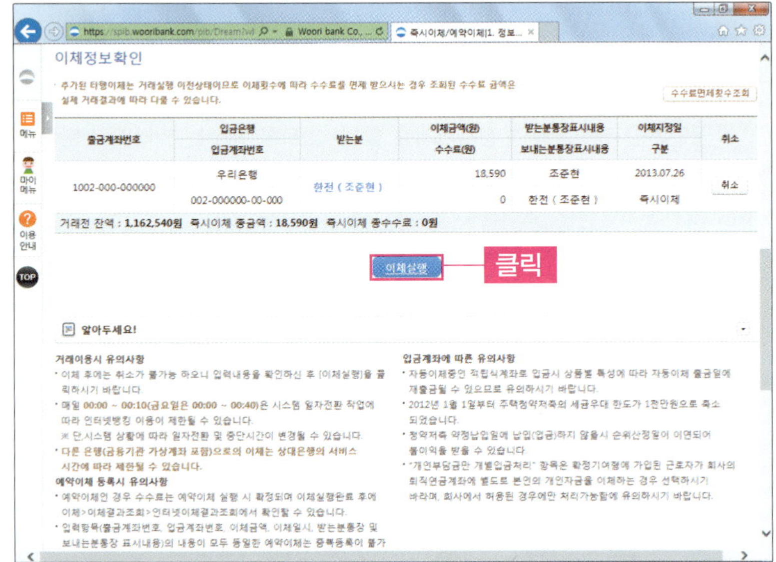

7 즉시이체/예약이체의 보안 수단 입력과 인증서 입력(전자서명) 화면이 나타나면 **보안카드 번호를 입력**합니다. 그런 다음 **공인인증서를 선택**한 후 **인증서 암호를 입력**한 다음 [확인] 단추를 클릭합니다.

한마디 더!

은행에서 발급받은 보안카드를 보고 해당 보안카드 번호를 입력합니다.

8 이체가 처리되면 우리은행 사이트에서 로그아웃하기 위해 [로그아웃]을 클릭합니다.

9 '인터넷뱅킹을 종료하시겠습니까?' 라고 묻는 대화상자가 나타나면 [확인] 단추를 클릭합니다.

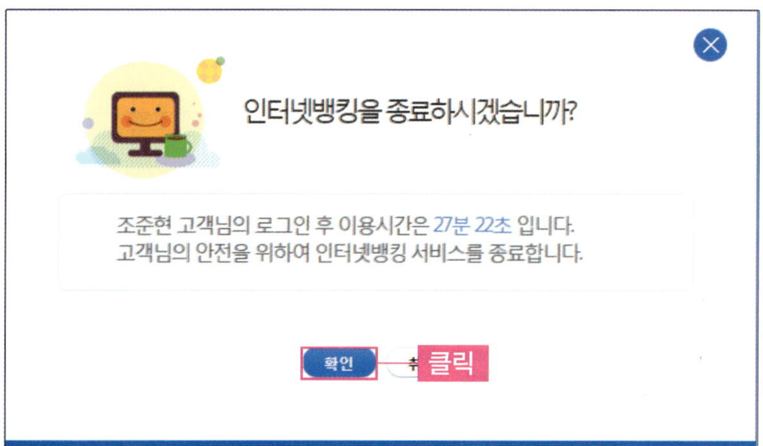

10 다음과 같이 우리은행 사이트에서 로그아웃됩니다.

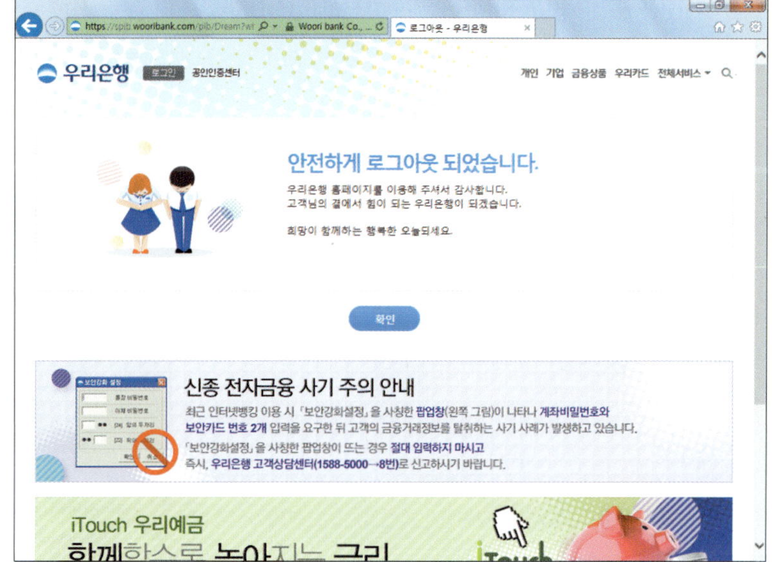

1 롯데닷컴 사이트(www.lotte.com)에 접속합니다.

2 롯데닷컴 홈 페이지가 나타나면 **로그인** 한 후 **검색어 입력란에 '요가매트'를 입력**한 다음 **[검색] 단추를 클릭**합니다.

3 '요가매트'에 대한 검색 결과가 나타나면 **구매할 상품을 클릭**합니다.

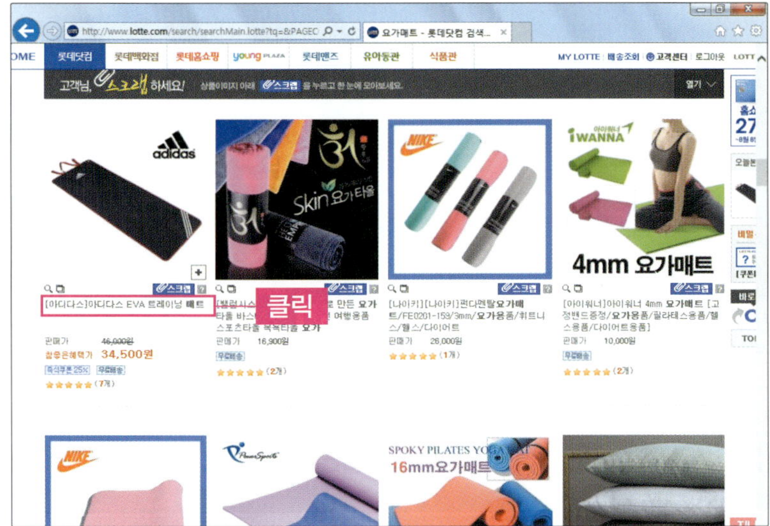

4 구매할 상품의 상세 정보가 나타나면 **주문수량을 입력**한 후 **[바로주문] 단추를 클릭**합니다.

한마디 더!

[장바구니]를 클릭하면 여러 상품을 한곳에 모아 한꺼번에 결제할 수 있습니다.

5 주문서작성/결제 화면이 나타나면 **주문하는 상품이 맞는지 확인한 후 할인 수단을 선택**한 다음 **주문 고객과 배송지가 맞는지** 확인합니다.

한마디 더!

• 쿠폰은 사이트에서 진행하는 이벤트에 따라 지급됩니다.
• [새 배송지 입력] 단추를 클릭하면 새 배송지를 입력할 수 있습니다.

6 주문 고객과 배송지가 맞는지 확인하였으면 **결제정보를 선택**한 후 **[동의합니다.]를 선택**한 다음 **[결제하기] 단추를** 클릭합니다.

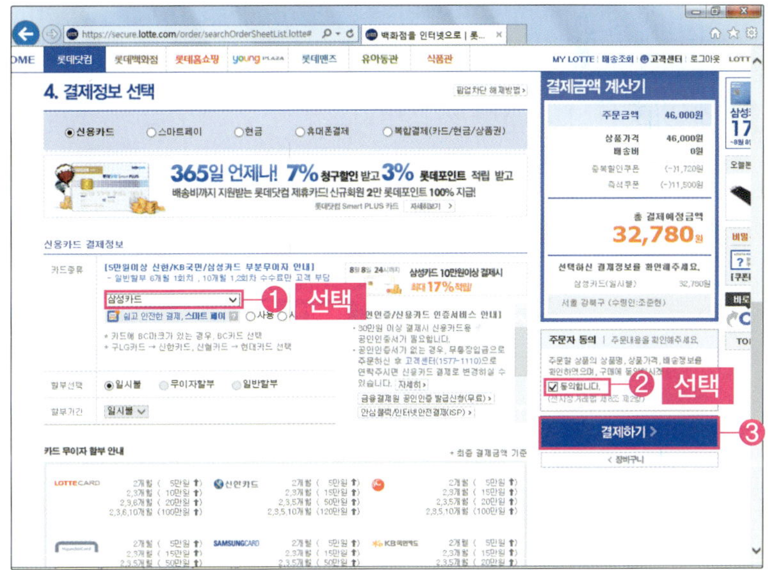

7 [결제 방식을 선택해주세요.] 화면이 나타나면 **[기존 안심클릭으로 결제하기] 단추를 클릭**합니다.

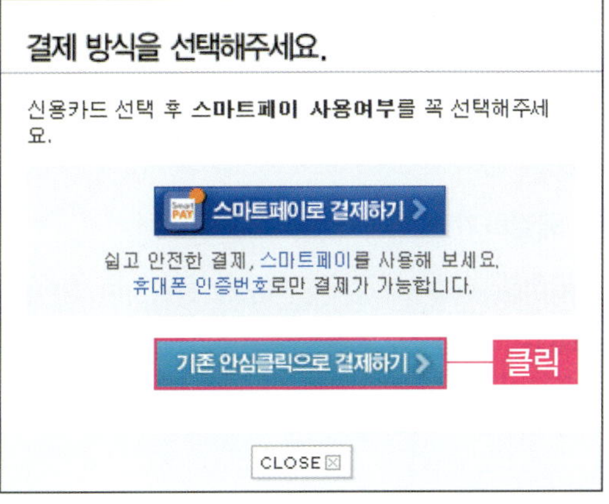

8 카드번호를 입력하는 화면이 나타나면 **카드번호를 입력**한 후 [확인] 단추를 클릭합니다. 그런 다음 본인을 인증하는 화면이 나타나면 **본인인증방법(비밀번호+CVC 방식)을 선택**한 후 **안심클릭 비밀번호와 CVC를 입력**한 다음 [확인] 단추를 클릭합니다.

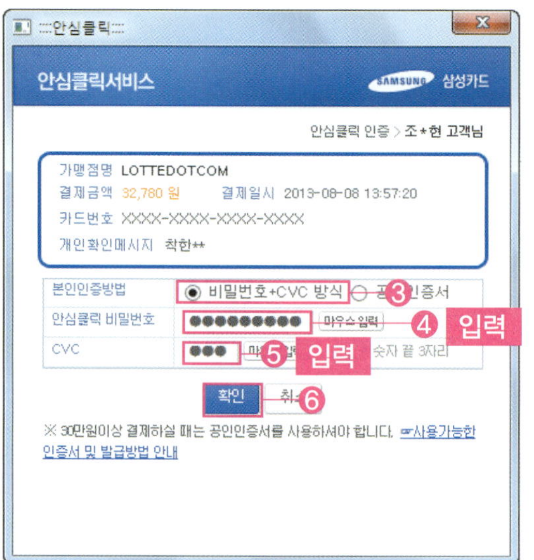

안심클릭 서비스는 온라인 전자상거래를 편리하게 할 수 있도록 해주는 인증 서비스입니다. 안심클릭 서비스는 해당 신용카드의 홈 페이지에서 안심클릭 서비스 사용 등록을 하면 사용할 수 있습니다.

9 다음과 같이 주문이 완료됩니다.

● **인터넷으로 민원 해결하기**

다음과 같이 민원24 사이트(www.minwon.go.kr)에 접속하면 주민등록 등본을 교부받거나 토지(임야)대장을 열람하는 등의 민원을 해결할 수 있습니다

01 다음과 같이 G마켓 사이트(www.gmarket.co.kr)에서 필요한 상품을 장바구니에 담아 보세요.

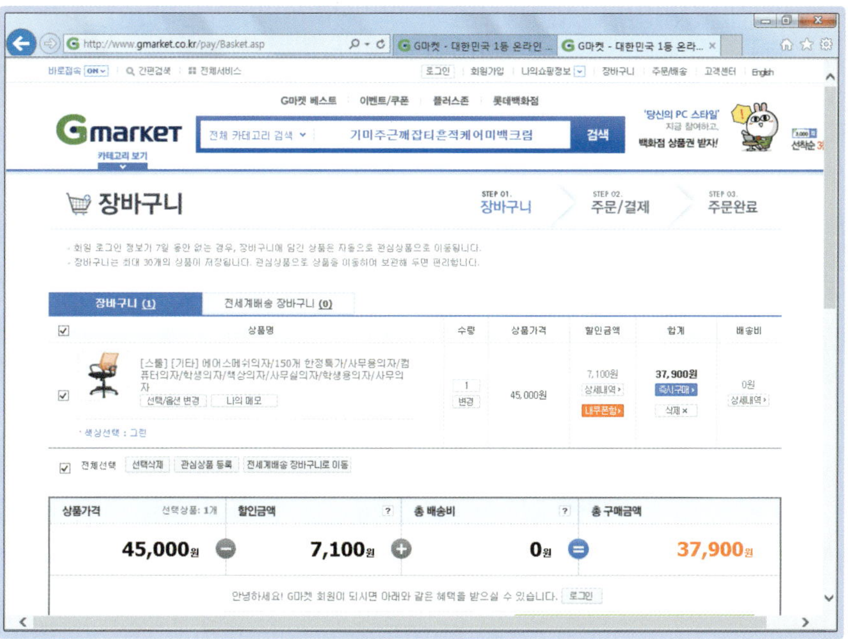

02 다음과 같이 민원24 사이트(www.minwon.go.kr)에서 본인의 주민등록 등본을 교부받아 보세요.

힌트

민원24 사이트(www.minwon.go.kr)에 접속한 후 [자주찾는 민원]에서 [주민등록표 등본(초본)교부]를 클릭하면 본인의 주민등록 등본을 교부받을 수 있습니다.

03 교보문고 사이트(www.kyobobook.co.kr)에서 필요한 책을 주문해 보세요.

◆ 아이핀 발급받기

아이핀(i-PIN)은 인터넷상에서 주민번호를 대신하여 본인을 확인하기 위해 사용하는 식별번호입니다. 아이핀을 사용하면 주민번호의 유출을 원천적으로 방지할 수 있습니다.

그럼, 아이핀을 발급받는 방법에 대해 알아보겠습니다.

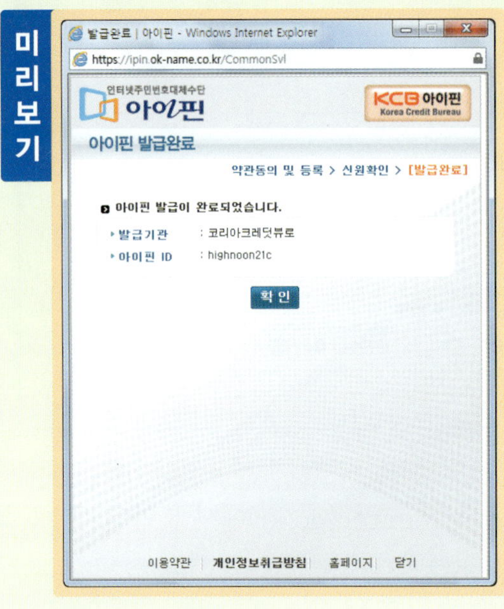

01 인터넷 익스플로러를 실행한 후 한국인터넷진흥원 아이핀 사이트(i-pin.kisa.or.kr)에 접속합니다.

02 한국인터넷진흥원 아이핀 홈 페이지가 나타나면 [i-PIN 신규 발급]을 클릭합니다.

03 [신규발급] 대화상자의 '동의' 화면이 나타나면 **이용약관과 각 동의서를 확인**한 후 **각 내용의 동의 여부를 모두 선택**한 다음 [확인] 단추를 클릭합니다.

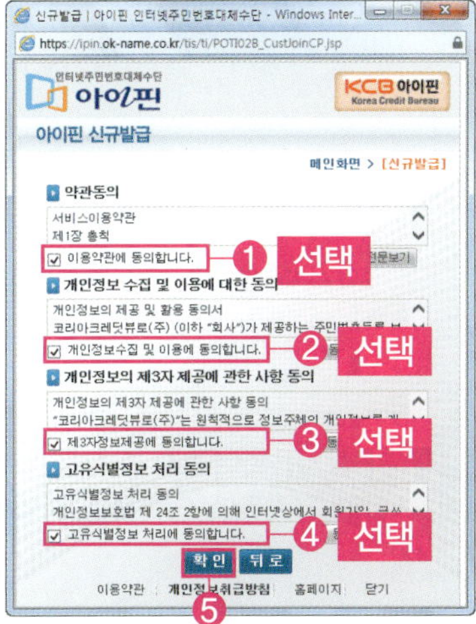

> **한마디 더!**
>
> • 아이핀을 발급해 주는 기관을 '본인확인기관' 이라고 합니다.
> • 현재 3개의 민간 본인확인기관과 공공 아이핀센터에서 아이핀을 발급 받을 수 있으며 한국인터넷진흥원 아이핀 홈 페이지에서 [i-PIN 신규 발급]을 클릭하면 임의의 본인확인기관이 선택되어 해당 본인확인기관 에서 아이핀이 발급됩니다.

04 [신규발급] 대화상자의 '아이핀 사용자정보' 화면이 나타나면 **성명, 주민번호, 문자입력, 아이핀 ID를 입력**한 후 중복되는 아이핀 ID인지 확인하기 위해 **[중복확인] 단추를 클릭**합니다.

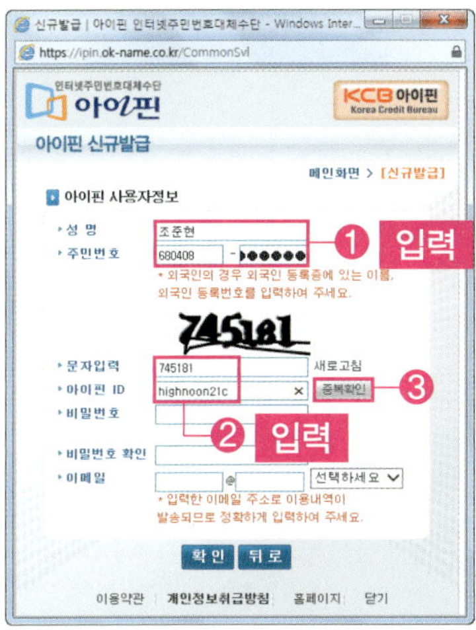

> **한마디 더!**
>
> 문자입력란에 입력하는 문자는 자동가입방지란에 표시된 문자를 입력합니다. 자동가입방지란에 표시된 문자가 어떤 문자인지 모를 경우에는 [새로고침]을 클릭합니다. [새로고침]을 클릭하면 자동가입방지란에 새 문자가 표시됩니다.

05 '입력하신 아이핀 ID는 사용 가능합니다.' 라는 내용의 대화상자가 나타나면 [확인] 단추를 클릭합니다.

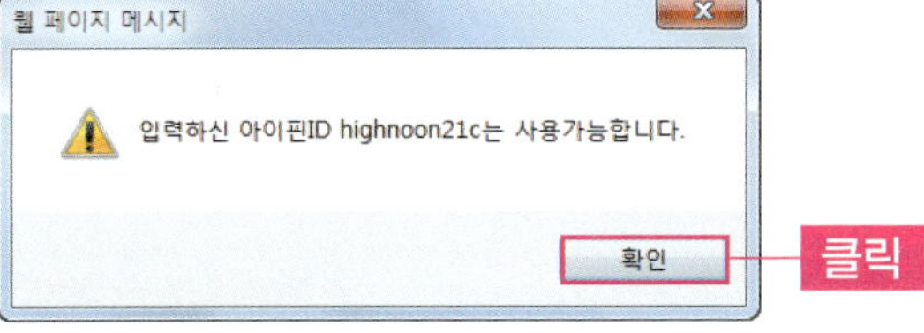

> **한마디 더!**
>
> 중복되는 아이핀 ID인 경우에는 '입력하신 아이핀 ID는 이미 사용 중입니다.' 라는 내용의 대화상자가 나타납니다.

06 중복되는 아이핀 ID인지 확인하였으면 비밀번호, 비밀번호 확인, 이메일을 지정한 후 [확인] 단추를 클릭합니다.

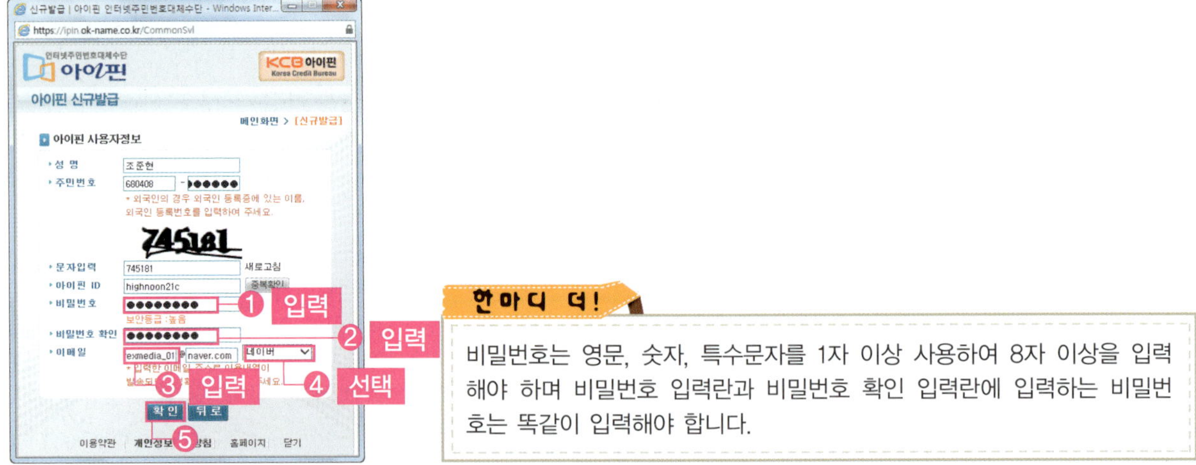

07 [신원확인] 대화상자의 신원 확인 방법을 선택하는 화면이 나타나면 [휴대폰]을 선택한 후 휴대폰번호와 이동통신사를 지정한 다음 [인증번호 요청] 단추를 클릭합니다. 그런 다음 [신원확인] 대화상자의 승인번호를 입력하는 화면이 나타나면 휴대폰으로 받은 승인번호를 입력한 후 [확인] 단추를 클릭합니다.

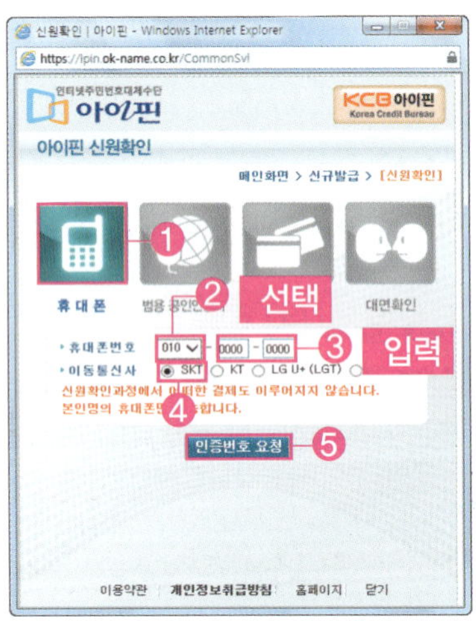

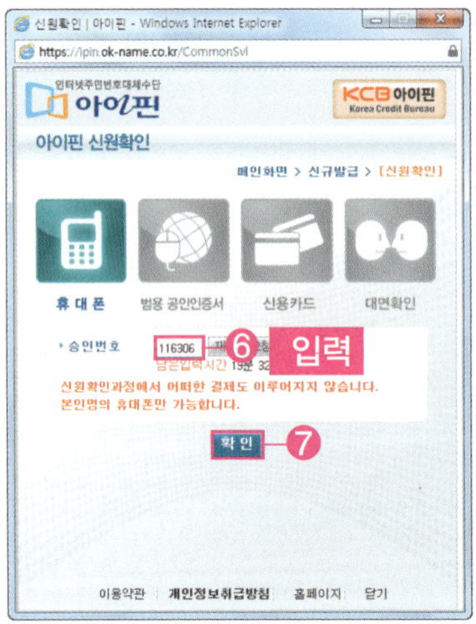

08 다음과 같이 아이핀 발급이 완료됩니다.

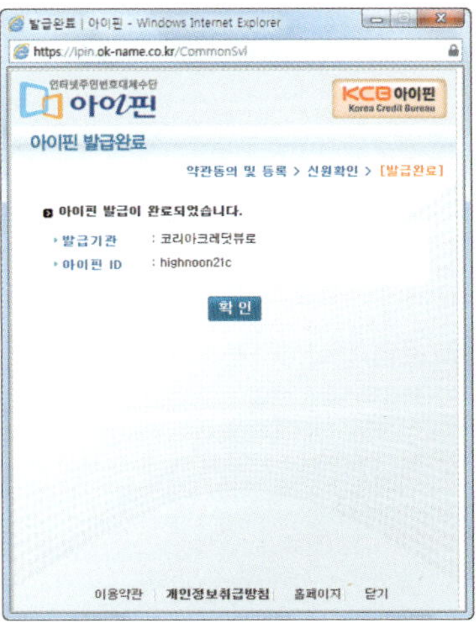

Chapter 01 한글 2010 시작하기

준비단계

한글 2010은 문서를 작성하거나 편집할 수 있는 프로그램으로 제목 표시줄, 메뉴 표시줄, 기본 도구 상자, 서식 도구 상자, 작업 창 등으로 구성되어 있습니다.
그럼, 한글 2010을 실행하고 종료하는 방법과 화면 구성을 변경하는 방법에 대해 알아보겠습니다.

미리보기

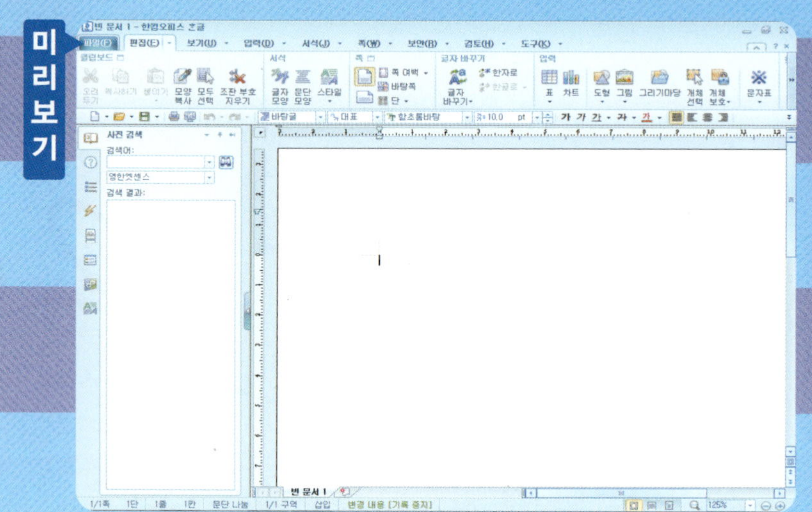

기초단계 01 한글 2010 실행하기

1 한글 2010을 실행하기 위해 [시작] 단추를 클릭한 후 [모든 프로그램]-[한컴오피스 한글 2010]을 클릭합니다.

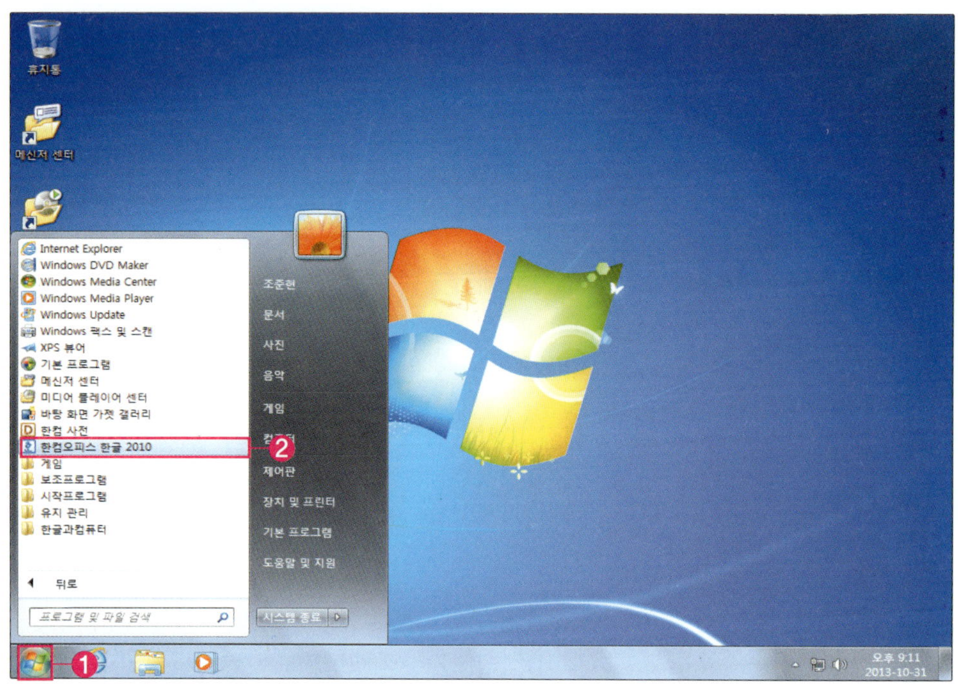

한마디 더!

바탕 화면에서 한글 2010의 바로 가기 아이콘(🖉)을 더블클릭하여 한글 2010을 실행할 수도 있습니다.

2 한글 2010이 실행됩니다.

● 한글 2010의 화면 구성

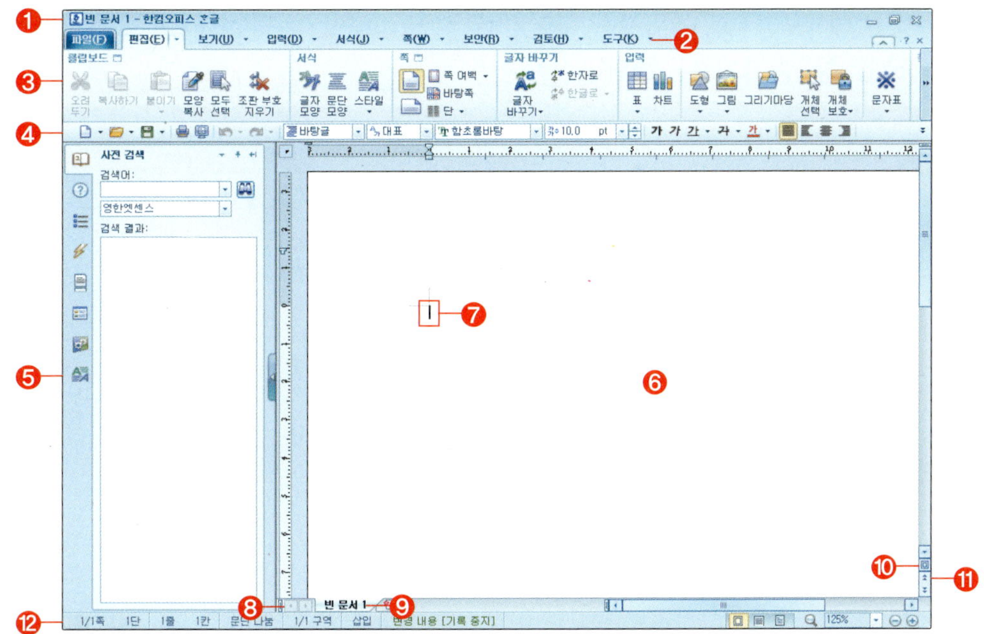

❶ **제목 표시줄** : 문서의 파일 이름, 문서의 경로(현재 위치를 자세히 열거한 것), 프로그램의 이름(한컴오피스 흔글)이 표시되는 곳입니다. 문서를 저장하지 않아서 문서의 파일 이름이 없는 경우에는 '빈 문서 1', '빈 문서 2', …로 표시됩니다.

❷ **메뉴 표시줄** : 한글 2010의 기능을 공통성 있는 기능별로 묶어 메뉴 탭으로 구분하여 놓은 곳입니다. [파일] 탭 이외의 다른 메뉴 탭에는 ▾[목록] 단추가 있으며 메뉴 탭을 클릭하면 해당 기본 도구 상자가 나타나고, 메뉴 탭의 ▾[목록] 단추를 클릭하면 해당 하위 메뉴가 나타납니다. 단, [파일] 탭은 해당 기본 도구 상자를 제공하지 않고 해당 하위 메뉴만 제공하여 [파일] 탭을 클릭하면 해당 하위 메뉴가 나타납니다.

❸ **기본 도구 상자** : 메뉴 탭에서 자주 사용하는 기능을 공통성 있는 기능별로 묶어 그룹으로 구분하여 놓은 곳으로 '열림 상자'라고도 합니다. 그룹 이름에 ▢ 아이콘이 있는 경우, 그룹 이름을 클릭하면 해당 대화상자나 작업 창이 나타납니다.

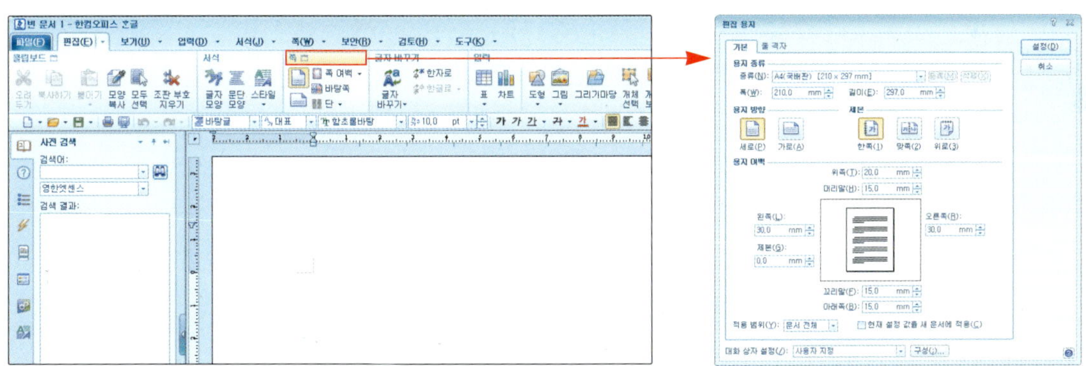

▲ [편집] 탭-[쪽] 그룹에서 그룹 이름(쪽)을 클릭한 경우

❹ **서식 도구 상자** : 문서를 편집할 때 자주 사용하는 기능을 단추로 만들어 놓은 곳입니다.

❺ **작업 창** : 사전 검색이나 스타일 등의 작업을 쉽고 빠르게 할 수 있도록 도와주는 곳입니다.

❻ **편집 창** : 문서를 작성하거나 편집하는 곳입니다.

❼ **커서** : 글자가 입력되는 위치를 나타내는 표시입니다.

❽ **문서 탭 이동 아이콘** : 문서 탭이 여러 개인 경우, 이전 문서 탭이나 다음 문서 딥으로 이동할 수 있는 아이콘입니다.

❾ **문서 탭** : 문서를 탭으로 나타낸 곳입니다. 문서 탭에는 문서의 파일 이름이 표시됩니다.

❿ **보기 선택 아이콘** : 쪽 윤곽, 문단 부호 보이기/숨기기, 조판 부호 보이기/숨기기 등과 같은 보기 관련 기능을 선택할 수 있는 아이콘입니다.

⓫ **쪽 이동 아이콘** : 문서가 여러 쪽인 경우, 이전 쪽이나 다음 쪽으로 이동할 수 있는 아이콘입니다.

⓬ **상황 선** : 커서의 위치나 삽입/수정 상태 등을 알려주는 곳입니다.

1 작업 창을 숨기기 위해 [보기] 탭–[표시/숨기기] 그룹에서 [작업 창 숨기기]를 클릭합니다.

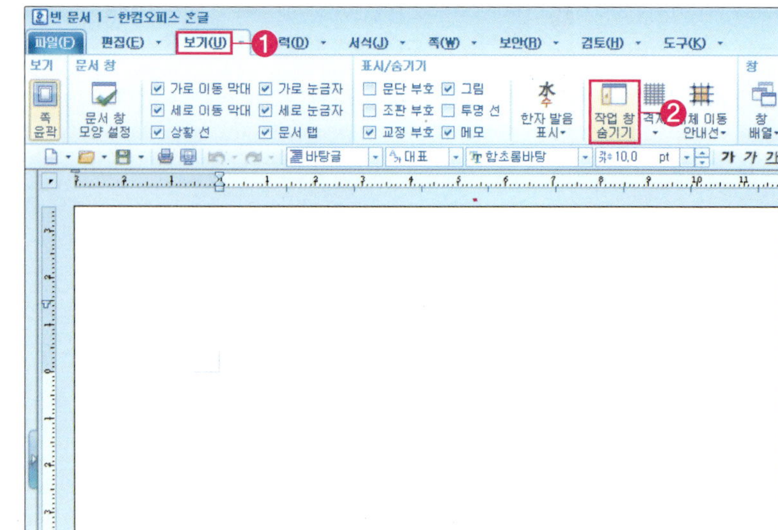

한마디 더!

[보기] 탭의 ▾[목록] 단추를 클릭한 후 [작업 창]–[작업 창 숨기기]를 클릭하여 작업 창을 숨길 수도 있습니다.

알고 넘어갑시다

◉ 작업 창 접기/펴기

다음과 같이 작업 창이 최소화되어 있는 경우에는 ▮[작업 창 접기/펴기]를 클릭하면 작업 창 탭이 표시되고, 특정 작업 창 탭을 클릭하면 특정 작업 창이 표시됩니다. 특정 작업 창이 표시되어 있는 경우에는 ▮[작업 창 접기/펴기]를 클릭하면 작업 창 탭만 표시되고, 다시 ▮[작업 창 접기/펴기]를 클릭하면 작업 창이 최소화됩니다.

2 서식 도구 상자를 표시하지 않기 위해 [보기] 탭의 ▾[목록] 단추를 클릭한 후 [도구 상자]–[서식]을 선택 해제합니다.

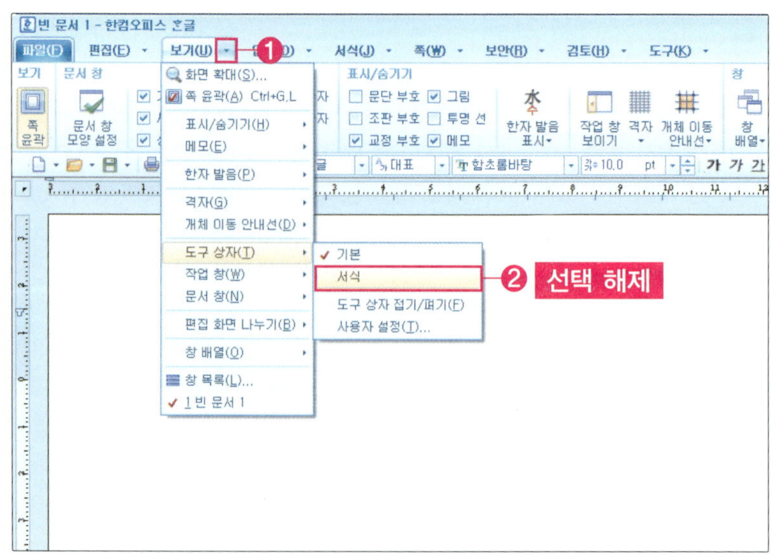

한마디 더!

• 작업 창이 숨겨지면 [작업 창 숨기기]가 [작업 창 보이기]로 바뀌어집니다. 작업 창을 다시 보이게 하려면 [보기] 탭–[표시/숨기기] 그룹에서 [작업 창 보이기]를 클릭하거나 [보기] 탭의 ▾[목록] 단추를 클릭한 후 [작업 창]–[작업 창 보이기]를 클릭하면 됩니다.

• [서식]에 ✓ 표시가 있으면 선택되어 있는 것이고, ✔ 표시가 없으면 선택 해제되어 있는 것입니다. [서식]이 선택되어 있는 경우에는 클릭하면 선택 해제되고, 선택 해제되어 있는 경우에는 클릭하면 선택됩니다.

◉ 도구 상자 단계별 접기/펴기

다음과 같이 기본 도구 상자와 서식 도구 상자가 모두 표시되어 있는 경우에는 [도구 상자 단계별 접기/펴기]를 클릭하면 서식 도구 상자만 표시되고, 다시 [도구 상자 단계별 접기/펴기]를 클릭하면 서식 도구 상자도 표시되지 않습니다. 기본 도구 상자와 서식 도구 상자가 모두 표시되어 있지 않은 경우에는 [도구 상자 단계별 접기/펴기]를 클릭하면 기본 도구 상자와 서식 도구 상자가 모두 표시됩니다.

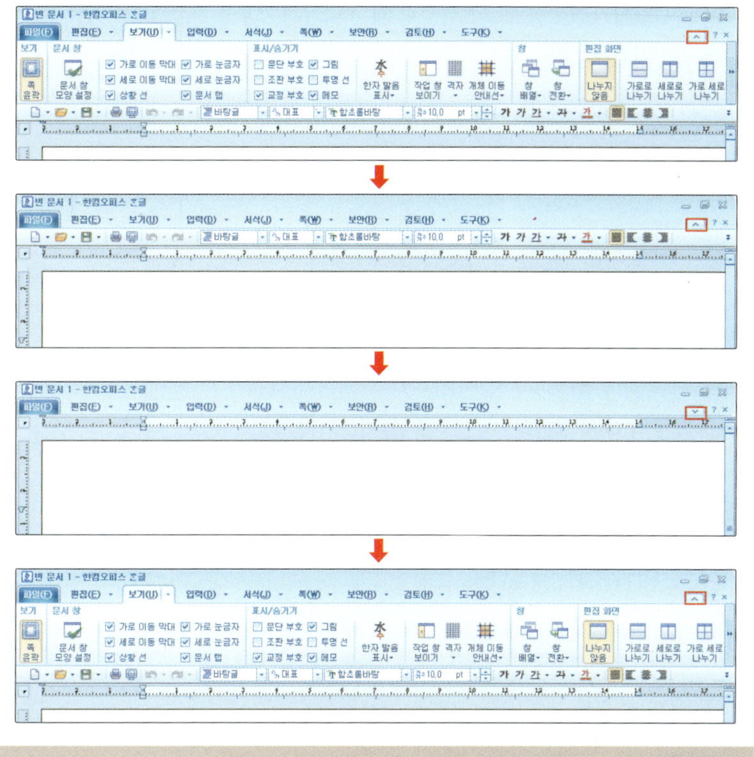

3 쪽 윤곽을 숨기기 위해 [보기] 탭-[보기] 그룹에서 [쪽 윤곽]을 선택 해제합니다.

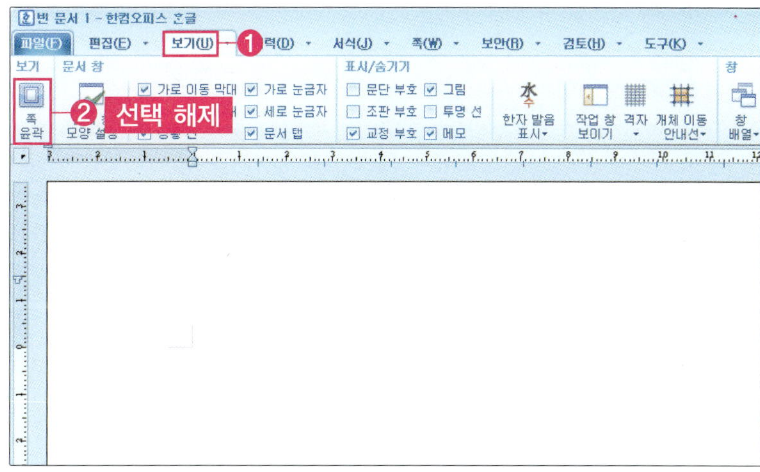

한마디 더!

- 쪽 윤곽은 인쇄를 해야만 나타나는 용지 여백, 머리말, 꼬리말 등을 화면으로 확인할 수 있는 기능입니다.
- [보기] 탭의 [목록] 단추를 클릭한 후 [쪽 윤곽]을 선택 해제하여 쪽 윤곽을 숨길 수도 있습니다. 쪽 윤곽 아이콘이 모양이면 쪽 윤곽이 선택되어 있는 것이고, 모양이면 쪽 윤곽이 선택 해제되어 있는 것입니다.

4 다음과 같이 쪽 윤곽이 숨겨집니다.

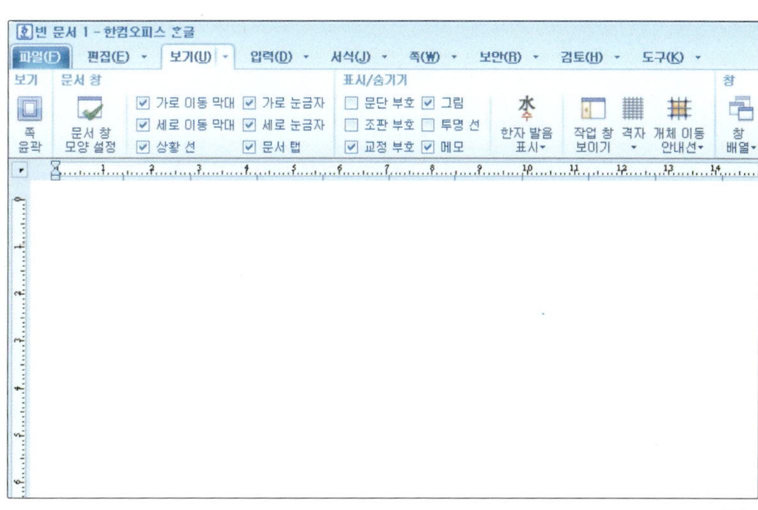

기초단계 03 한글 2010 종료하기

1 한글 2010을 종료하기 위해 [파일] 탭-[끝]을 클릭합니다.

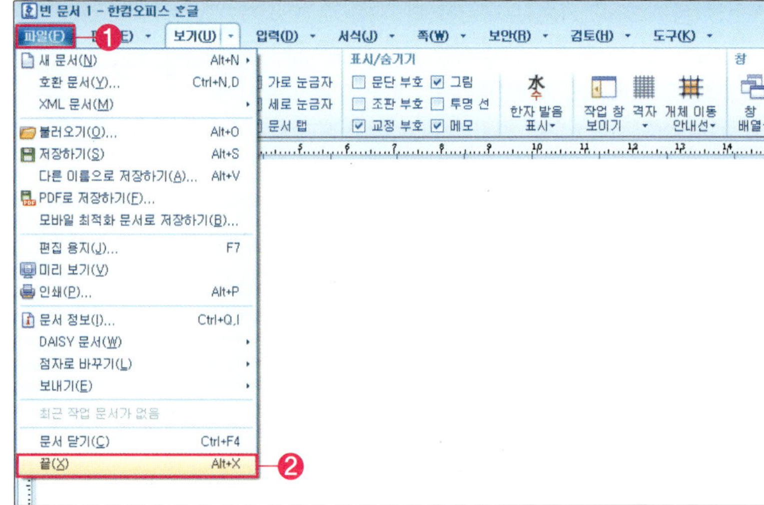

한마디 더!

창 조절 단추에서 [닫기] 단추를 클릭하거나 Alt+X를 눌러 한글 2010을 종료할 수도 있습니다.

2 한글 2010이 종료됩니다.

알고 넘어갑시다

◉ 화면 확대하고 축소하기

다음과 같이 [보기] 탭-[확대/축소] 그룹에서 [화면 확대]의 [목록] 단추를 클릭한 후 화면 확대 비율을 선택하면 화면을 확대하거나 축소할 수 있습니다.

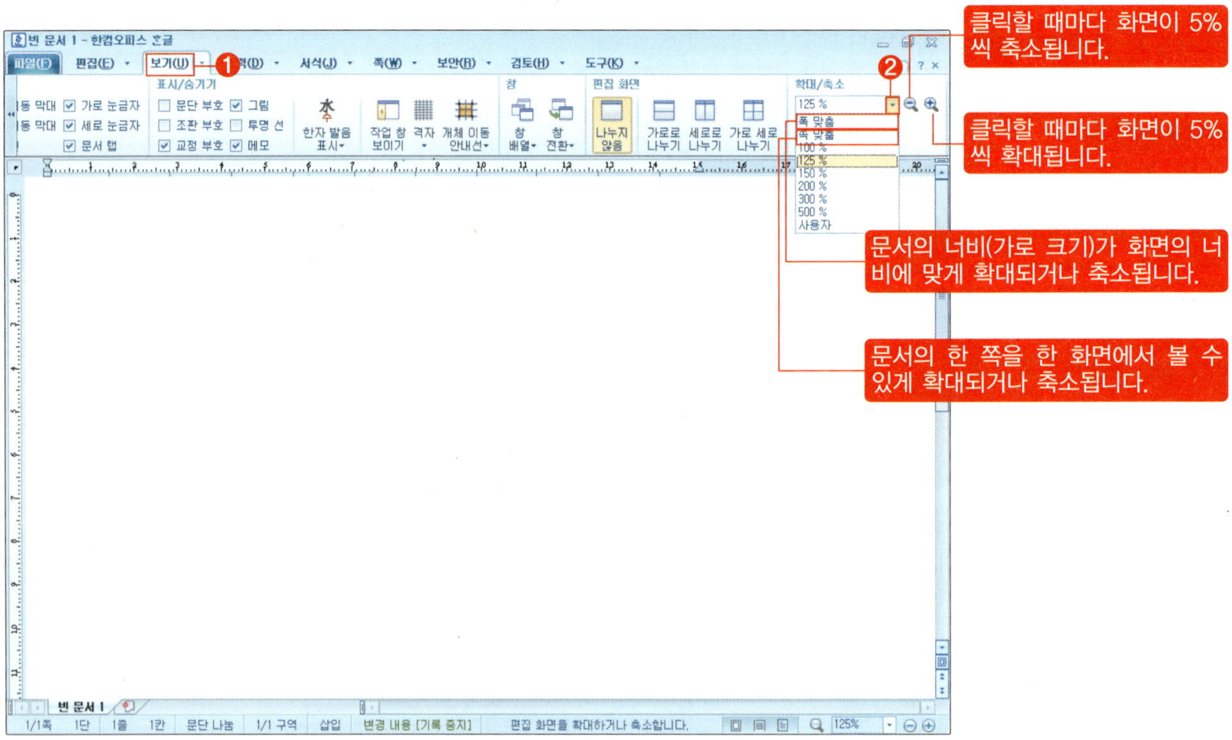

01 다음은 한글 2010의 화면 구성입니다. 각 구성 요소의 이름을 적어 보세요.

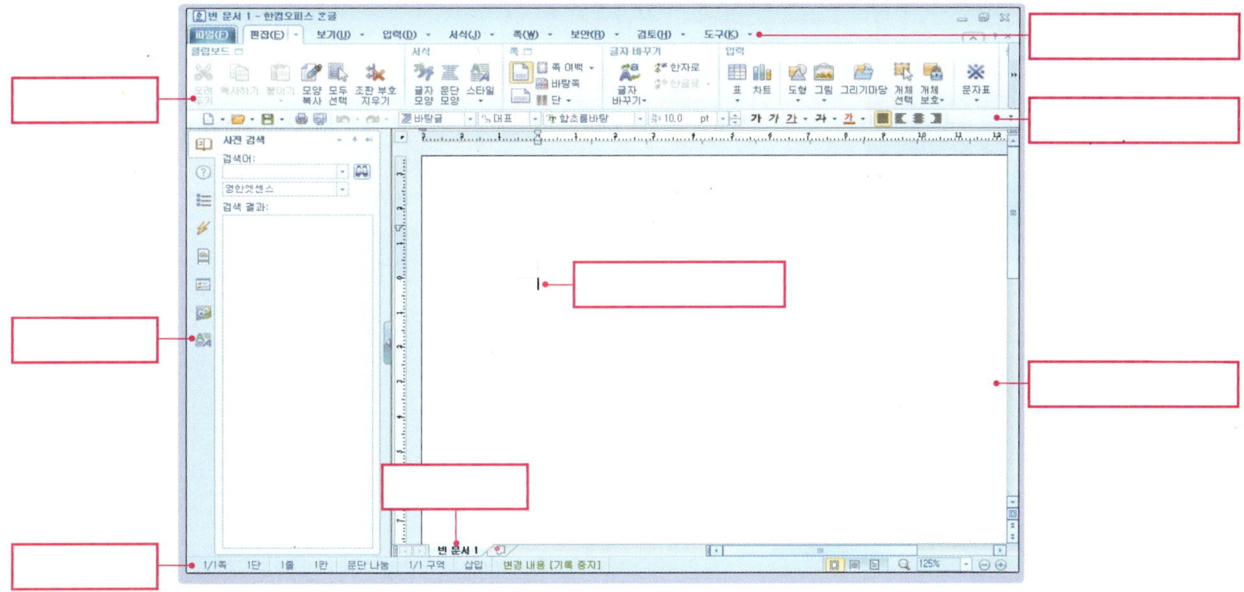

02 다음과 같이 한글 2010을 실행한 후 서식 도구 상자를 표시해 보세요.

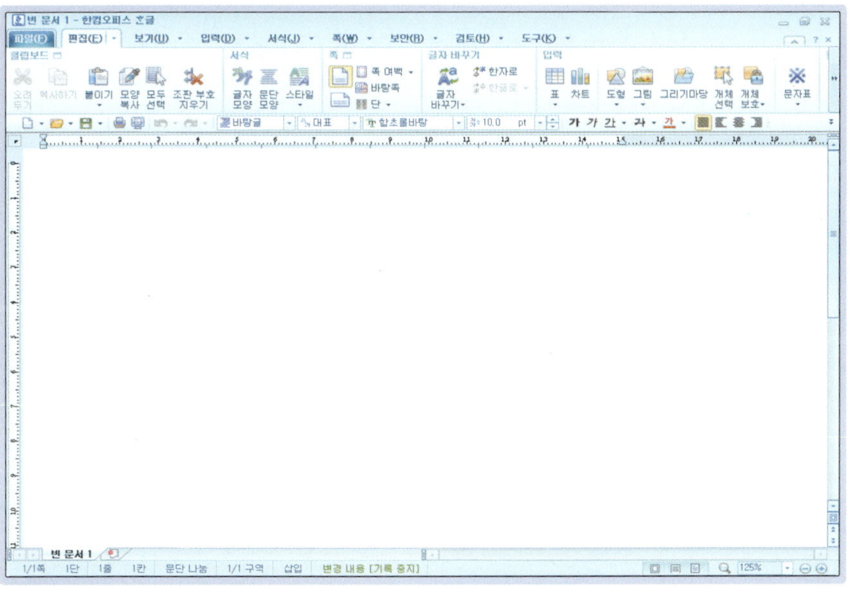

힌트

[보기] 탭의 ˙ [목록] 단추를 클릭한 후 [도구 상자]–[서식]을 선택하면 서식 도구 상자를 표시할 수 있습니다.

03 한글 2010을 종료해 보세요.

Chapter 02 편집 용지 설정하고 문서 작성하기

준비단계

문서를 작성하기 전에 편집 용지를 설정하는 것이 좋습니다. 그렇지 않으면 문서를 읽는 데 불편하거나 문서를 인쇄할 때 제대로 인쇄되지 않는 등 문제가 발생할 수 있기 때문입니다.
그럼, 편집 용지를 설정하고 문서를 작성하는 방법에 대해 알아보겠습니다.

미리보기

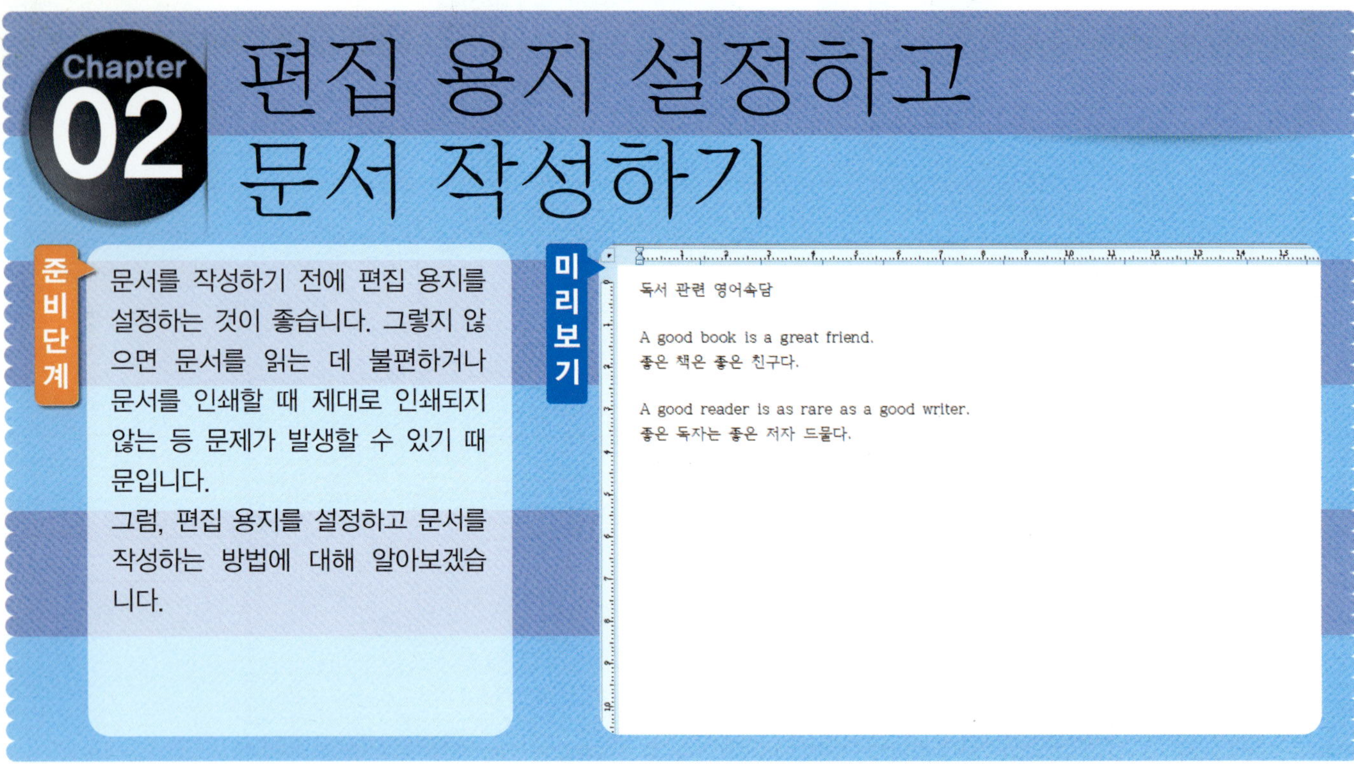

기초단계 01 편집 용지 설정하기

1 한글 2010을 실행한 후 편집 용지를 설정하기 위해 [쪽] 탭의 ·[목록] 단추를 클릭한 후 [편집 용지]를 클릭합니다.

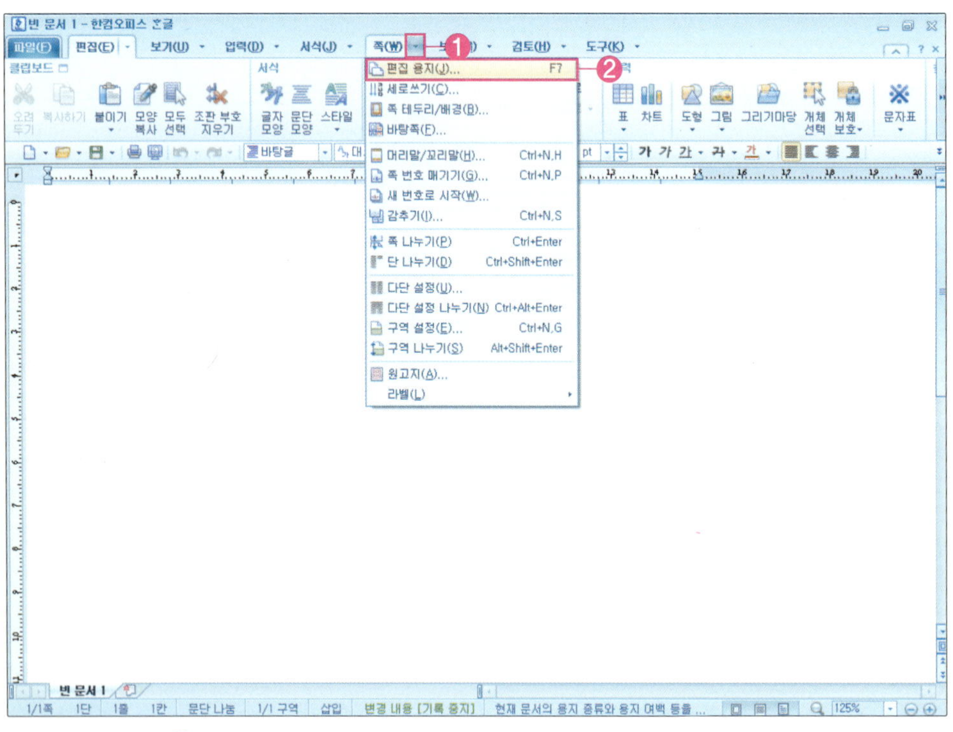

한마디 더!

F7을 눌러 편집 용지를 설정할 수도 있습니다.

2 [편집 용지] 대화상자가 나타나면 [기본] 탭에서 용지 종류(A4(국배판) [210 x 297 mm]), 용지 방향(세로), 제본(한쪽)을 선택한 후 왼쪽/오른쪽/위쪽/아래쪽 용지 여백(20), 머리말/꼬리말 용지 여백(10), 제본 용지 여백(10)을 입력한 다음 [설정] 단추를 클릭합니다.

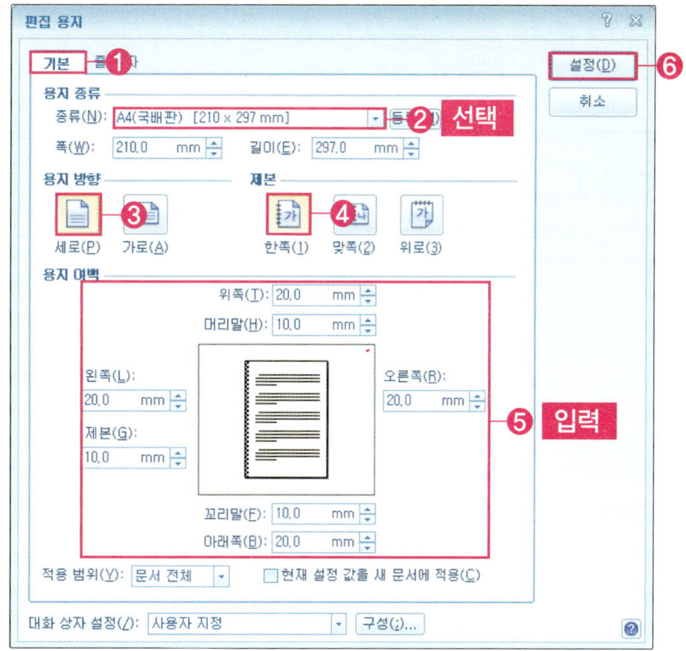

3 편집 용지가 설정됩니다.

◉ **설정된 편집 용지 알아보기**

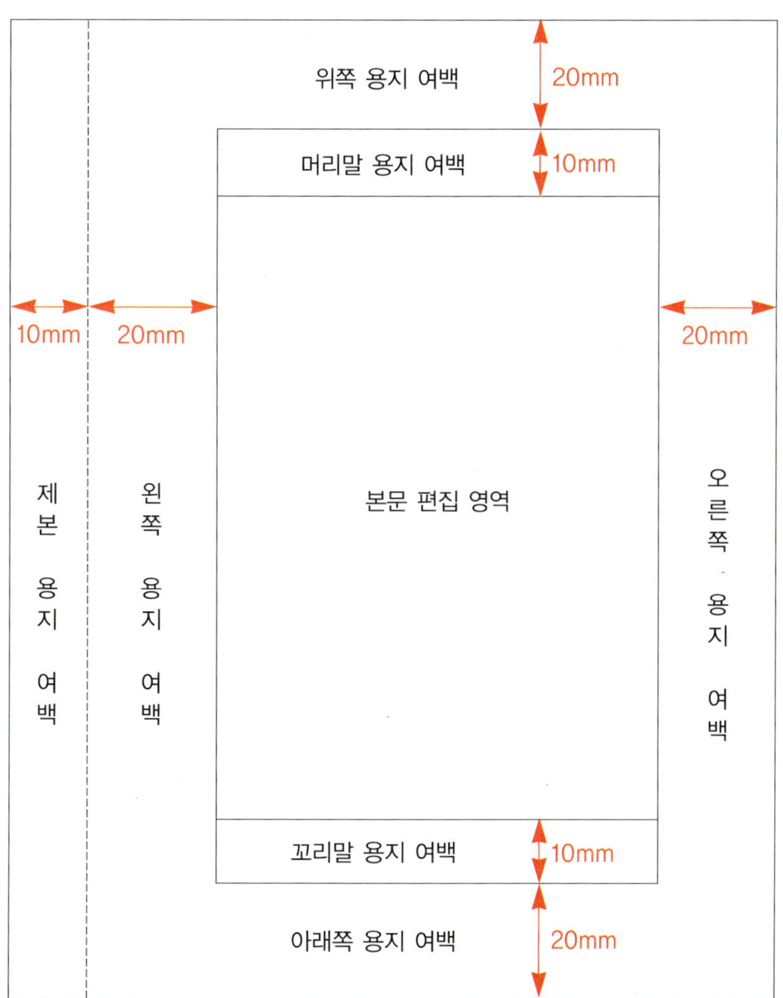

1 다음과 같이 내용을 입력한 후 `Enter`를 두 번 누릅니다.

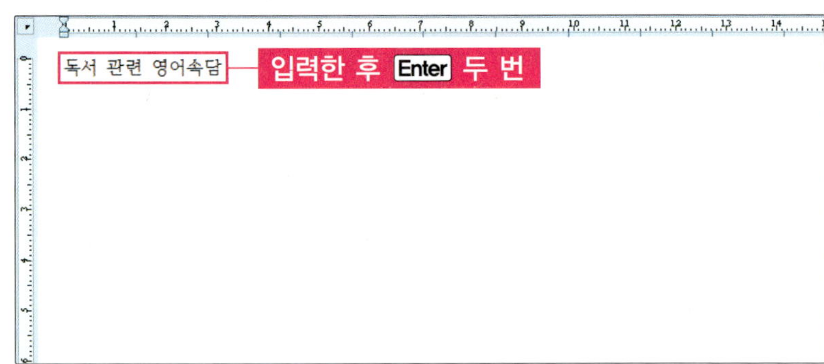

한마디 더!

- 한 칸을 띄울 때는 `SpaceBar`를 누르고, 문단을 바꿀 때는 `Enter`를 누릅니다. 한글에서는 `Enter`를 누른 곳에서부터 다음 `Enter`를 누른 곳까지의 내용을 문단으로 간주합니다.
- 한글/영문 입력 상태를 전환할 때는 `한/영`을 누르거나 `Shift`+`SpaceBar`를 누릅니다.
- 영문 대/소문자를 입력할 때는 영문 입력 상태로 전환한 후 `CapsLock`을 누르거나 `Shift`를 누른 상태에서 입력합니다.
- 쌍자음이나 키보드에 있는 특수문자(~, !, @ 등) 등을 입력할 때는 한글 입력 상태로 전환한 후 `Shift`를 누른 상태에서 입력합니다.

알고 넘어갑시다

● `SpaceBar`와 `Enter` 사용하기

[보기] 탭–[표시/숨기기] 그룹에서 [조판 부호]를 선택하면 `SpaceBar`를 눌러 한 칸을 띄운 곳(˅ 표시)과 `Enter`를 눌러 문단을 바꾼 곳(↵ 표시)을 확인할 수 있습니다. 한글에서는 내용이 1줄을 넘어가면 자동으로 줄이 바꾸어지므로 문단을 바꾸기 전에는 `Enter`를 눌러 강제로 줄을 바꾸지 않고, `SpaceBar`를 눌러 들여쓰기(문단 첫 줄이 다른 줄보다 오른쪽으로 들어가서 시작하는 것)나 내어쓰기(문단 첫 줄이 다른 줄보다 왼쪽으로 나와서 시작하는 것)를 하지 않는 것이 좋습니다. 그렇지 않으면 다음과 같이 문서의 왼쪽 여백과 오른쪽 여백을 늘리거나 줄이는 경우, 문제가 발생할 수 있기 때문입니다.

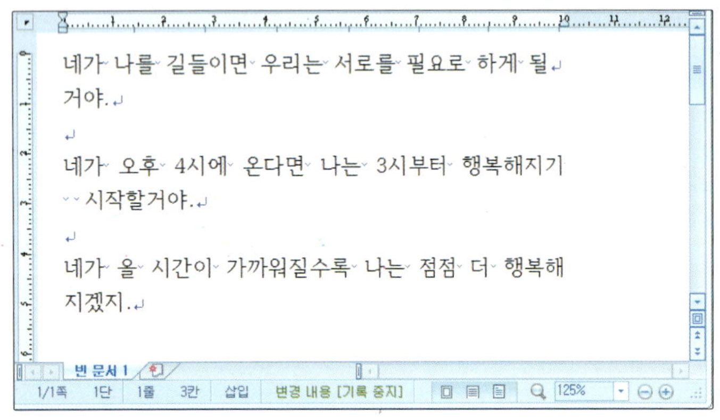

◀ 문서의 왼쪽 여백과 오른쪽 여백을 늘리기 전

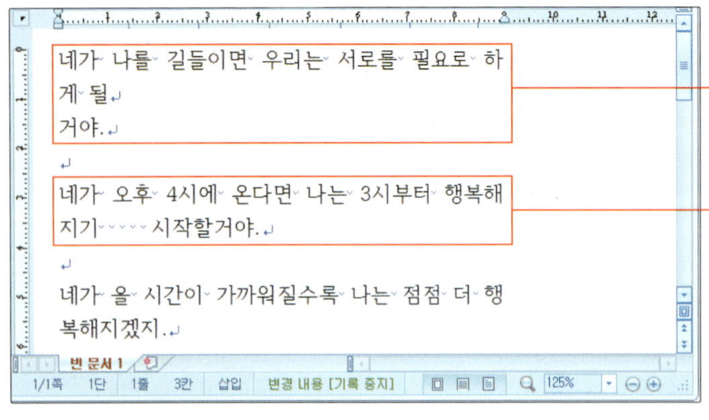

◀ 문서의 왼쪽 여백과 오른쪽 여백을 늘린 후

2 같은 방법으로 다음과 같이 나머지 내용을 입력한 후 '작가'를 지우기 위해 '작가' 뒤에 커서를 둔 다음 BackSpace 를 두 번 누릅니다.

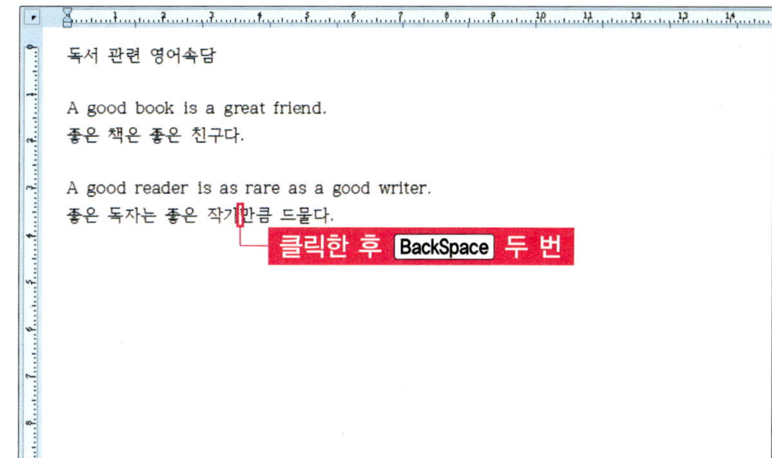

> BackSpace 는 커서를 기준으로 왼쪽에 있는 글자를 지울 때 사용하고, Delete 는 오른쪽에 있는 글자를 지울 때 사용합니다. '작가' 앞에 커서를 둔 후 Delete 를 두 번 눌러 '작가'를 지울 수도 있습니다.

3 '작가'가 지워지면 삽입 상태인지 확인한 후 '저자'를 입력합니다.

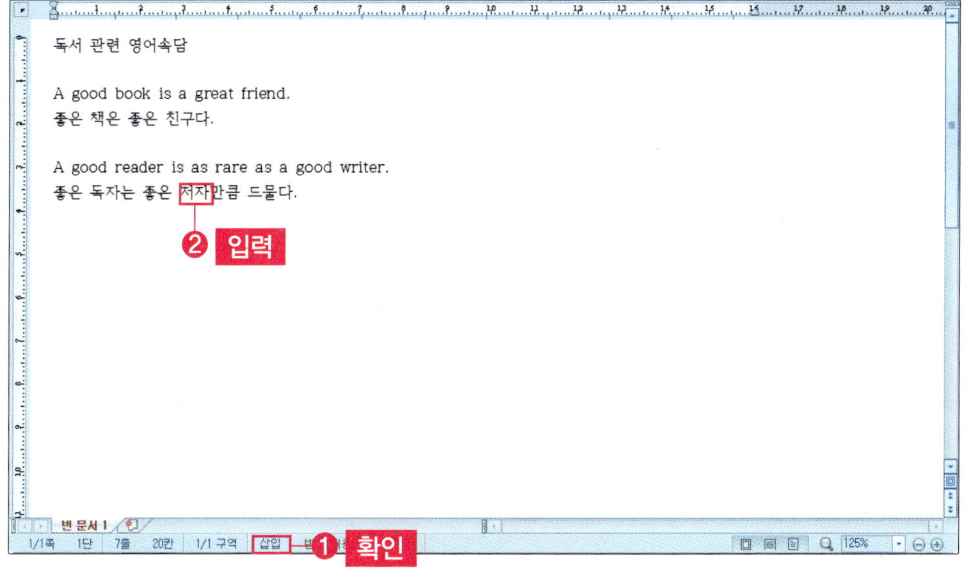

> Insert 는 삽입/수정 상태를 전환할 때 사용합니다. 수정 상태인 경우에는 Insert 를 눌러 삽입 상태로 전환합니다.

알고 넘어갑시다

● 삽입/수정 상태

삽입 상태이면 커서 위치의 기존 내용이 뒤로 밀리면서 새 내용이 입력되고, 수정 상태이면 다음과 같이 커서 위치의 기존 내용이 지워지면서 새 내용이 입력됩니다.

4 '작가'를 지우기 전 상태로 되돌리기 위해 [편집] 탭의 ▾[목록] 단추를 클릭한 후 [되돌리기]–[문자 삭제 : 작가]를 클릭합니다.

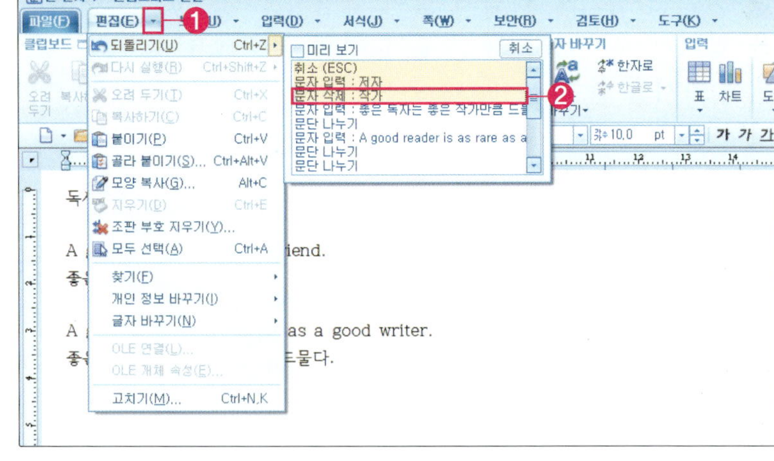

한마디 더!

되돌리기는 실행한 명령을 취소하는 기능입니다. Ctrl+Z를 두 번 눌러 '작가'를 지우기 전 상태로 되돌릴 수도 있습니다. Ctrl+Z를 누르면 '저자'를 입력하기 전 상태로 되돌려지고, 다시 Ctrl+Z를 누르면 '작가'를 지우기 전 상태로 되돌려집니다.

5 다음과 같이 '작가'를 지우기 전 상태로 되돌려집니다.

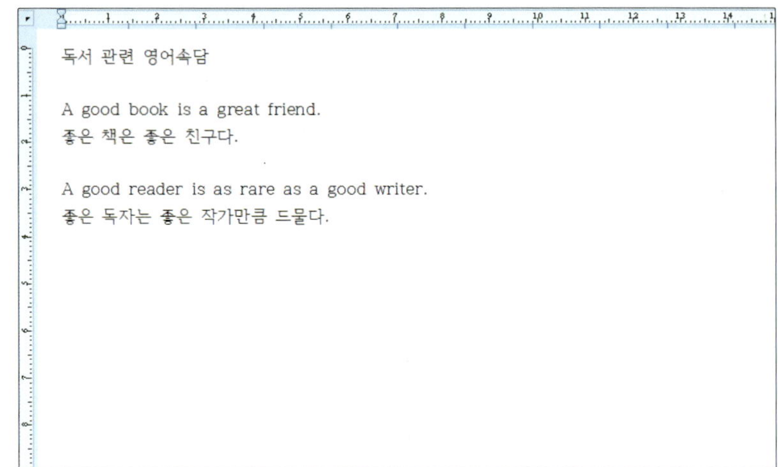

한마디 더!

다시 실행은 되돌리기를 사용하여 취소한 명령을 다시 실행하는 기능입니다. [편집] 탭의 ▾[목록] 단추를 클릭한 후 [다시 실행]–[문자 입력 : 저자]를 클릭하거나 Ctrl+Shift+Z를 두 번 누르면 되돌리기를 사용하여 취소한 명령이 다시 실행되어 '저자'를 입력한 상태가 됩니다.

알고 넘어갑시다

● 새 문서와 새 탭

[파일] 탭–[새 문서]를 클릭하거나 Alt+N을 누르면 다음과 같이 새 문서가 새 문서 창에 나타나고, [파일] 탭–[새 문서]–[새 탭]을 클릭하거나 Ctrl+Alt+T를 누르면 새 문서가 현재 창에 새 문서 탭을 만든 후 새 문서 탭에 나타납니다.

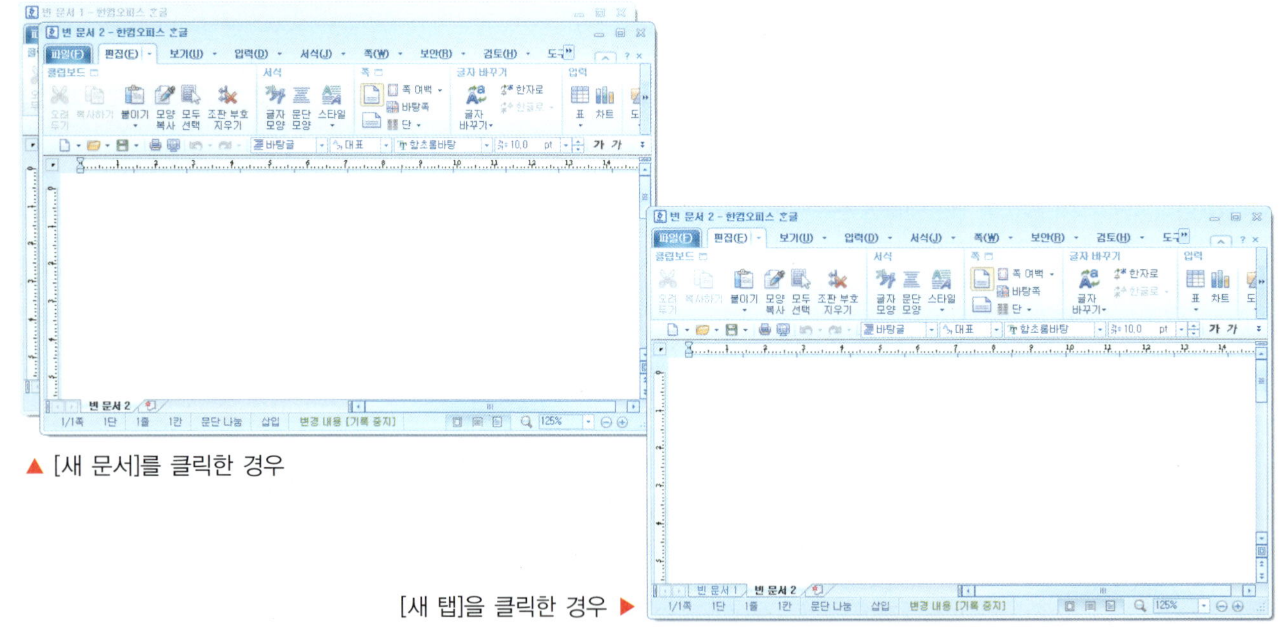

▲ [새 문서]를 클릭한 경우

[새 탭]을 클릭한 경우 ▶

1 문서를 저장하기 위해 [파일] 탭-[저장하기]를 클릭합니다.

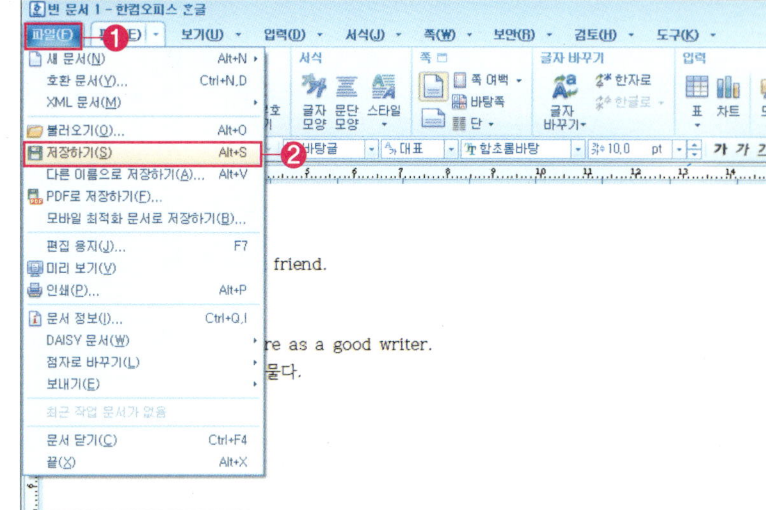

한마디 더!

서식 도구 상자에서 [저장하기]를 클릭하거나 Alt + S 를 눌러 문서를 저장할 수도 있습니다.

2 [다른 이름으로 저장하기] 대화상자가 나타나면 저장 위치(내 문서)를 지정한 후 파일 이름(독서 관련 영어속담)을 입력한 다음 [저장] 단추를 클릭합니다.

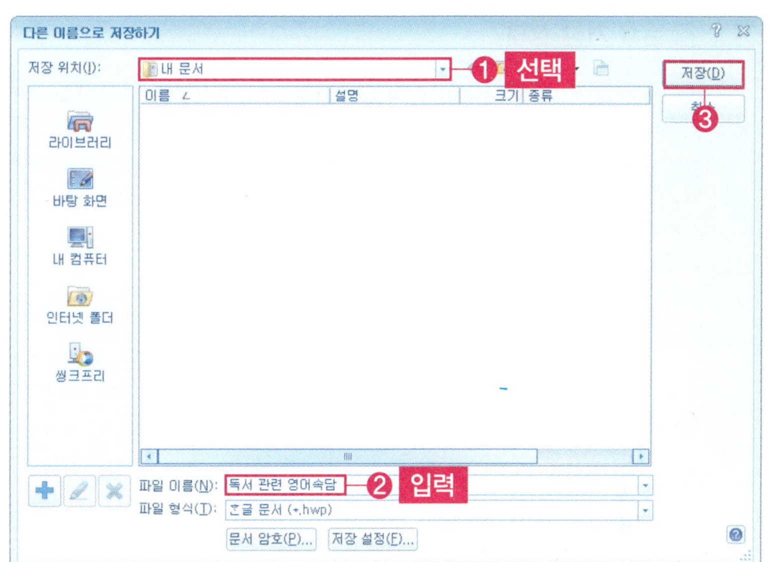

알 고 넘 어 갑 시 다

● 문서 암호 설정하기

[다른 이름으로 저장하기] 대화상자에서 [문서 암호] 단추를 클릭하면 다음과 같이 [문서 암호 설정] 대화상자가 나타납니다. [문서 암호 설정] 대화상자에서 문서 암호와 암호 확인을 입력한 후 [설정] 단추를 클릭한 다음 저장하면 문서 암호를 설정하여 저장할 수 있습니다. 문서 암호를 설정하여 저장한 문서는 암호를 입력해야 열 수 있으므로 문서를 보호할 수 있습니다.

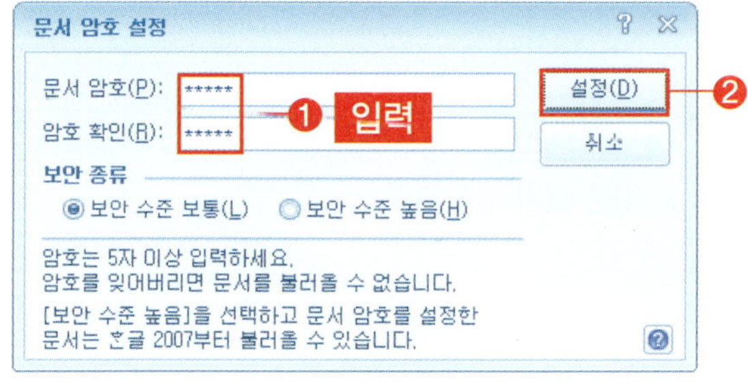

3 다음과 같이 문서가 저장됩니다.

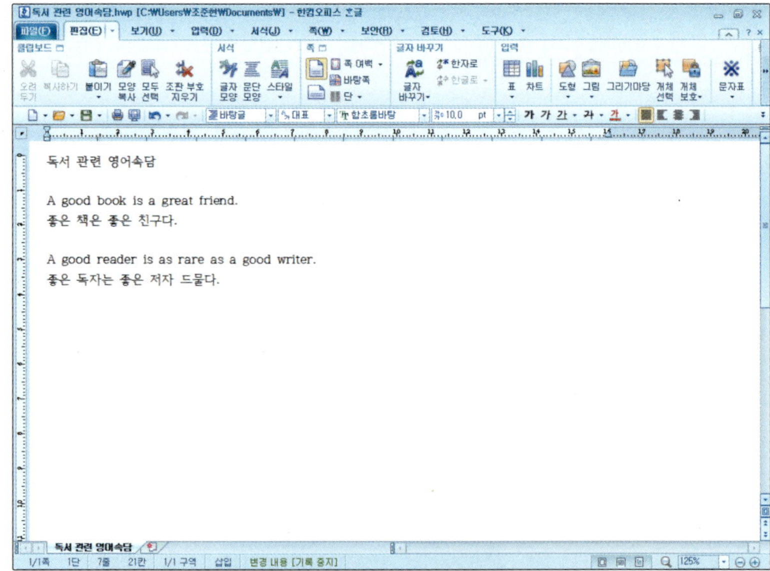

문서가 저장되면 제목 표시줄에는 저장된 문서의 파일 이름과 경로가 표시되고, 문서 탭에는 저장된 문서의 파일 이름이 표시됩니다.

● 문서 저장 상태

문서가 수정된 상태인지, 자동 저장된 상태인지, 저장된 상태인지는 다음과 같이 문서 탭에 있는 파일 이름의 색으로 구분할 수 있습니다.

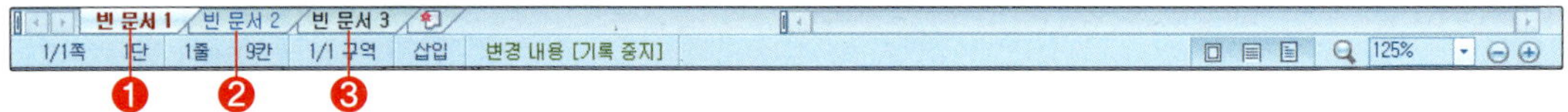

❶ 문서가 수정된 상태인 경우
❷ 문서가 자동 저장된 상태인 경우
❸ 문서가 저장된 상태인 경우

● 문서 닫기

[파일] 탭-[끝]을 클릭하면 모든 문서를 닫고 한글 2010을 종료하지만 다음과 같이 [파일] 탭-[문서 닫기]를 클릭하면 해당 문서만 닫습니다. 메뉴 표시줄에서 ×[문서 닫기]를 클릭하거나 Ctrl+F4를 눌러 해당 문서만 닫을 수도 있습니다.

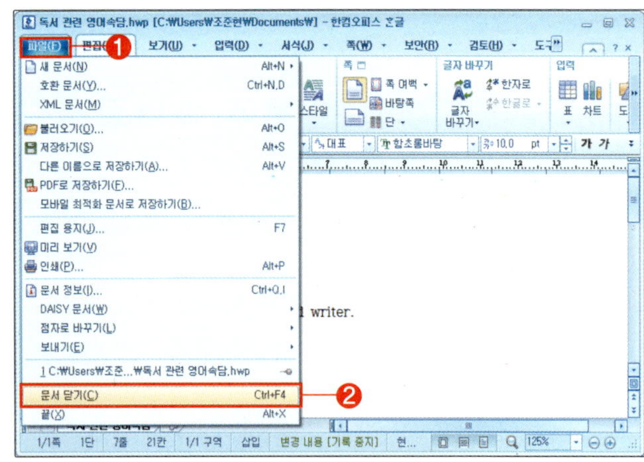

▲ [파일] 탭-[문서 닫기]를 클릭하는 경우

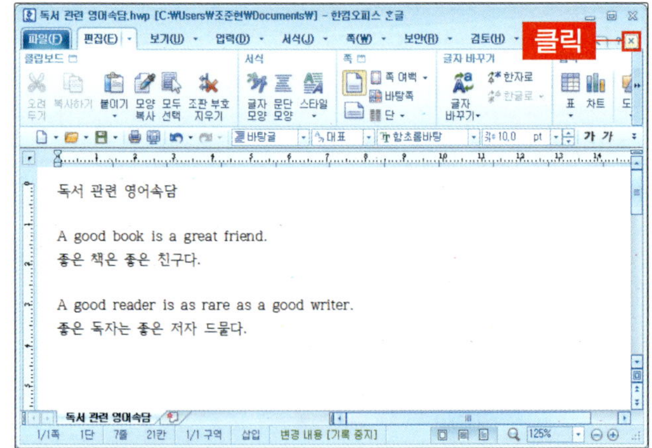

▲ [문서 닫기]를 클릭하는 경우

01 다음과 같이 새 문서에 문서를 작성해 보세요.

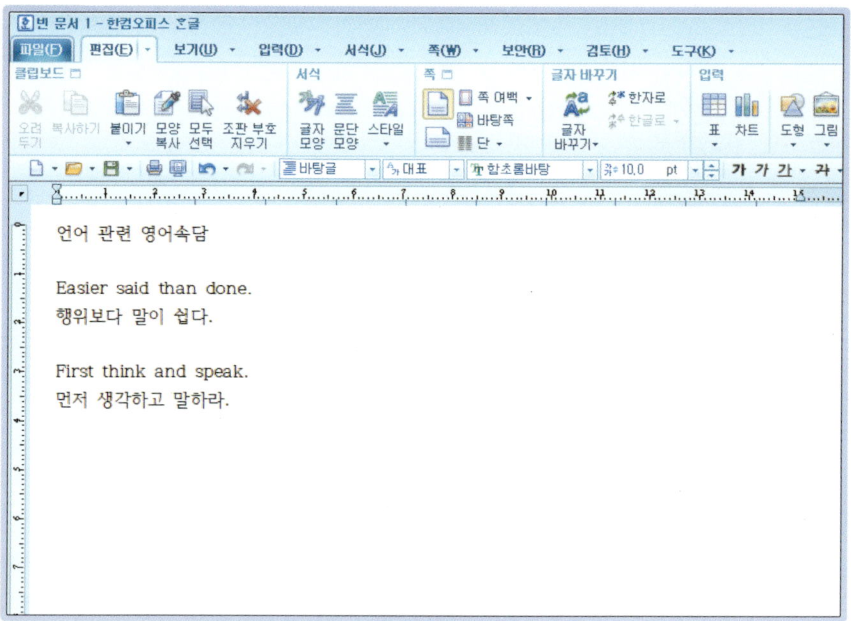

힌트

[파일] 탭-[새 문서]를 클릭하면 새 문서에 문서를 작성할 수 있습니다.

02 다음과 같이 '행위'를 '행동'으로 수정한 후 저장해 보세요.

- **저장 위치** : 내 문서　　　　　**파일 이름** : 언어 관련 영어속담

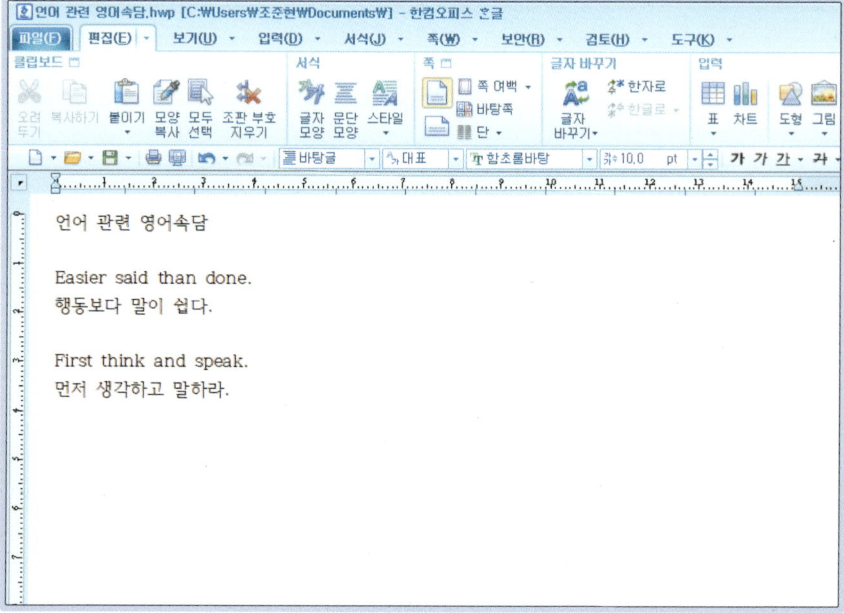

Chapter 03 문서 열고 내용 수정하기

준비단계

복사하기는 입력되어 있는 내용을 다른 곳에 입력할 때 사용하는 기능이고, 오려 두기는 입력되어 있는 내용을 다른 곳으로 이동할 때 사용하는 기능입니다. 복사하기와 오려 두기를 사용하면 문서를 쉽고 빠르게 작성할 수 있습니다.

그럼, 문서를 열고 내용을 수정하는 방법에 대해 알아보겠습니다.

미리보기

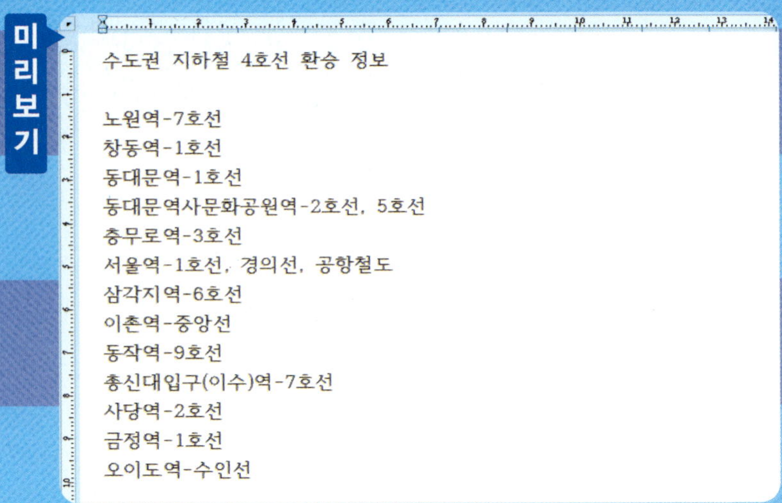

Ch03.hwp

기초단계 01 문서 열고 내용 복사하기

1 한글 2010을 실행한 후 문서를 열기 위해 [파일] 탭-[불러오기]를 클릭합니다.

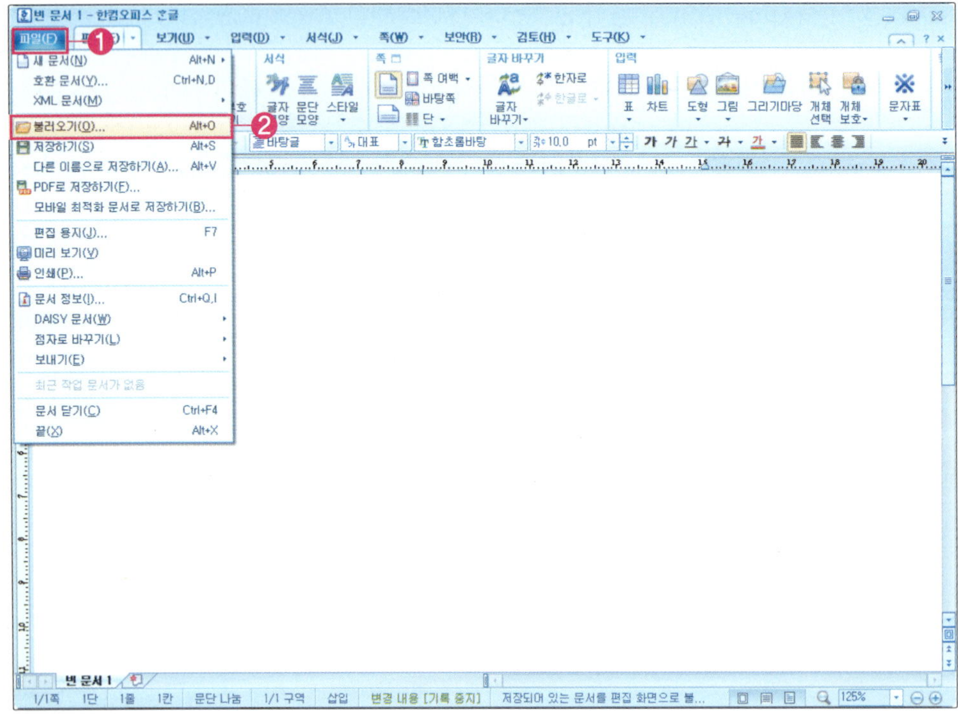

힌트

서식 도구 상자에서 [불러오기]를 클릭하거나 Alt+O를 눌러 문서를 열 수도 있습니다.

● 최근 문서 목록

다음과 같이 서식 도구 상자에서 [불러오기]의 ▼[목록] 단추를 클릭하면 최근 문서 목록이 나타납니다. 최근 문서 목록에서 문서를 클릭하면 해당 문서를 열 수 있고, [비우기]를 클릭하면 최근 문서 목록을 지울 수 있습니다.

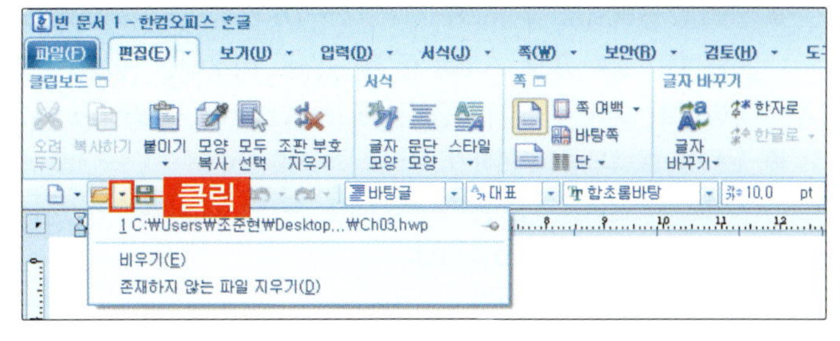

2 [불러오기] 대화상자가 나타나면 **찾는 위치(C:\단계별학습\한글 2010\예제파일)를** 지정한 후 **문서(Ch03)를 선택**한 다음 **[열기] 단추를 클릭**합니다.

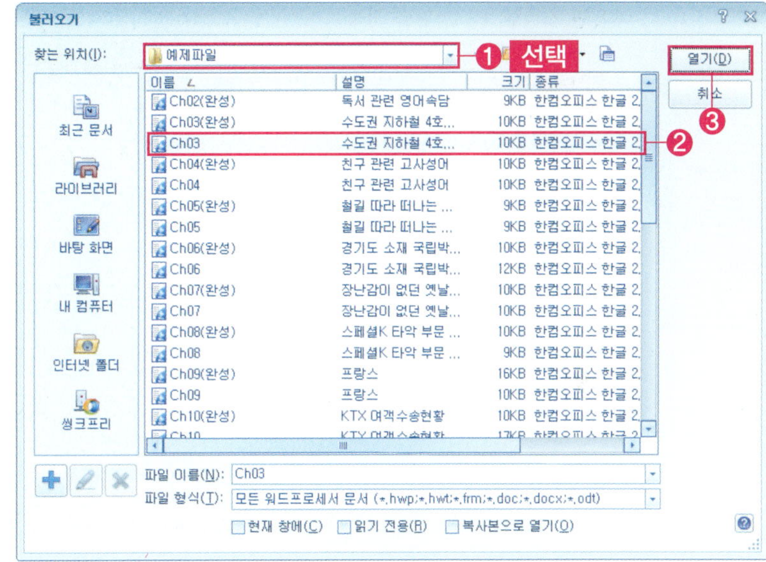

> **한 마 디 더!**
>
> [현재 창에]를 선택하면 문서가 현재 창에 새 문서 탭을 만든 후 새 문서 탭에 나타납니다.

3 문서가 열리면 내용을 복사하기 위해 '**7호선**'을 블록으로 설정한 후 [편집] 탭-[클립보드] 그룹에서 [복사하기]를 클릭합니다.

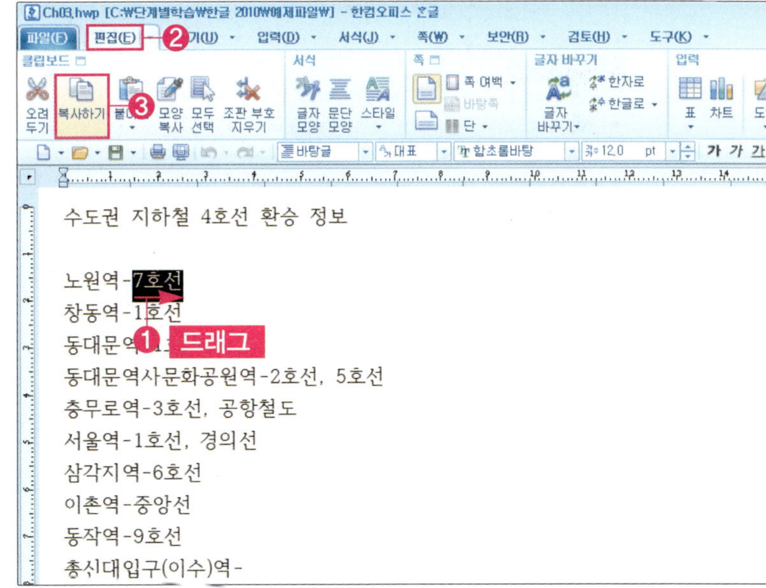

> **한 마 디 더!**
>
> '7호선'을 블록으로 설정하라는 것은 '7호선'을 드래그하여 선택하라는 것입니다. 블록을 해제하려면 문서에서 빈 곳을 클릭하거나 Esc 를 누르면 됩니다.

◉ 블록으로 설정하기

● **글자를 블록으로 설정하기**
  - **방법1** : 글자 앞에 커서를 둔 후 F3 을 누른 다음 →를 누릅니다.
  - **방법2** : 글자 앞에 커서를 둔 후 Shift 를 누른 상태에서 →를 누릅니다.

● **단어를 블록으로 설정하기**
  - **방법1** : 단어에 커서를 둔 후 F3 을 두 번 누릅니다.
  - **방법2** : 단어를 더블클릭합니다.

● **줄을 블록으로 설정하기**

  줄의 맨 왼쪽으로 마우스 포인터를 가져가서 마우스 포인터가 ⊲ 모양으로 변경되었을 때 클릭합니다.

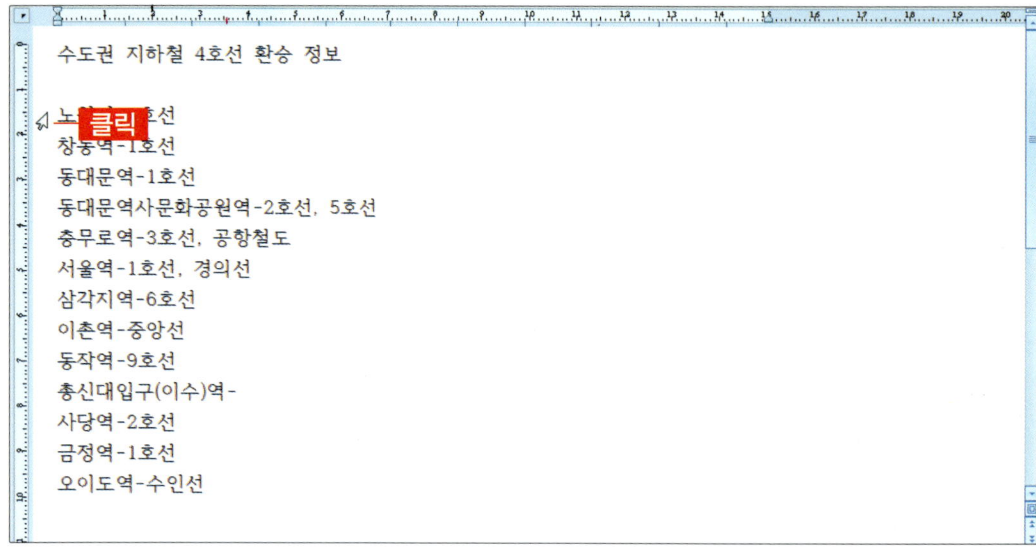

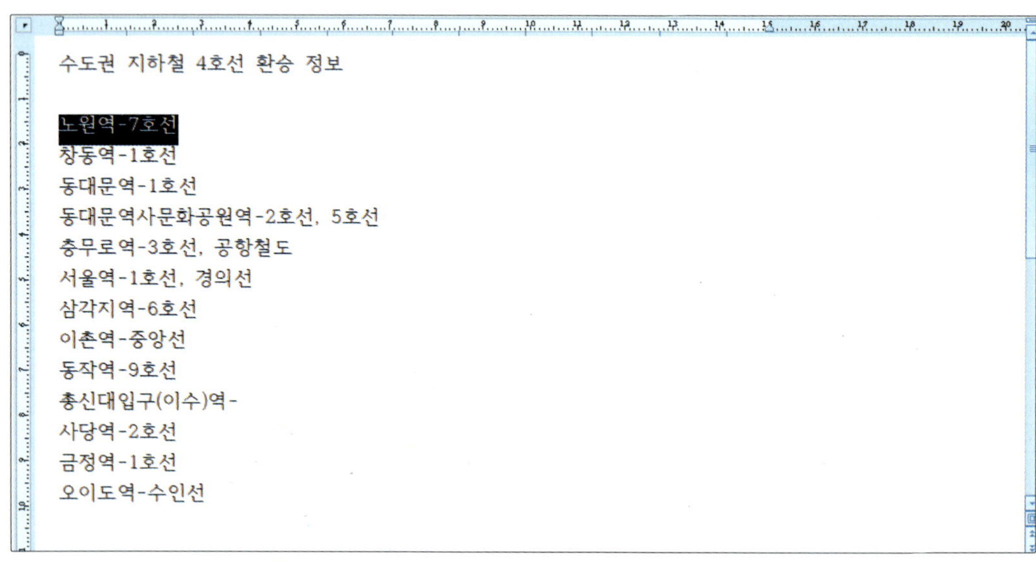

● **문단을 블록으로 설정하기**
  - **방법1** : 문단에 커서를 둔 후 F3 을 세 번 누릅니다.
  - **방법2** : 문단을 세 번 클릭합니다.
  - **방법3** : 문단의 맨 왼쪽으로 마우스 포인터를 가져가서 마우스 포인터가 ⊲ 모양으로 변경되었을 때 더블클릭합니다.

● **문서 전체를 블록으로 설정하기**
  - **방법1** : 문서에 커서를 둔 후 F3 을 네 번 누릅니다.
  - **방법2** : 문서의 맨 왼쪽으로 마우스 포인터를 가져가서 마우스 포인터가 ⊲ 모양으로 변경되었을 때 세 번 클릭합니다.

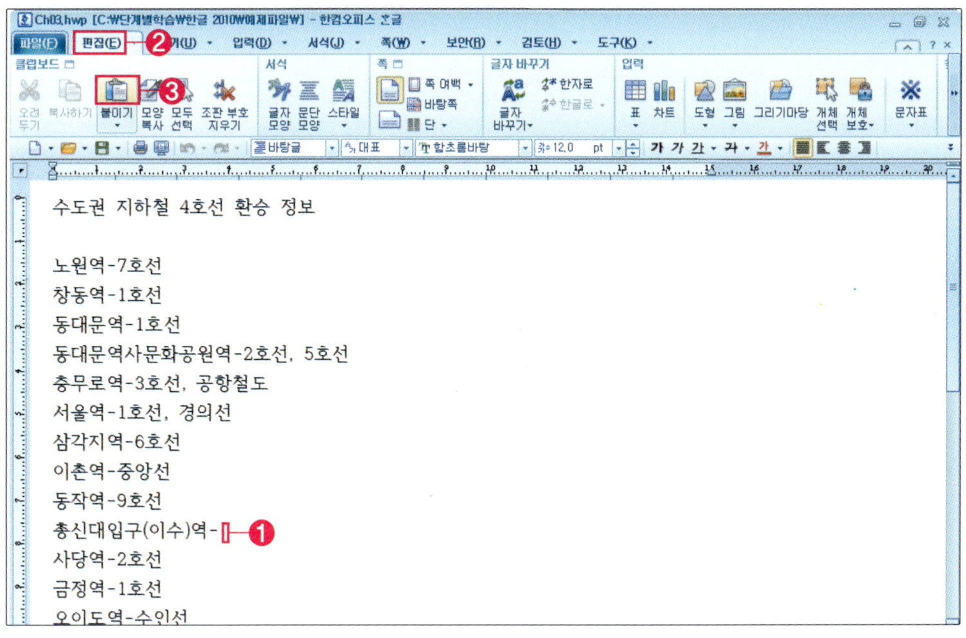

4 '총신대입구(이수)역-' 뒤에 커서를 둔 후 [편집] 탭-[클립보드] 그룹에서 [붙이기]를 클릭합니다.

5 다음과 같이 내용이 복사됩니다.

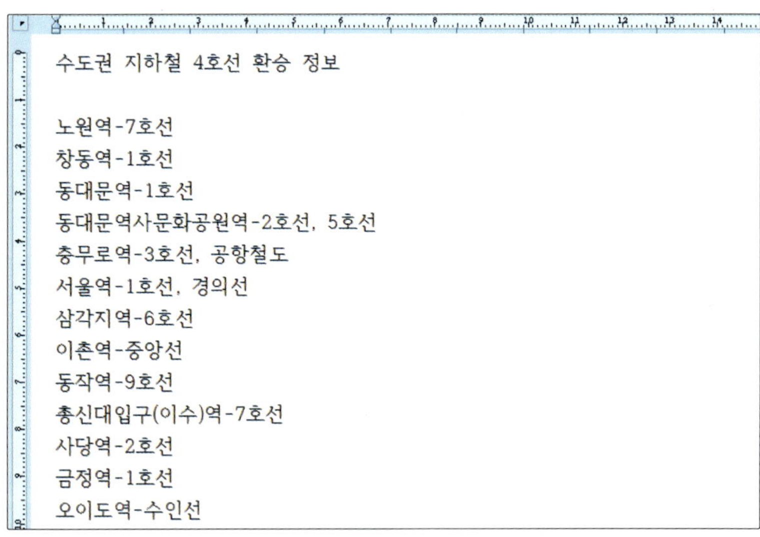

알고 넘어갑시다

◉ 마우스를 사용하여 내용 복사하기

다음과 같이 내용을 블록으로 설정한 후 Ctrl을 누른 상태에서 복사 위치로 드래그하면 블록으로 설정한 내용이 복사 위치에 복사됩니다.

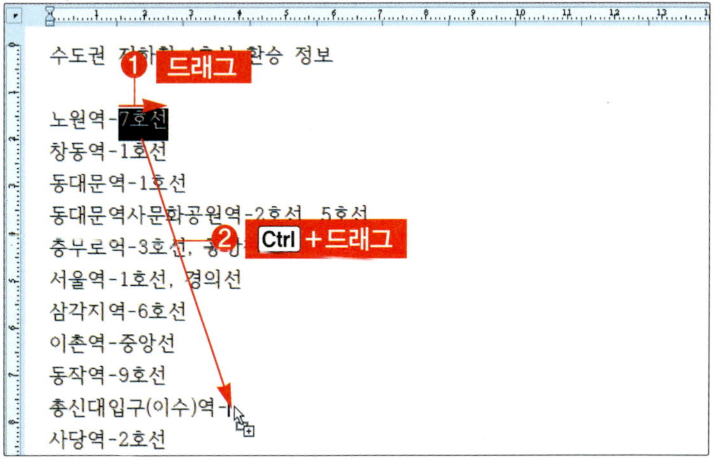

1 내용을 이동하기 위해 ', 공항철도'를 블록으로 설정한 후 [편집] 탭-[클립보드] 그룹에서 [오려 두기]를 클릭합니다.

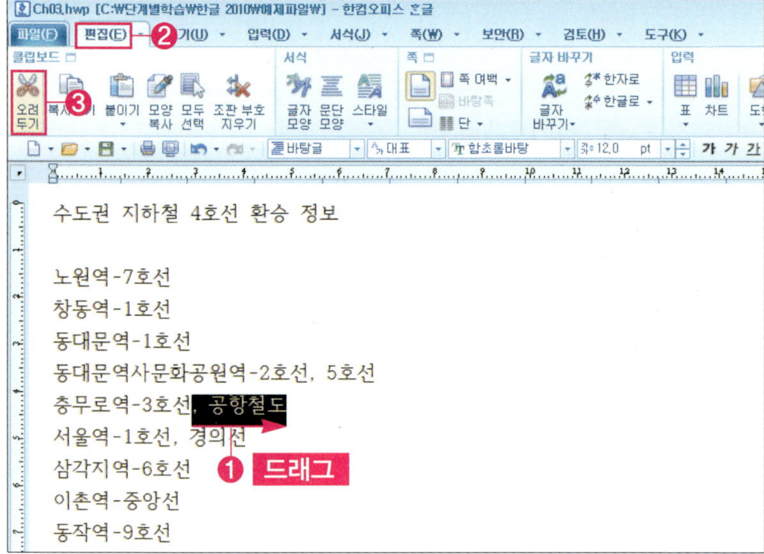

2 '서울역-1호선, 경의선' 뒤에 커서를 둔 후 [편집] 탭-[클립보드] 그룹에서 [붙이기]를 클릭합니다.

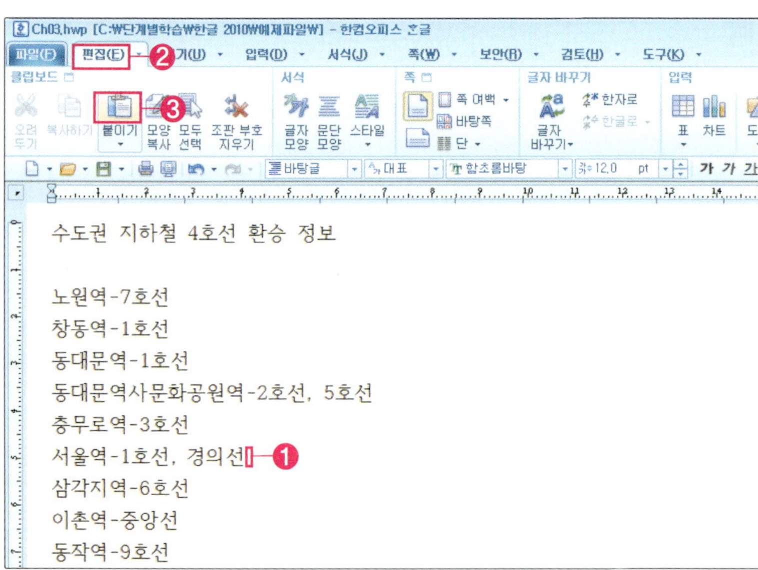

3 다음과 같이 내용이 이동됩니다.

한마디 더!

내용을 블록으로 설정한 후 [편집] 탭의 ▾ [목록] 단추를 클릭한 다음 [오려 두기]를 클릭하거나 Ctrl+X 를 누릅니다. 그런 다음 이동 위치를 선택한 후 [편집] 탭의 ▾ [목록] 단추를 클릭한 다음 [붙이기]를 클릭하거나 Ctrl+V 를 눌러 내용을 이동할 수도 있습니다.

◉ 마우스를 사용하여 내용 이동하기

다음과 같이 내용을 블록으로 설정한 후 이동 위치로 드래그하면 블록으로 설정한 내용이 이동 위치로 이동됩니다.

4 문서를 다른 이름으로 저장하기 위해 [파일] 탭-[다른 이름으로 저장하기]를 클릭합니다.

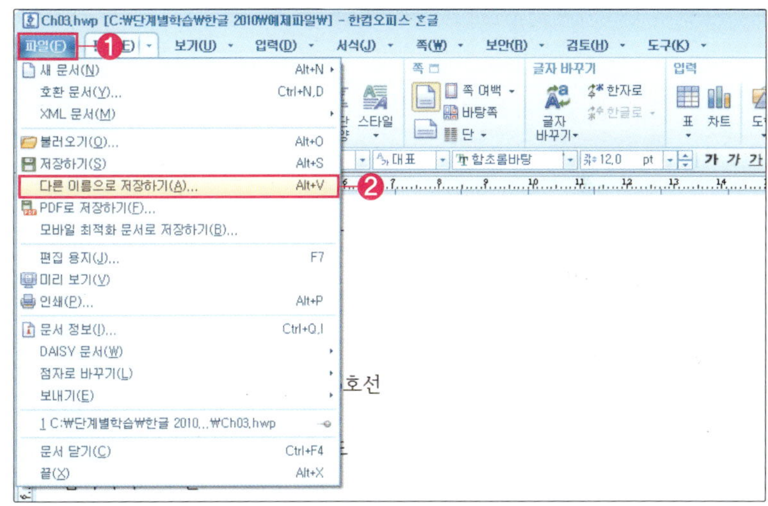

> **한마디 더!**
>
> 서식 도구 상자에서 [저장하기]의 ▾[목록] 단추를 클릭한 후 [다른 이름으로 저장하기]를 클릭하거나 Alt + V 를 눌러 문서를 다른 이름으로 저장할 수도 있습니다.

5 [다른 이름으로 저장하기] 대화상자가 나타나면 저장 위치(내 문서)를 지정한 후 파일 이름(수도권 지하철 4호선 환승 정보)을 입력한 다음 [저장] 단추를 클릭합니다.

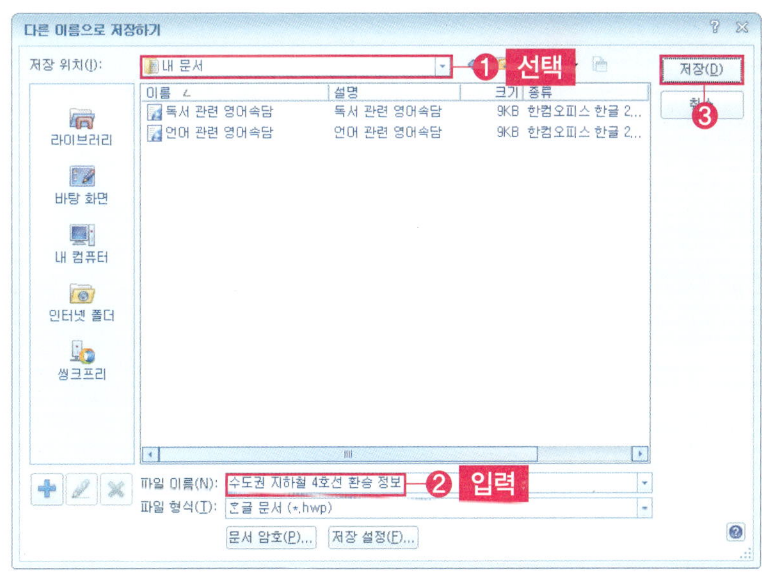

> **한마디 더!**
>
> 문서를 열어서 내용을 수정한 후 [파일] 탭-[저장하기]를 클릭하면 [다른 이름으로 저장하기] 대화상자가 나타나지 않고 기존 파일 이름으로 저장됩니다. 기존 문서를 그대로 둔 상태에서 다른 파일 이름으로 문서를 하나 더 만들려면 다른 이름으로 문서를 저장해야 합니다.

6 문서가 다른 이름으로 저장됩니다.

● 찾기

찾기는 문서에서 지정한 내용을 찾는 기능입니다. 다음과 같이 [편집] 탭–[찾기/바꾸기] 그룹에서 [찾기]의 · [목록] 단추를 클릭한 후 [찾기]를 클릭하거나 [편집] 탭의 · [목록] 단추를 클릭한 후 [찾기]–[찾기]를 클릭하면 [찾기] 대화상자가 나타납니다. [찾기] 대화상자에서 찾을 내용을 입력한 후 [다음 찾기] 단추를 클릭하면 문서에서 지정한 내용을 찾을 수 있습니다.

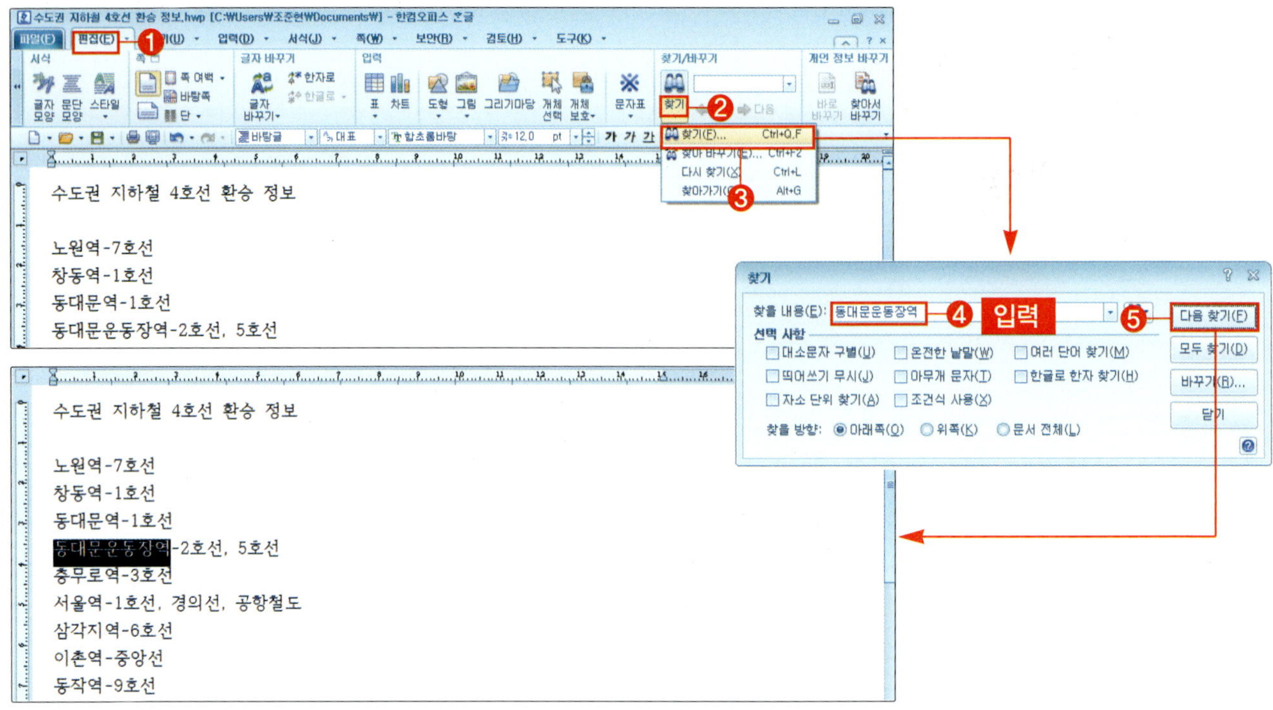

● 찾아 바꾸기

찾아 바꾸기는 문서에서 지정한 내용을 찾아서 지정한 내용으로 바꾸는 기능입니다. 다음과 같이 [편집] 탭–[찾기/바꾸기] 그룹에서 [찾기]의 · [목록] 단추를 클릭한 후 [찾아 바꾸기]를 클릭하거나 [편집] 탭의 · [목록] 단추를 클릭한 후 [찾기]–[찾아 바꾸기]를 클릭하면 [찾아 바꾸기] 대화상자가 나타납니다. [찾아 바꾸기] 대화상자에서 찾을 내용과 바꿀 내용을 입력한 후 [바꾸기] 단추를 클릭하면 문서에서 지정한 내용을 찾아서 지정한 내용으로 바꿀 수 있습니다.

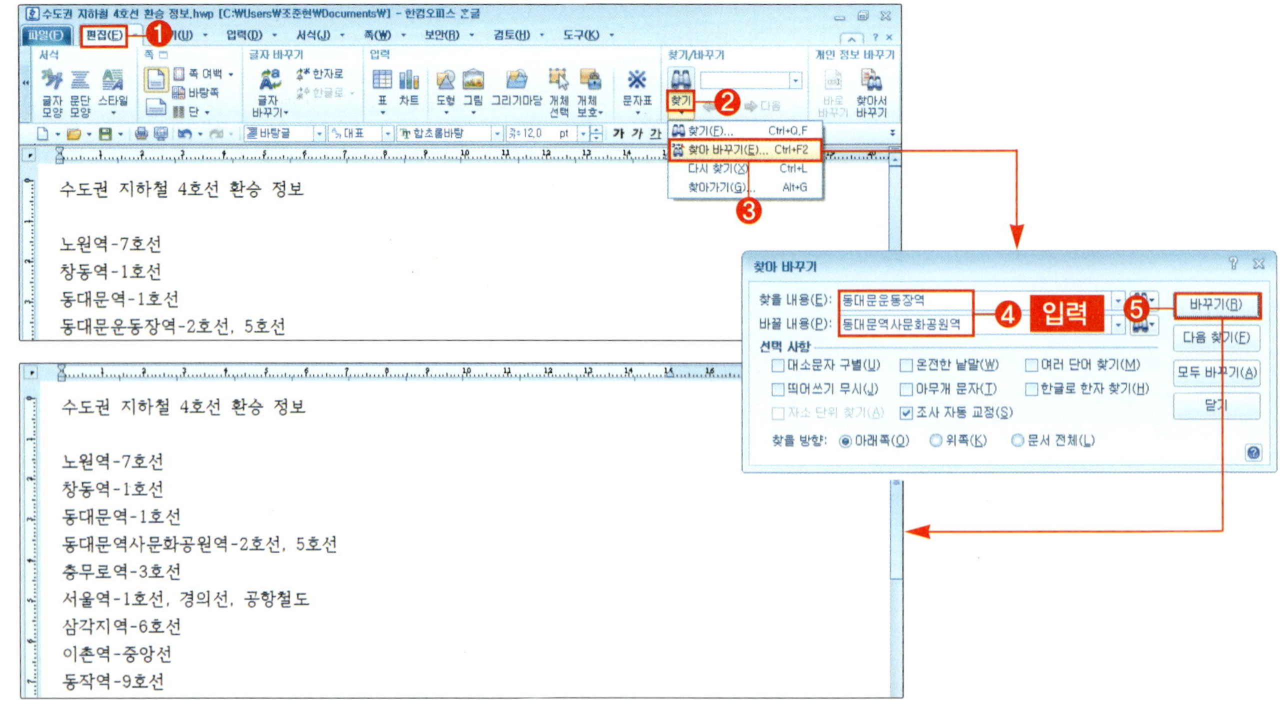

01 다음과 같이 'Ch03-연습' 문서를 열어 보세요.

- **찾는 위치** : C:\단계별학습\한글 2010\연습파일

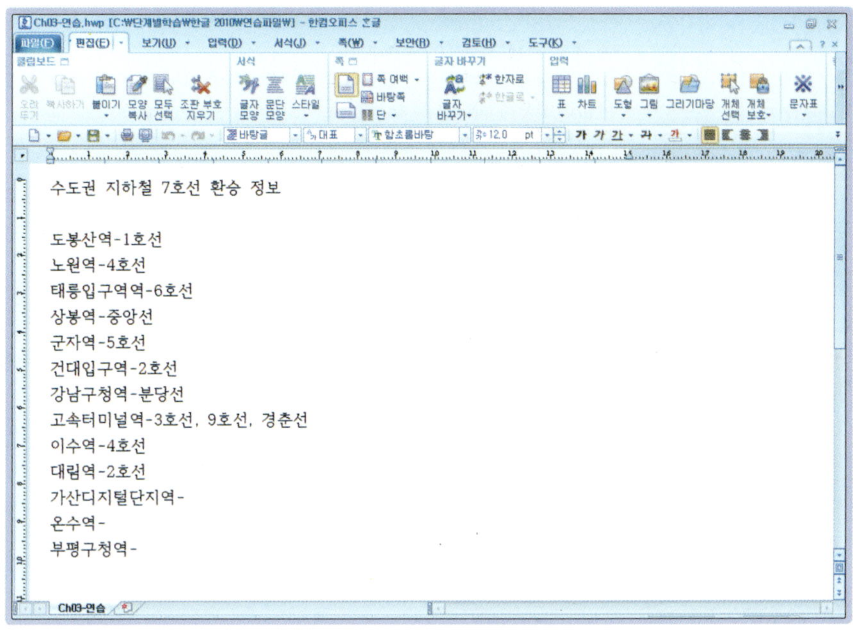

02 다음과 같이 '1호선'을 '가산디지털단지역-', '온수역-', '부평구청역-' 뒤에 복사한 후 ', 경춘선' 을 '상봉역-중앙선' 뒤로 이동한 다음 다른 이름으로 저장해 보세요.

- **저장 위치** : 내 문서　　　　　　　· **파일 이름** : 수도권 지하철 7호선 환승 정보

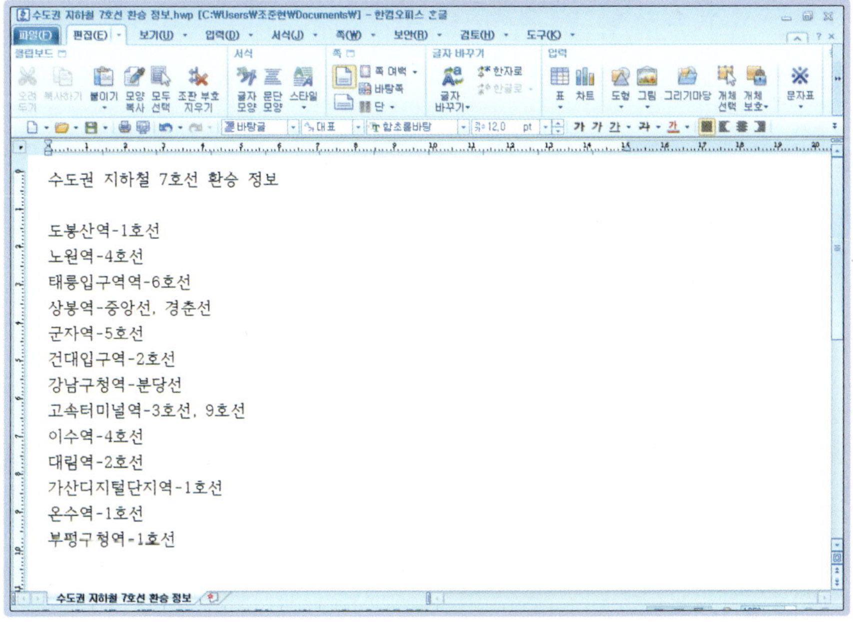

[파일] 탭-[다른 이름으로 저장하기]를 클릭하면 문서를 다른 이름으로 저장할 수 있습니다.

Chapter 04 한자와 특수문자 입력하기

한자는 먼저 해당 한글을 입력한 후 한자로 바꾸기를 사용하여 해당 한글을 한자로 바꾸어서 입력합니다. 키보드에 없는 특수문자(●, ◇, ■ 등)는 문자표나 글자 겹치기를 사용하여 입력합니다.
그럼, 한자와 특수문자를 입력하는 방법에 대해 알아보겠습니다.

◈ 친구 관련 고사성어(故事成語)
① 간담상조(肝膽相照) : 서로 간과 쓸개를 내보인다는 뜻으로, 서로 속마음을 터놓고 친하게 지내는 것을 말한다.
② 송무백열(松茂栢悅) : 소나무가 무성한 것을 보고 잣나무가 기뻐한다는 뜻으로, 친구가 잘되는 것을 보고 기뻐하는 것을 말한다.
③ 죽마고우(竹馬故友) : 대나무 말을 타고 놀던 어릴 때 친구라는 뜻으로, 어릴 때부터 친하게 지내며 자란 친구를 말한다.

🔒 Ch04.hwp

기초단계 01 한자 입력하기

1 한자를 입력하기 위해 '고사성어' 뒤에 커서를 둔 후 [입력] 탭–[입력 도우미] 그룹에서 [한자 입력]을 클릭합니다.

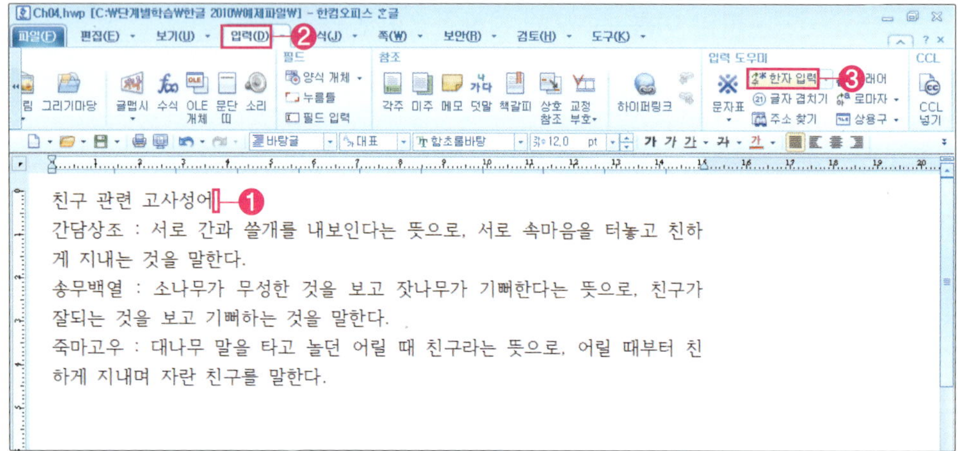

알고 넘어갑시다

◉ 한자 입력하기

- **방법1** : 한글 뒤에 커서를 둔 후 [입력] 탭–[입력 도우미] 그룹에서 [한자 입력]을 클릭하거나 [입력] 탭의 ▾ [목록] 단추를 클릭한 다음 [한자 입력]–[한자로 바꾸기]를 클릭합니다.
- **방법2** : 한글 뒤에 커서를 둔 후 [편집] 탭–[글자 바꾸기] 그룹에서 [한자로]를 클릭하거나 [편집] 탭의 ▾ [목록] 단추를 클릭한 다음 [글자 바꾸기]–[한자로 바꾸기]를 클릭합니다.
- **방법3** : 한글 뒤에 커서를 둔 후 한자 나 F9 를 누릅니다.

2 [한자로 바꾸기] 대화상자가 나타나면 한자(故事成語)와 입력 형식(한글(漢字))을 선택한 후 [바꾸기] 단추를 클릭합니다.

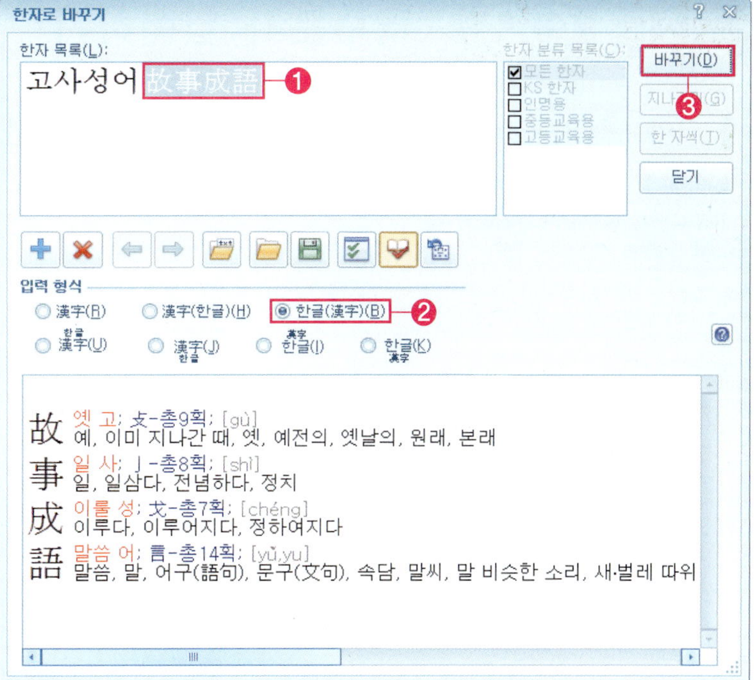

> **한마디 더!**
>
> 🔽 [자전 보이기]를 선택하면 한자의 뜻과 획수 등을 확인할 수 있는 자전을 보이게 할 수 있고, 선택 해제하면 자전을 숨길 수 있습니다.

3 같은 방법으로 **다음과 같이 한자를 입력**합니다.

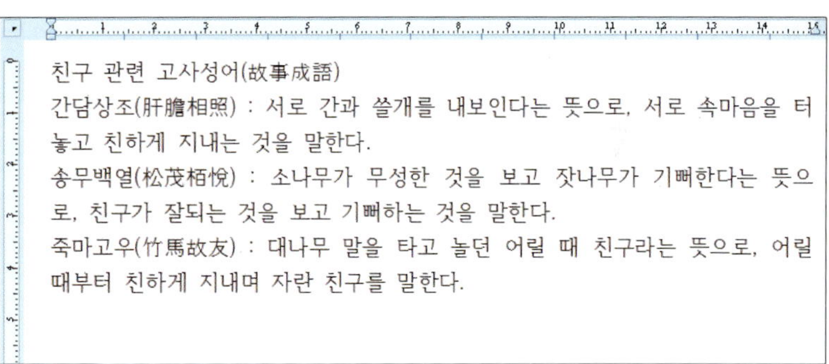

알고 넘어갑시다

◉ 한자 발음 표시하기

다음과 같이 [보기] 탭-[표시/숨기기] 그룹에서 [한자 발음 표시]를 선택하거나 [보기] 탭의 ▾[목록] 단추를 클릭한 후 [한자 발음]-[한자 발음 표시]를 선택하면 한자의 발음을 표시할 수 있습니다.

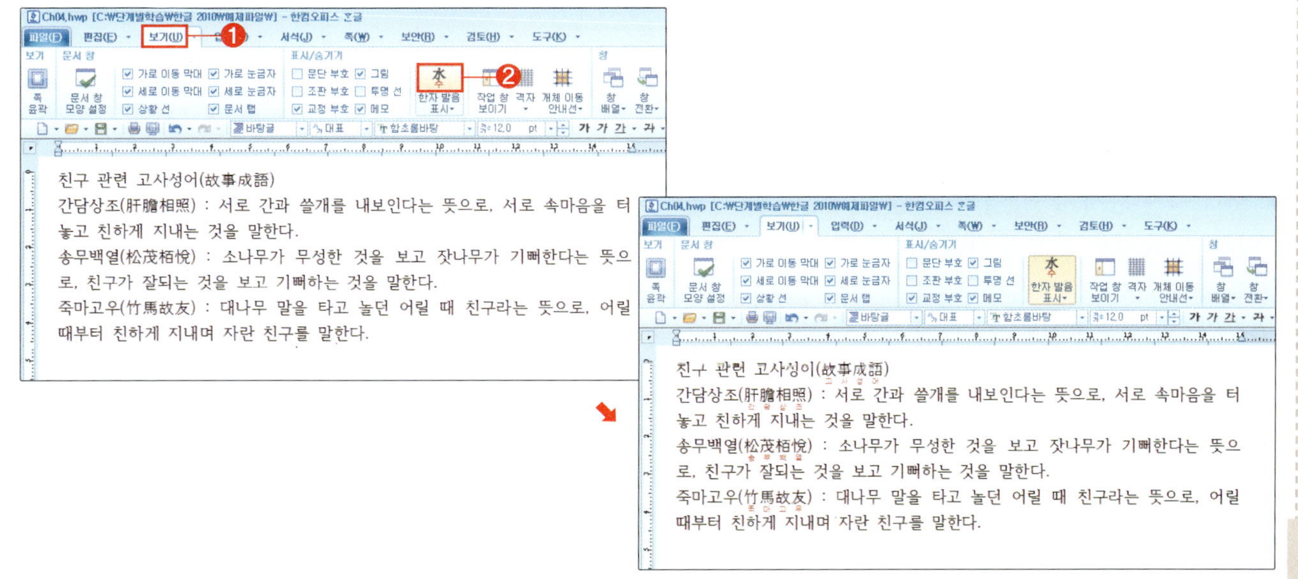

1 문자표를 사용하여 특수문자를 입력하기 위해 '친구 관련' 앞에 커서를 둔 후 [입력] 탭-[입력 도우미] 그룹에서 [문자표]를 클릭합니다.

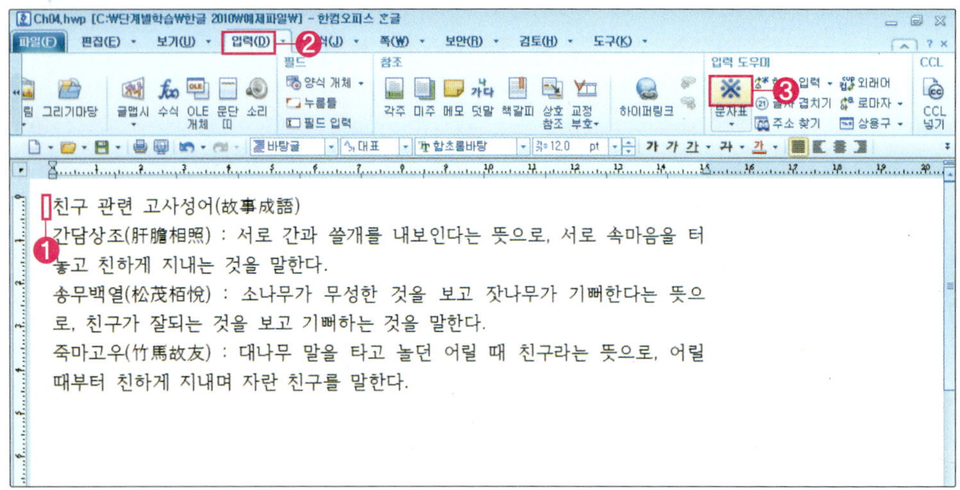

2 [문자표 입력] 대화상자가 나타나면 [흔글(HNC) 문자표] 탭에서 문자 영역(전각 기호(일반))을 선택한 후 문자(◆)를 선택한 다음 [넣기] 단추를 클릭합니다.

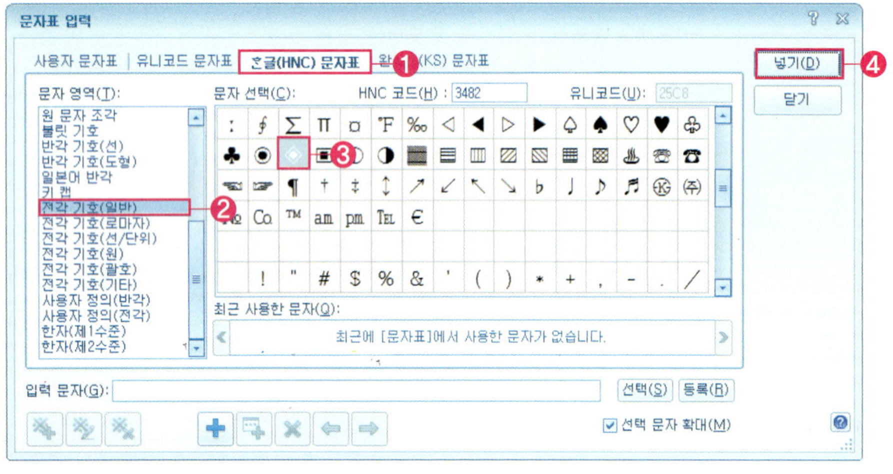

[문자표 입력] 대화상자는 [입력] 탭의 ·[목록] 단추를 클릭한 후 [문자표]를 클릭하거나 Ctrl + F10 을 눌러 나타나게 할 수도 있습니다.

3 '◆' 특수문자가 입력되면 한 칸을 띄우기 위해 SpaceBar 를 누릅니다.

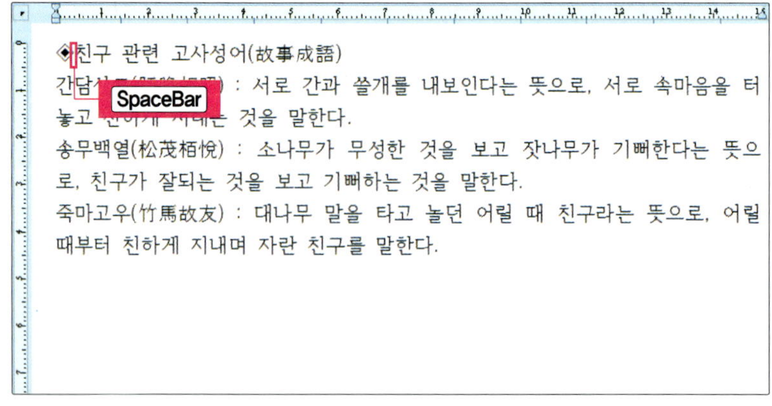

4 글자 겹치기를 사용하여 특수문자를 입력하기 위해 '간담상조(肝膽相照)' 앞에 커서를 둔 후 [입력] 탭-[입력 도우미] 그룹에서 [글자 겹치기]를 클릭합니다.

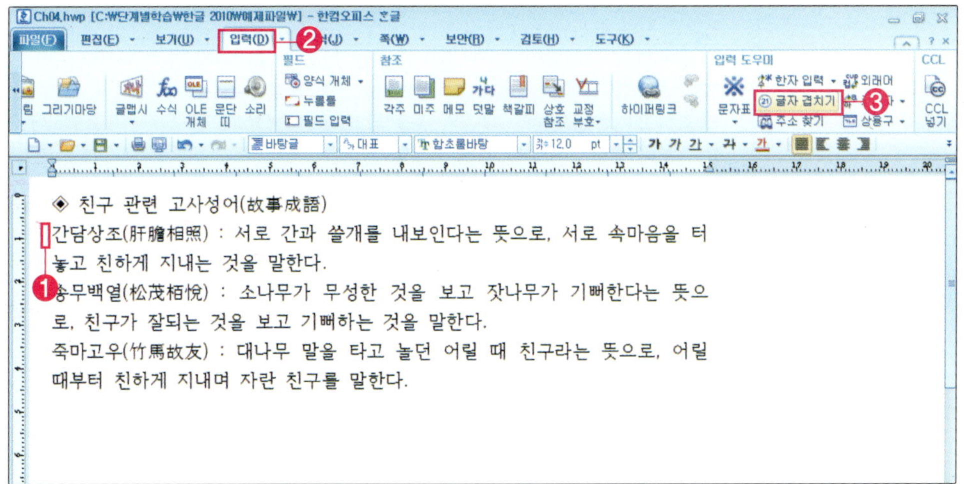

5 [글자 겹치기] 대화상자가 나타나면 겹쳐 쓸 글자(1)를 입력한 후 [모양과 겹치기]를 선택한 다음 기타 문자(①)를 선택하고 [넣기] 단추를 클릭합니다.

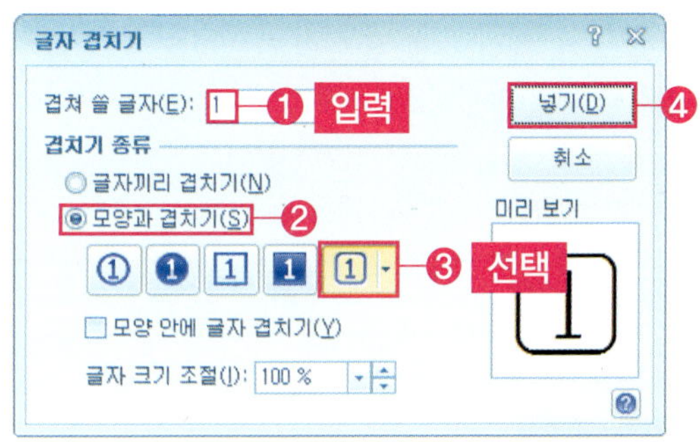

한마디 더!

- [글자 겹치기] 대화상자는 [입력] 탭의 ·[목록] 단추를 클릭한 후 [글자 겹치기]를 클릭하여 나타나게 할 수도 있습니다.
- 기타 문자의 ·[목록] 단추를 클릭하면 ①을 선택할 수 있습니다.

6 '①' 특수문자가 입력되면 한 칸을 띄우기 위해 [SpaceBar]를 누릅니다.

7 같은 방법으로 **다음과 같이 글자 겹치기를 사용하여 특수문자를 입력**합니다.

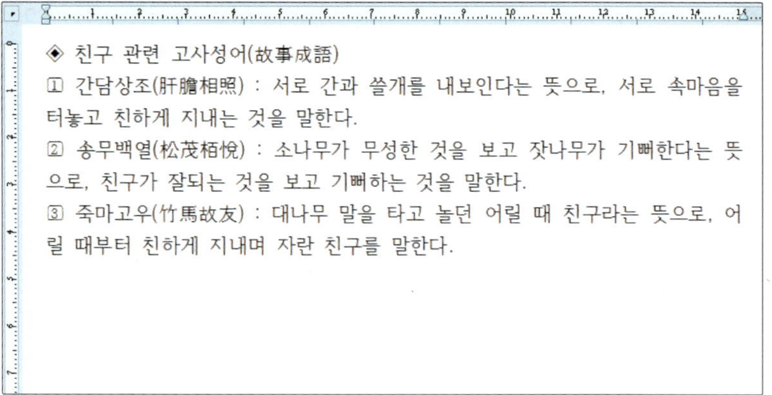

◉ 덧말 넣기

덧말은 내용의 위나 아래에 넣는 내용에 대한 보충 설명이나 참조 등을 말합니다. 다음과 같이 내용을 블록으로 설정한 후 [입력] 탭-[참조] 그룹에서 [덧말]을 클릭하거나 [입력] 탭의 · [목록] 단추를 클릭한 다음 [덧말 넣기]를 클릭하면 [덧말 넣기] 대화상자가 나타납니다. [덧말 넣기] 대화상자에서 덧말을 입력한 후 덧말 위치를 선택한 다음 [넣기] 단추를 클릭하면 블록으로 설정한 내용에 덧말을 넣을 수 있습니다.

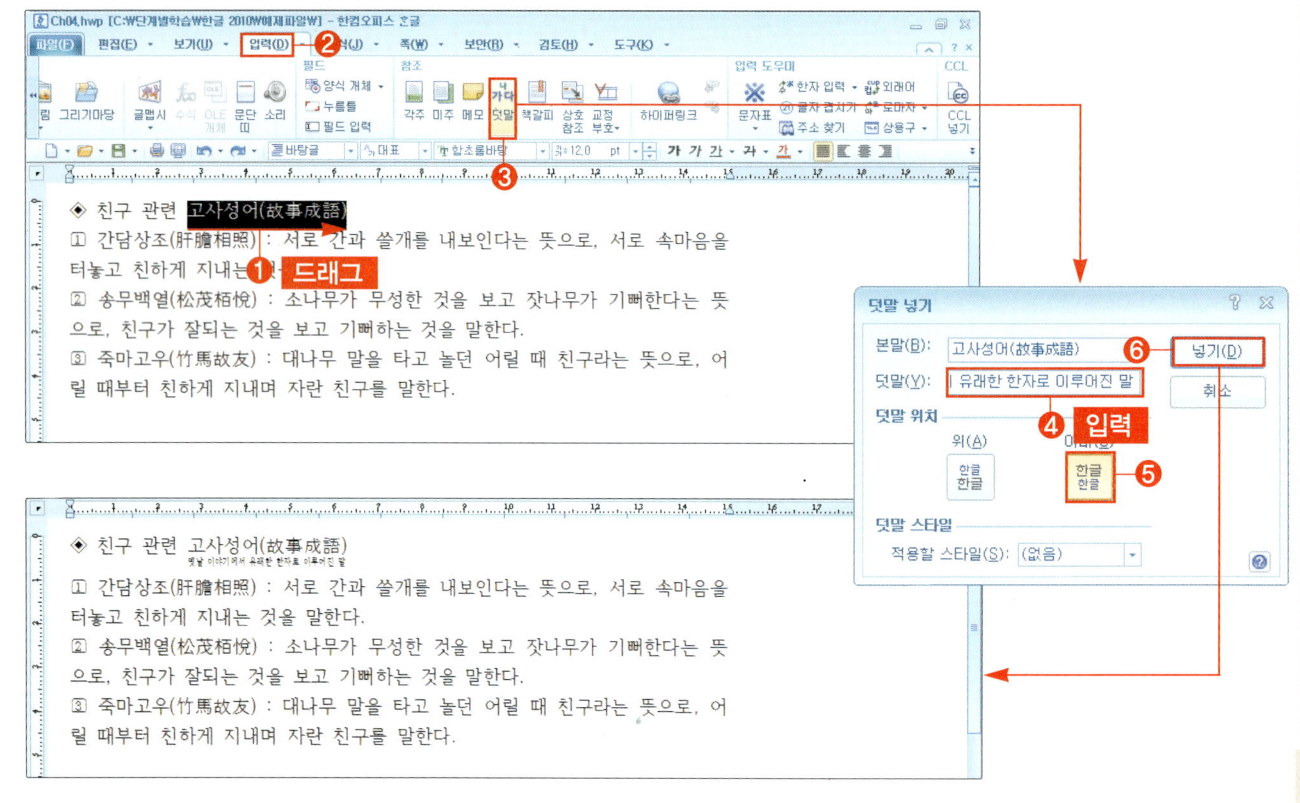

01 다음과 같이 한자를 입력해 보세요.

> 효도 관련 故事成語(고사성어)
> 望雲之情(망운지정) : 구름을 바라보며 그리워한다는 뜻으로, 자식이 객지에서 부모님을 그리워하는 마음을 말한다.
> 反哺之孝(반포지효) : 까마귀 새끼가 자라서 어미에게 먹이를 물어다 주는 효성이라는 뜻으로, 자식이 자라서 부모님을 봉양하는 효성을 말한다.
> 昏定晨省(혼정신성) : 저녁에는 부모님의 잠자리를 보아 드리고 아침에는 부모님의 안부를 여쭈어 본다는 뜻으로, 자식이 항상 부모님의 안부를 여쭈어 보고 살피는 것을 말한다.

02 다음과 같이 문자표를 사용하여 특수문자를 입력해 보세요.

> ◎ 효도 관련 故事成語(고사성어)
> 望雲之情(망운지정) : 구름을 바라보며 그리워한다는 뜻으로, 자식이 객지에서 부모님을 그리워하는 마음을 말한다.
> 反哺之孝(반포지효) : 까마귀 새끼가 자라서 어미에게 먹이를 물어다 주는 효성이라는 뜻으로, 자식이 자라서 부모님을 봉양하는 효성을 말한다.
> 昏定晨省(혼정신성) : 저녁에는 부모님의 잠자리를 보아 드리고 아침에는 부모님의 안부를 여쭈어 본다는 뜻으로, 자식이 항상 부모님의 안부를 여쭈어 보고 살피는 것을 말한다.

03 다음과 같이 글자 겹치기를 사용하여 특수문자를 입력해 보세요.

> ◎ 효도 관련 故事成語(고사성어)
> ❶ 望雲之情(망운지정) : 구름을 바라보며 그리워한다는 뜻으로, 자식이 객지에서 부모님을 그리워하는 마음을 말한다.
> ❷ 反哺之孝(반포지효) : 까마귀 새끼가 자라서 어미에게 먹이를 물어다 주는 효성이라는 뜻으로, 자식이 자라서 부모님을 봉양하는 효성을 말한다.
> ❸ 昏定晨省(혼정신성) : 저녁에는 부모님의 잠자리를 보아 드리고 아침에는 부모님의 안부를 여쭈어 본다는 뜻으로, 자식이 항상 부모님의 안부를 여쭈어 보고 살피는 것을 말한다.

힌트

[입력] 탭-[입력 도우미] 그룹에서 [글자 겹치기]를 클릭하면 글자 겹치기를 사용하여 특수문자를 입력할 수 있습니다.

Chapter 05 상용구 사용하고 문서 인쇄하기

문서를 작성할 때 자주 입력하는 내용이 있는 경우, 이 내용을 상용구로 등록해 놓으면 문서를 쉽고 빠르게 작성할 수 있습니다.
그럼, 상용구를 사용하고 문서를 인쇄하는 방법에 대해 알아보겠습니다.

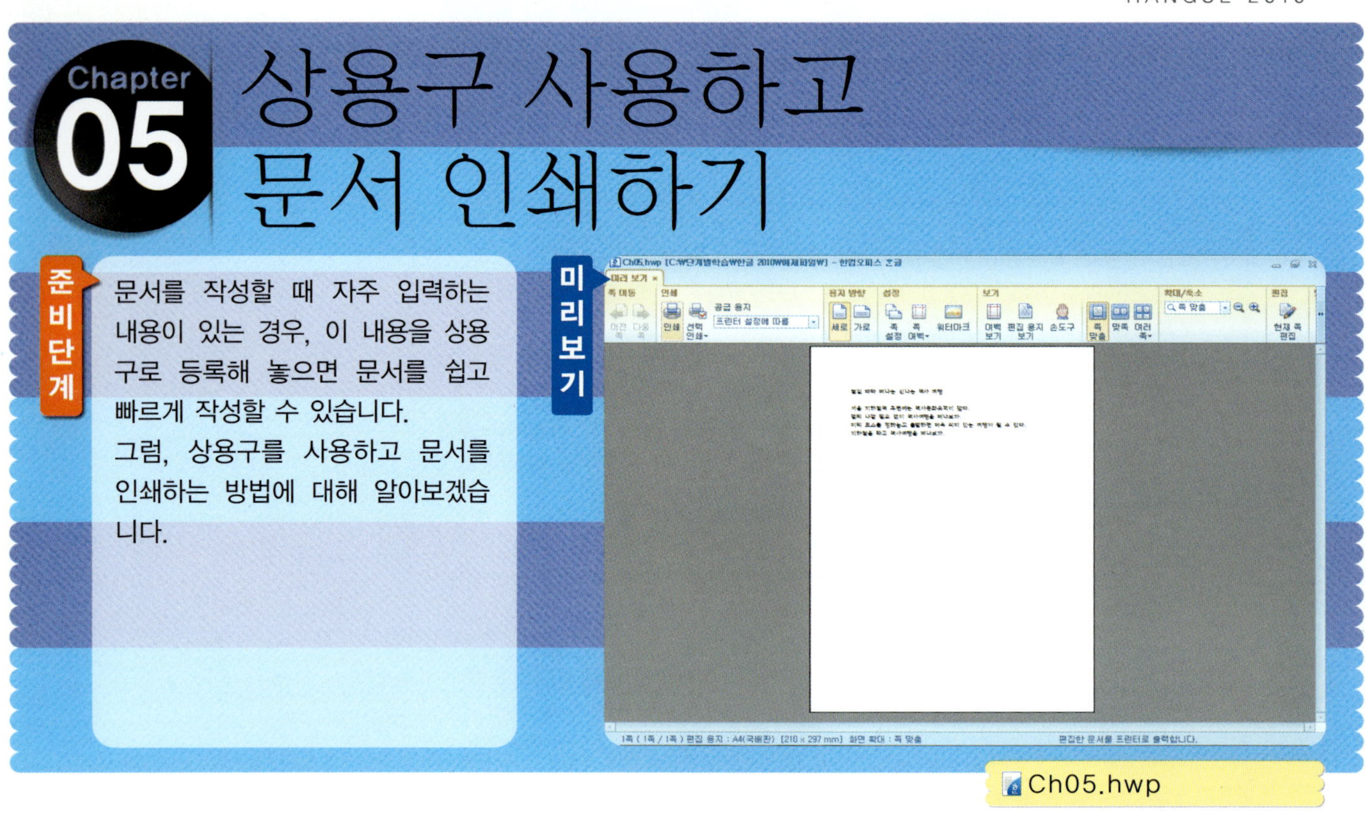

Ch05.hwp

기초단계 01 상용구 사용하기

1 내용을 상용구로 등록하기 위해 '역사여행을 떠나보자.'를 블록으로 설정한 후 [입력] 탭-[입력 도우미] 그룹에서 [상용구]를 클릭한 다음 [상용구 등록]을 클릭합니다.

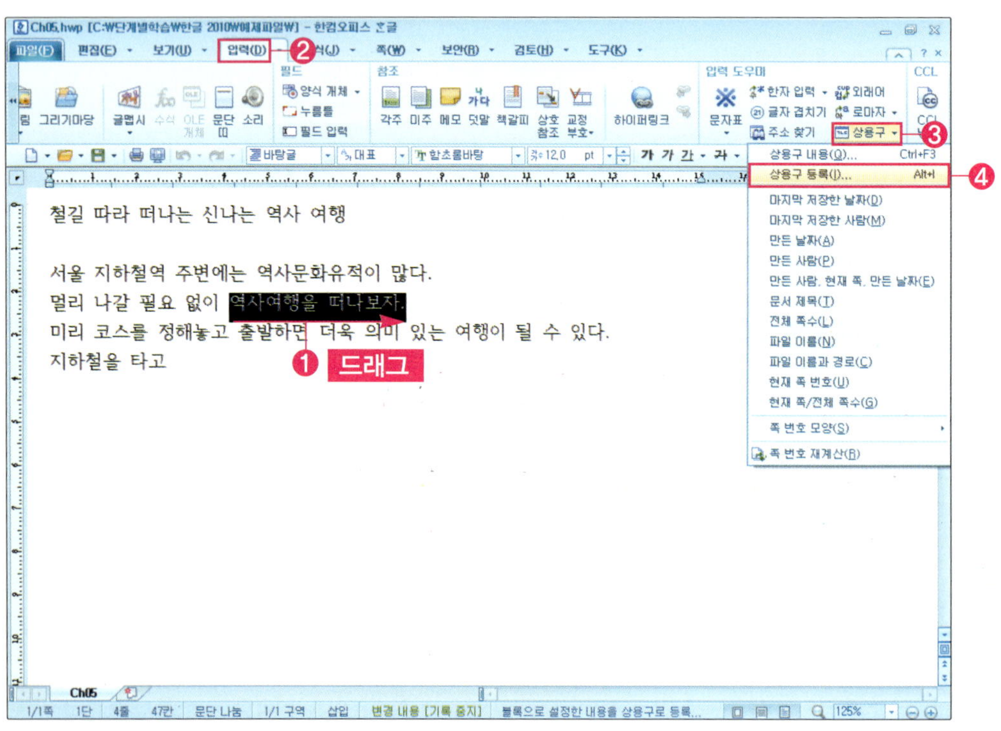

한마디 더!

내용을 블록으로 설정한 후 [입력] 탭의 ▾[목록] 단추를 클릭한 다음 [상용구]-[상용구 등록]을 클릭하거나 **Alt**+**I**를 눌러 내용을 상용구로 등록할 수도 있습니다.

2 [상용구 등록] 대화상자가 나타나면 준말(역사)을 입력한 후 [글자 속성 유지하지 않음]을 선택한 다음 [등록] 단추를 클릭합니다.

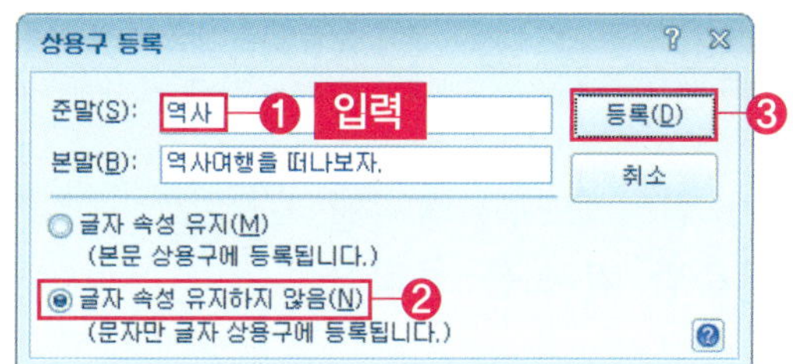

> **한마디 더!**
>
> • 기본적으로 준말은 블록으로 설정한 내용의 첫 글자가 지정되고, 설명은 블록으로 설정한 내용이 지정됩니다.
> • [글자 속성 유지]를 선택하면 블록으로 설정한 내용과 내용의 속성(글자 모양과 문단 모양 등)이 모두 상용구로 등록되고, [글자 속성 유지하지 않음]을 선택하면 블록으로 설정한 내용만 상용구로 등록됩니다.

3 내용이 상용구로 등록되면 상용구를 넣기 위해 '지하철을 타고 ' 뒤에 '역사'를 입력한 후 Alt + I 를 누릅니다.

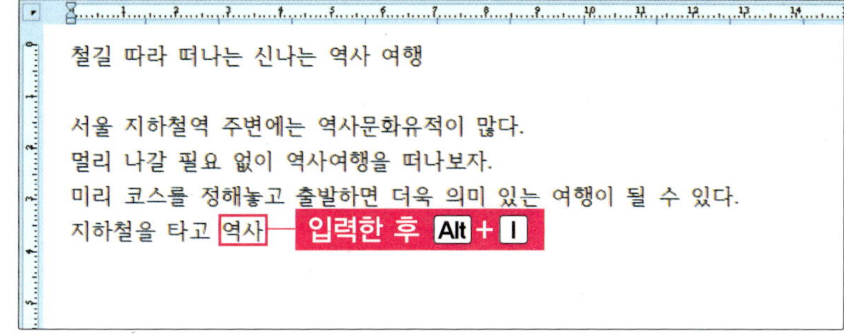

4 다음과 같이 상용구가 넣어집니다.

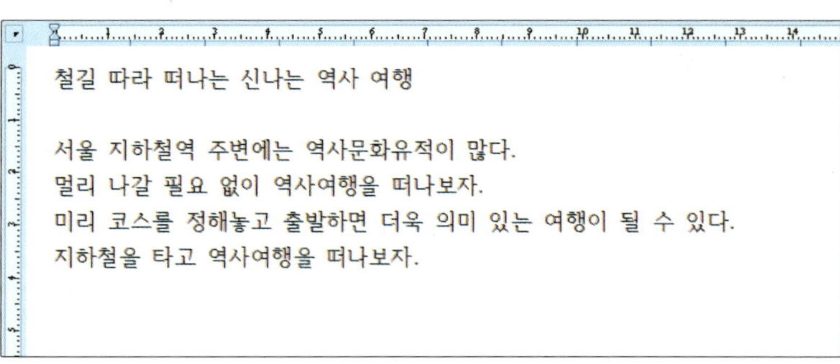

알고 넘어갑시다

◉ [상용구] 대화상자

[입력] 탭–[입력 도우미] 그룹에서 [상용구]를 클릭한 후 [상용구 내용]을 클릭하거나 [입력] 탭의 ▾ [목록] 단추를 클릭한 후 [상용구]–[상용구 내용]을 클릭하면 다음과 같이 [상용구] 대화상자가 나타납니다. [상용구] 대화상자에서 상용구를 선택한 후 [넣기] 단추를 클릭하여 상용구를 넣을 수도 있습니다.

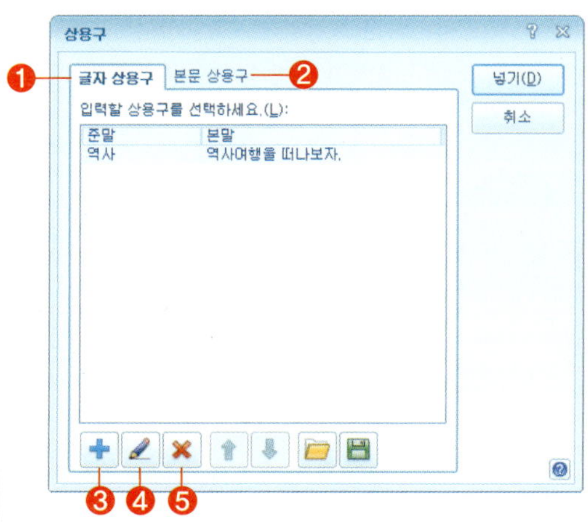

❶ **[글자 상용구] 탭** : [상용구 등록] 대화상자에서 [글자 속성 유지하지 않음]을 선택하여 상용구로 등록한 내용이 나타납니다.

❷ **[본문 상용구] 탭** : [상용구 등록] 대화상자에서 [글자 속성 유지]를 선택하여 상용구로 등록한 내용이 나타납니다.

❸ **상용구 추가하기** : 내용을 상용구로 등록합니다.

❹ **상용구 편집하기** : 상용구를 수정합니다.

❺ **상용구 지우기** : 상용구를 지웁니다.

1 맞춤법 검사를 하기 위해 [도구] 탭–[언어 도구] 그룹에서 [맞춤법 검사]를 클릭합니다.

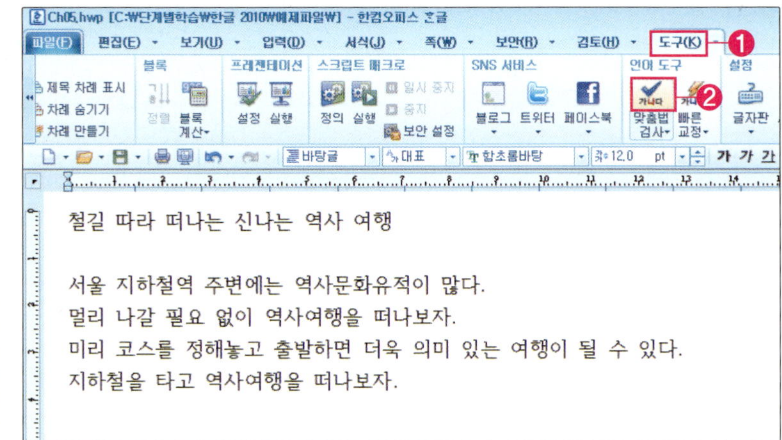

한마디 더!

[도구] 탭의 · [목록] 단추를 클릭한 후 [맞춤법]을 클릭하거나 F8 을 눌러 맞춤법 검사를 할 수도 있습니다.

철길 따라 떠나는 신나는 역사 여행

서울 지하철역 주변에는 역사문화유적이 많다.
멀리 나갈 필요 없이 역사여행을 떠나보자.
미리 코스를 정해놓고 출발하면 더욱 의미 있는 여행이 될 수 있다.
지하철을 타고 역사여행을 떠나보자.

2 [맞춤법 검사/교정] 대화상자가 나타나면 [시작] 단추를 클릭합니다.

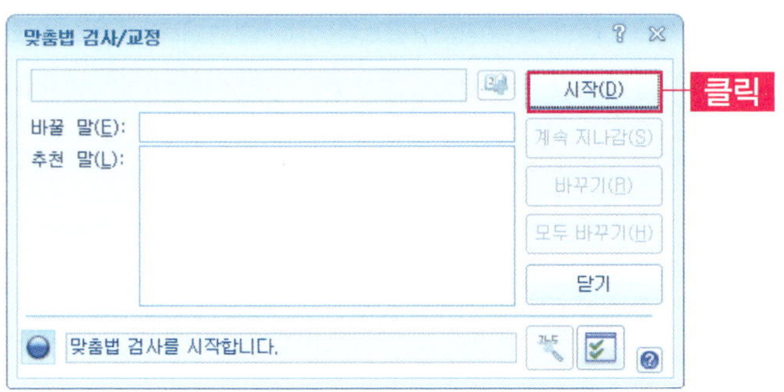

알고 넘어갑시다

● 문서에 잘못된 단어가 있는 경우

문서에 잘못된 단어가 있는 경우에는 다음과 같이 바꿀 말과 추천 말을 표시해 줍니다.

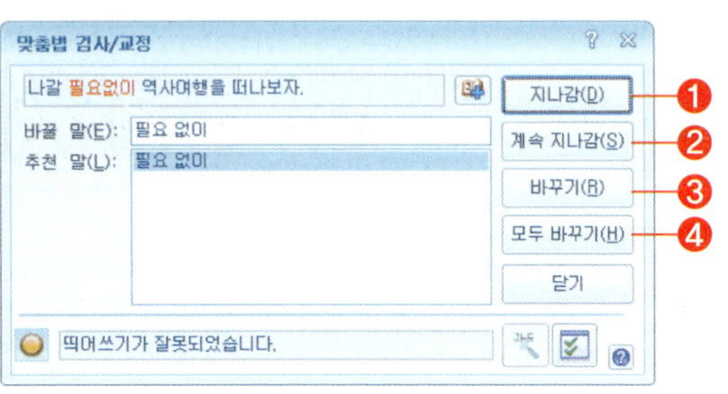

❶ 지나감 : 잘못된 단어를 바꾸지 않고 지나갑니다.

❷ 계속 지나감 : 잘못된 단어를 바꾸지 않고 지나가며 이후에 같은 잘못된 단어가 나오면 자동으로 바꾸지 않고 지나갑니다.

❸ 바꾸기 : 잘못된 단어를 바꿀 말에 있는 단어로 바꿉니다.

❹ 모두 바꾸기 : 잘못된 단어를 바꿀 말에 있는 단어로 바꾸며 이후에 같은 잘못된 단어가 나오면 자동으로 바꿀 말에 있는 단어로 바꿉니다.

3 '문서의 처음부터 맞춤법 검사를 계속할까요?' 라고 묻는 [맞춤법 검사기] 대화상자가 나타나면 [검사] 단추를 클릭합니다.

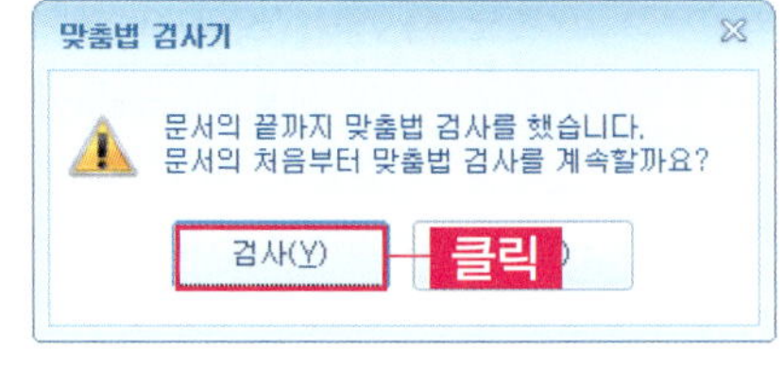

4 '문서에 대한 맞춤법 검사가 끝났습니다.'라는 내용의 [맞춤법 검사기] 대화상자가 나타나면 [확인] 단추를 클릭합니다.

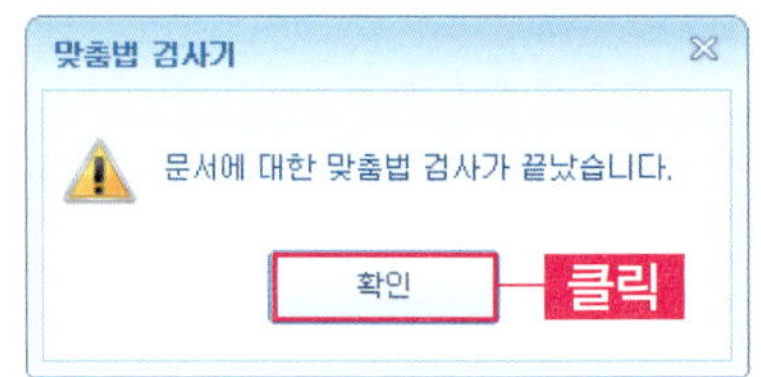

1 문서가 인쇄되는 모양을 확인하기 위해 [파일] 탭-[미리 보기]를 클릭합니다.

한마디 더!

서식 도구 상자에서 [미리 보기]를 클릭하여 인쇄되는 모양을 확인할 수도 있습니다.

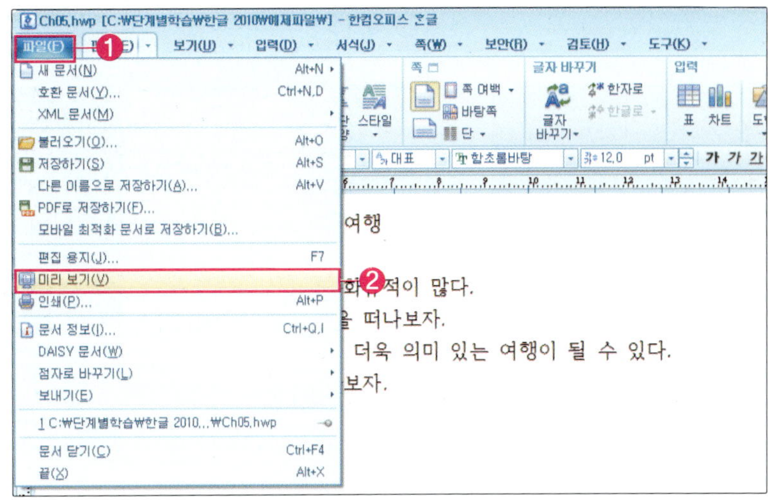

2 미리 보기 화면이 나타나면 **문서가 인쇄되는 모양을 확인**한 후 문서를 인쇄하기 위해 [미리 보기] 탭-[인쇄] 그룹에서 **[인쇄]**를 클릭합니다.

한마디 더!

Alt + P 를 눌러 문서를 인쇄할 수도 있습니다.

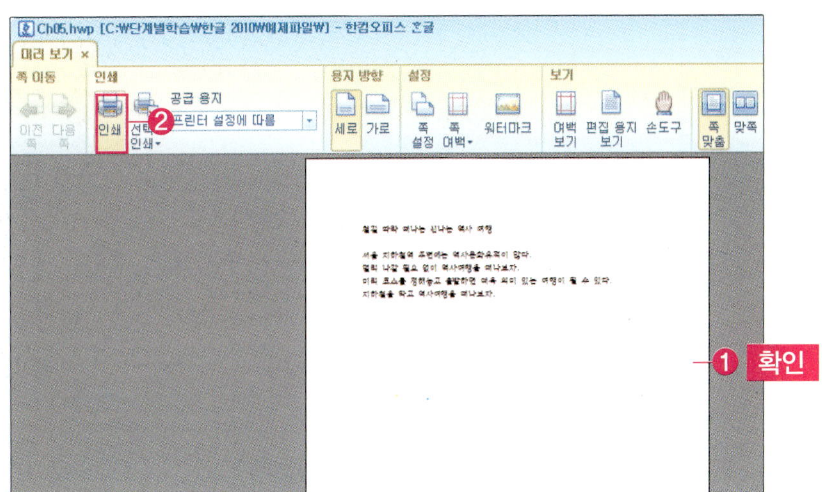

3 [인쇄] 대화상자가 나타나면 [기본] 탭에서 **인쇄 범위(문서 전체), 인쇄 매수(1), 인쇄 방식(기본 인쇄(자동 인쇄))**을 지정한 후 [인쇄] 단추를 클릭합니다.

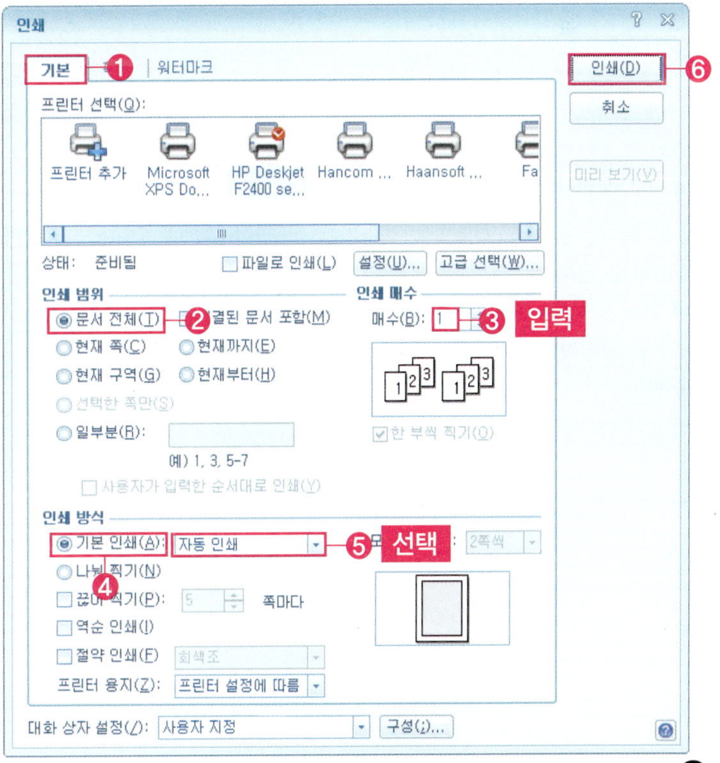

4 문서가 인쇄되면 미리 보기 화면을 닫기 위해 [미리 보기] 탭-[닫기] 그룹에서 **[닫기]**를 클릭합니다.

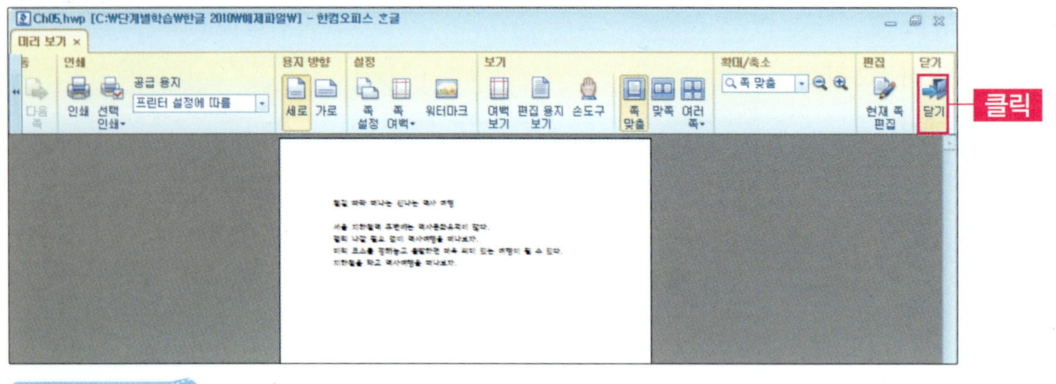

Esc를 눌러 미리 보기 화면을 닫을 수도 있습니다.

5 미리 보기 화면이 닫힙니다.

알고 넘어갑시다

◉ 원하는 쪽만 인쇄하기

다음과 같이 [인쇄] 대화상자의 [기본] 탭에서 인쇄 범위를 '일부분'으로 선택한 후 쪽 번호 입력란에 원하는 쪽 번호를 입력한 다음 [인쇄] 단추를 클릭하면 원하는 쪽만 인쇄할 수 있습니다.

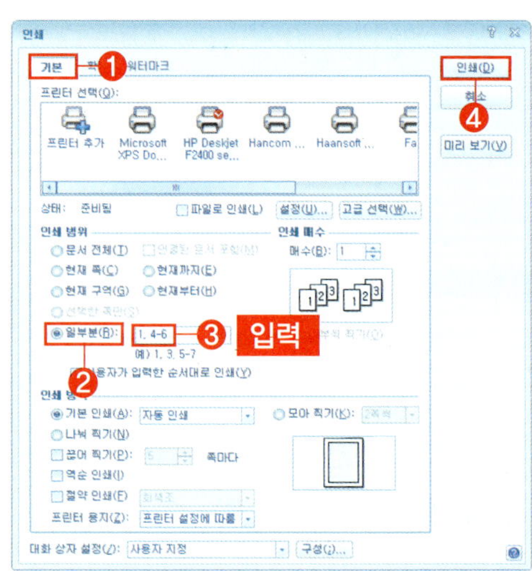

1쪽과 4~6쪽만 인쇄하는 경우 ▶

◉ 한 장의 용지에 원하는 쪽 수만큼씩 들어가게 인쇄하기

모아 찍기는 문서를 자동으로 축소하여 한 장의 용지에 원하는 쪽 수만큼씩 들어가게 인쇄하는 기능입니다. 다음과 같이 [인쇄] 대화상자의 [기본] 탭에서 인쇄 방식을 '모아 찍기'로 선택한 후 원하는 쪽 수를 선택한 다음 [인쇄] 단추를 클릭하면 한 장의 용지에 원하는 쪽 수만큼씩 들어가게 인쇄할 수 있습니다.

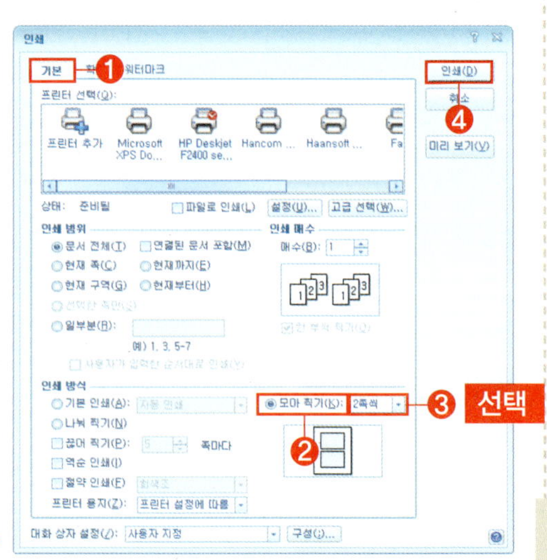

한 장의 용지에 2쪽씩 들어가게 인쇄하는 경우 ▶

01 다음과 같이 내용을 상용구로 등록한 후 상용구를 넣어 보세요.

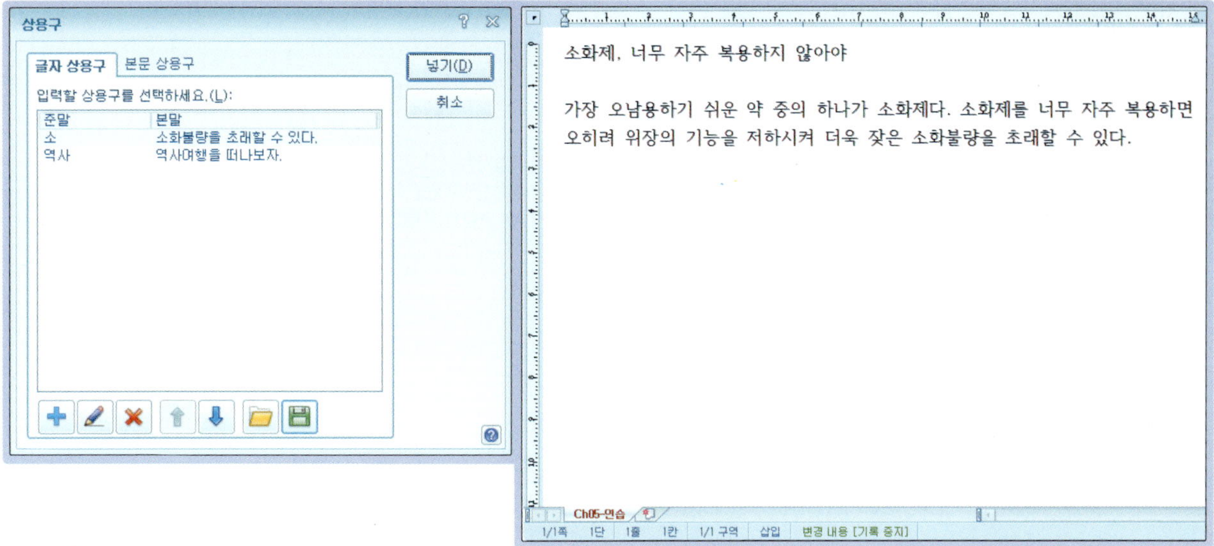

힌트

[입력] 탭–[입력 도우미] 그룹에서 [상용구]를 클릭한 후 [상용구 내용]을 클릭하면 [상용구] 대화상자가 나타납니다. [상용구] 대화상자의 [글자 상용구] 탭에서 ＋[상용구 추가하기]를 클릭하면 내용을 상용구로 등록할 수 있습니다.

02 다음과 같이 문서가 인쇄되는 모양을 확인한 후 문서를 인쇄해 보세요.

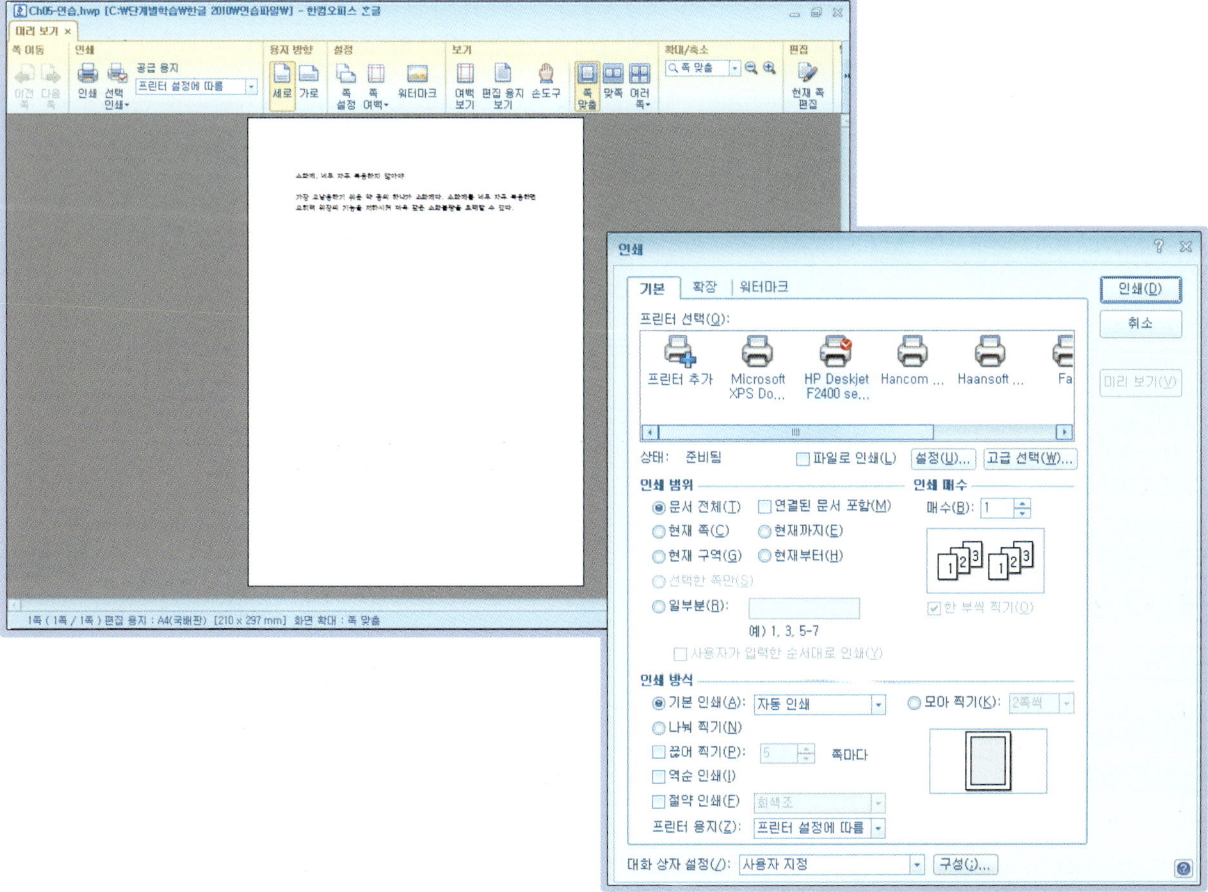

Chapter 06 글자 모양과 문단 모양 지정하기

글꼴, 글자 크기, 글자 색 등의 글자 모양을 지정하거나 왼쪽 정렬, 오른쪽 정렬, 줄 간격 등의 문단 모양을 지정하면 문서를 보기 좋고 예쁘게 꾸밀 수 있습니다.
그럼, 글자 모양과 문단 모양을 지정하는 방법에 대해 알아보겠습니다.

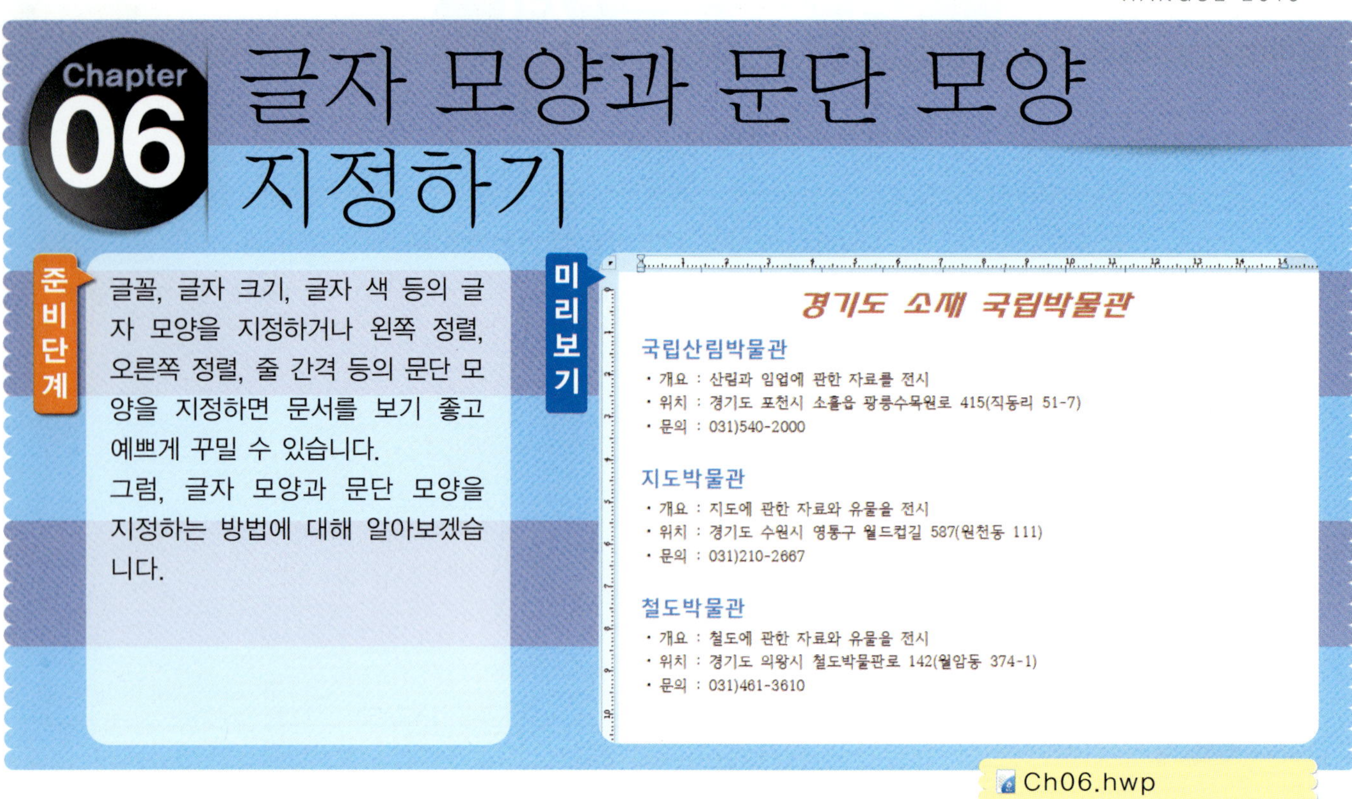

Ch06.hwp

기초단계 01 글자 모양 지정하기

1 '경기도 소재 국립박물관'을 블록으로 설정한 후 [서식] 탭-[글자] 그룹에서 글꼴(HY수평선B), 글자 크기(20), 글자 색(루비색)을 선택한 다음 *가*[기울임]을 클릭합니다.

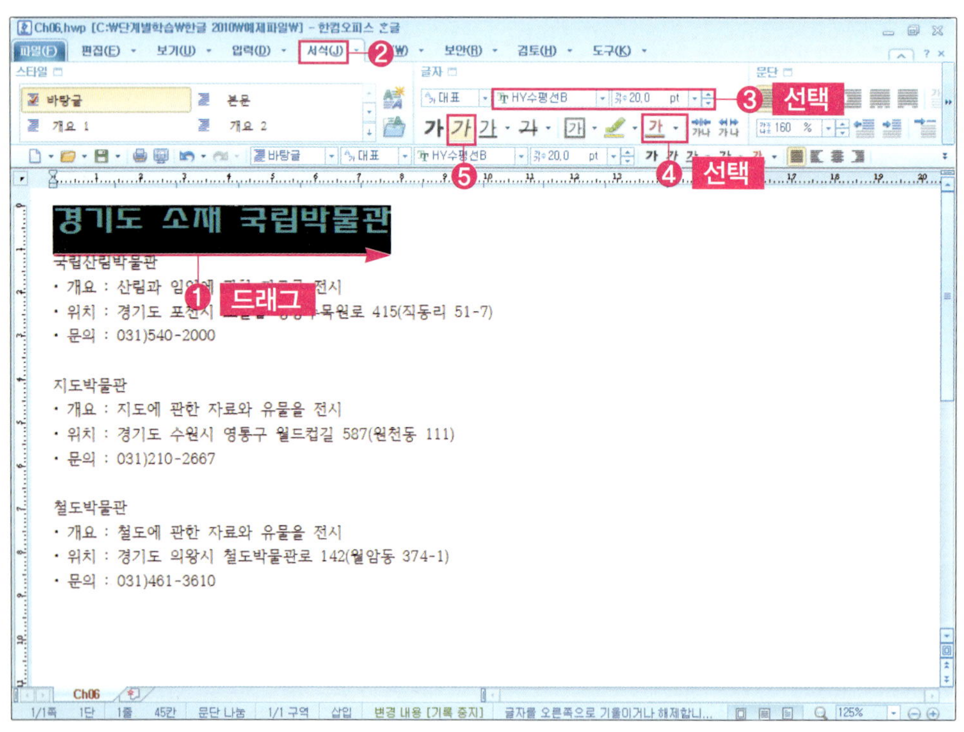

[글자 색]의 ·[목록] 단추를 클릭한 후 [색상 테마]로 마우스 포인터를 가져가면 기본, 오피스, 잔상 등의 색상 테마를 선택할 수 있습니다. 루비색은 기본 색상 테마에 있습니다.

◉ [글자] 그룹

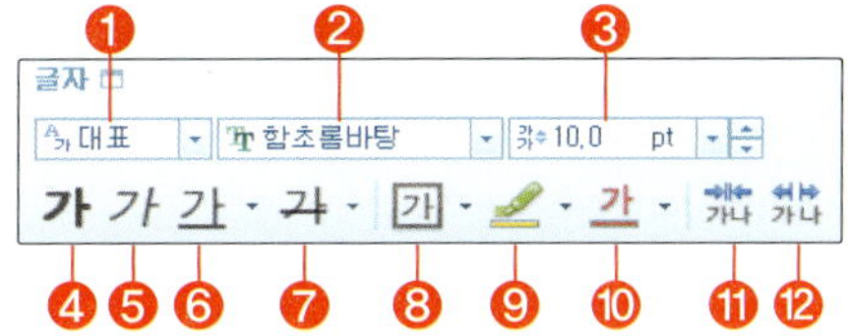

❶ **언어** : 사용할 언어를 선택합니다.
❷ **글꼴** : 글자의 모양을 변경합니다.
❸ **글자 크기** : 글자의 크기를 변경합니다.
❹ **진하게** : 글자를 굵게 표시합니다.
❺ **기울임** : 글자를 오른쪽으로 기울여서 표시합니다.
❻ **밑줄** : 글자 아래에 선을 긋습니다.
❼ **취소선** : 글자 중간에 선을 긋습니다.
❽ **글자 테두리** : 글자에 테두리를 넣습니다.
❾ **형광펜** : 형광펜으로 글자를 칠합니다.
❿ **글자 색** : 글자의 색을 변경합니다.

따스한 시선으로	따스한 시선으로	따스한 시선으로	따스한 시선으로
▲ 밑줄	▲ 취소선	▲ 글자 테두리	▲ 형광펜

⓫ **글자 자간 작게** : 글자 사이의 간격을 1%씩 줄입니다.
⓬ **글자 자간 크게** : 글자 사이의 간격을 1%씩 늘립니다.

---

2 '국립산림박물관'을 블록으로 설정한 후 [서식] 탭-[글자] 그룹에서 글꼴(맑은 고딕), 글자 크기(14), 글자 색(바다색 20% 밝게)을 선택한 다음 **가**[진하게]를 클릭합니다.

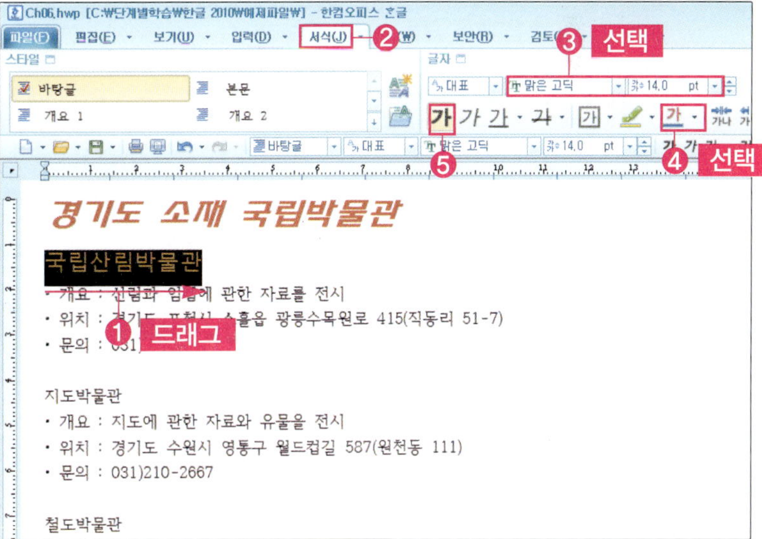

3 같은 방법으로 다음과 같이 '국립산림박물관'에 지정한 글자 모양을 '지도박물관'과 '철도박물관'에 지정합니다.

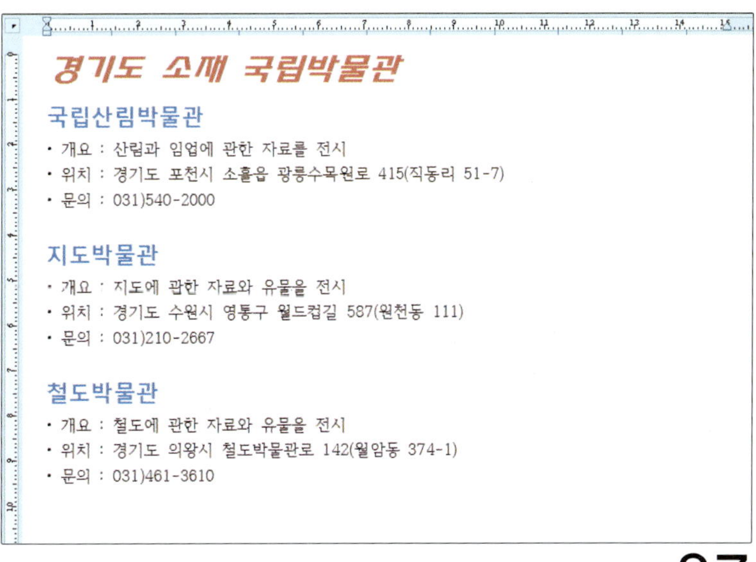

● [글자 모양] 대화상자를 사용하여 글자 모양 지정하기

[글자 모양] 대화상자를 사용하여 글자 모양을 지정할 수도 있습니다. [글자 모양] 대화상자는 [서식] 탭의 · [목록] 단추를 클릭한 후 [글자 모양]을 클릭하거나 Alt+L을 누르면 나타납니다.

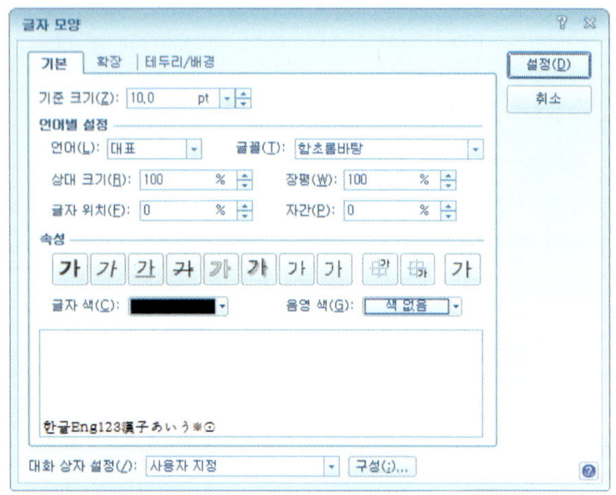

◀ [글자 모양] 대화상자

[글자 모양] 대화상자의 [기본] 탭에서는 기준 크기, 장평, 자간 등을 지정할 수 있고, [확장] 탭에서는 그림자, 외곽선, 강조점 등을 지정할 수 있습니다.

- **장평** : 글자의 세로에 대한 가로의 비율입니다. 장평이 100%보다 작으면 글자의 가로 폭이 세로 폭보다 좁아지고, 100%보다 크면 글자의 가로 폭이 세로 폭보다 넓어집니다.

따스한 시선으로	따스한 시선으로
▲ 75%를 지정한 경우	▲ 125%를 지정한 경우

- **그림자** : [비연속]을 선택하면 글자와 떨어져 있는 그림자를 넣고, [연속]을 선택하면 글자와 이어져 있는 그림자를 넣습니다. X 방향은 그림자의 좌우 기울기로 음수 값을 지정하면 글자의 왼쪽에, 양수 값을 지정하면 글자의 오른쪽에 그림자가 나타나고, Y 방향은 그림자의 상하 기울기로 음수 값을 지정하면 글자의 위쪽에, 양수 값을 지정하면 글자의 아래쪽에 그림자가 나타납니다.

따스한 시선으로

◀ [비연속]을 선택하고 X 방향은 '10%', Y 방향은 '5%', 색은 '루비색'을 지정한 경우

따스한 시선으로

◀ [연속]을 선택하고 X 방향은 '-10%', Y 방향은 '-5%', 색은 '루비색'을 지정한 경우

- **외곽선** : 실선(──)이나 점선(-----) 등을 선택하면 글자의 윤곽을 해당 외곽선으로 표시합니다.

따스한 시선으로

◀ 실선(──)을 선택한 경우

- **강조점** : ◦이나 ◦ 등을 선택하면 글자에 해당 강조점을 찍습니다.

따스한 시선으로

◀ ◦를 선택한 경우

1 '경기도 소재 국립박물관'을 블록으로 설정한 후 [서식] 탭-[문단] 그룹에서 [가운데 정렬]을 클릭합니다.

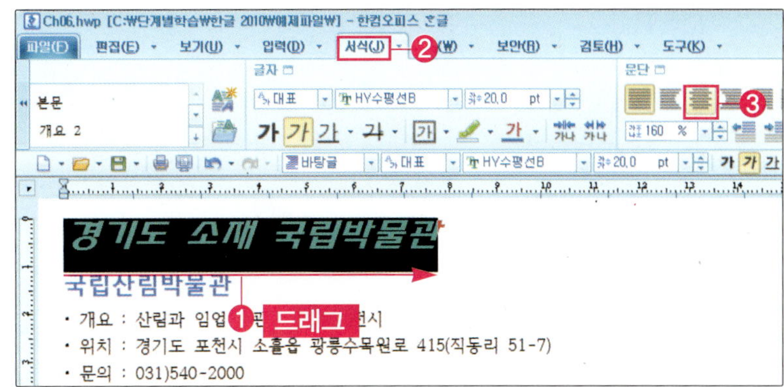

알고 넘어갑시다

◉ [문단] 그룹

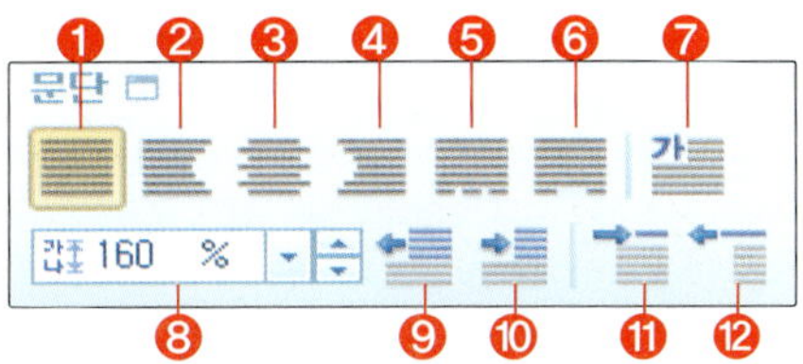

❶ **양쪽 정렬** : 문단의 왼쪽과 오른쪽을 맞추어 내용을 표시합니다.

❷ **왼쪽 정렬** : 문단의 왼쪽을 맞추어 내용을 표시하고 어절(문장을 구성하는 각각의 마디로 띄어쓰기의 단위가 된다) 단위로 줄을 바꿉니다.

❸ **가운데 정렬** : 문단의 가운데를 맞추어 내용을 표시하고 어절 단위로 줄을 바꿉니다.

❹ **오른쪽 정렬** : 문단의 오른쪽을 맞추어 내용을 표시하고 어절 단위로 줄을 바꿉니다.

연리지는 뿌리가 다른 나뭇가지가 서로 엉켜 마치 한나무처럼 자라는 현상을 말한다.	연리지는 뿌리가 다른 나뭇가지가 서로 엉켜 마치 한나무처럼 자라는 현상을 말한다.	연리지는 뿌리가 다른 나뭇가지가 서로 엉켜 마치 한나무처럼 자라는 현상을 말한다.	연리지는 뿌리가 다른 나뭇가지가 서로 엉켜 마치 한나무처럼 자라는 현상을 말한다.
▲ 양쪽 정렬	▲ 왼쪽 정렬	▲ 가운데 정렬	▲ 오른쪽 정렬

❺ **배분 정렬** : 문단을 글자 수에 상관없이 양쪽 정렬을 하고 글자 사이를 일정하게 띄웁니다.

❻ **나눔 정렬** : 문단을 글자 수에 상관없이 양쪽 정렬을 하고 어절 사이를 일정하게 띄웁니다.

연리지는 뿌리가 다른 나뭇가지가 서로 엉켜 마치 한나무처럼 자라는 현상을 말한다.	연리지는 뿌리가 다른 나뭇가지가 서로 엉켜 마치 한나무처럼 자라는 현상을 말한다.
▲ 배분 정렬	▲ 나눔 정렬

❼ **문단 첫 글자 장식** : 문단 첫 글자를 장식합니다. 문단 첫 글자의 크기를 크게 변경하고 글꼴과 면 색 등을 지정할 수 있습니다.

❽ **줄 간격** : 줄 사이의 간격을 지정합니다. 줄 간격은 현재 줄에 있는 글자의 맨 위부터 다음 줄에 있는 글자의 맨 위까지의 간격입니다.

❾ **왼쪽 여백 줄이기** : 왼쪽 여백을 1pt(포인트)씩 줄입니다. 왼쪽 여백은 본문 편집 영역의 왼쪽부터 내용까지의 간격이며 1pt는 0.35146mm입니다.

❿ **왼쪽 여백 늘리기** : 왼쪽 여백을 1pt씩 늘립니다.

⓫ **첫 줄 들여쓰기** : 들여쓰기를 1pt씩 늘립니다. 들여쓰기는 문단 첫 줄이 다른 줄보다 오른쪽으로 들어가서 시작하는 것을 말합니다.

⓬ **첫 줄 내어쓰기** : 내어쓰기를 1pt씩 늘립니다. 내어쓰기는 문단 첫 줄이 나른 줄보다 왼쪽으로 나와서 시작하는 것을 말합니다.

연리지는 뿌리가 다른 나뭇가지가 서로 엉켜 마치 한나무처럼 자라는 현상을 말한다.	연리지는 뿌리가 다른 나뭇가지가 서로 엉켜 마치 한나무처럼 자라는 현상을 말한다.
▲ 들여쓰기	▲ 내어쓰기

2 국립산림박물관의 개요, 위치, 문의를 블록으로 설정한 후 [서식] 탭-[문단] 그룹에서 ▓[왼쪽 여백 늘리기]를 네 번 클릭합니다.

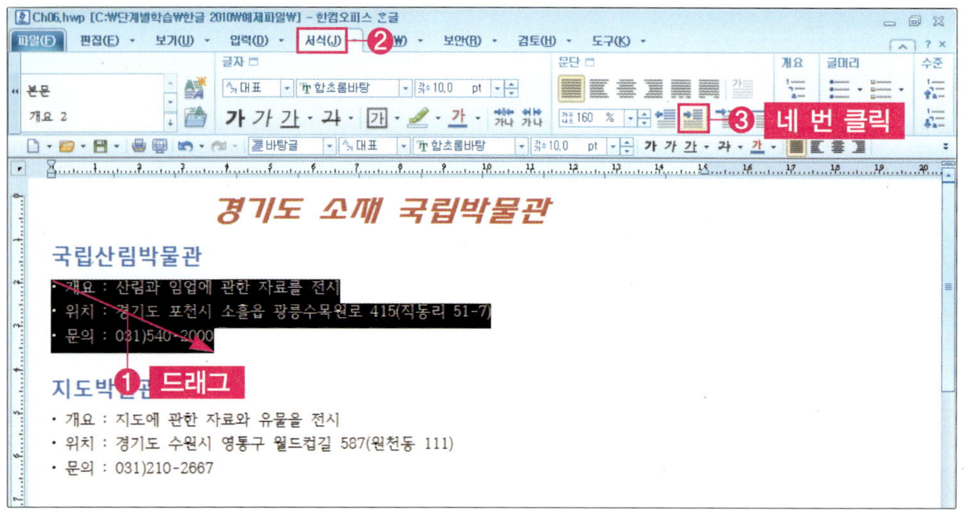

3 같은 방법으로 다음과 같이 국립산림박물관의 개요, 위치, 문의에 지정한 문단 모양을 지도박물관과 철도박물관의 개요, 위치, 문의에 지정합니다.

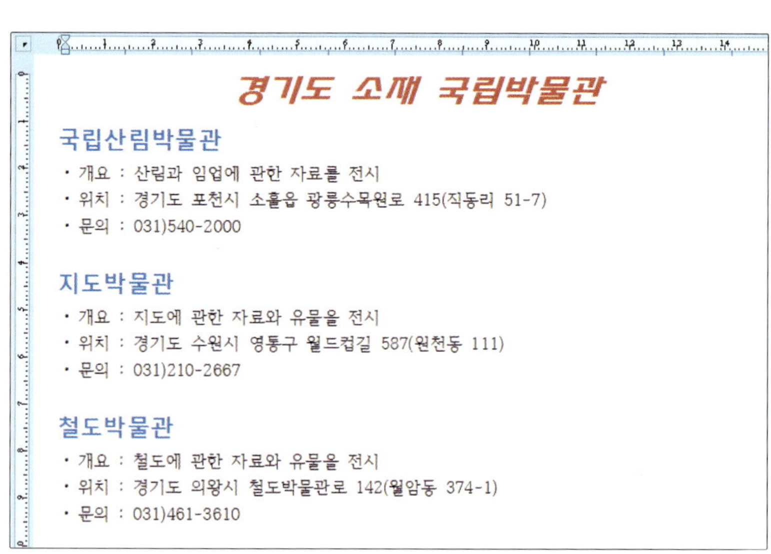

알고 넘어갑시다

◉ [문단 모양] 대화상자를 사용하여 문단 모양 지정하기

[문단 모양] 대화상자를 사용하여 문단 모양을 지정할 수도 있습니다. [문단 모양] 대화상자는 [서식] 탭의 ·[목록] 단추를 클릭한 후 [문단 모양]을 클릭하거나 Alt + T를 누르면 나타납니다.

[문단 모양] 대화상자 ▶ 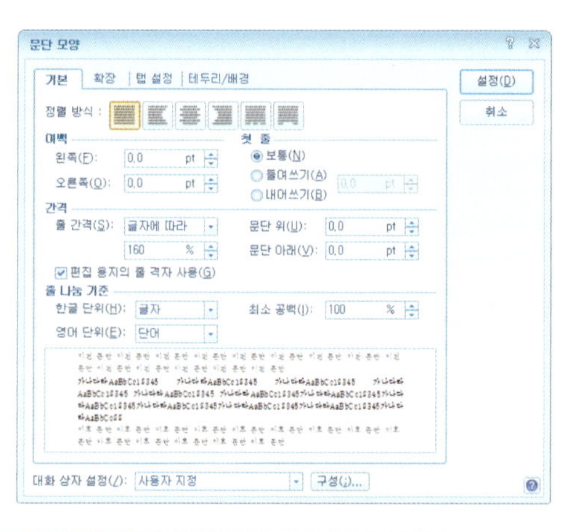

01 다음과 같이 글자 모양을 지정해 보세요.

- **광역시 소재 국립박물관** : 글꼴(HY나무B), 글자 크기(20), 글자 색(바다색), **가**[진하게]

- **국립광주박물관/국립대구박물관/장생포고래박물관** : 글꼴(양재 둘기), 글자 크기(16), 글자 색(멜론색)

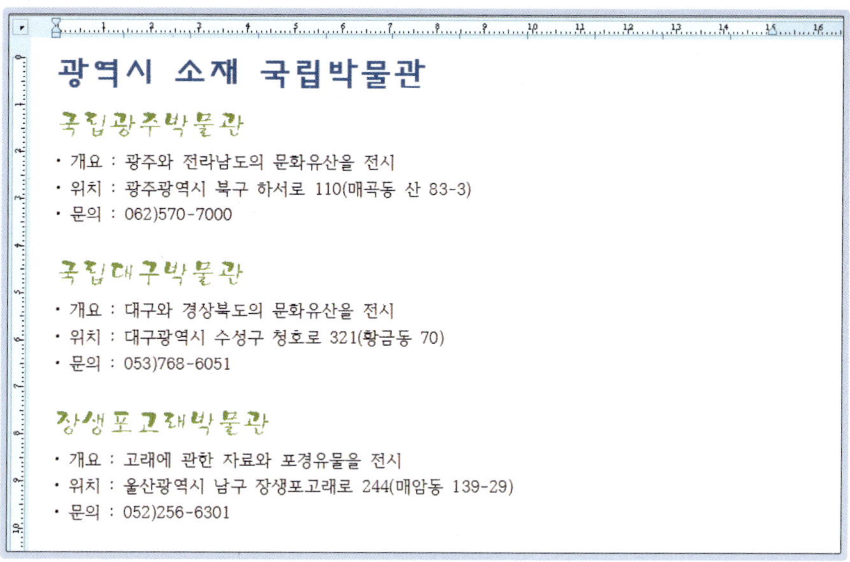

02 다음과 같이 문단 모양을 지정해 보세요.

- **광역시 소재 국립박물관** : ≡[가운데 정렬]

- **내용 전체** : 줄 간격(140)

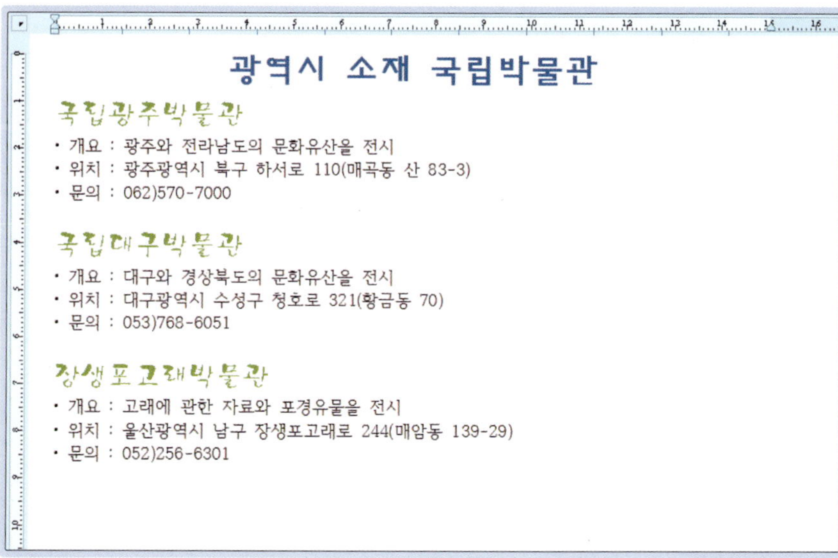

힌트

내용 전체를 블록으로 설정한 후 [서식] 탭-[문단] 그룹에서 줄 간격(140)을 입력하면 내용 전체의 줄 간격을 지정할 수 있습니다.

Chapter 07
문단 첫 글자 장식하고 문단 테두리/배경 지정하기

문단 테두리/배경을 지정하면 문단에 테두리를 넣거나 문단 배경을 면 색과 무늬로 채워 문단을 보기 좋고 예쁘게 꾸밀 수 있습니다.
그럼, 문단 첫 글자를 장식하고 문단 테두리/배경을 지정하는 방법에 대해 알아보겠습니다.

기초단계 01   문단 첫 글자 장식하기

1 문단 첫 글자를 장식하기 위해 **1번째 문단에 커서를 둔 후** [서식] 탭-[문단] 그룹에서 🖹**[문단 첫 글자 장식]**을 클릭합니다.

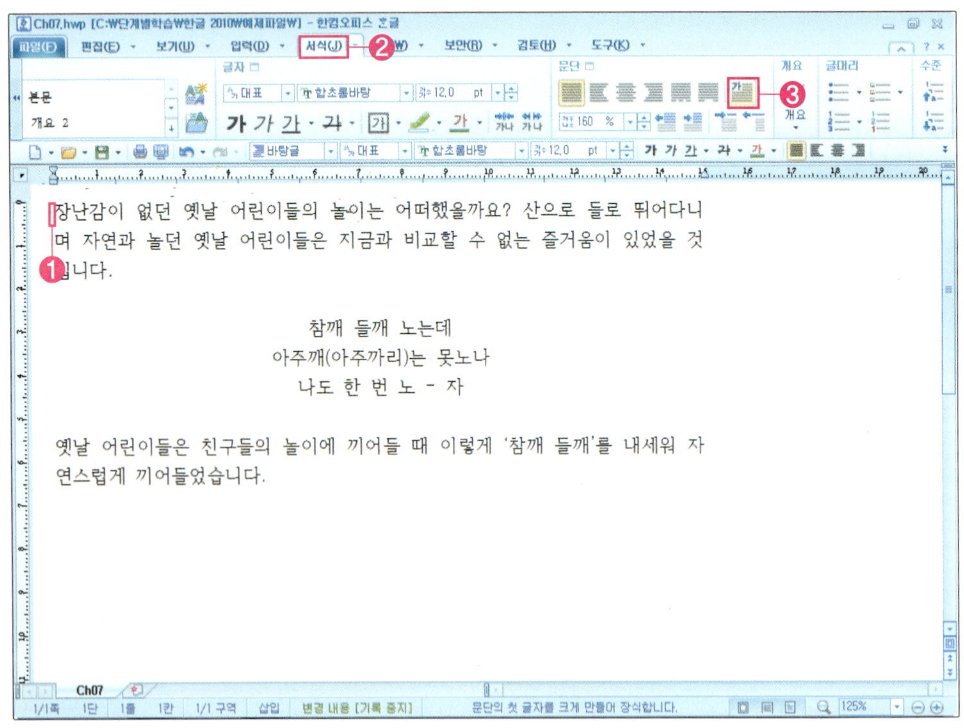

1번째 문단에 커서를 둔 후 [서식] 탭의 ▾[목록] 단추를 클릭한 다음 [문단 첫 글자 장식]을 클릭하여 문단 첫 글자를 장식할 수도 있습니다.

2 [문단 첫 글자 장식] 대화상자가 나타나면 **모양**(≣[2줄])을 선택한 후 **글꼴**(한컴 윤고딕 230), **면 색**(멜론색), **본문과의 간격**(2)을 지정한 다음 [설정] 단추를 클릭합니다.

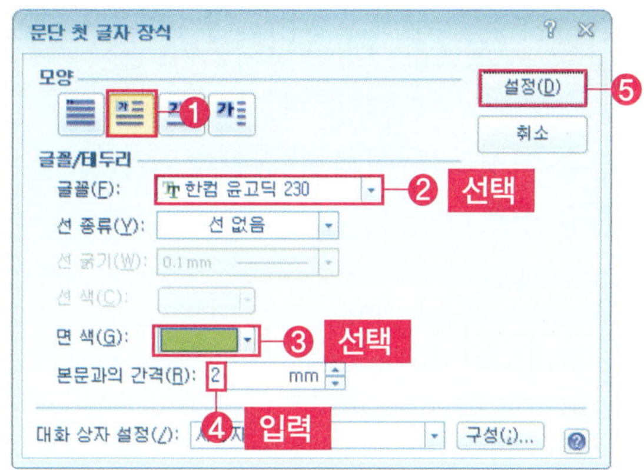

3 다음과 같이 문단 첫 글자가 장식됩니다.

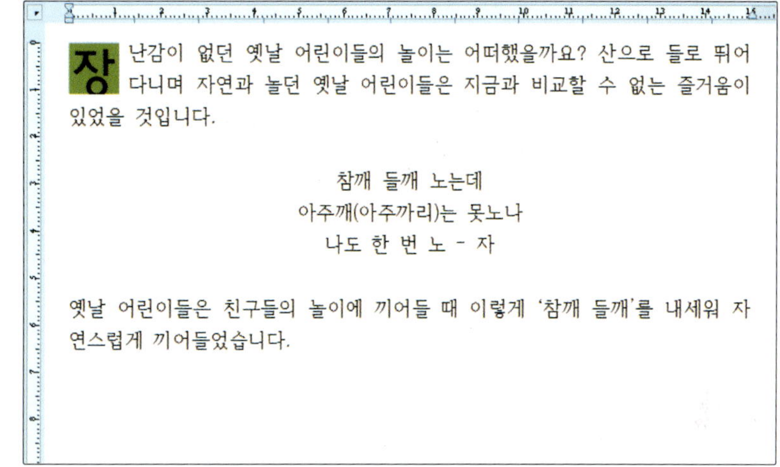

한마디 더!

[문단 첫 글자 장식] 대화상자에서 ≣[없음]을 선택하면 문단 첫 글자 장식을 제거할 수 있습니다.

알 고 넘 어 갑 시 다

◉ 문단 첫 글자 장식하고 글자 모양 지정하기

문단 첫 글자를 장식한 후 문단 첫 글자를 블록으로 설정한 다음 글자 색이나 속성(진하게, 기울임, 외곽선 등) 등의 글자 모양을 지정하면 다음과 같이 문단 첫 글자를 더욱 보기 좋고 예쁘게 꾸밀 수 있습니다.

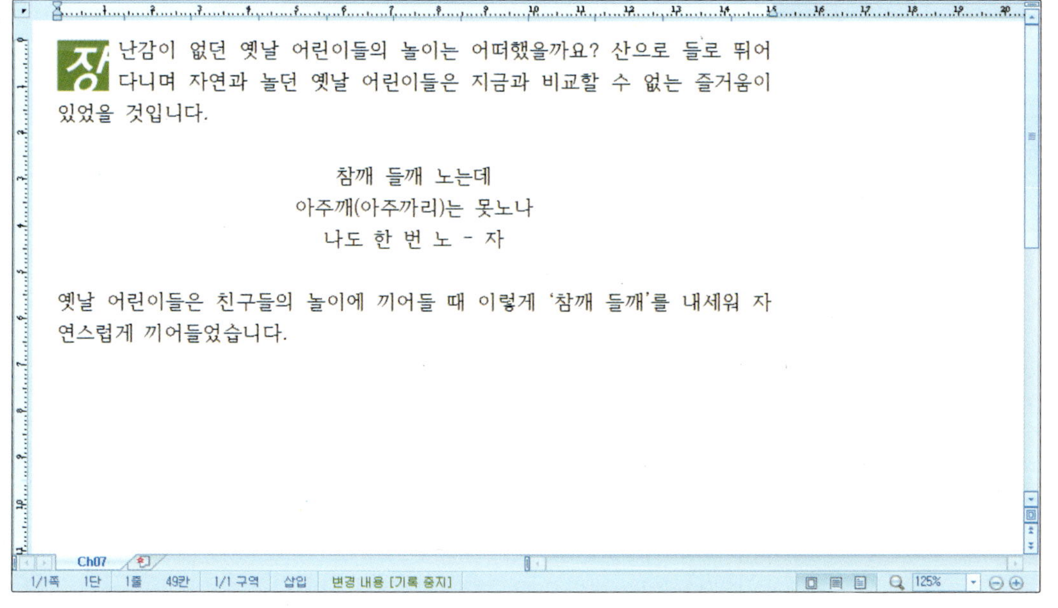

1 문단 테두리/배경을 지정하기 위해 3~5번째 문단을 블록으로 설정한 후 [서식] 탭-[문단] 그룹에서 그룹 이름(문단)을 클릭합니다.

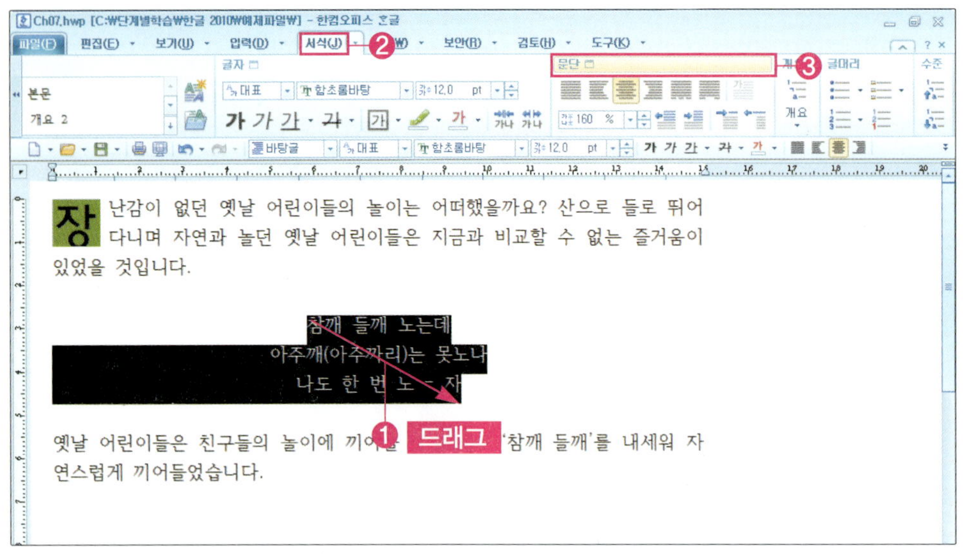

2 [문단 모양] 대화상자가 나타나면 [테두리/배경] 탭에서 테두리 종류(····[점선])를 선택한 후 □[모두]를 클릭한 다음 [문단 테두리 연결]을 선택합니다. 그런 다음 면 색(바다색 80% 밝게)을 선택한 후 위쪽/아래쪽 간격(2)을 입력한 다음 [설정] 단추를 클릭합니다.

3 다음과 같이 문단 테두리/배경이 지정됩니다.

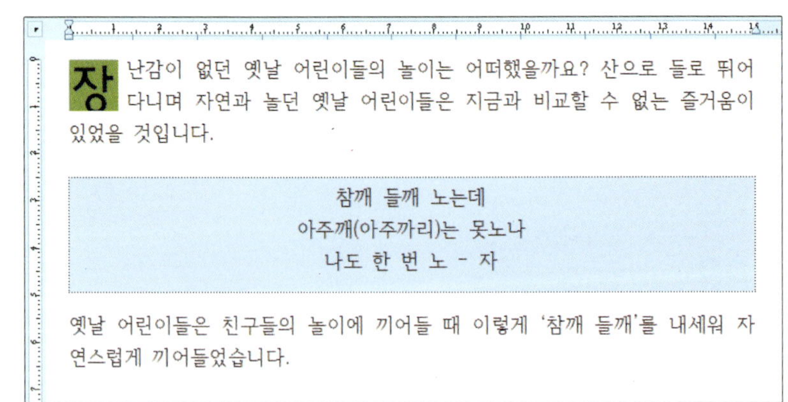

한마디 더!

[문단 모양] 대화상자의 [테두리/배경] 탭에서 [문단 테두리 연결]을 선택 해제한 경우에는 문단별로 테두리를 넣습니다.

01 다음과 같이 문단 첫 글자를 장식해 보세요.

- **1번째 문단** : 모양(▤[2줄]), 글꼴(굴림체), 면 색(루비색), 본문과의 간격(2)

> **춤**의 흐름과 내용을 눈으로 보듯 정확하게 기록한다는 것은 여간 어려운 일이 아니다. 그래서 이 분야의 발달은 매우 뒤떨어져 있다.
> 세계 문화의 주인공을 자처하는 서양에서도 무보가 처음 창안된 것은 겨우 1920년에 이르러서였다.
> 그러나 우리나라는 그보다 2백여년이 앞선 1700년, 조선 영조 때였다.
> '시용무보'라는 이름의 이 무보에는 보태평 11곡과 정대업 9곡 등 모두 20곡의 종묘제례용 일무가 실려 있다.
> 몸의 동작을 그림으로 그리고 음악과 장단을 기록한 다음 54종류의 세분된 동작 이름을 그림 옆에 써넣어 거의 완벽하게 만들었다.

힌트

1번째 문단에 커서를 둔 후 [서식] 탭-[문단] 그룹에서 [문단 첫 글자 장식]을 클릭하면 문단 첫 글자를 장식할 수 있습니다.

02 다음과 같이 문단 테두리/배경을 지정해 보세요.

- **4번째 문단** : 테두리 종류(— —[파선]), 굵기(0.4mm), ▣[모두], 면 색(에메랄드 블루 80% 밝게), 위쪽 간격(2)

> **춤**의 흐름과 내용을 눈으로 보듯 정확하게 기록한다는 것은 여간 어려운 일이 아니다. 그래서 이 분야의 발달은 매우 뒤떨어져 있다.
> 세계 문화의 주인공을 자처하는 서양에서도 무보가 처음 창안된 것은 겨우 1920년에 이르러서였다.
> 그러나 우리나라는 그보다 2백여년이 앞선 1700년, 조선 영조 때였다.
> '시용무보'라는 이름의 이 무보에는 보태평 11곡과 정대업 9곡 등 모두 20곡의 종묘제례용 일무가 실려 있다.
> 몸의 동작을 그림으로 그리고 음악과 장단을 기록한 다음 54종류의 세분된 동작 이름을 그림 옆에 써넣어 거의 완벽하게 만들었다.

Chapter 08 문단 번호와 글머리표 지정하기

문단 번호는 문단 앞에 붙이는 번호를 말하고, 글머리표는 문단 앞에 붙이는 기호를 말합니다. 여러 개의 내용을 나열할 때 문단 번호나 글머리표를 지정하면 내용을 일목요연하게 보여줄 수 있습니다.
그럼, 문단 번호와 글머리표를 지정하는 방법에 대해 알아보겠습니다.

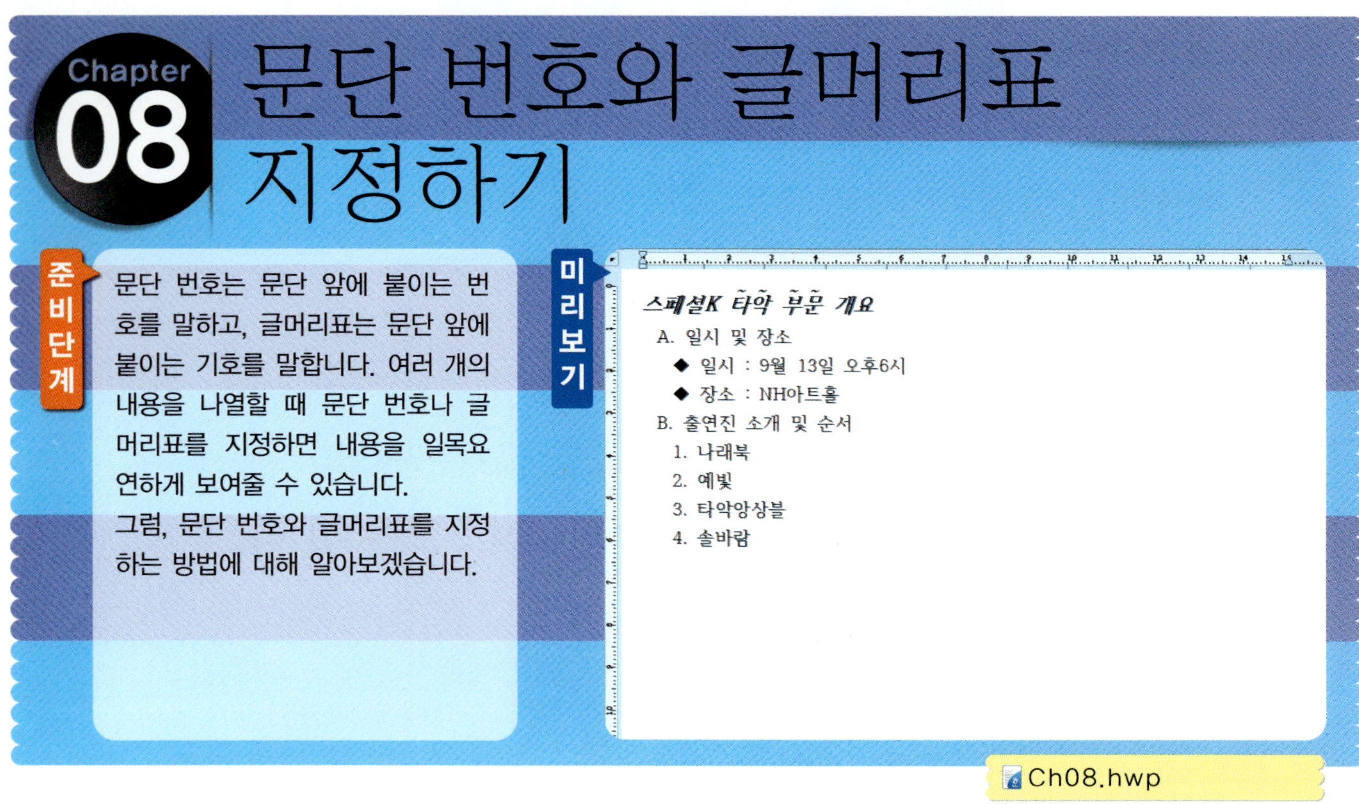

Ch08.hwp

기초단계 01 문단 번호 지정하기

1 문단 번호를 지정하기 위해 2~9번째 문단을 블록으로 설정한 후 [서식] 탭의 ·[목록] 단추를 클릭한 다음 [문단 번호 모양]을 클릭합니다.

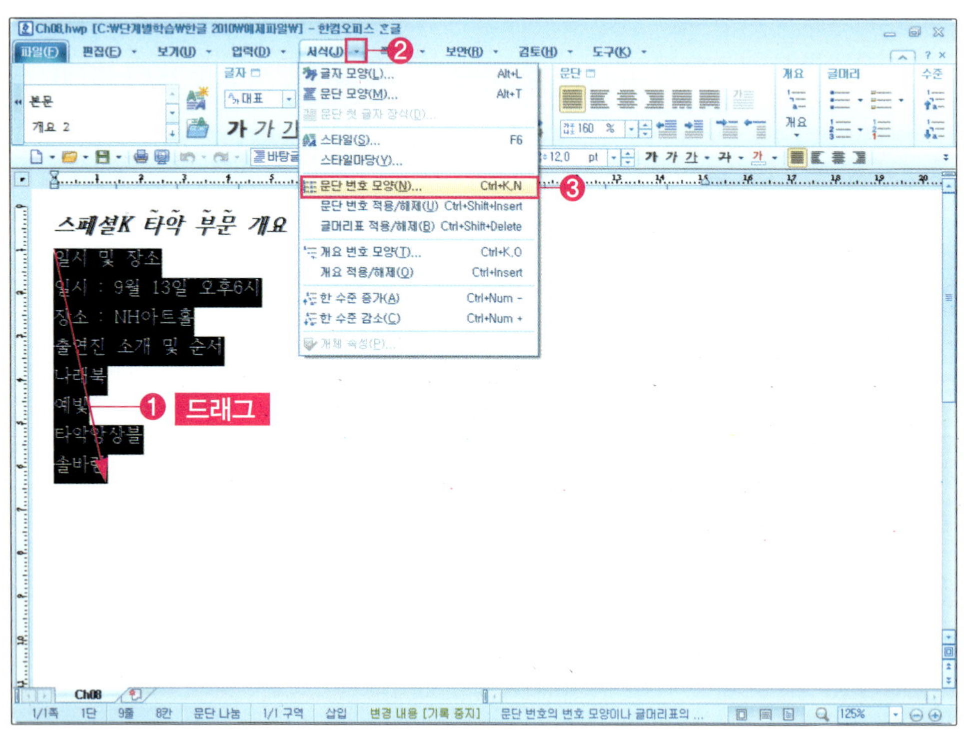

한마디 더!

문단을 블록으로 설정한 후 [서식] 탭의 ·[목록] 단추를 클릭한 다음 [문단 번호 적용/해제]를 선택하거나 [서식] 탭-[글머리] 그룹에서 [문단 번호]를 선택하면 기본 문단 번호 모양(1. 가. 1) 가) (1) (가) ①)이 지정됩니다.

2 [문단 번호/글머리표] 대화상자가 나타나면 [문단 번호] 탭에서 **문단 번호 모양(1. 가. 1) 가) (1) (가) ①)을 선택**한 후 **[사용자 정의] 단추를 클릭**합니다.

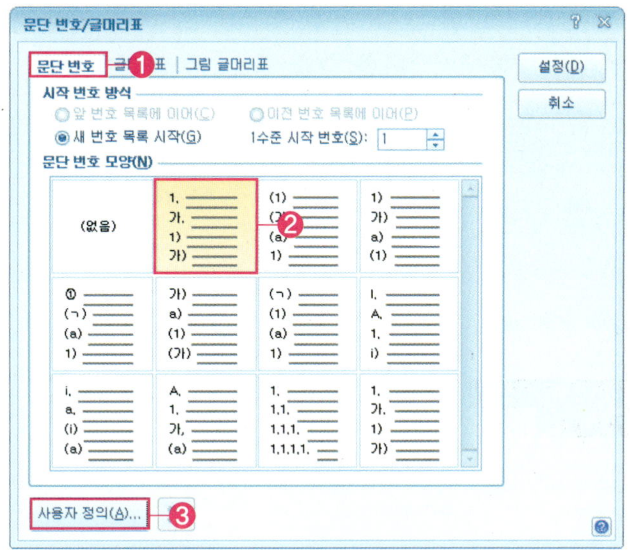

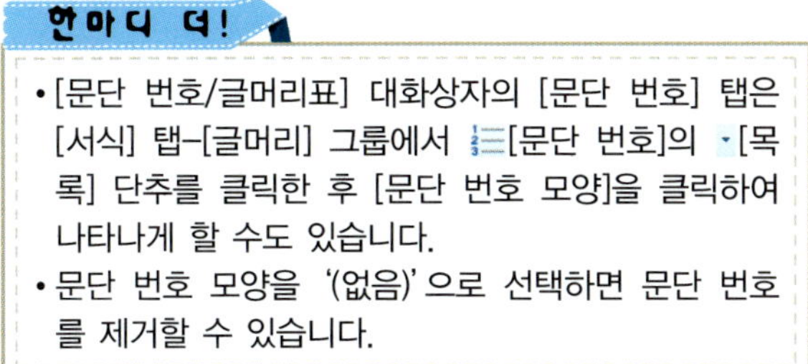

한마디 더!

- [문단 번호/글머리표] 대화상자의 [문단 번호] 탭은 [서식] 탭-[글머리] 그룹에서 [문단 번호]의 ·[목록] 단추를 클릭한 후 [문단 번호 모양]을 클릭하여 나타나게 할 수도 있습니다.
- 문단 번호 모양을 '(없음)'으로 선택하면 문단 번호를 제거할 수 있습니다.

3 [문단 번호 사용자 정의 모양] 대화상자가 나타나면 **수준(1수준)을 선택**한 후 **번호 모양(A,B,C), 너비 조정(10), 정렬(오른쪽)을 지정**합니다. 그런 다음 **수준(2수준)을 선택**한 후 **번호 모양(1,2,3), 너비 조정(20), 정렬(오른쪽)을 지정**한 다음 **[설정] 단추를 클릭**합니다.

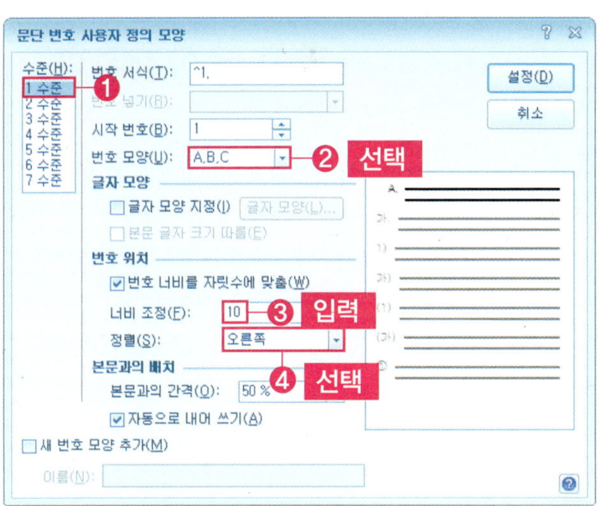

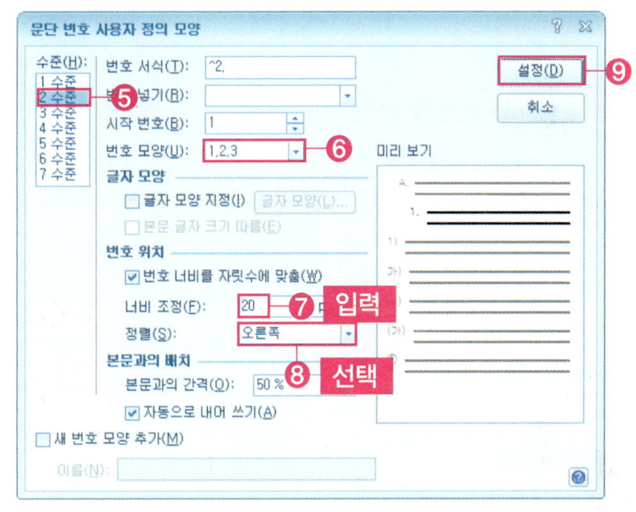

4 [문단 번호/글머리표] 대화상자가 다시 나타나면 **[설정] 단추를 클릭**합니다.

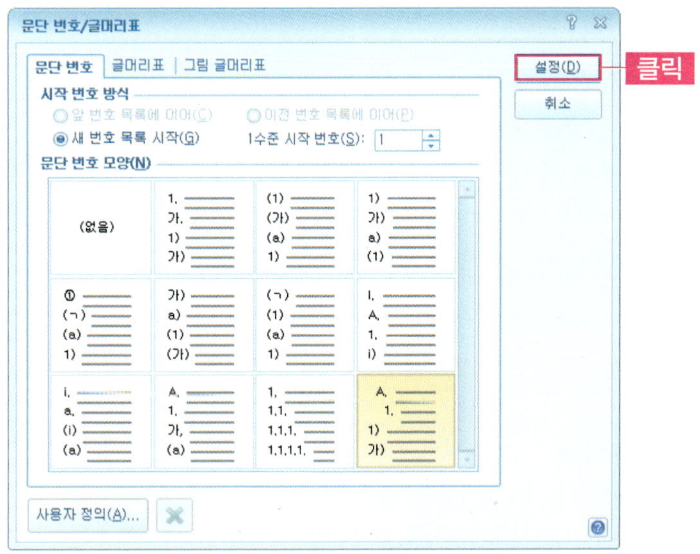

5 문단 번호가 지정되면 문단 번호 수준을 낮추기 위해 **3번째 문단과 4번째 문단을 블록으로 설정**한 후 [서식] 탭-[수준] 그룹에서 [한 수준 감소]를 **클릭**합니다.

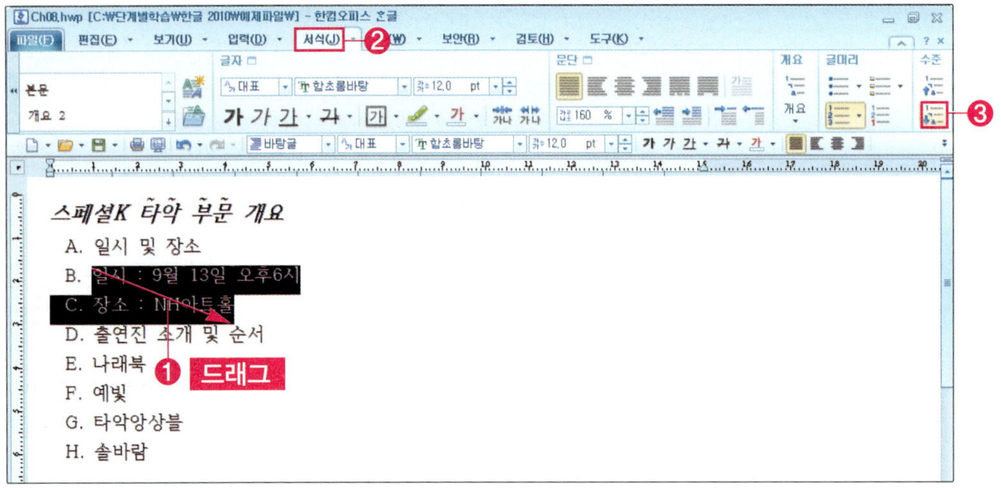

한마디 더!

문단을 블록으로 설정한 후 [서식] 탭의 ▾[목록] 단추를 클릭한 다음 [한 수준 감소]를 클릭하여 문단 번호 수준을 낮출 수도 있습니다.

알 고 넘 어 갑 시 다

● 문단 번호 새 번호로 시작

다음과 같이 문단을 블록으로 설정한 후 [서식] 탭-[글머리] 그룹에서 [문단 번호 새 번호로 시작]을 클릭하면 블록으로 설정한 문단의 문단 번호를 새 번호로 시작할 수 있습니다.

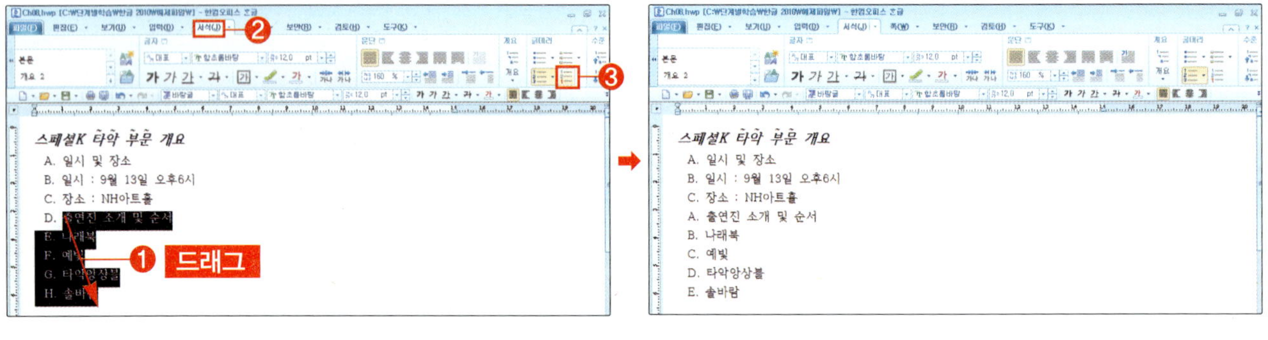

6 같은 방법으로 다음과 같이 **6~9번째 문단**의 문단 번호 수준을 한 수준 낮춥니다.

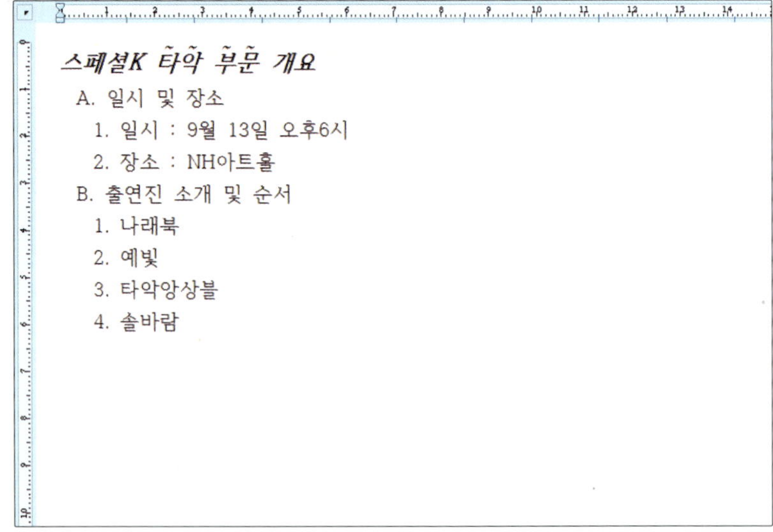

한마디 더!

문단을 블록으로 설정한 후 [서식] 탭의 ▾[목록] 단추를 클릭한 다음 [한 수준 증가]를 클릭하거나 [서식] 탭-[수준] 그룹에서 [한 수준 증가]를 클릭하면 문단 번호 수준을 높일 수 있습니다.

1 글머리표를 지정하기 위해 **3번째 문단과 4번째 문단을 블록으로 설정**한 후 [서식] 탭의 ·[목록] 단추를 클릭한 다음 [문단 번호 모양]을 클릭합니다.

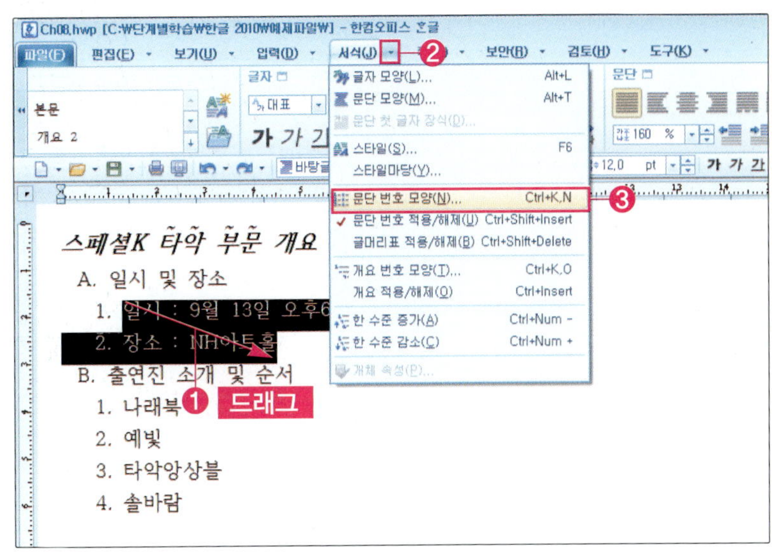

문단을 블록으로 설정한 후 [서식] 탭의 ·[목록] 단추를 클릭한 다음 [글머리표 적용/해제]를 선택하거나 [서식] 탭–[글머리] 그룹에서 ≔[글머리표]를 선택하면 기본 글머리표(·)가 지정됩니다.

2 [문단 번호/글머리표] 대화상자가 나타나면 [글머리표] 탭에서 **글머리표 모양(◆)을 선택**한 후 [사용자 정의] 단추를 클릭합니다.

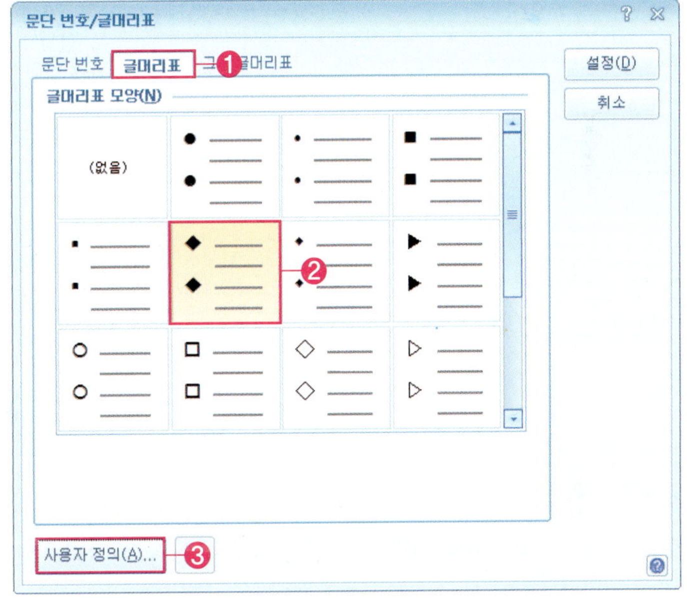

- [문단 번호/글머리표] 대화상자의 [글머리표] 탭은 [서식] 탭–[글머리] 그룹에서 ≔[글머리표]의 ·[목록] 단추를 클릭한 후 [글머리표 모양]을 클릭하여 나타나게 할 수도 있습니다.
- 글머리표 모양을 '없음'으로 선택하면 글머리표를 제거할 수 있습니다.

3 [글머리표 사용자 정의 모양] 대화상자가 나타나면 **너비 조정(20)과 정렬(오른쪽)을 지정**한 후 [설정] 단추를 클릭합니다.

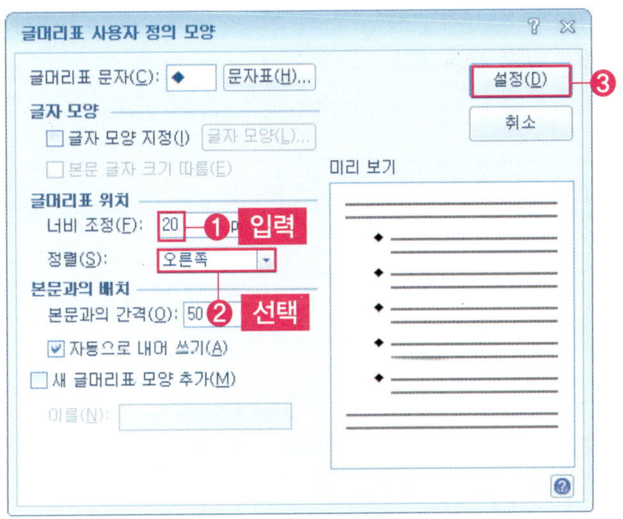

4 [문단 번호/글머리표] 대화상자가 다시 나타나면 [설정] 단추를 클릭합니다.

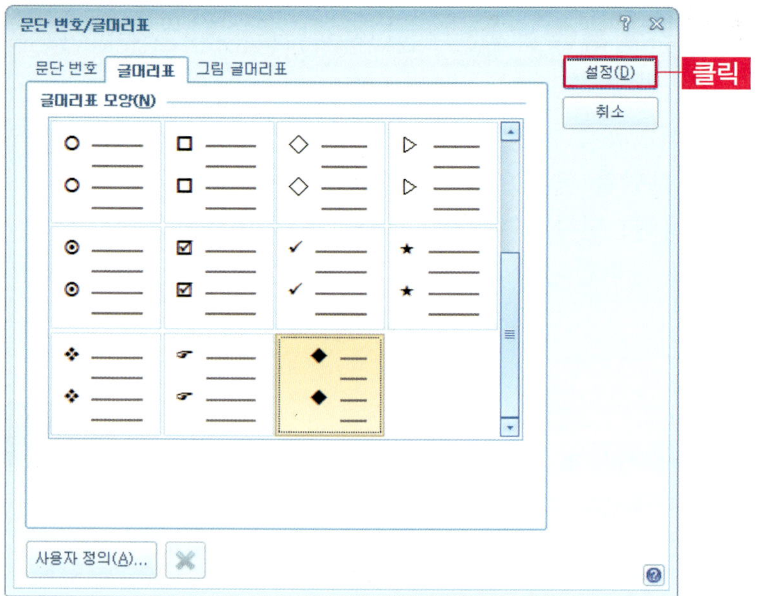

5 다음과 같이 글머리표가 지정됩니다.

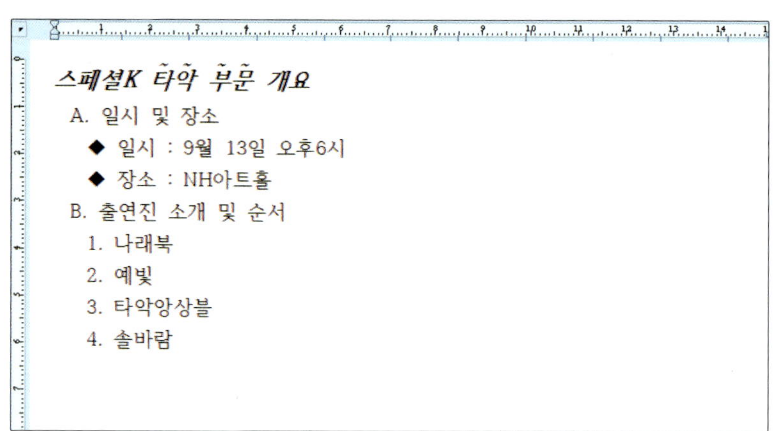

알고 넘어갑시다

● 그림 글머리표

[문단 번호/글머리표] 대화상자의 [그림 글머리표] 탭에서 그림 글머리표 모양을 선택하면 다음과 같이 해당 그림 글머리표를 지정할 수 있습니다.

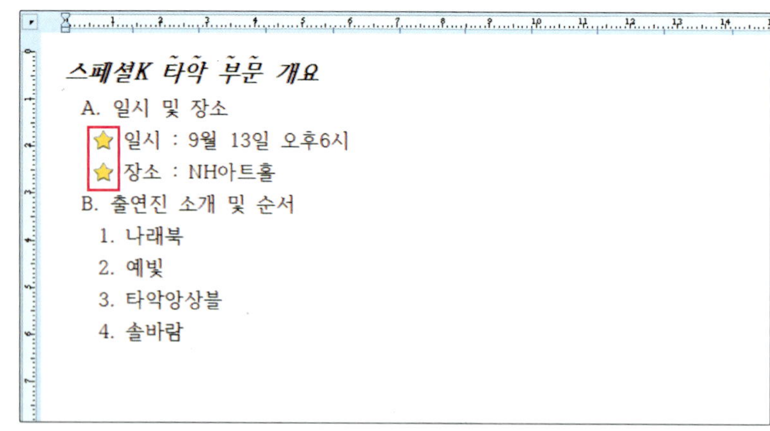

01 다음과 같이 문단 번호를 지정해 보세요.

- **2번째 문단/5번째 문단** : 수준(1수준), 번호 모양(가,나,다), 너비 조정(5), 정렬(오른쪽)

- **3번째 문단/4번째 문단/6~9번째 문단** : 수준(2수준), 번호 모양(a,b,c), 너비 조정(10), 정렬(오른쪽)

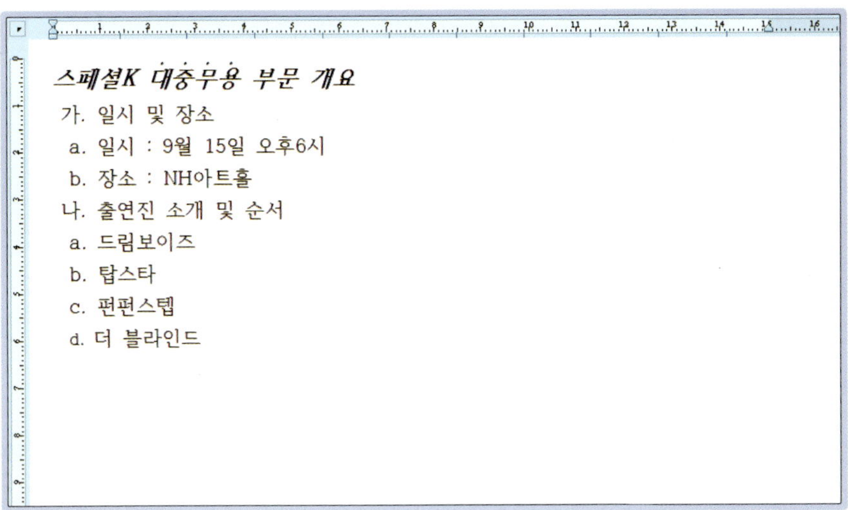

02 다음과 같이 글머리표를 지정한 후 2번째 문단과 5번째 문단의 문단 번호를 제거해 보세요.

- **3번째 문단/4번째 문단** : 글머리표 모양(▶), 너비 조정(10), 정렬(오른쪽)

힌트

2번째 문단에 커서를 둔 후 [서식] 탭-[글머리] 그룹에서 [문단 번호]를 선택 해제합니다. 그런 다음 5번째 문단에 커서를 둔 후 [서식] 탭-[글머리] 그룹에서 [문단 번호]를 선택 해제하면 2번째 문단과 5번째 문단의 문단 번호를 제거할 수 있습니다.

Chapter 09 스타일 사용하고 모양 복사하기

준비단계

스타일은 글자 모양이나 문단 모양 등을 미리 지정하여 하나의 형식으로 만들어 놓은 것입니다. 스타일을 만들어 놓으면 글자 모양이나 문단 모양 등을 한 번에 지정할 수 있습니다.

그럼, 스타일을 사용하고 모양을 복사하는 방법에 대해 알아보겠습니다.

미리보기

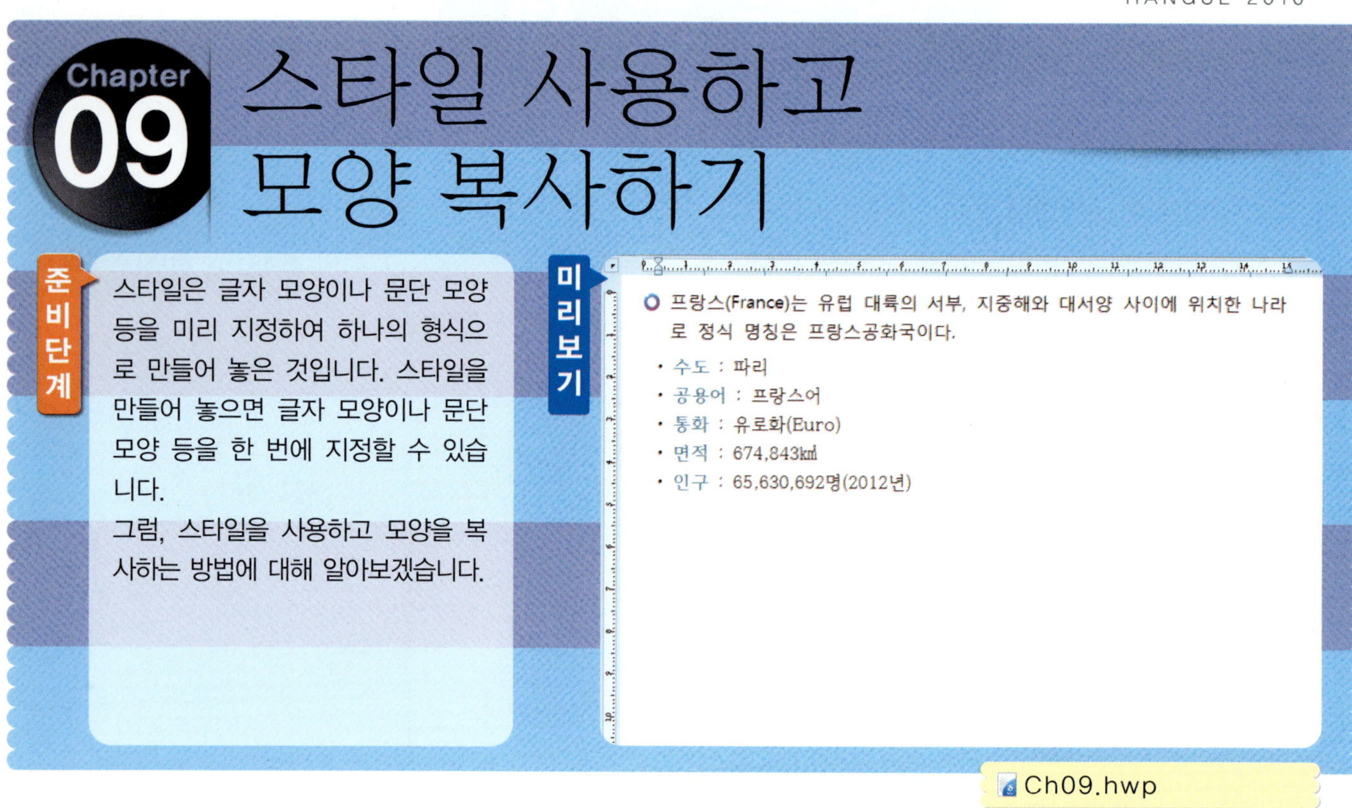

Ch09.hwp

기초단계 01 스타일 사용하기

1 스타일을 만들기 위해 [서식] 탭의 ·[목록] 단추를 클릭한 후 [스타일]을 클릭합니다.

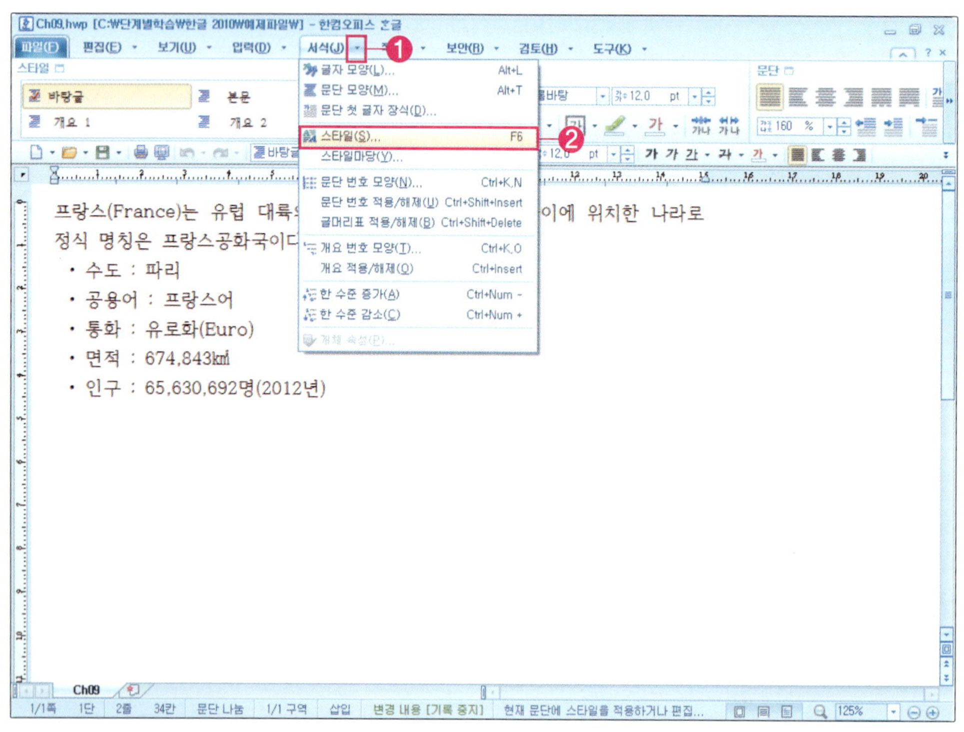

한마디 더!

F6 을 눌러 스타일을 만들 수도 있습니다.

2 [스타일] 대화상자가 나타나면 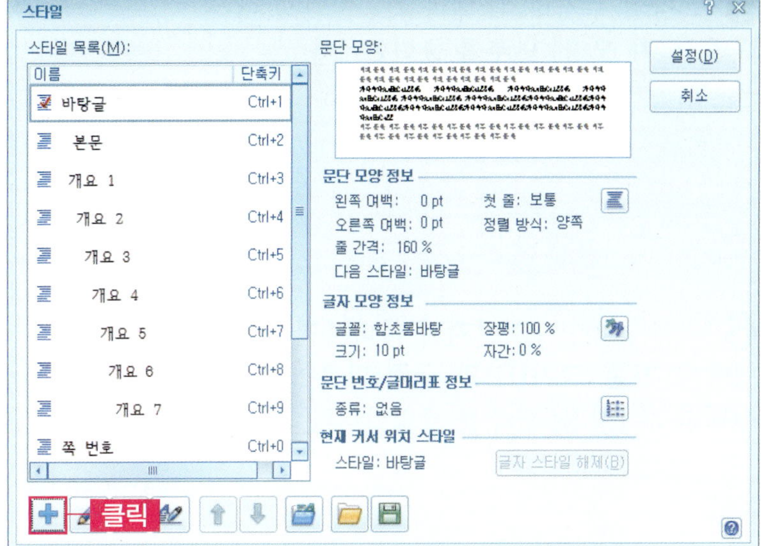 [스타일 추가하기]를 클릭합니다.

[스타일 편집하기]를 클릭하면 스타일을 수정할 수 있고, [[스타일 지우기]를 클릭하면 스타일을 지울 수 있습니다.

3 [스타일 추가하기] 대화상자가 나타나면 스타일 이름(개요-1)을 입력한 후 스타일 종류(문단)를 선택한 다음 [문단 모양] 단추를 클릭합니다.

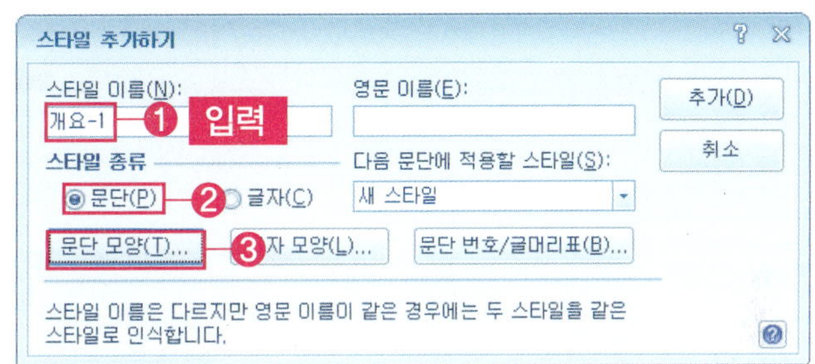

- [스타일 추가하기] 대화상자는 [서식] 탭-[스타일] 그룹에서 [스타일 추가하기]를 클릭하여 나타나게 할 수도 있습니다.
- 스타일에는 글자 모양, 문단 모양, 문단 번호, 글머리표를 미리 지정하여 하나의 형식으로 만들어 놓은 [문단 스타일]과 글자 모양만을 미리 지정하여 하나의 형식으로 만들어 놓은 [글자 스타일]이 있습니다. 여기서는 [문단 스타일]을 만들 것입니다.

4 [문단 모양] 대화상자가 나타나면 [기본] 탭에서 문단 아래(5)를 입력한 후 [설정] 단추를 클릭합니다.

5 [스타일 추가하기] 대화상자가 다시 나타
나면 [글자 모양] 단추를 클릭합니다.

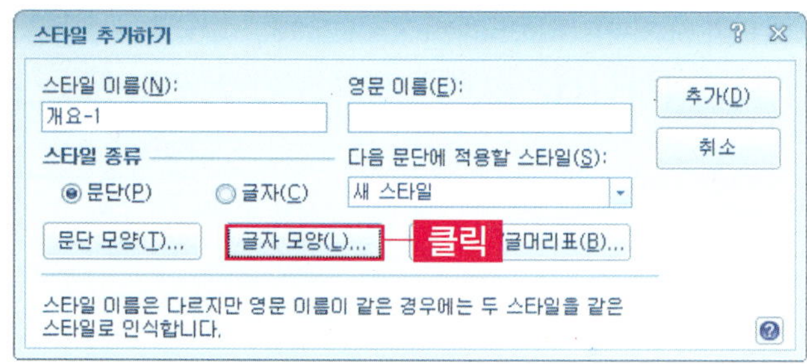

6 [글자 모양] 대화상자가 나타나면 [기본]
탭에서 **기준 크기(11)와 글꼴(맑은 고딕)을**
선택한 후 [설정] 단추를 클릭합니다.

7 [스타일 추가하기] 대화상자가 다시 나
타나면 [문단 번호/글머리표] 단추를 클릭
합니다.

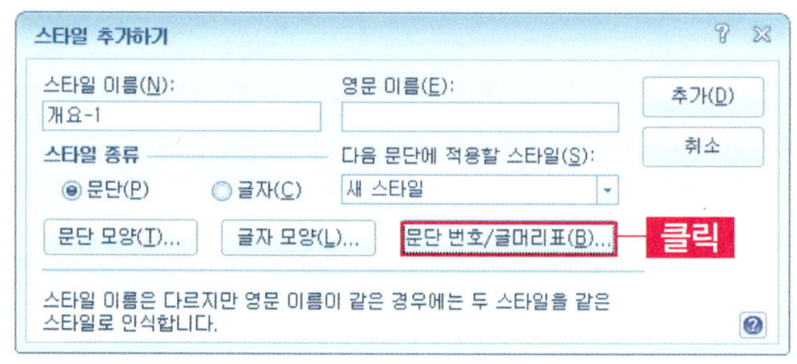

8 [문단 번호/글머리표] 대화상자가 나타
나면 [그림 글머리표] 탭에서 **그림 글머리표**
모양(○)을 선택한 후 [설정] 단추를 클릭합
니다.

9 [스타일 추가하기] 대화상자가 다시 나타나면 [추가] 단추를 클릭합니다.

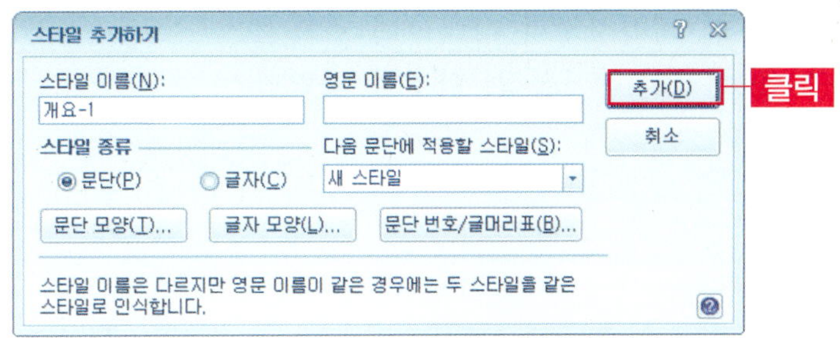

10 [스타일] 대화상자가 다시 나타나면 [취소] 단추를 클릭합니다.

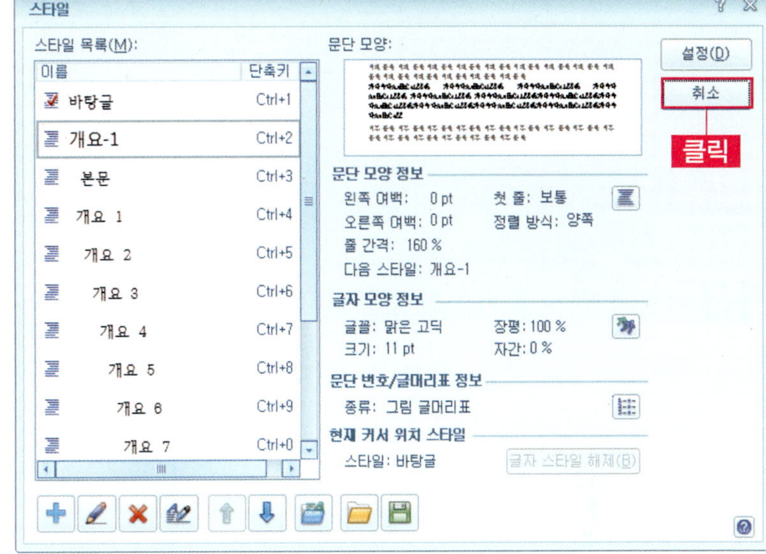

<한마디 더!>

- [설정] 단추를 클릭하면 현재 커서를 둔 문단에 '개요-1' 스타일이 적용됩니다. 현재 커서를 둔 문단에 '개요-1' 스타일을 적용하지 않기 위해 [취소] 단추를 클릭한 것입니다.
- [문단 스타일]은 ≣ 아이콘으로 표시되고, [글자 스타일]은 A 아이콘으로 표시됩니다.

11 스타일을 적용하기 위해 1번째 문단에 커서를 둔 후 [서식] 탭의 ·[목록] 단추를 클릭한 다음 [스타일]을 클릭합니다.

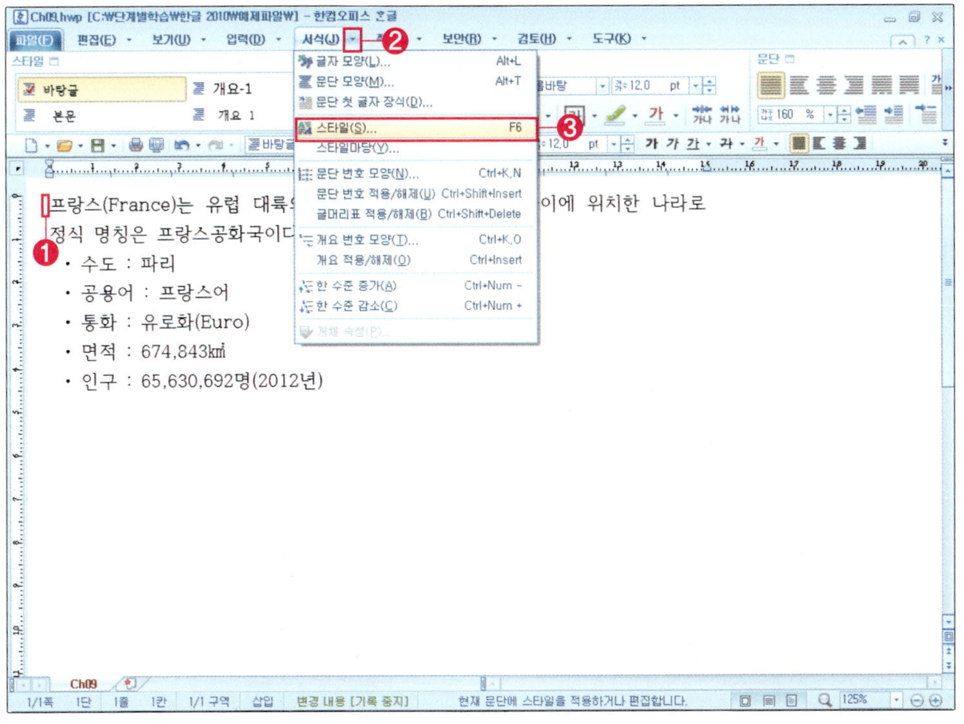

12 [스타일] 대화상자가 나타나면 **스타일 (개요-1)**을 선택한 후 **[설정]** 단추를 클릭합 니다.

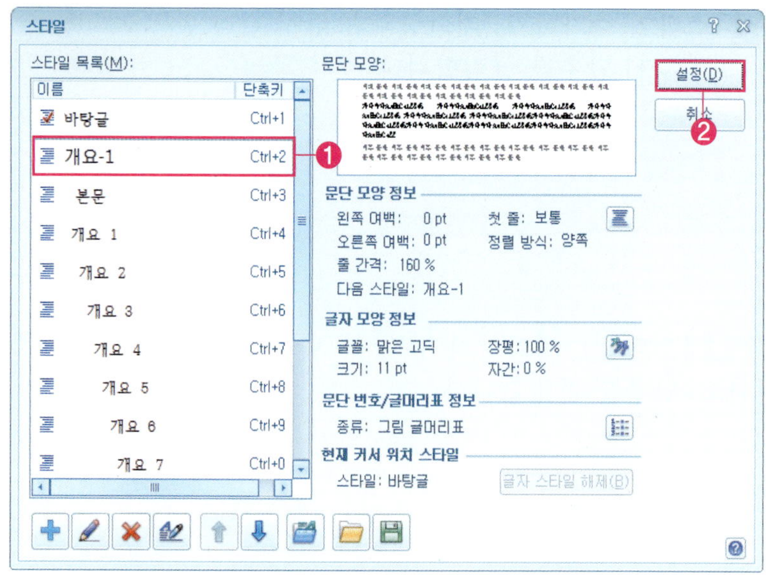

13 다음과 같이 스타일이 적용됩니다.

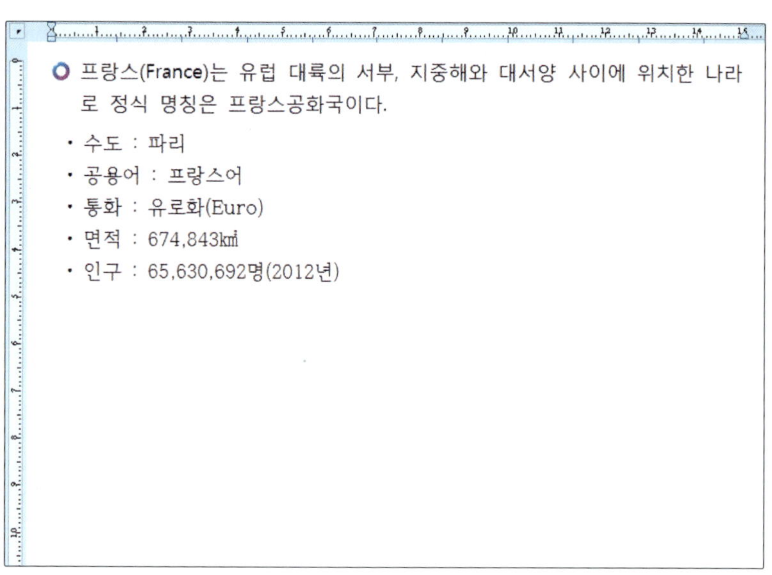

알고 넘어갑시다

● 스타일 작업 창을 사용하여 바로 스타일 적용하기

다음과 같이 [보기] 탭의 ▾ [목록] 단추를 클릭한 후 [작업 창]–[스타일]을 클릭하면 스타일 작업 창이 나타납니다. 스타일을 적용할 문단에 커서를 둔 후 스타일 작업 창에서 스타일을 선택하면 바로 해당 스타일을 적용할 수 있습니다.

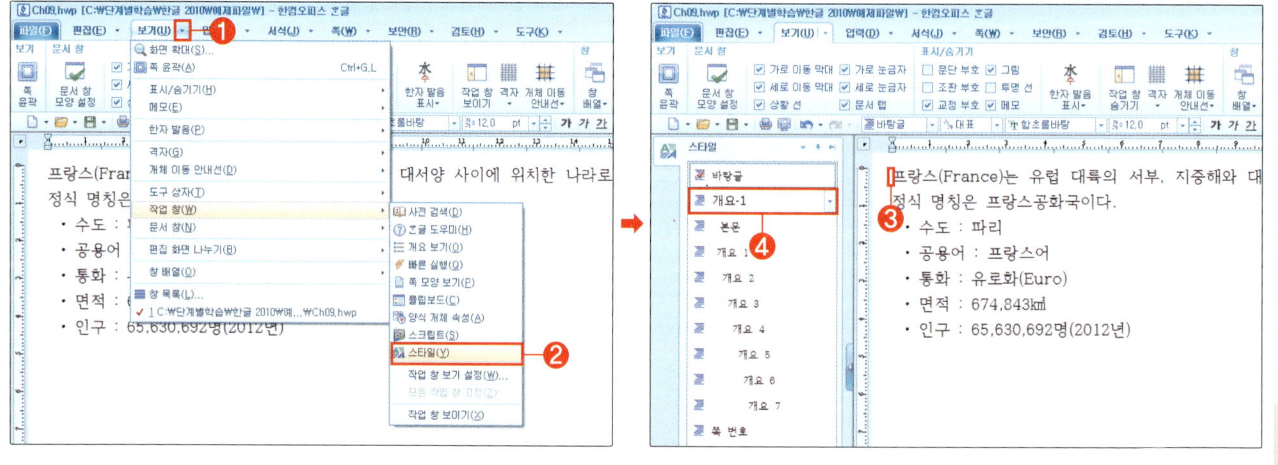

1 글자 모양을 지정하기 위해 '수도'를 블록으로 설정한 후 [서식] 탭-[글자] 그룹에서 글자 색(에메랄드 블루)을 선택한 다음 **가**[진하게]를 클릭합니다.

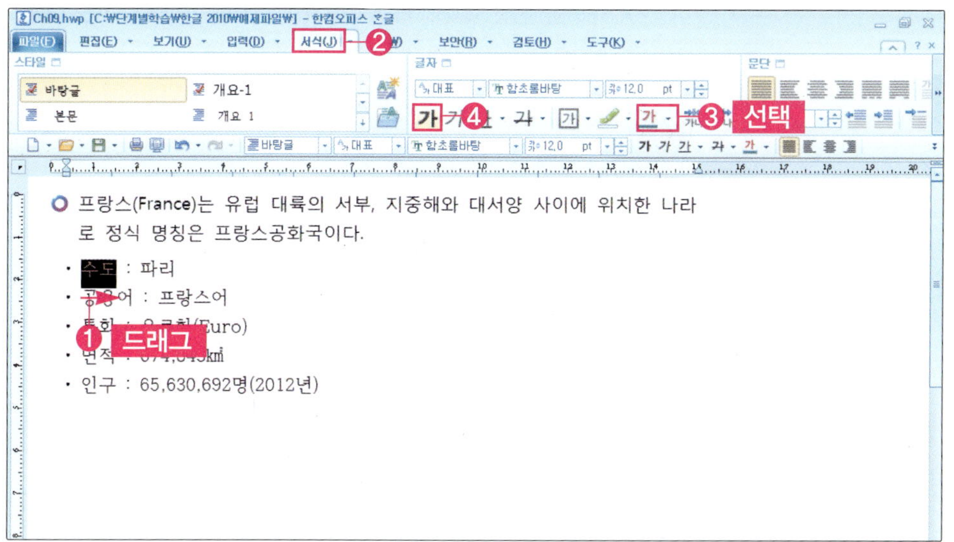

2 모양을 복사하기 위해 '수도' 뒤에 커서를 둔 후 [편집] 탭-[클립보드] 그룹에서 [모양 복사]를 클릭합니다.

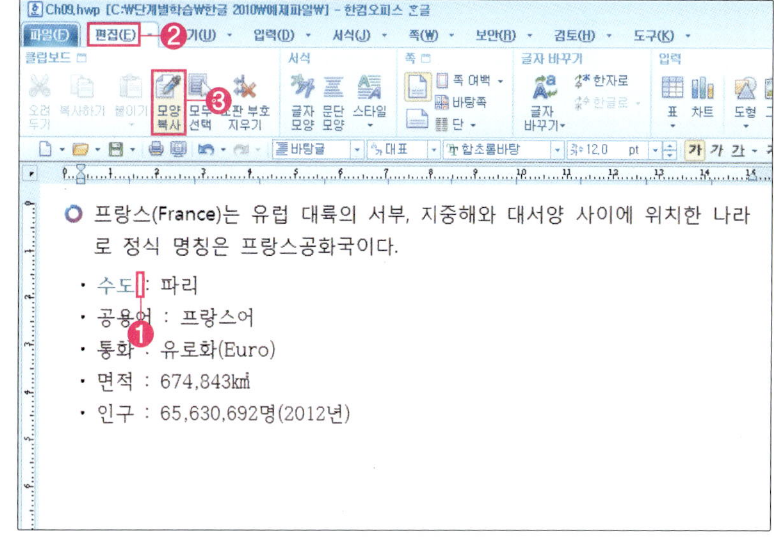

한마디 더!

'수도' 뒤에 커서를 둔 후 [편집] 탭의 ·[목록] 단추를 클릭한 다음 [모양 복사]를 클릭하거나 Alt+C를 눌러 모양을 복사할 수도 있습니다.

3 [모양 복사] 대화상자가 나타나면 [글자 모양]을 선택한 후 [복사] 단추를 클릭합니다.

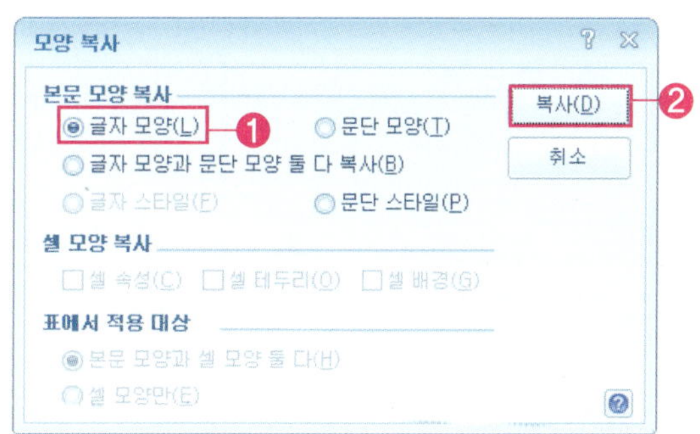

4 '공용어'를 블록으로 설정한 후 [편집] 탭-[클립보드] 그룹에서 [모양 복사]를 클릭합니다.

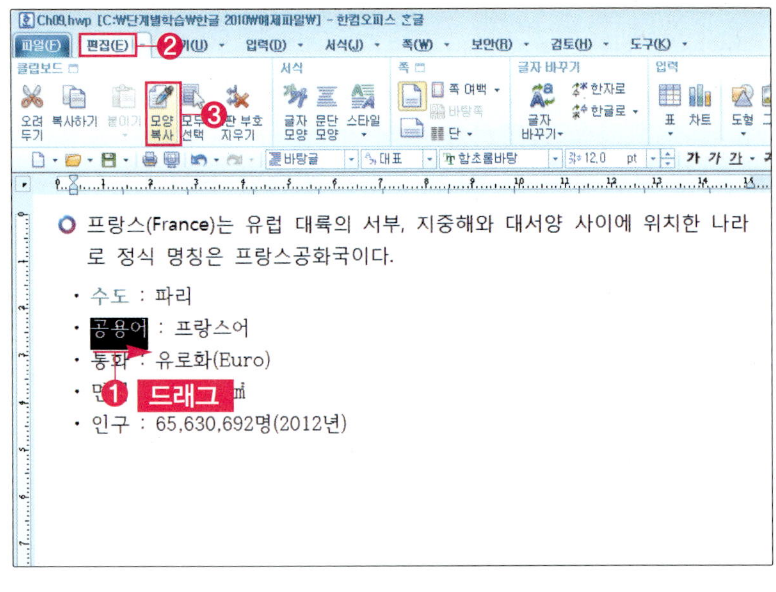

> **한마디 더!**
>
> 내용 뒤에 커서를 둔 후 [편집] 탭-[클립보드] 그룹에서 [모양 복사]를 클릭하면 커서 앞에 있는 내용의 모양이 복사되고, 내용을 블록으로 설정한 후 [편집] 탭-[클립보드] 그룹에서 [모양 복사]를 클릭하면 복사한 모양이 블록으로 설정한 내용에 지정됩니다.

5 '통화'를 블록으로 설정한 후 [편집] 탭-[클립보드] 그룹에서 [모양 복사]를 클릭합니다.

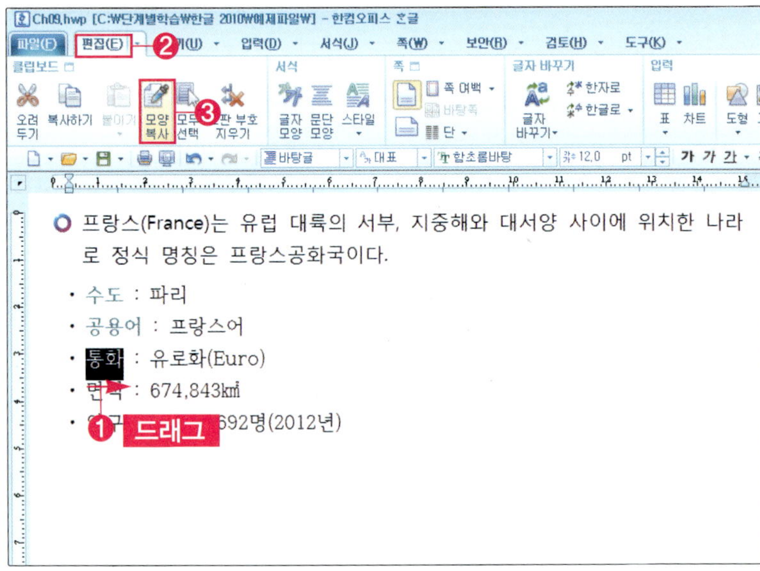

> **한마디 더!**
>
> 모양 복사는 가장 마지막에 복사한 모양을 기억합니다. 따라서 '수도'에 지정한 글자 모양을 다시 복사하지 않아도 '수도'에 지정한 글자 모양이 '통화'에 지정됩니다.

6 같은 방법으로 다음과 같이 '수도'에 지정한 글자 모양을 '면적'과 '인구'에 지정합니다.

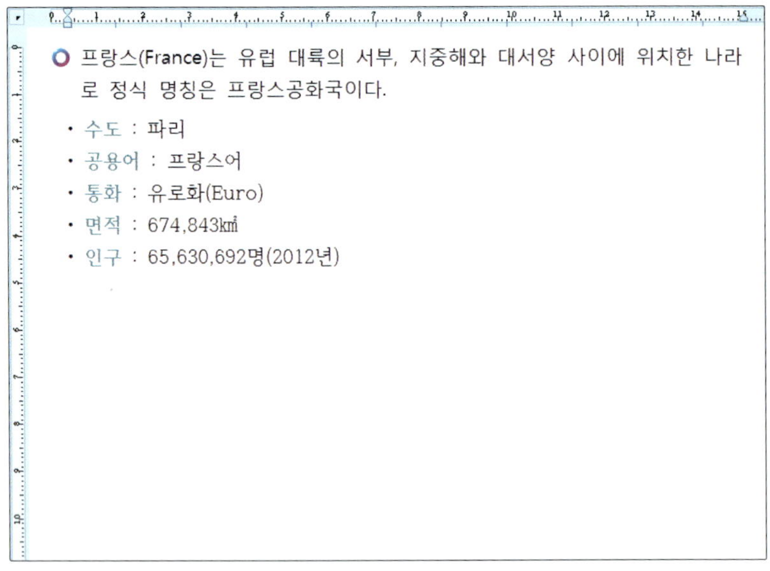

01 다음과 같이 스타일을 만든 후 '유럽 대륙의 중부에 위치한 나라' 에 스타일을 적용해 보세요.

- **'개요-2' 스타일** : 스타일 종류(글자), 글자 모양(글꼴(맑은 고딕), 글자 색(루비색))

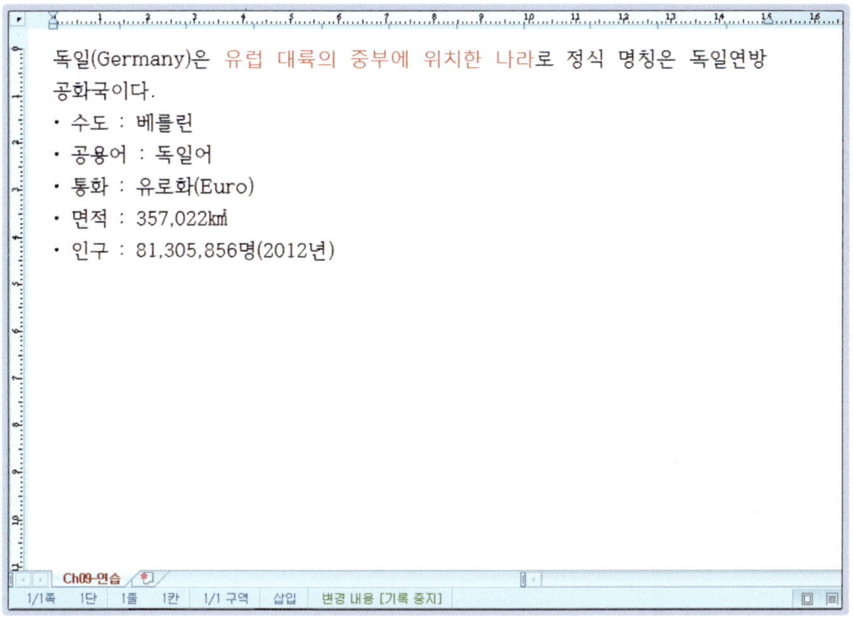

힌트

'유럽 대륙의 중부에 위치한 나라' 를 블록으로 설정한 후 스타일 작업 창에서 '개요-2' 스타일을 선택하면 '유럽 대륙의 중부에 위치한 나라' 에 '개요-2' 스타일을 적용할 수 있습니다.

02 다음과 같이 '수도' 에 글자 모양을 지정한 후 모양 복사를 사용하여 '수도' 에 지정한 글자 모양을 '공용어', '통화', '면적', '인구' 에 지정해 보세요.

- **수도** : 글꼴(맑은 고딕), 글자 색(바다색 20% 밝게), **가**[진하게]

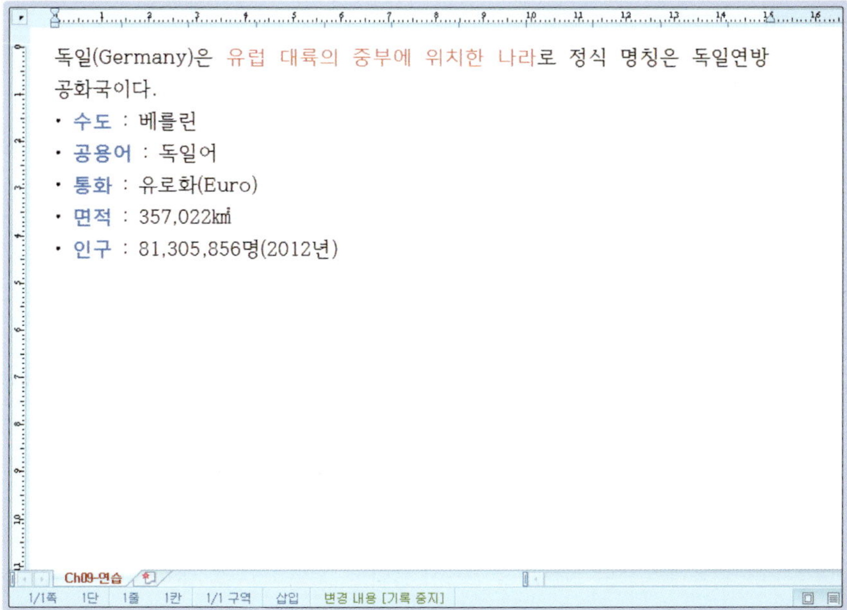

Chapter 10 블록 계산하고 정렬하기

블록 계산은 블록으로 설정한 내용에 있는 숫자들의 합계나 평균을 구하는 기능이고, 정렬은 블록으로 설정한 내용을 일정한 순서에 의해 차례대로 재배열하는 기능입니다. 그럼, 블록 계산하고 정렬하는 방법에 대해 알아보겠습니다.

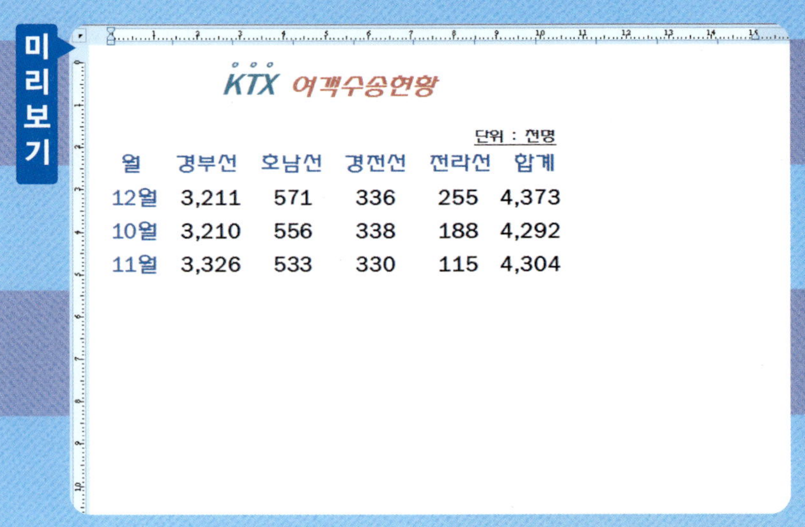

Ch10.hwp

기초단계 01 블록 계산하기

1 합계를 구하기 위해 10월의 경부선, 호남선, 경전선, 전라선 여객수송현황을 블록으로 설정한 후 [도구] 탭-[블록] 그룹에서 [블록 계산]을 클릭한 다음 [블록 합계]를 클릭합니다.

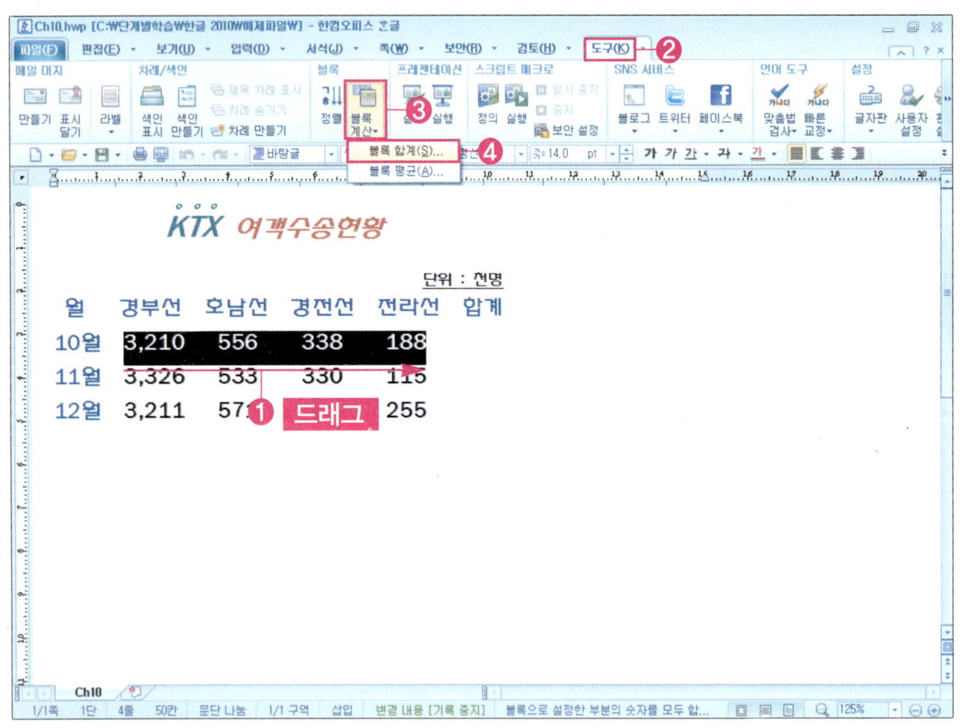

한마디 더!

10월의 경부선, 호남선, 경전선, 전라선 여객수송현황을 블록으로 설정한 후 [도구] 탭의 ▾ [목록] 단추를 클릭한 다음 [블록 계산]-[블록 합계]를 클릭하여 합계를 구할 수도 있습니다.

2 [블록 계산 결과] 대화상자가 나타나면 [합계]를 선택한 후 [세 자리마다 쉼표로 자리 구분]을 선택한 다음 [넣기] 단추를 클릭합니다.

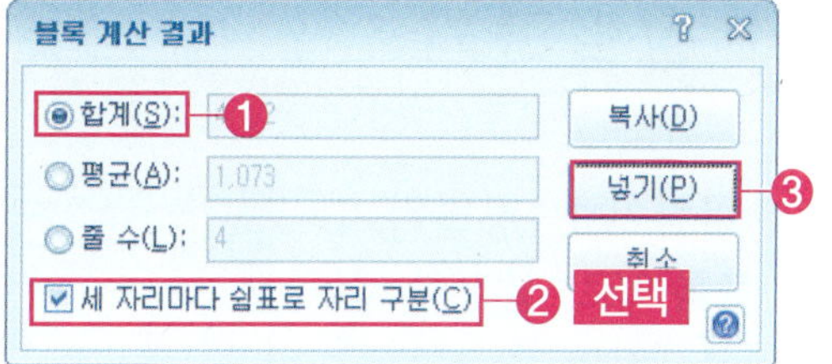

3 합계가 넣어지면 합계를 띄우기 위해 합계 앞에 커서를 둔 후 SpaceBar 를 두 번 누릅니다.

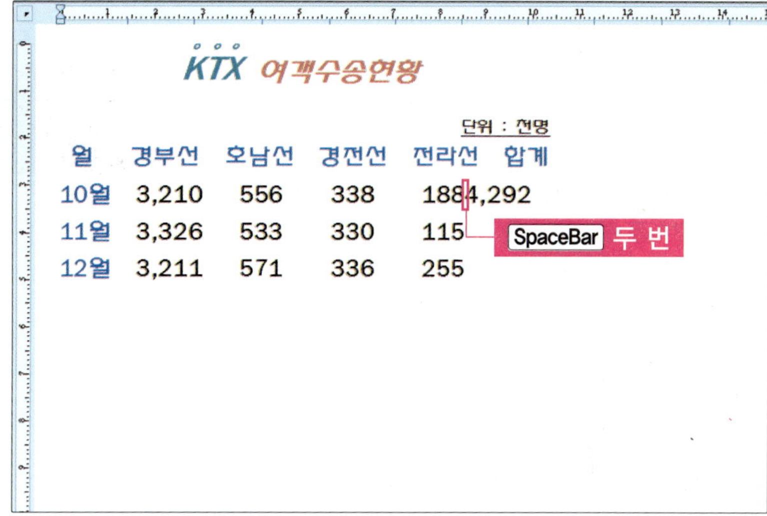

4 같은 방법으로 다음과 같이 합계를 구합니다.

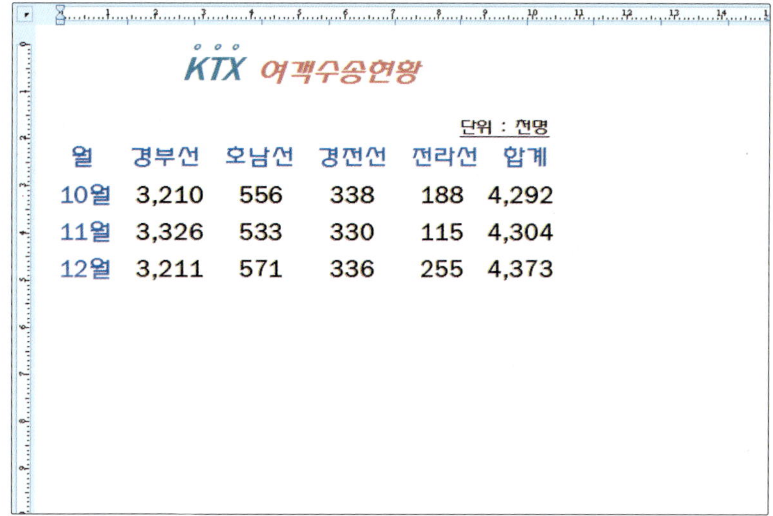

1 호남선을 기준으로 내림차순 정렬하기 위해 5~7번째 문단을 블록으로 설정한 후 [도구] 탭-[블록] 그룹에서 [정렬]을 클릭합니다.

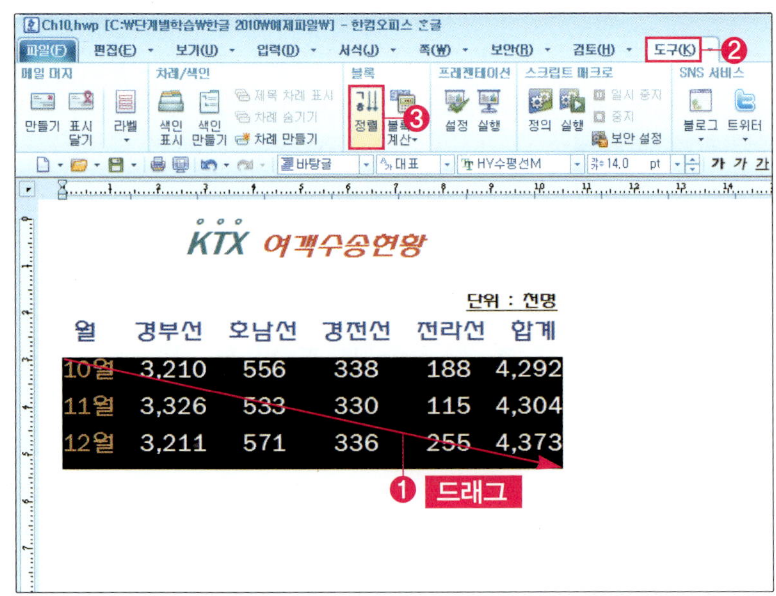

한마디 더!

- 정렬에는 작은 값에서 큰 값 순으로 재배열하는 오름차순 정렬과 큰 값에서 작은 값 순으로 재배열하는 내림차순 정렬이 있습니다.
- 5~7번째 문단을 블록으로 설정한 후 [도구] 탭의 [목록] 단추를 클릭한 다음 [정렬]을 클릭하여 호남선을 기준으로 내림차순 정렬을 할 수도 있습니다.

2 [정렬] 대화상자가 나타나면 필드 구분(빈칸)을 선택한 후 [연속된 구분 기호 무시]를 선택한 다음 기준 1에서 위치(필드3)와 형식(숫자(987))을 선택하고 [실행] 단추를 클릭합니다.

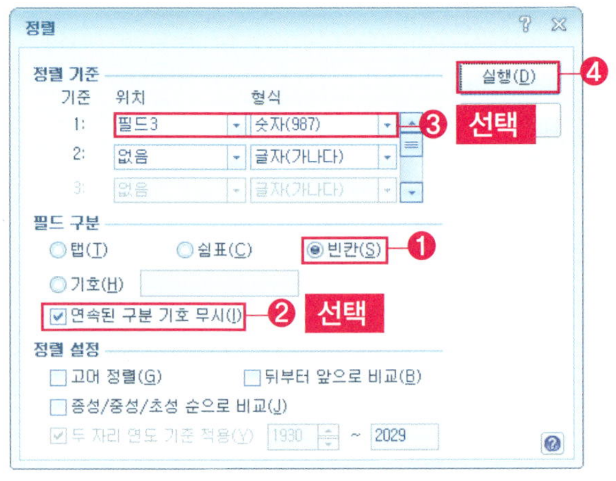

한마디 더!

- 필드는 자료 전체에서 세로 방향에 있는 자료(여기서는 월, 경부선, 호남선, 경전선, 전라선, 합계)를 말합니다.
- 필드 구분을 '빈칸'으로 선택한 것은 이 문서가 SpaceBar 를 눌러 필드를 구분하였기 때문입니다.
- [연속된 구분 기호 무시]를 선택하면 필드 사이에 필드 구분자(여기서는 빈칸)가 여러 개 있는 경우, 하나만 있는 것으로 간주하여 필드를 구분합니다.
- '필드3'은 3번째 필드(여기서는 호남선)를 말하고, '숫자(987)'은 큰 숫자에서 작은 숫자 순으로 재배열하는 내림차순 정렬을 말합니다.

3 다음과 같이 호남선을 기준으로 내림차순 정렬됩니다.

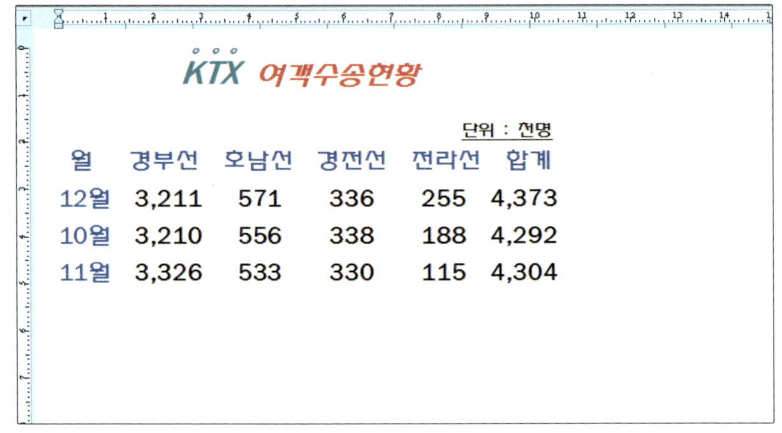

01 다음과 같이 블록 계산을 사용하여 평균을 구해 보세요.

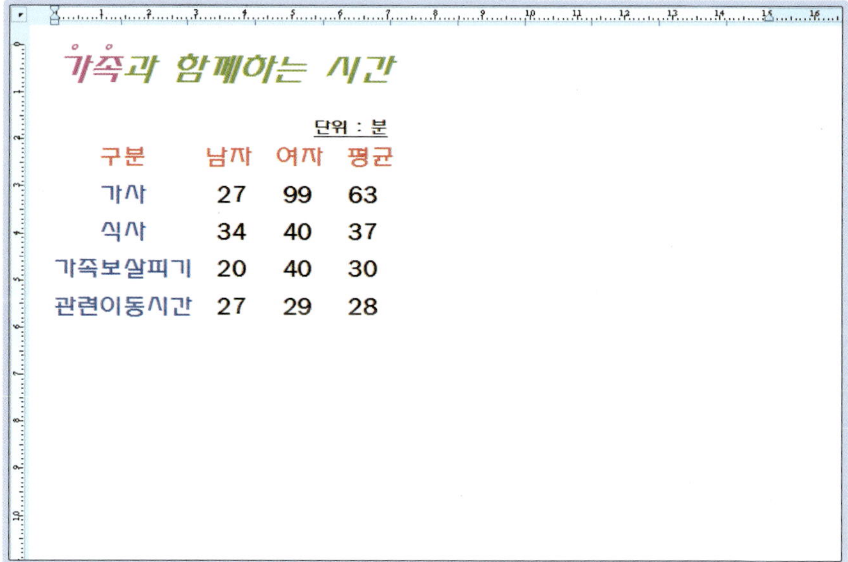

02 다음과 같이 정렬을 사용하여 평균을 기준으로 내림차순 정렬을 해 보세요.

힌 트

5~8번째 문단을 블록으로 설정한 후 [도구] 탭-[블록] 그룹에서 [정렬]을 클릭하면 평균을 기준으로 내림차순 정렬을 할 수 있습니다.

◆ 탭 지정하기

문서를 작성할 때 일정한 간격으로 띄어서 입력해야 하는 경우, SpaceBar를 사용하는 것보다 Tab을 사용하는 것이 편합니다. 한글에서는 Tab을 누를 때 띄우는 간격을 지정할 수 있습니다.
그럼, 탭을 지정하는 방법에 대해 알아보겠습니다.

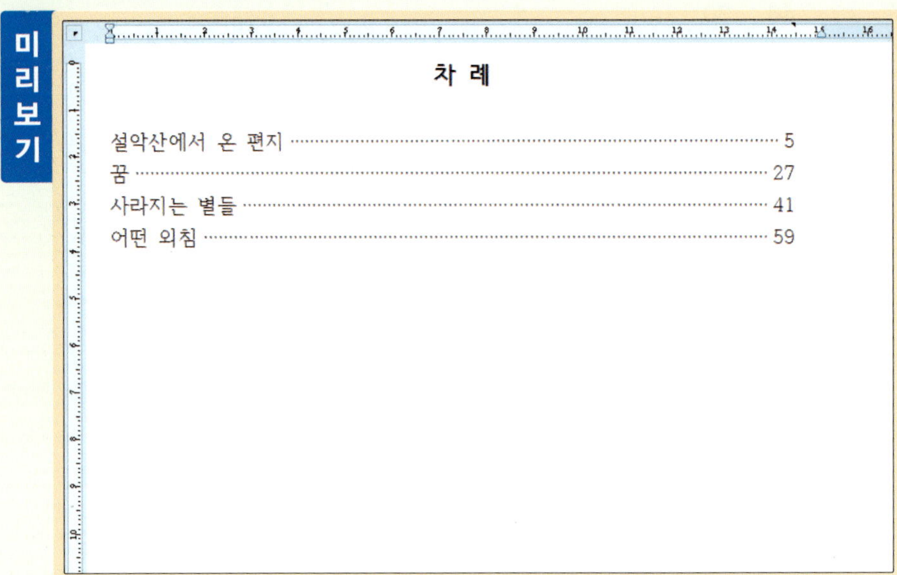

Sp01.hwp

01 탭을 지정하기 위해 [서식] 탭의 ˙[목록] 단추를 클릭한 후 [문단 모양]을 클릭합니다.

02 [문단 모양] 대화상자가 나타나면 [탭 설정] 탭에서 **탭 종류(오른쪽)와 채울 모양(⋯⋯[점선])을 선택**한 후 **탭 위치(370)를 입력**한 다음 [추가] 단추를 클릭하여 탭이 탭 목록에 추가되면 [설정] 단추를 클릭합니다.

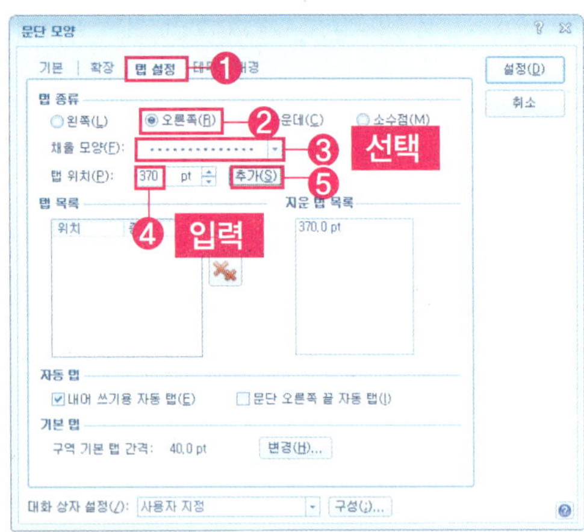
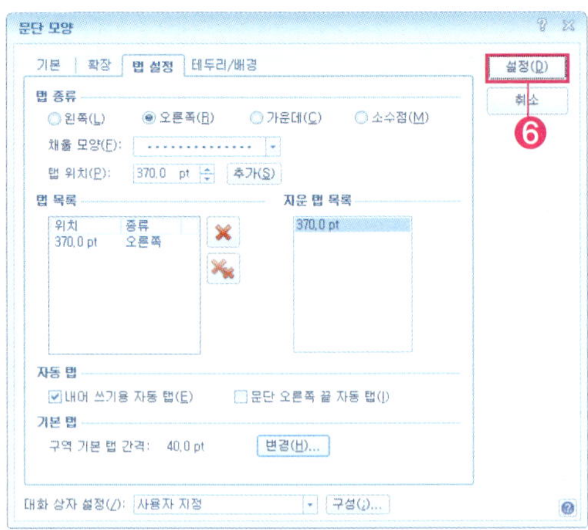

한마디 더!

탭 목록에서 탭을 선택한 후 ✖[지우기]를 클릭하면 선택한 탭을 지울 수 있고, ✖[모두 지우기]를 클릭하면 탭 목록에 있는 모든 탭을 지울 수 있습니다.

03 탭이 지정되면 3번째 줄에 '설악산에서 온 편지'를 입력한 후 `Tab`을 누릅니다. 그런 다음 '5'를 입력한 후 `Enter`를 누릅니다.

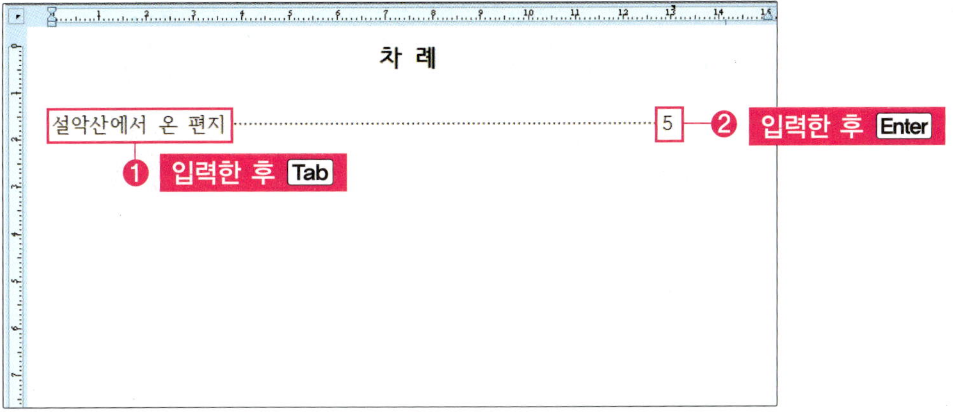

> **한마디 더!**
> • 가로 눈금자에 왼쪽 탭은 ⌐ 모양, 오른쪽 탭은 ⌐ 모양, 가운데 탭은 ⌐ 모양, 소수점 탭은 ⌐ 모양으로 표시됩니다. 여기서는 370pt 위치에 오른쪽 탭을 지정하였으므로 가로 눈금자의 370pt 위치에 ⌐ 모양이 표시됩니다.
> • 가로 눈금자가 표시되어 있지 않은 경우에는 [보기] 탭–[문서 창] 그룹에서 [가로 눈금자]를 선택합니다.

04 같은 방법으로 다음과 같이 내용을 입력합니다. 그런 다음 오른쪽 탭의 위치를 변경하기 위해 3~6번째 문단을 블록으로 설정한 후 다음과 같이 ⌐[오른쪽 탭]을 드래그합니다.

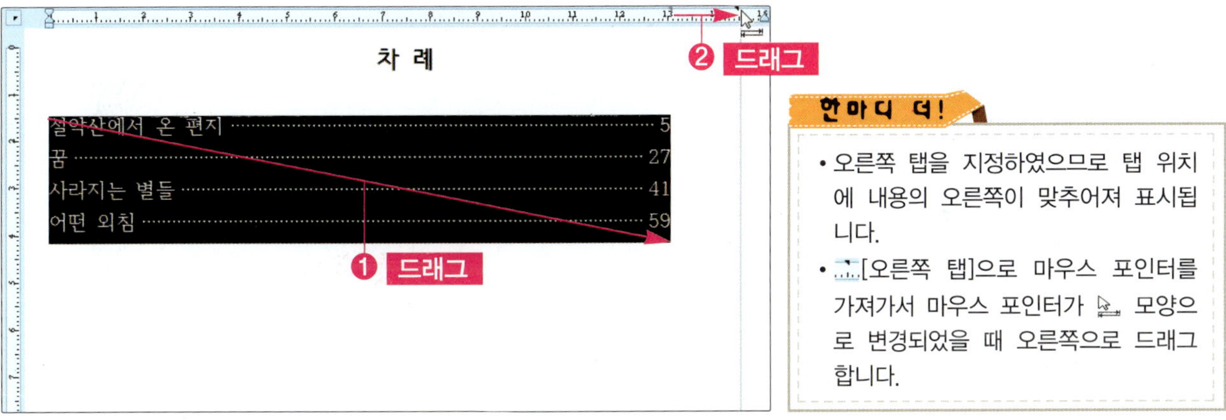

> **한마디 더!**
> • 오른쪽 탭을 지정하였으므로 탭 위치에 내용의 오른쪽이 맞추어져 표시됩니다.
> • ⌐[오른쪽 탭]으로 마우스 포인터를 가져가서 마우스 포인터가 ⌐ 모양으로 변경되었을 때 오른쪽으로 드래그합니다.

05 다음과 같이 오른쪽 탭의 위치가 변경됩니다.

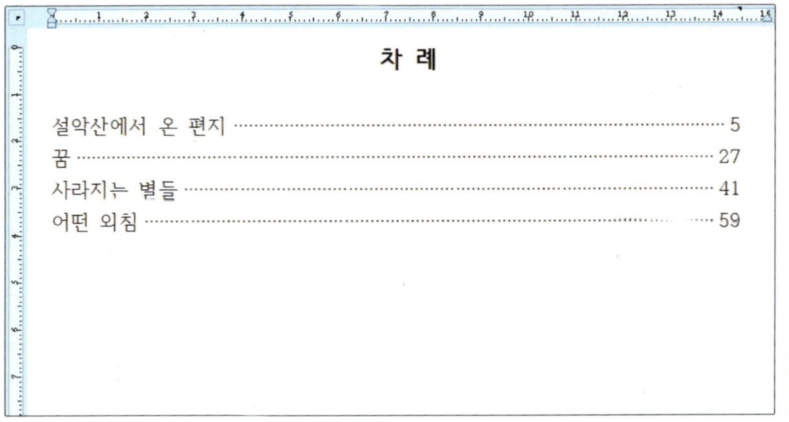

> **한마디 더!**
> • 3~6번째 문단의 탭 위치도 변경됩니다. 3~6번째 문단을 블록으로 설정하지 않고 ⌐[오른쪽 탭]을 드래그하면 현재 커서가 있는 문단의 탭 위치만 변경됩니다.
> • 눈금자에서 ⌐[오른쪽 탭]을 오른쪽 클릭하면 오른쪽 클릭할 때마다 가운데 탭 → 소수점 탭 → 왼쪽 탭 → 오른쪽 탭 → 가운데 탭 순서로 변경됩니다.

Chapter 11 그리기마당과 글맵시 활용하기

준비단계

그리기마당은 한글에서 제공하는 그림 모음으로 그리기 조각과 클립아트로 구성되어 있습니다. 글맵시는 글자를 꾸미는 기능입니다. 문서와 어울리는 그리기마당과 글맵시를 활용하면 문서를 부각시킬 수 있습니다.
그럼, 글맵시와 그리기마당을 활용하는 방법에 대해 알아보겠습니다.

미리보기

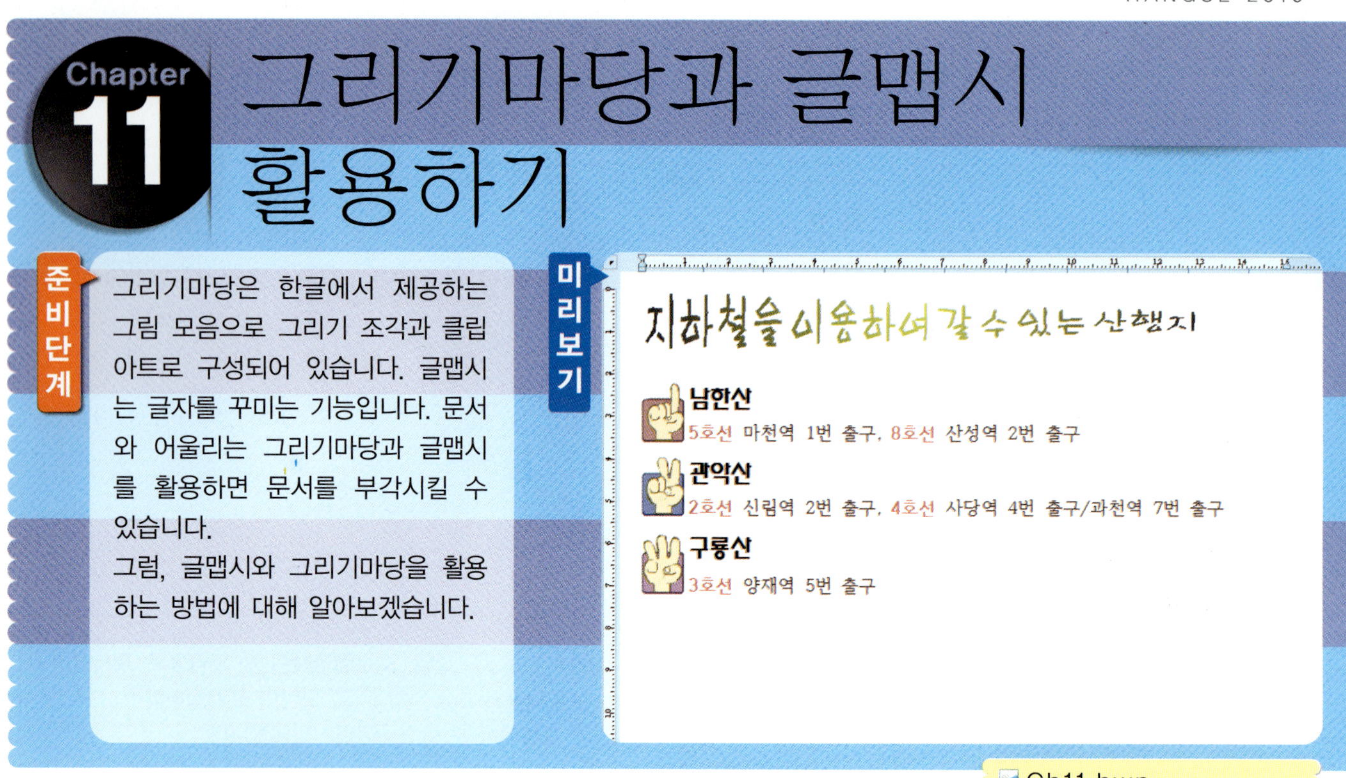

Ch11.hwp

기초단계 01 그리기마당 활용하기

1 그리기 조각을 삽입하기 위해 [입력] 탭-[개체] 그룹에서 [그리기마당]을 클릭합니다.

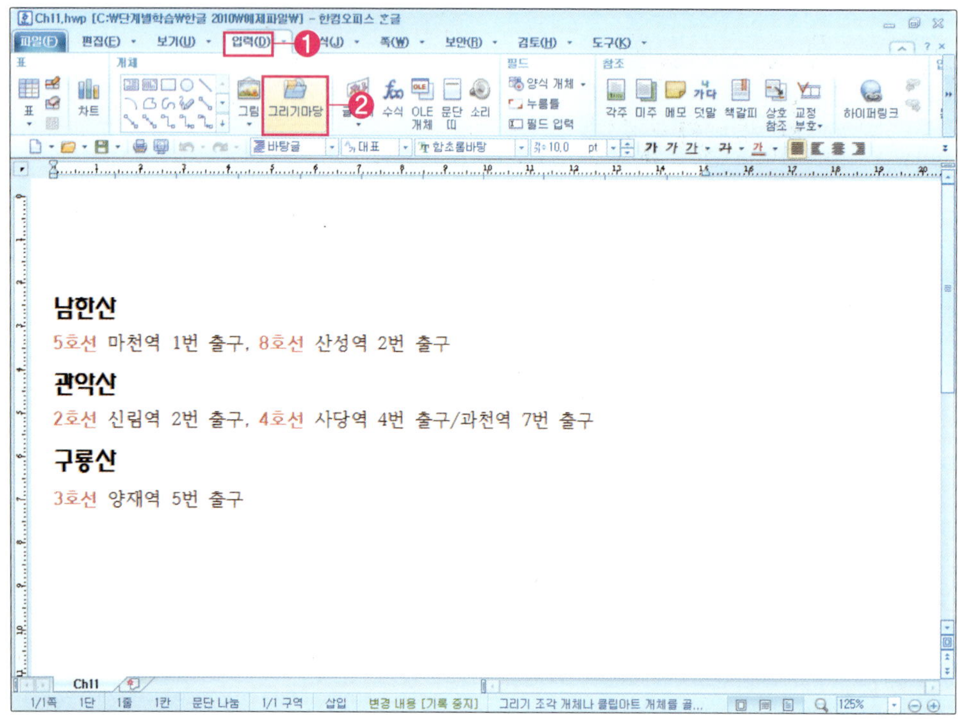

한마디 더!

- 편집 창에 직접 입력하는 내용 이외의 그리기 조각, 클립아트, 글맵시, 그림, 도형 등을 '개체'라고 합니다.
- [입력] 탭의 ▾[목록] 단추를 클릭한 후 [그림]-[그리기마당]을 클릭하여 그리기 조각을 삽입할 수도 있습니다.

2 [그리기마당] 대화상자가 나타나면 [그리기 조각] 탭에서 **꾸러미(아이콘(인체))**를 선택한 후 **개체(손4)**를 선택한 다음 [넣기] 단추를 클릭합니다.

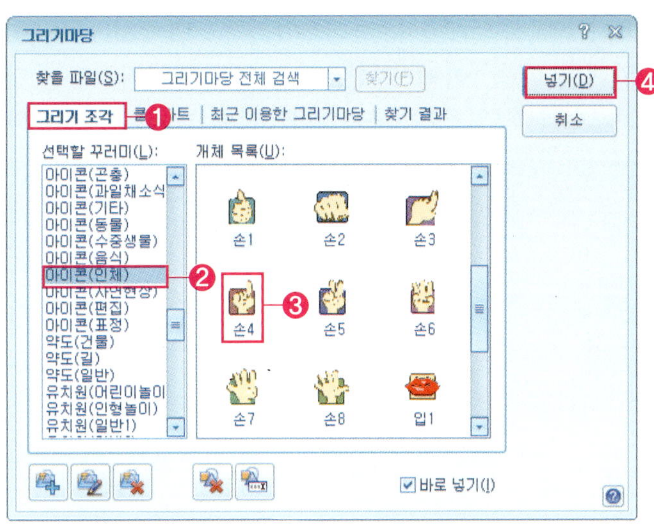

한마디 더!

- 그리기 조각은 한글에서 직사각형, 타원, 선 등의 도형을 사용하여 그린 그림 모음이고, 클립아트는 외부에서 그린 그림 모음입니다.
- 꾸러미는 그리기 조각이나 클립아트를 공통성 있는 그림별로 묶어 구분하여 놓은 것을 말합니다.

3 마우스 포인터가 **+** 모양으로 변경되면 **다음과 같이 드래그하여 그리기 조각을 삽입**합니다.

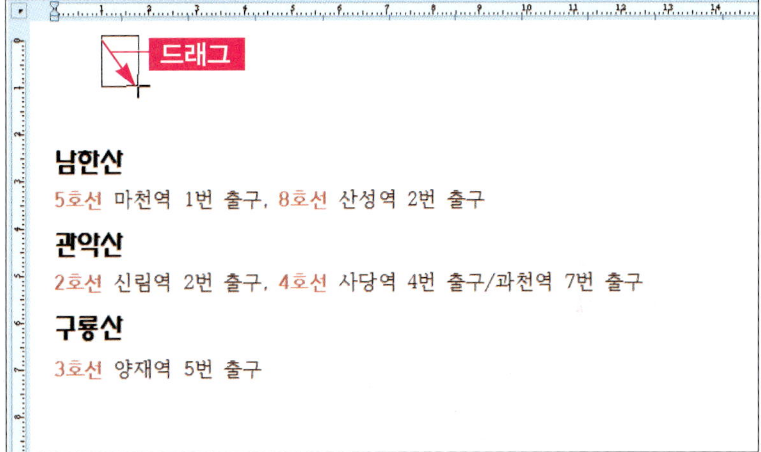

남한산
5호선 마천역 1번 출구, 8호선 산성역 2번 출구

관악산
2호선 신림역 2번 출구, 4호선 사당역 4번 출구/과천역 7번 출구

구룡산
3호선 양재역 5번 출구

4 그리기 조각의 속성을 지정하기 위해 [도형] 탭-[스타일] 그룹에서 **그룹 이름(스타일)**을 클릭합니다.

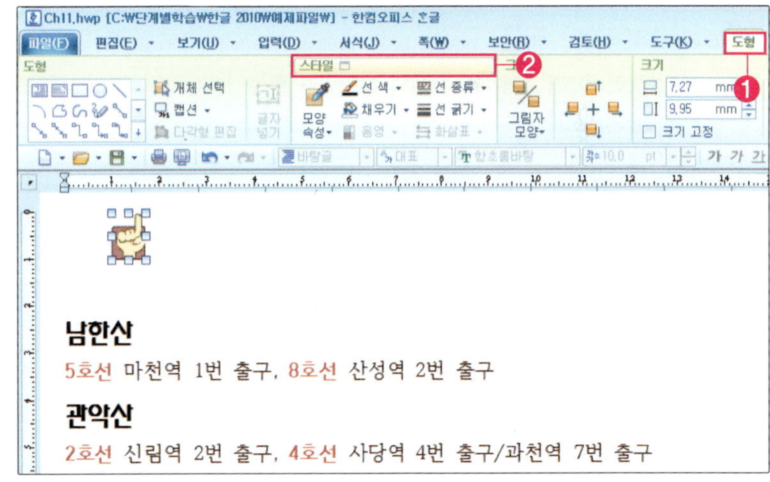

한마디 더!

그리기 조각의 바로 가기 메뉴에서 [개체 속성]을 클릭하거나 P를 눌러 그리기 조각의 속성을 지정할 수도 있습니다.

알고 넘어갑시다

● 개체 선택하고 선택 해제하기

- **하나의 개체 선택** : 개체로 마우스 포인터를 가져가서 마우스 포인터가 ⬚ 모양으로 변경되었을 때 클릭합니다.
- **여러 개체 선택** : 개체를 선택한 후 Shift 를 누른 상태에서 다른 개체를 선택합니다.
- **개체 선택 해제** : 문서에서 빈 곳을 클릭하거나 Esc 를 누릅니다.

5 [개체 속성] 대화상자가 나타나면 [기본] 탭에서 **너비(10)와 높이(14)를 입력**한 후 **본문과의 배치(▣[어울림])를 선택**한 다음 [여백/캡션] 탭을 클릭합니다. 그런 다음 [개체 속성] 대화상자의 [여백/캡션] 탭이 나타나면 **왼쪽/오른쪽/위쪽/아래쪽 바깥 여백(1)을 입력**한 후 [설정] 단추를 클릭합니다.

알 고 넘 어 갑 시 다

◉ **본문과의 배치**

- ▣ **[어울림]** : 개체와 내용이 같은 줄에 배치됩니다. 개체와 내용은 서로 차지한 자리를 침범하지 않습니다.
- ▣ **[자리 차지]** : 개체가 개체의 높이만큼 줄을 전부 차지하여 개체와 내용이 다른 줄에 배치됩니다.
- ▣ **[글 앞으로]** : 개체가 내용 위에 배치됩니다.
- ▣ **[글 뒤로]** : 개체가 내용 뒤에 배치됩니다.

6 그리기 조각의 속성이 지정되면 **다음과 같이 드래그하여 그리기 조각을 이동시킵니다.**

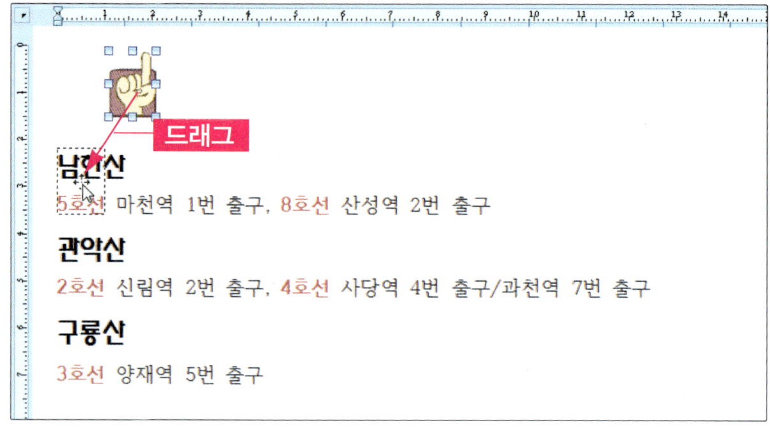

7 같은 방법으로 **다음과 같이 그리기 조각을 삽입한 후** 그리기 조각의 속성을 지정합니다.

- 그리기 조각 : ❶ '아이콘(인체)' 꾸러미의 '손5' 개체 ❷ '아이콘(인체)' 꾸러미의 '손6' 개체
- 그리기 조각의 속성 : 너비(10), 높이(14), 본문과의 배치(⊞[어울림]), 왼쪽/오른쪽/위쪽/아래쪽 바깥 여백(1)

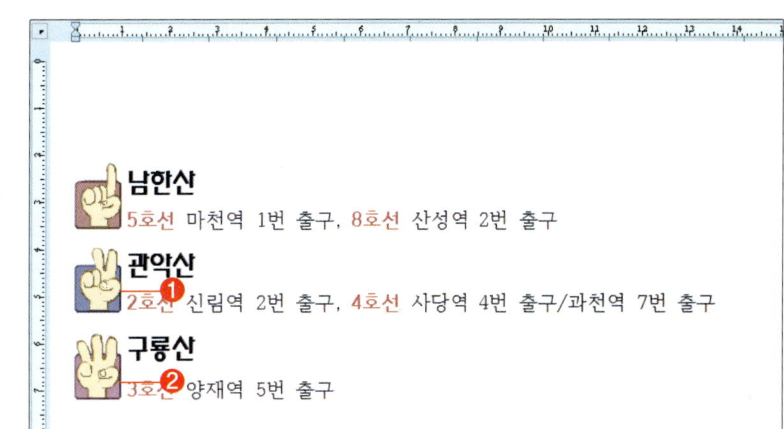

◉ **개체 삭제하기**

개체를 선택한 후 Delete 를 누르면 개체를 삭제할 수 있습니다.

◉ **개체의 겹치는 순서 다시 매기기**

개체를 서로 겹치면 나중에 삽입한 개체가 먼저 삽입한 개체 위에 겹쳐집니다. 이런 경우에는 개체를 선택한 후 [개체] 탭(그리기 조각을 선택한 경우에는 [도형] 탭)-[정렬] 그룹에서 [맨 앞으로]를 클릭한 다음 [맨 앞으로]/[앞으로]를 클릭하거나 [맨 뒤로]를 클릭한 다음 [맨 뒤로]/[뒤로]를 클릭하면 먼저 삽입한 개체가 나중에 삽입한 개체 위에 겹쳐지게 할 수 있습니다.

앞으로
선택한 개체( )가 한 단계 위로 이동됩니다.

맨 앞으로
선택한 개체( )가 맨 위로 이동됩니다.

뒤로
선택한 개체( )가 한 단계 아래로 이동 됩니다.

맨 뒤로
선택한 개체( )가 맨 아래로 이동됩니다.

1 글맵시를 만들기 위해 1줄에 커서를 둔 후 [입력] 탭의 ·[목록] 단추를 클릭한 다음 [개체]-[글맵시]를 클릭합니다.

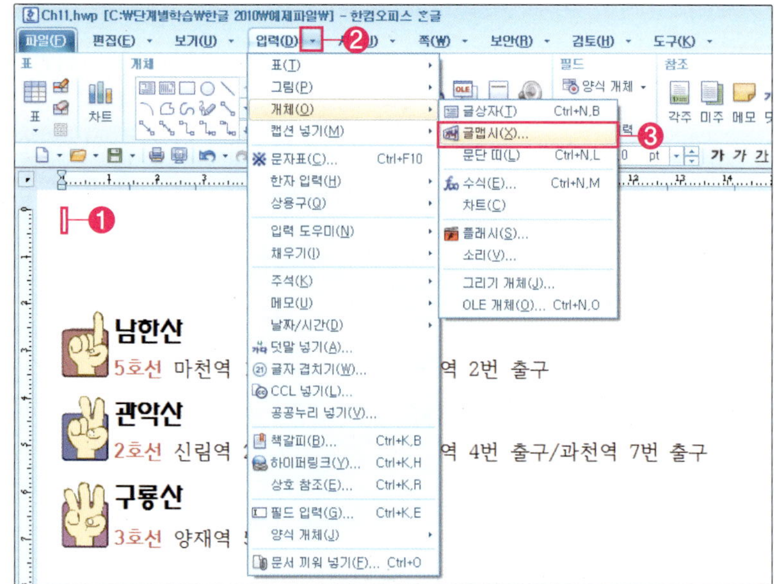

2 [글맵시 만들기] 대화상자가 나타나면 내용(지하철을 이용하여 갈 수 있는 산행지)을 입력한 후 글꼴(HY센스L)과 글맵시 모양(▶[오른쪽으로 줄이기])을 선택한 다음 [설정] 단추를 클릭합니다.

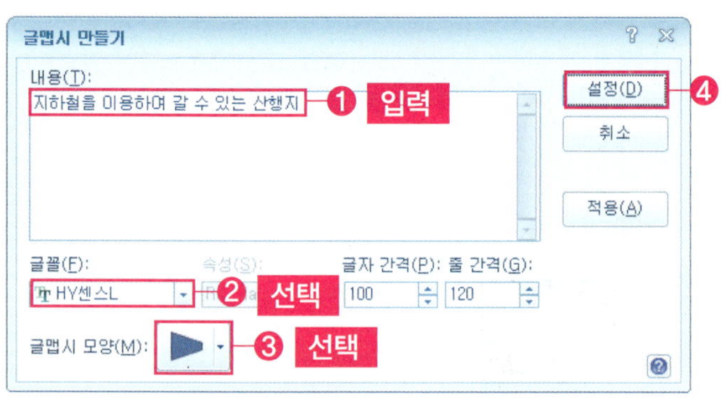

3 글맵시가 만들어지면 글맵시의 크기를 조정하기 위해 다음과 같이 글맵시의 크기 조정 핸들(□)을 드래그합니다.

한마디 더!

글맵시의 오른쪽 아래 크기 조정 핸들(□)로 마우스 포인터를 가져가서 마우스 포인터가 ⬉ 모양으로 변경되었을 때 왼쪽 위로 드래그합니다.

4 글맵시에 채우기를 지정하기 위해 [글맵시] 탭-[스타일] 그룹에서 [채우기]의 ·[목록] 단추를 클릭한 후 [다른 채우기]를 클릭합니다.

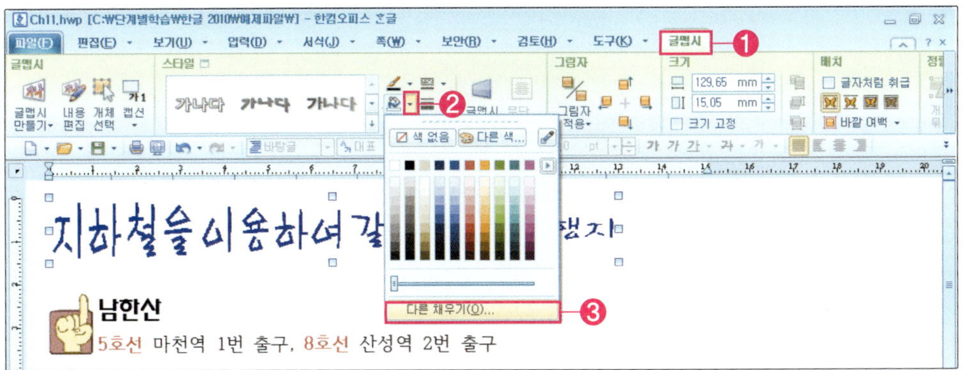

◉ 글맵시 스타일 적용하기

글맵시 스타일은 글맵시에 채우기나 그림자 등을 미리 지정하여 하나의 형식으로 만들어 놓은 것입니다. 다음과 같이 글맵시를 선택한 후 [글맵시] 탭-[스타일] 그룹에서 [자세히]를 클릭한 다음 글맵시 스타일을 클릭하면 글맵시에 해당 글맵시 스타일을 적용할 수 있습니다.

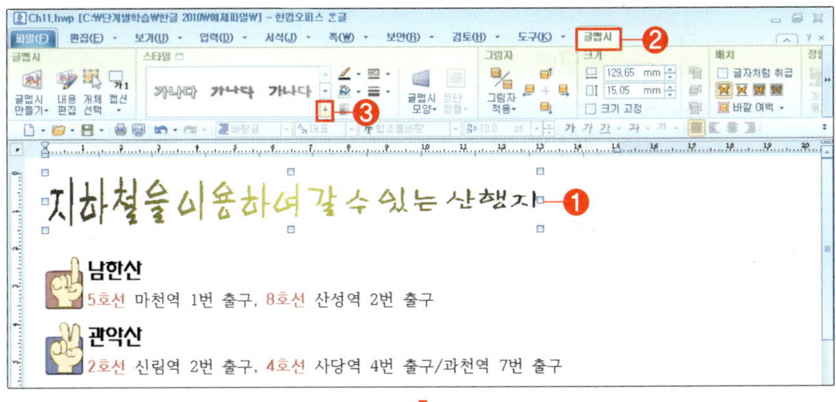

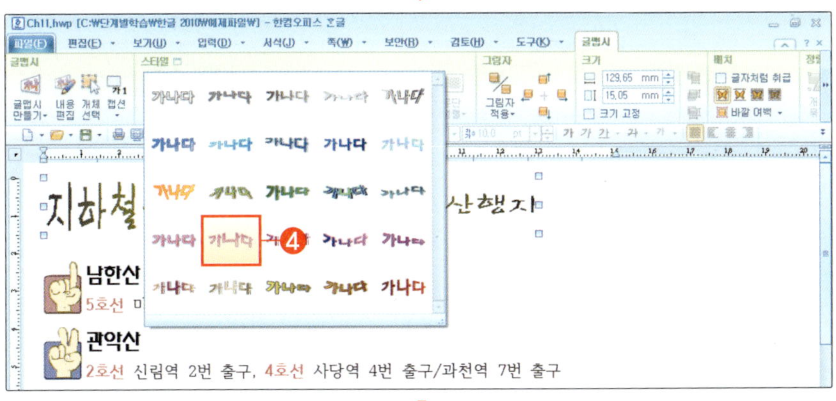

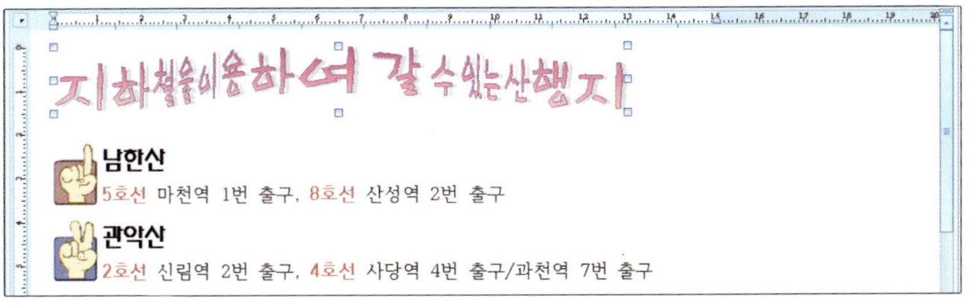

5 [개체 속성] 대화상자의 [채우기] 탭이 나타나면 [그러데이션]을 선택한 후 **유형(나르시스)**을 선택한 다음 [설정] 단추를 클릭합니다.

6 다음과 같이 글맵시에 채우기가 지정됩니다.

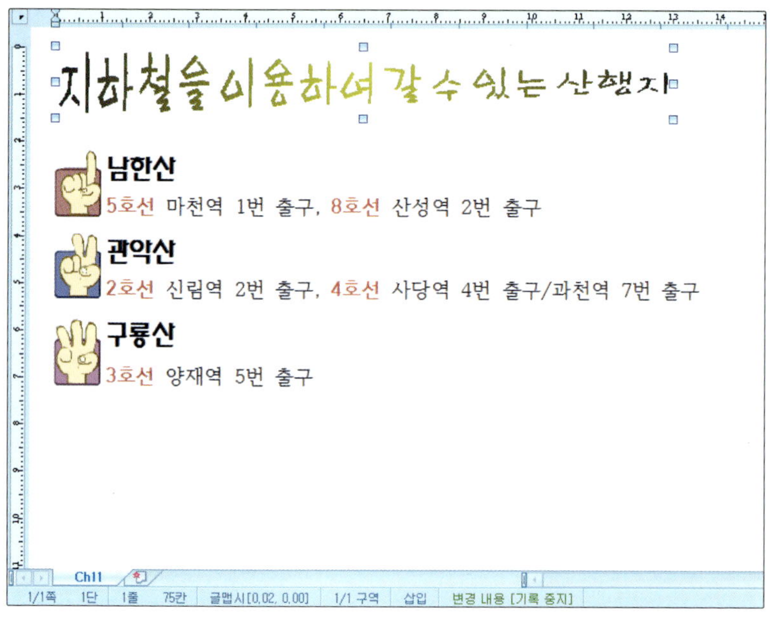

01 다음과 같이 그리기마당을 활용하여 문서를 작성해 보세요.

- **클립아트** : '휴식/여행' 꾸러미의 '식목일01' 개체
- **클립아트의 속성** : 너비(30), 높이(45), 본문과의 배치([글 뒤로])

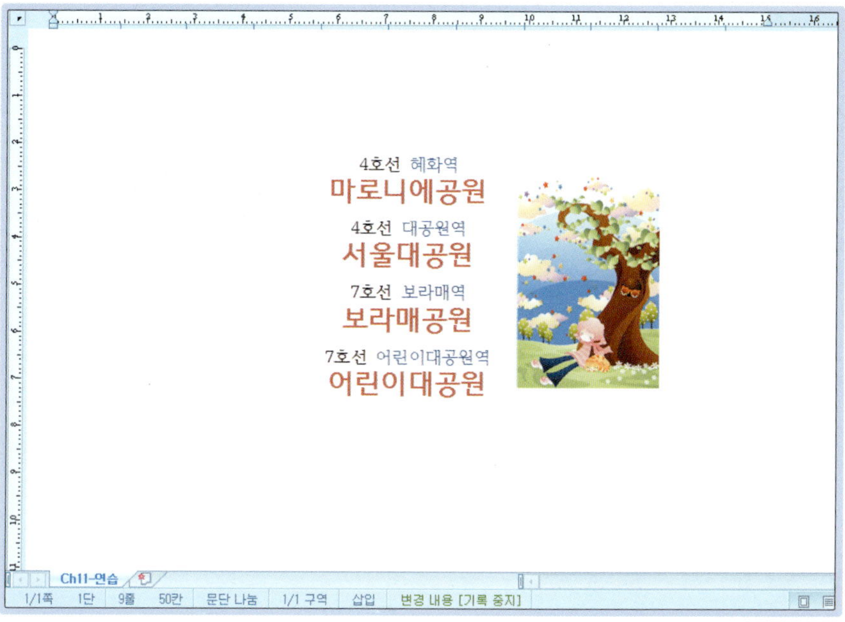

힌트

[입력] 탭-[개체] 그룹에서 [그리기마당]을 클릭하면 [그리기마당] 대화상자가 나타납니다. [그리기마당] 대화상자의 [클립아트] 탭에서 꾸러미(휴식/여행)를 선택한 후 개체(식목일01)를 선택한 다음 [넣기] 단추를 클릭하면 클립아트를 삽입할 수 있습니다.

02 다음과 같이 글맵시를 활용하여 문서를 작성해 보세요.

- **글맵시** : 글꼴(한컴 솔잎 M), 글맵시 모양([아래쪽으로 팽창]), 그러데이션(유형(가을 햇살))

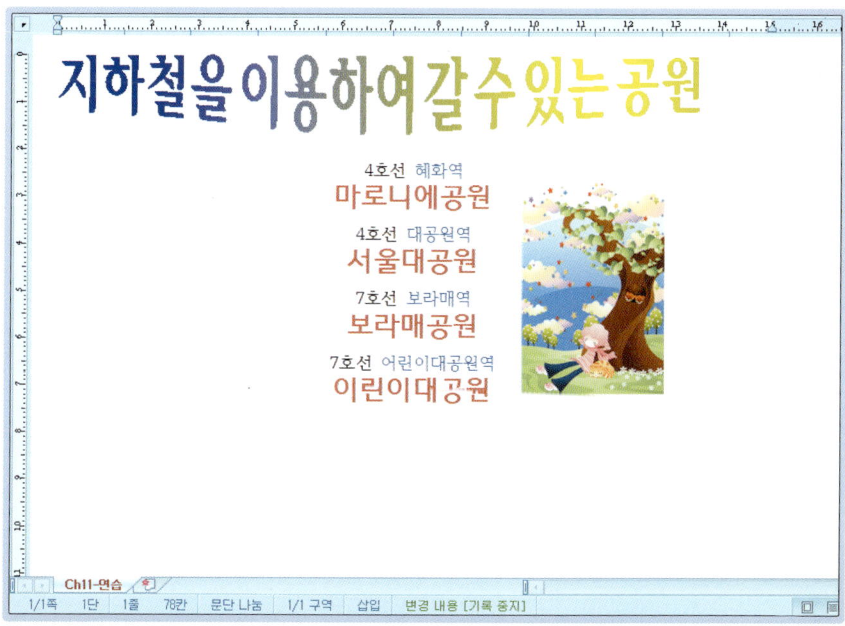

Chapter 12 그림 활용하기

한글에서는 저장된 그림을 삽입할 수 있을 뿐만 아니라 그림에 그림자, 반사, 네온 효과 등을 지정하거나 그림을 회색조로 조정할 수도 있습니다.
그럼, 그림을 활용하는 방법에 대해 알아보겠습니다.

Ch12.hwp

기초단계 01 그림 삽입하기

1 그림을 삽입하기 위해 8줄에 커서를 둔 후 [입력] 탭-[개체] 그룹에서 [그림]을 클릭합니다.

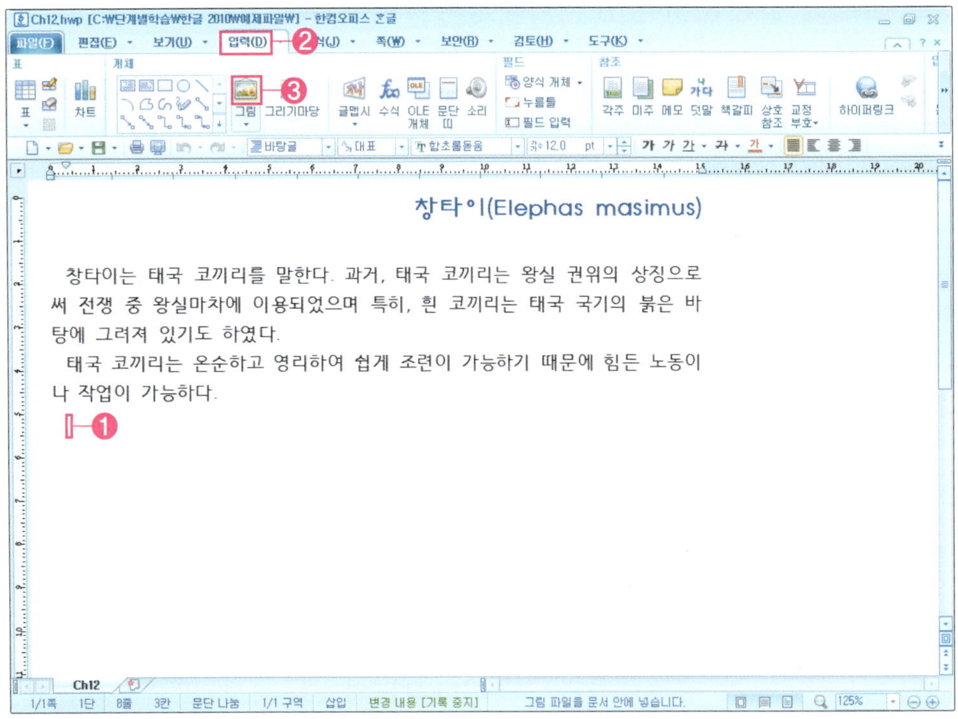

한마디 더!

[입력] 탭의 ▾[목록] 단추를 클릭한 후 [그림]-[그림]을 클릭하거나 Ctrl+N, I를 눌러 그림을 삽입할 수도 있습니다.

2 [그림 넣기] 대화상자가 나타나면 **찾는 위치**(C:\단계별학습\한글 2010\예제파일)를 지정한 후 그림(창타이)을 선택한 다음 [문서에 포함]과 [글자처럼 취급]을 선택하고 [넣기] 단추를 클릭합니다.

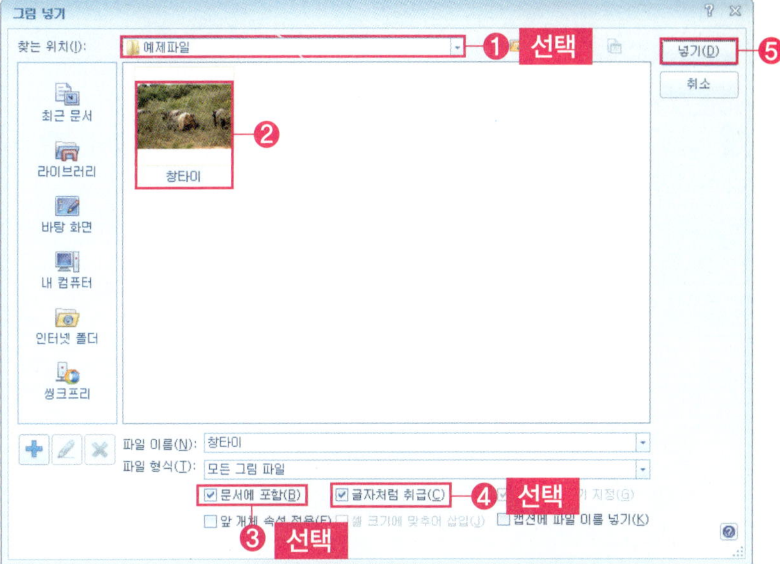

한 마디 더!

[글자처럼 취급]을 선택하면 그림을 하나의 글자처럼 취급합니다.

3 다음과 같이 그림이 삽입됩니다.

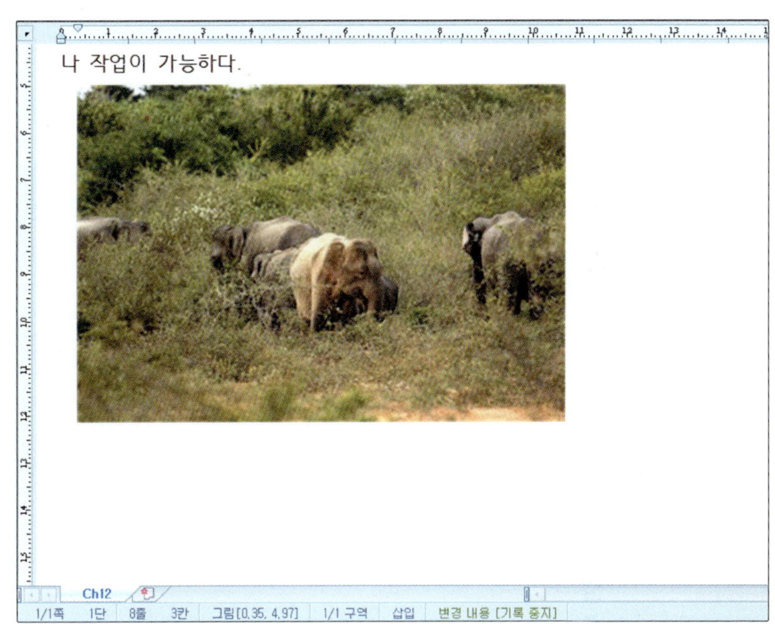

● **그림이 삽입된 자리만 표시되는 경우**

다음과 같이 그림이 삽입된 자리만 표시되는 경우에는 [보기] 탭-[표시/숨기기] 그룹에서 [그림]을 선택합니다.

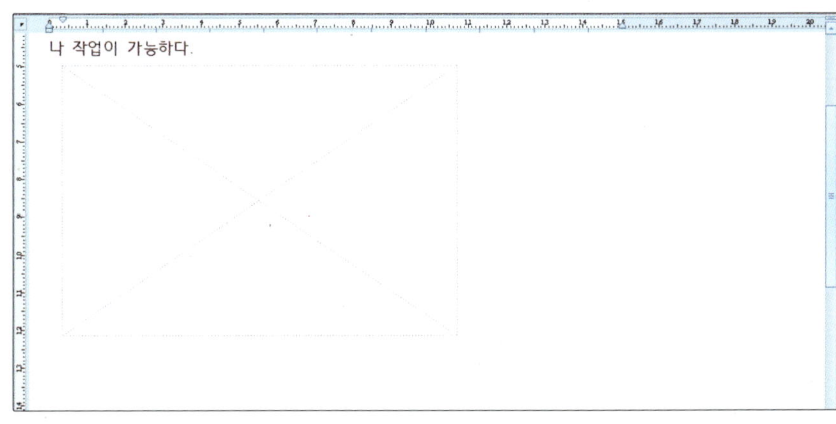

1 그림에 캡션을 넣기 위해 **그림을 선택**한 후 [그림] 탭–[그림] 그룹에서 **[캡션]의 ·[목록] 단추를 클릭**한 다음 **[오른쪽 위]를 클릭**합니다.

2 그림에 캡션이 넣어지면 **캡션 내용(태국 코끼리)을 입력**합니다.

알 고 넘 어 갑 시 다

◉ **그림에 그림자/반사/네온/옅은 테두리 효과 지정하기**

그림을 선택한 후 [그림] 탭–[효과] 그룹에서 [그림자]/[반사]/[네온]/[옅은 테두리]를 클릭하면 그림에 그림자/반사/네온/옅은 테두리 효과를 지정할 수 있습니다. 다음은 그림에 네온 효과를 지정하는 경우입니다.

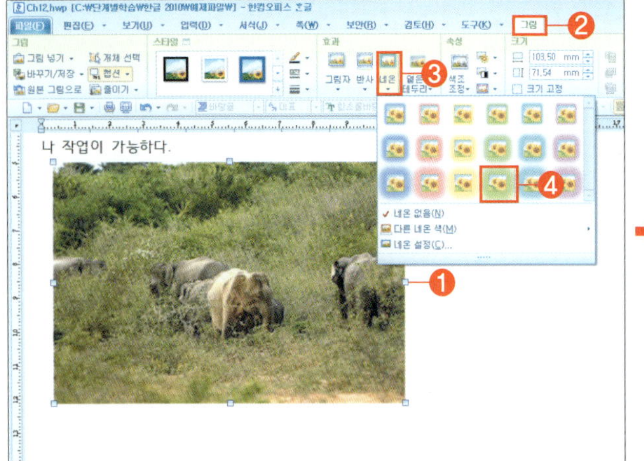

3 그림을 자르기 위해 그림을 선택한 후 [그림] 탭–[크기] 그룹에서 [자르기]를 선택합니다.

4 그림에 자르기 핸들이 표시되면 다음과 같이 그림의 자르기 핸들(━)을 드래그합니다.

그림의 위쪽 가운데 자르기 핸들(━)로 마우스 포인터를 가져가서 마우스 포인터가 ⊥ 모양으로 변경되었을 때 아래쪽으로 드래그합니다.

알 고 넘 어 갑 시 다

● 그림 자르기

다음과 같이 그림을 선택한 후 Shift 를 누른 상태에서 그림의 크기 조정 핸들(□)로 마우스 포인터를 가져가서 마우스 포인터 모양이 자르기 핸들 모양(⊥)으로 변경되었을 때 드래그하여 그림을 자를 수도 있습니다.

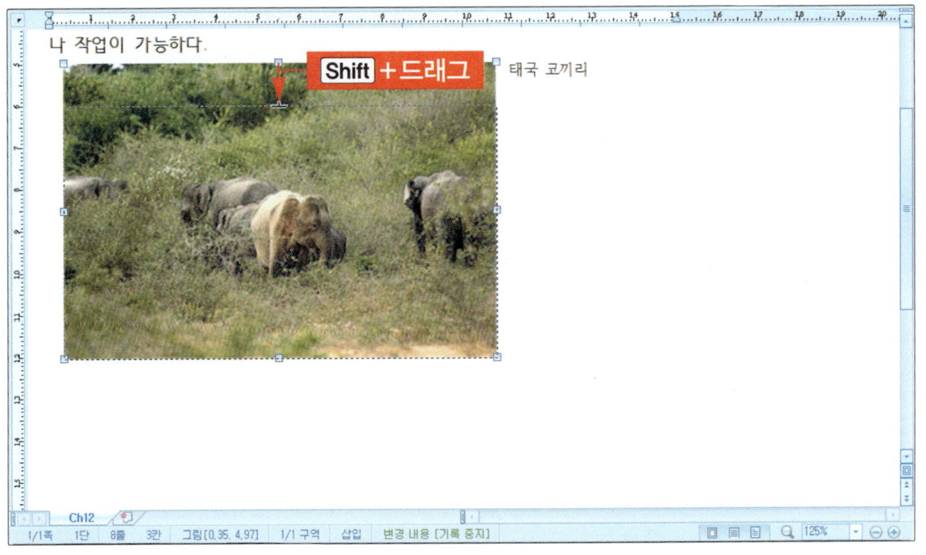

5 그림이 잘라지면 [그림] 탭-[크기] 그룹에서 [자르기]를 선택 해제한 후 그림을 회색조로 조정하기 위해 [그림] 탭-[속성] 그룹에서 [색조 조정]을 클릭한 다음 [회색조]를 클릭합니다.

6 다음과 같이 그림이 회색조로 조정됩니다.

● **그림 스타일 적용하기**

그림 스타일은 그림에 그림자 효과나 반사 효과 등을 미리 지정하여 하나의 형식으로 만들어 놓은 것입니다. 그림을 선택한 후 [그림] 탭-[스타일] 그룹에서 [자세히]를 클릭한 다음 그림 스타일을 클릭하면 그림에 해당 그림 스타일을 적용할 수 있습니다.

▲ '옅은 테두리 반사' 그림 스타일을 적용한 경우

01 다음과 같이 그림을 삽입해 보세요.

- **그림 넣기** : 찾는 위치(C:\단계별학습\한글 2010\연습파일), 파일 이름(프라 티낭 아이사완 티파야 아트), 문서에 포함, 글자처럼 취급

02 다음과 같이 그림에 그림 스타일(🖼[노란색 이중 그림자])을 적용해 보세요.

힌트

그림을 선택한 후 [그림] 탭-[스타일] 그룹에서 ▪[자세히]를 클릭한 다음 🖼[노란색 이중 그림자]를 클릭하면 그림에 '노란색 이중 그림자' 그림 스타일을 적용할 수 있습니다.

Chapter 13 도형 활용하기

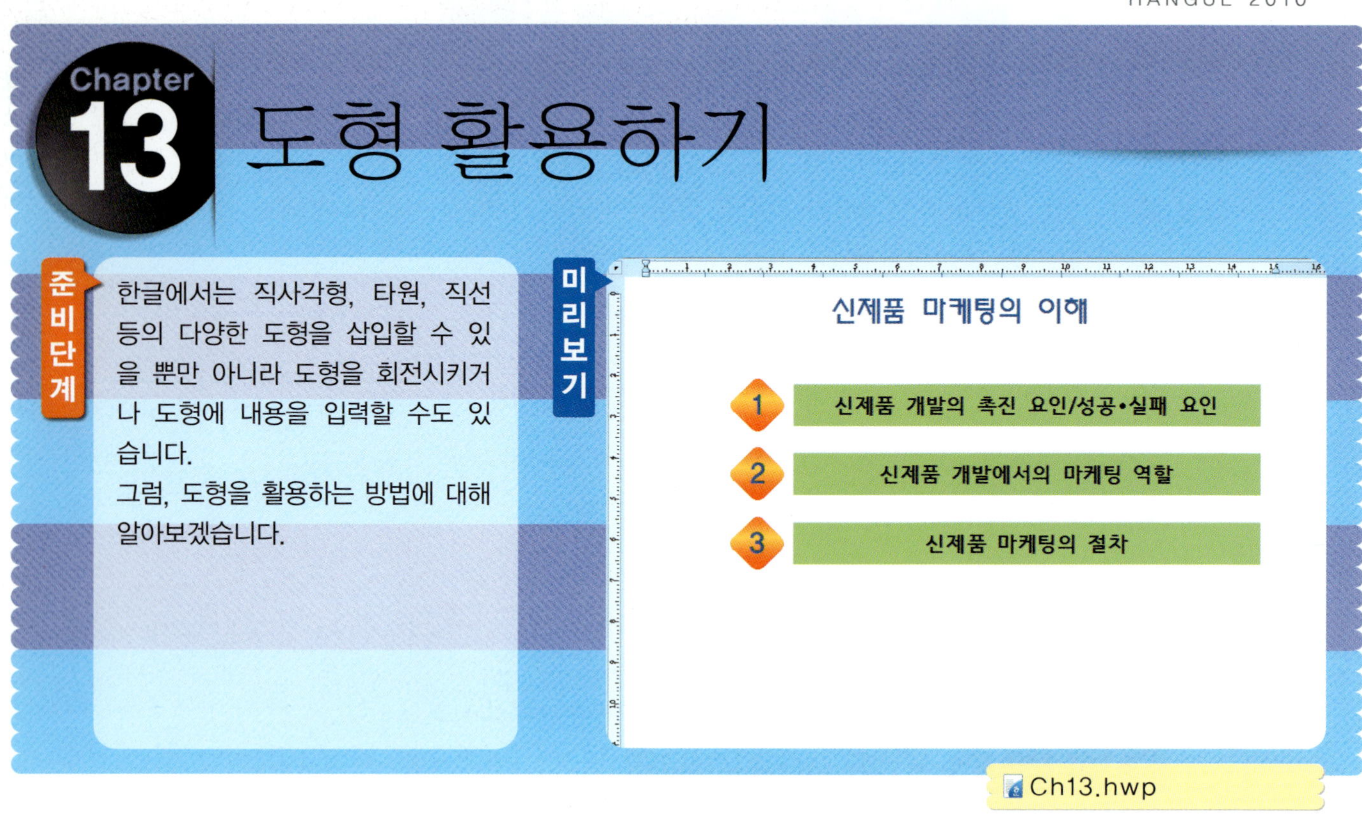

Ch13.hwp

기초단계 01 도형 삽입하고 도형 속성 지정하기

1 도형을 삽입하기 위해 [입력] 탭-[개체] 그룹에서 □[직사각형]을 클릭합니다.

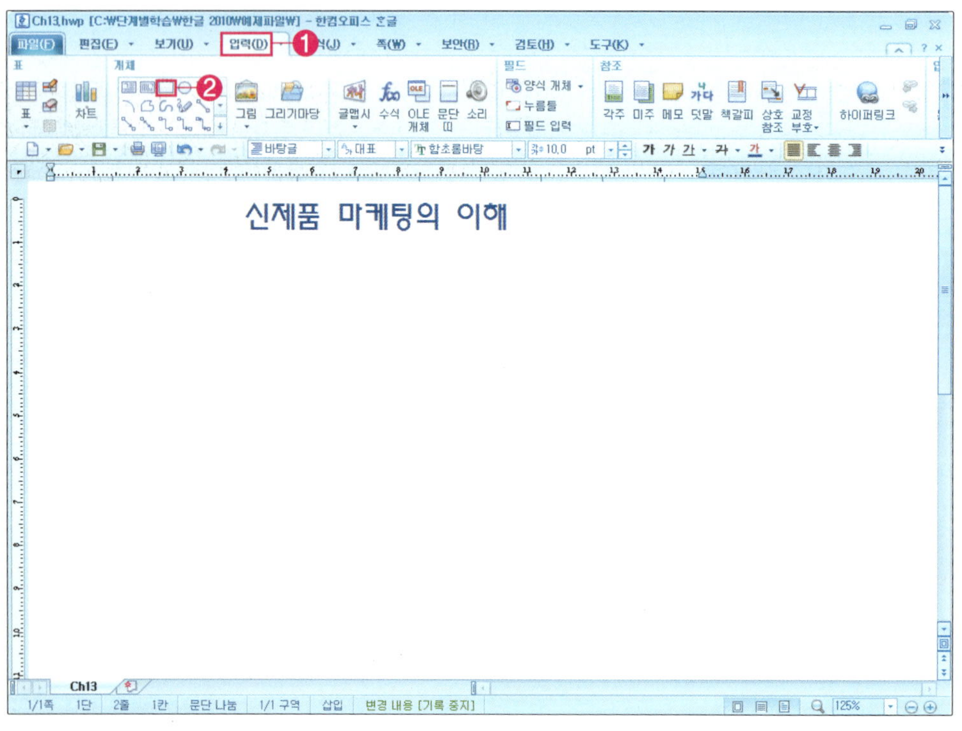

한마디 더!

[편집] 탭-[입력] 그룹에서 [도형]을 클릭한 후 □[직사각형]을 클릭하여 도형을 삽입할 수도 있습니다.

2 마우스 포인터가 ✚ 모양으로 변경되면 다음과 같이 [Shift]를 누른 상태에서 드래그하여 도형을 삽입합니다.

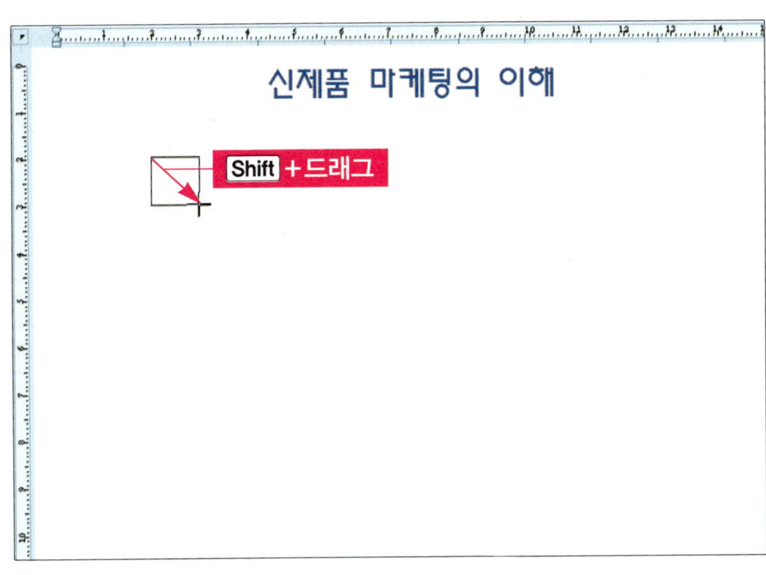

3 도형의 속성을 지정하기 위해 [도형] 탭-[스타일] 그룹에서 그룹 이름(스타일)을 클릭합니다.

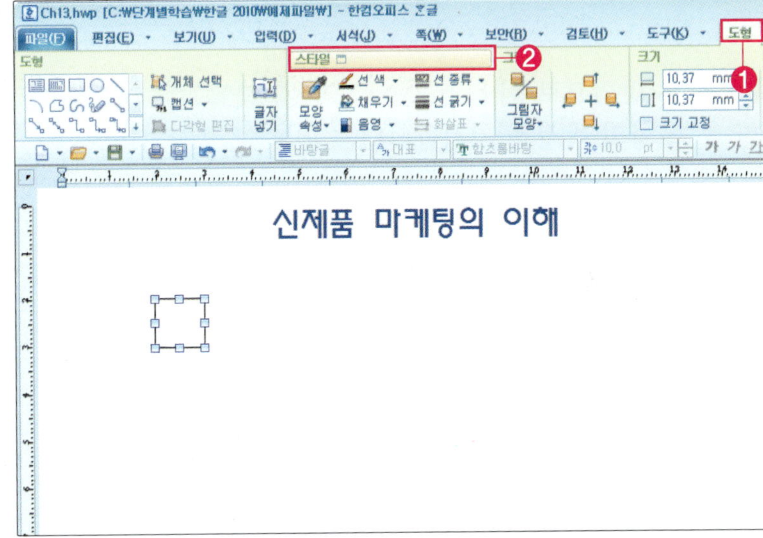

4 [개체 속성] 대화상자가 나타나면 [기본] 탭에서 회전각(45)을 입력한 후 [선] 탭을 클릭합니다. 그런 다음 [개체 속성] 대화상자의 [선] 탭이 나타나면 선 종류(선 없음)를 선택한 후 사각형 모서리 곡률(둥근 모양)을 선택한 다음 [채우기] 탭을 클릭합니다.

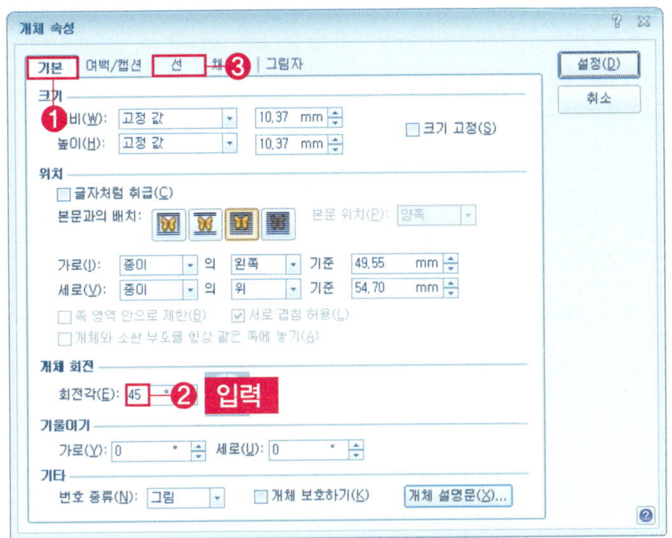

5 [개체 속성] 대화상자의 [채우기] 탭이 나타나면 [그러데이션]을 선택한 후 유형(열광)을 선택한 다음 [설정] 단추를 클릭합니다.

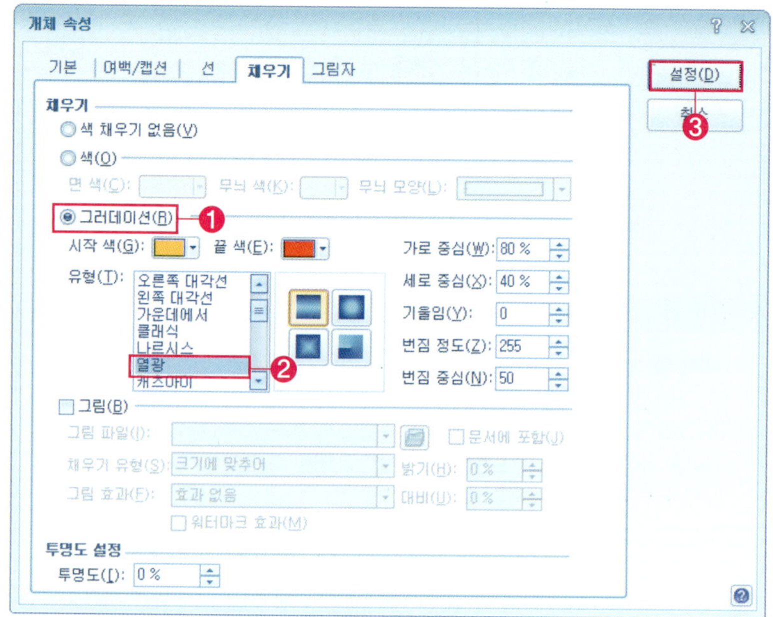

6 같은 방법으로 다음과 같이 도형을 삽입한 후 도형의 속성을 지정합니다.

- **도형** : ☐[직사각형]
- **도형의 속성** : 선 종류(선 없음), 면 색(멜론색 40% 밝게)

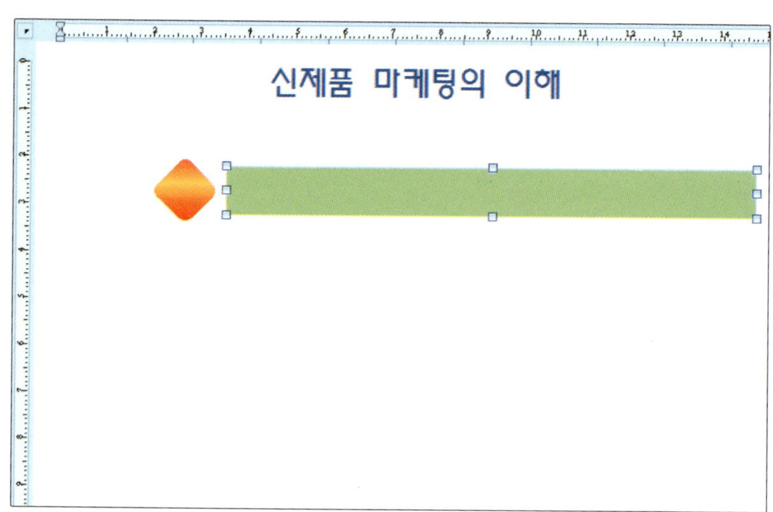

● **글상자**

[입력] 탭-[개체] 그룹에서 ▦[가로 글상자]를 클릭하거나 ▥[세로 글상자]를 클릭하면 다음과 같이 글상자를 삽입할 수 있습니다. 글상자는 위치와 상관 없이 내용을 입력해야 하는 경우에 주로 사용합니다.

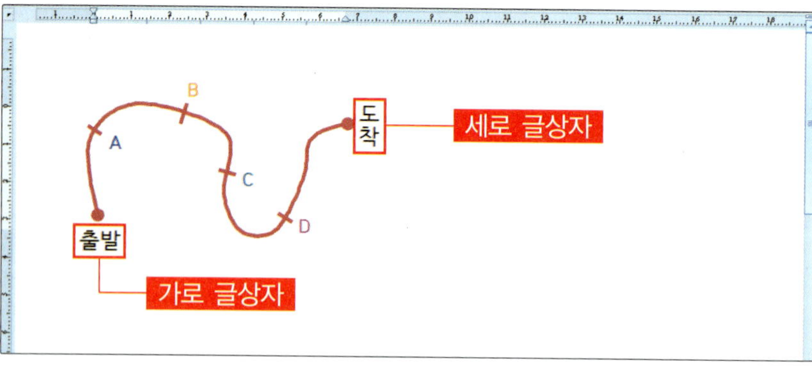

1 첫 번째 도형에 내용을 입력하기 위해 **첫 번째 도형을 선택**한 후 [도형] 탭-[도형] 그룹에서 **[글자 넣기]를 클릭**합니다.

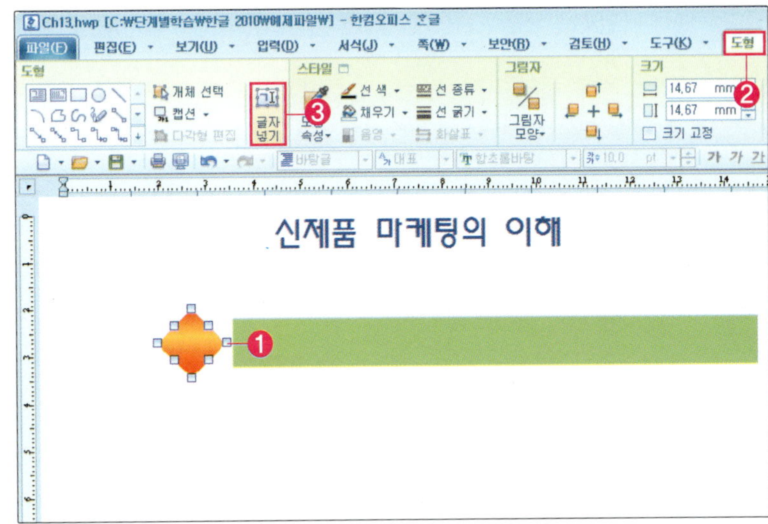

2 첫 번째 도형에 '1'을 입력한 후 **블록으로 설정**한 다음 서식 도구 상자에서 **글꼴(한컴 윤고딕 240), 글자 크기(20), 글자 색(바다색)**을 선택하고 **[가운데 정렬]을 클릭**합니다.

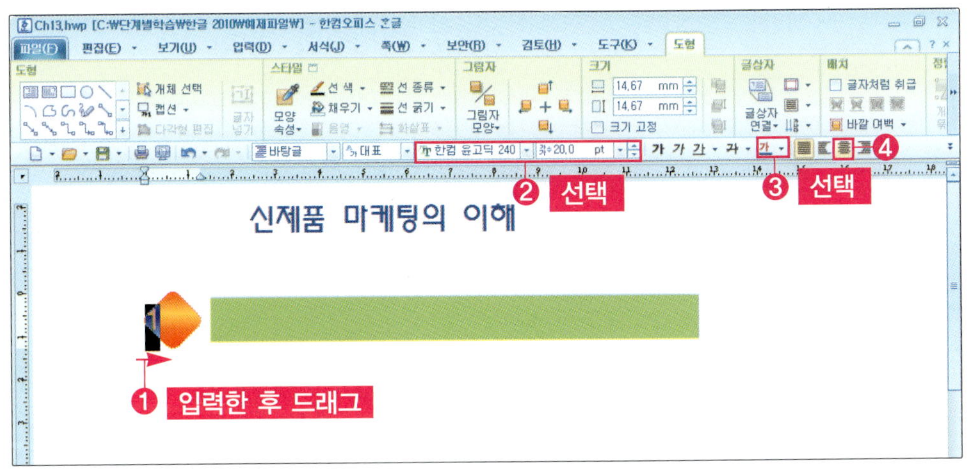

3 같은 방법으로 **다음과 같이 두 번째 도형에 내용을 입력**한 후 **글자 모양과 문단 모양을 지정**합니다.

- **글자 모양** : 글꼴(함초롬돋움), 글자 크기(14), **가**[진하게]
- **문단 모양** : [가운데 정렬]

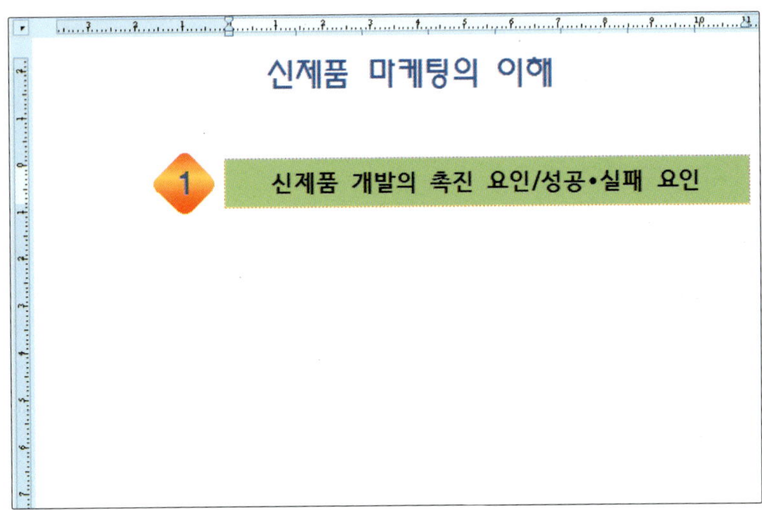

4 첫 번째 도형과 두 번째 도형을 묶기 위해 **첫 번째 도형과 두 번째 도형을 선택**한 후 [도형] 탭-[정렬] 그룹에서 **[개체 묶기]를 클릭**합니다.

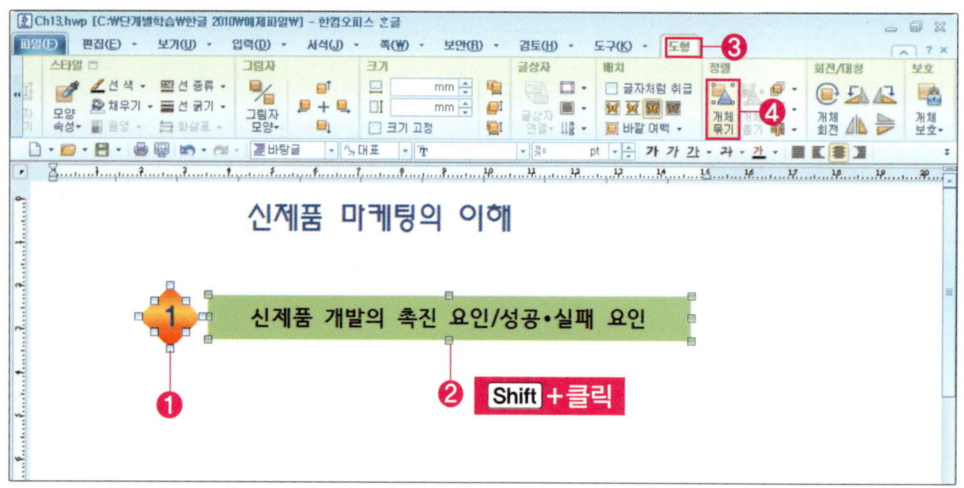

개체 묶기는 여러 개체를 하나로 묶는 기능이고, 개체 풀기는 하나로 묶인 여러 개체를 푸는 기능입니다.

5 묶인 도형을 복사하기 위해 **다음과 같이 Ctrl과 Shift를 누른 상태에서 묶인 도형을 드래그**합니다.

Ctrl을 누른 상태에서 도형을 드래그하면 도형이 복사되고, Shift를 누른 상태에서 도형을 드래그하면 도형이 수평 방향이나 수직 방향으로 이동됩니다. 여기서는 묶인 도형을 수직 방향으로 복사하기 위해 Ctrl과 Shift를 누른 상태에서 묶인 도형을 아래쪽으로 드래그하는 것입니다.

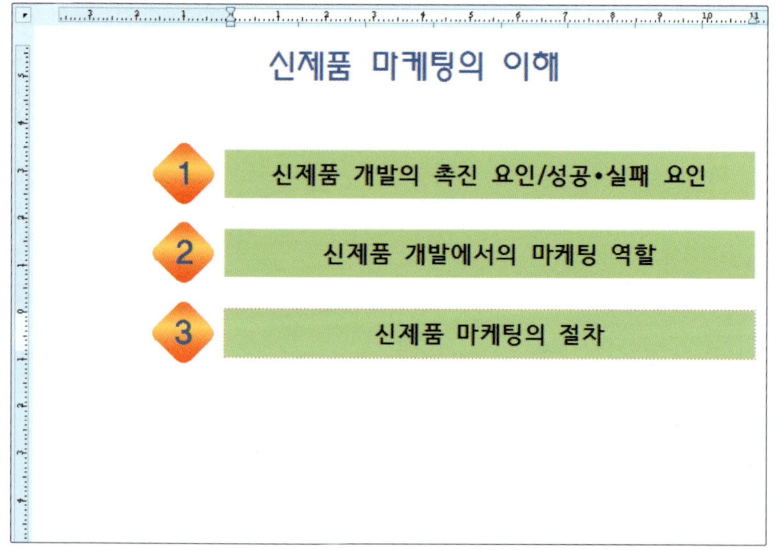

6 묶인 도형이 복사되면 같은 방법으로 **다음과 같이 묶인 도형을 한 개 더 복사**한 후 **복사한 도형의 내용을 수정**합니다.

묶인 도형을 선택 해제한 후 도형의 내용으로 마우스 포인터를 가져가서 마우스 포인터가 I 모양으로 변경되었을 때 클릭하면 도형의 내용을 수정할 수 있습니다.

연 습 문 제

Ch13-연습.hwp

01 다음과 같이 도형을 삽입한 후 도형에 내용을 입력해 보세요.

- **도형** : ☐[직사각형]
- **도형의 속성** : 선 종류(선 없음), 사각형 모서리 곡률(둥근 모양), 그러데이션(유형(하늬바람))
- **도형 내용** : 글꼴(HY강B), 글자 크기(14), 글자 색(하양), ▤[가운데 정렬]

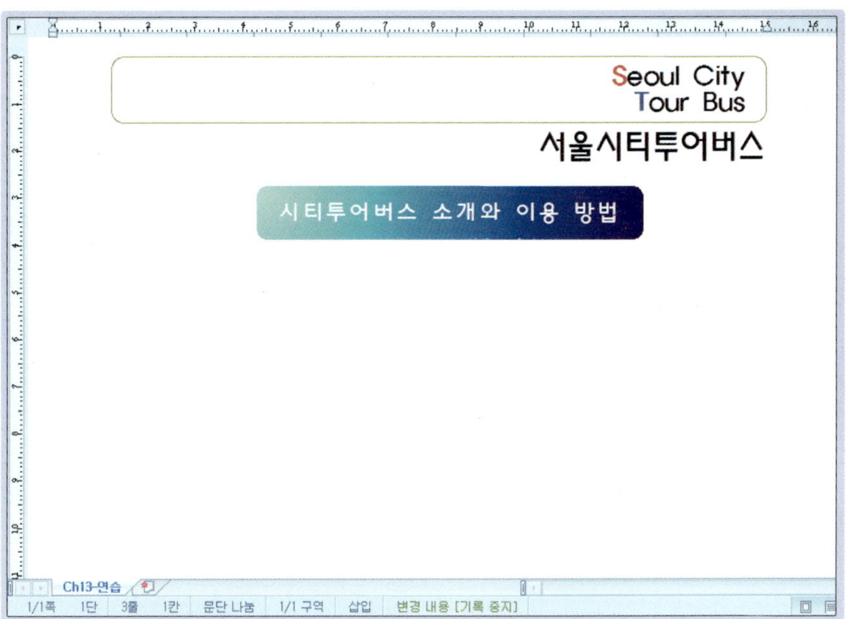

02 다음과 같이 도형을 복사한 후 도형의 내용을 수정해 보세요.

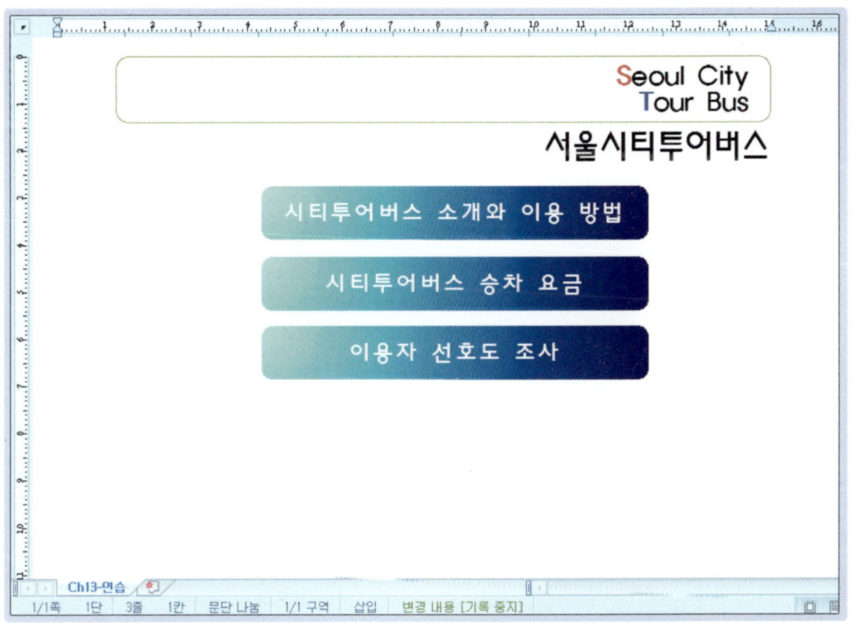

힌트

도형을 선택한 후 Ctrl과 Shift를 누른 상태에서 도형을 아래쪽으로 드래그하면 도형을 복사할 수 있습니다.

Chapter 14 표 만들기

표를 만들면 복잡한 내용이나 수치 자료 등을 일목요연하게 보여줄 수 있습니다. 표는 가로 방향인 줄과 세로 방향인 칸으로 구성되어 있습니다. 따라서 표를 만들려면 먼저 줄 수와 칸 수를 지정해야 합니다. 그럼, 표를 만드는 방법에 대해 알아보겠습니다.

천만관객 한국영화

영화명	개봉일	관객수
괴물	2006. 07. 27.	13,019,740
도둑들	2012. 07. 25.	12,983,334
7번방의 선물	2013. 01. 23.	12,735,359
광해, 왕이 된 남자	2012. 09. 13.	12,319,542
왕의 남자	2005. 12. 29.	12,302,831
태극기 휘날리며	2004. 02. 05.	11,746,135
해운대	2009. 07. 22.	11,453,338
실미도	2003. 12. 24.	11,081,000

Ch14.hwp

기초단계 01 표 만들고 표 내용 입력하기

1 표를 만들기 위해 **2줄에 커서를 둔 후** [입력] 탭-[표] 그룹에서 [표]를 클릭합니다.

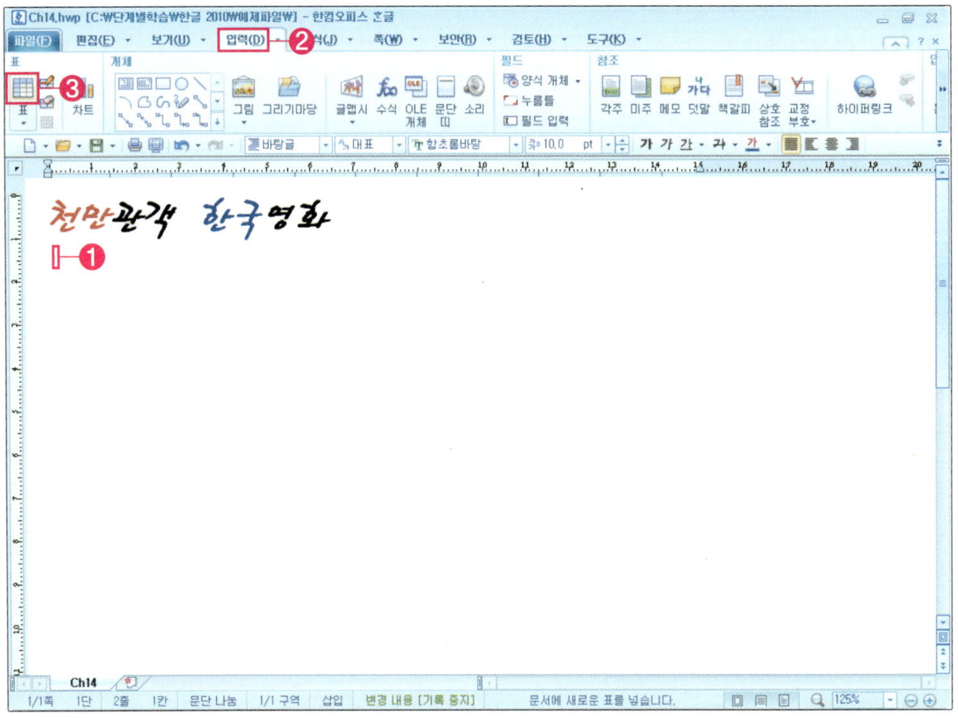

한마디 더!

[입력] 탭의 ▼ [목록] 단추를 클릭한 후 [표]-[표 만들기]를 클릭하거나 Ctrl+N, T를 눌러 표를 만들 수도 있습니다.

2 [표 만들기] 대화상자가 나타나면 **줄 수 (9)와 칸 수(3)를 입력**한 후 [글자처럼 취급] 을 선택한 다음 [만들기] 단추를 클릭합니다.

한마디 더!

[글자처럼 취급]을 선택하면 표를 하나의 글자처럼 취급합니다.

3 표가 만들어지면 **다음과 같이 각 셀에 표 내용을 입력**합니다.

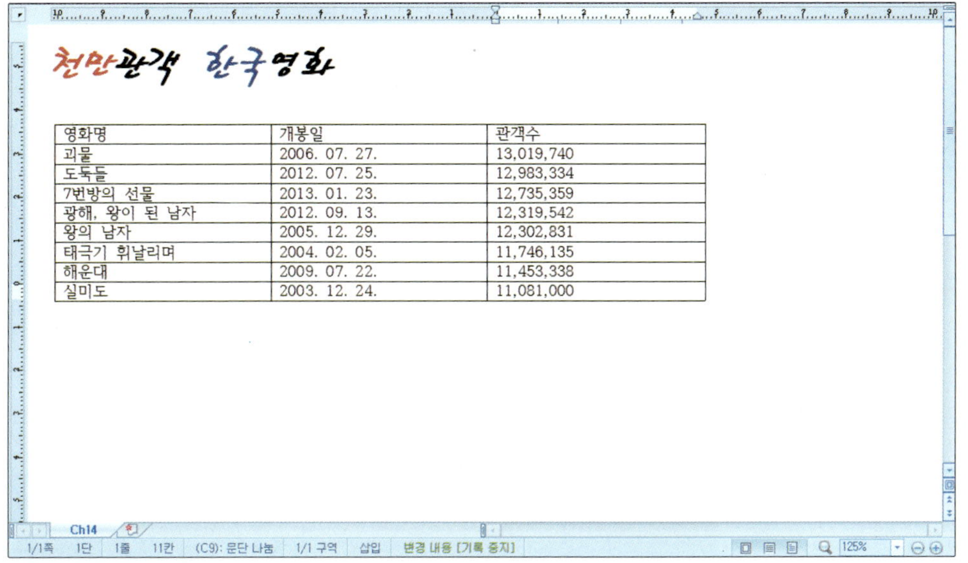

영화명	개봉일	관객수
괴물	2006. 07. 27.	13,019,740
도둑들	2012. 07. 25.	12,983,334
7번방의 선물	2013. 01. 23.	12,735,359
광해, 왕이 된 남자	2012. 09. 13.	12,319,542
왕의 남자	2005. 12. 29.	12,302,831
태극기 휘날리며	2004. 02. 05.	11,746,135
해운대	2009. 07. 22.	11,453,338
실미도	2003. 12. 24.	11,081,000

한마디 더!

1줄 1칸을 클릭한 후 '영화명'을 입력한 다음 1줄 2칸을 클릭하거나 →를 누르면 1줄 2칸으로 이동할 수 있습니다. ←/→/↑/↓를 누르면 왼쪽/오른쪽/위쪽/아래쪽으로 한 셀씩 이동됩니다.

알고 넘어갑시다

◉ 셀

표에서 줄과 칸이 교차하면서 생긴 영역을 '셀'이라고 합니다. 각 셀은 다음과 같이 나타냅니다.

	1칸	2칸	3칸	4칸
1줄	1줄 1칸	1줄 2칸	1줄 3칸	1줄 4칸
2줄	2줄 1칸	2줄 2칸	2줄 3칸	2줄 4칸
3줄	3줄 1칸	3줄 2칸	3줄 3칸	3줄 4칸

1 1칸과 2칸의 너비를 조정하기 위해 **다음과 같이 1칸과 2칸의 경계선을** 드래그합니다.

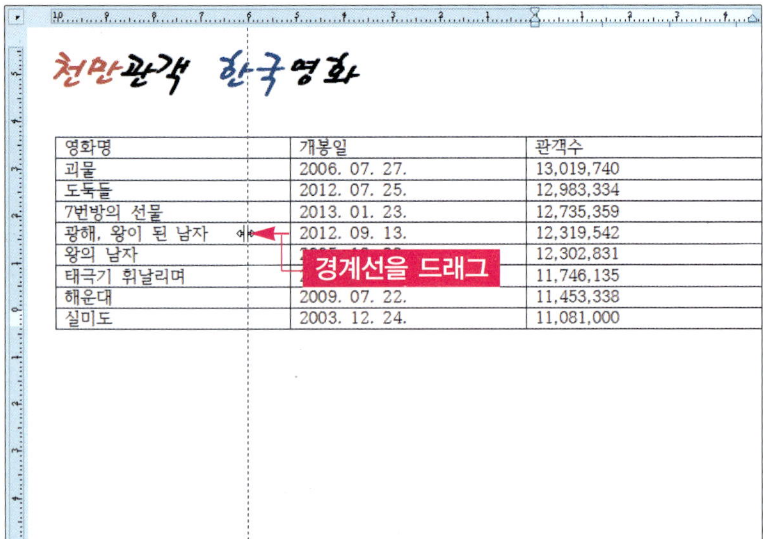

한마디 더!

1칸과 2칸의 경계선으로 마우스 포인터를 가져가서 마우스 포인터가 ◀▮▶ 모양으로 변경되었을 때 왼쪽으로 드래그합니다.

2 표의 높이를 조정하기 위해 **표 전체를 셀 블록으로 설정한 후 다음과 같이 표의 아래쪽 테두리를** 드래그합니다.

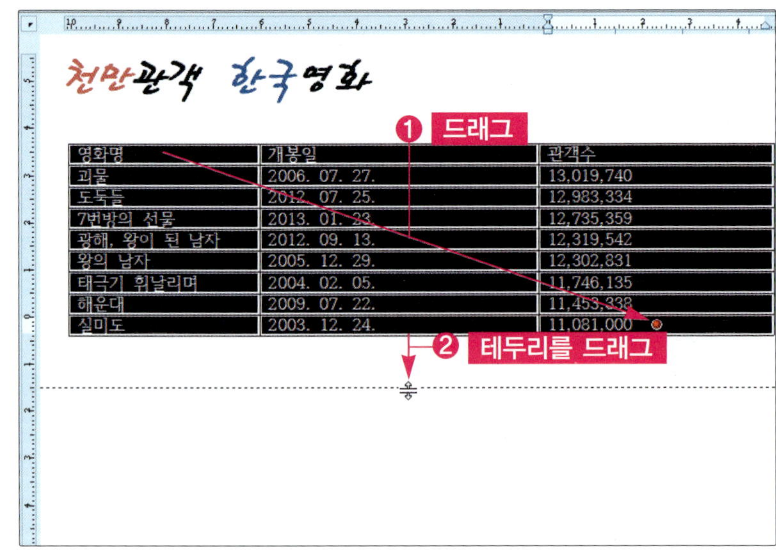

한마디 더!

표의 아래쪽 테두리로 마우스 포인터를 가져가서 마우스 포인터가 ↕ 모양으로 변경되었을 때 아래쪽으로 드래그합니다.

알고 넘어갑시다

● 셀 블록으로 설정하기

- **F5 한 번** : 커서를 둔 셀만 셀 블록으로 설정합니다.
- **F5 두 번**+←/→/↑/↓ : 커서를 둔 셀부터 왼쪽/오른쪽/위쪽/아래쪽으로 연속적인 셀을 셀 블록으로 설정합니다.
- **F5 세 번** : 표 전체를 셀 블록으로 설정합니다.
- **마우스로 드래그** : 마우스로 드래그하여 선택한 연속적인 셀을 셀 블록으로 설정합니다.
- **Shift +클릭** : 커서를 둔 셀부터 Shift 를 누른 상태에서 클릭한 셀까지 연속적인 셀을 셀 블록으로 설정합니다.

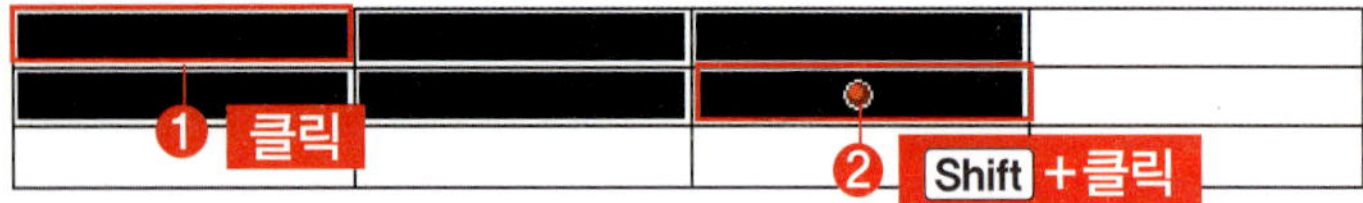

- **Ctrl +클릭** : Ctrl 을 누른 상태에서 클릭한 비연속적인 셀을 셀 블록으로 설정합니다.

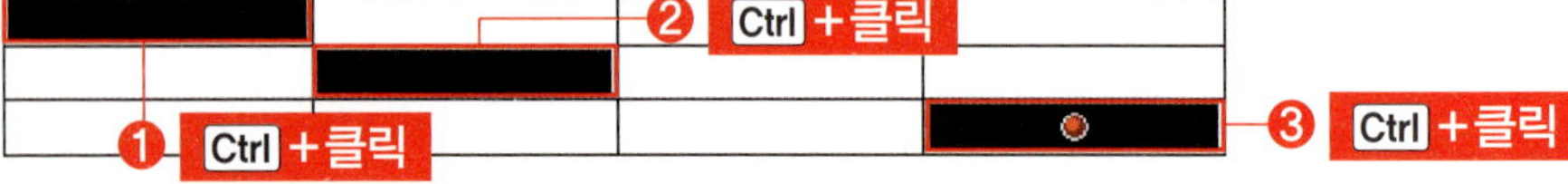

3 다음과 같이 표의 높이가 조정됩니다.

영화명	개봉일	관객수
괴물	2006. 07. 27.	13,019,740
도둑들	2012. 07. 25.	12,983,334
7번방의 선물	2013. 01. 23.	12,735,359
광해, 왕이 된 남자	2012. 09. 13.	12,319,542
왕의 남자	2005. 12. 29.	12,302,831
태극기 휘날리며	2004. 02. 05.	11,746,135
해운대	2009. 07. 22.	11,453,338
실미도	2003. 12. 24.	11,081,000

한마디 더!

- 셀 블록을 해제하려면 문서에서 빈 곳을 클릭하거나 Esc 를 누르면 됩니다.
- 표의 테두리로 마우스 포인터를 가져가서 마우스 포인터가 ⬚ 모양으로 변경되었을 때 클릭하여 표를 선택한 후 Delete 를 누르면 표를 지울 수 있습니다.

알 고 넘 어 갑 시 다

● 키보드를 사용하여 셀 크기 조정하기

- Ctrl + ← : 셀 블록으로 설정한 모든 칸의 너비를 줄이면서 표의 너비를 줄입니다.

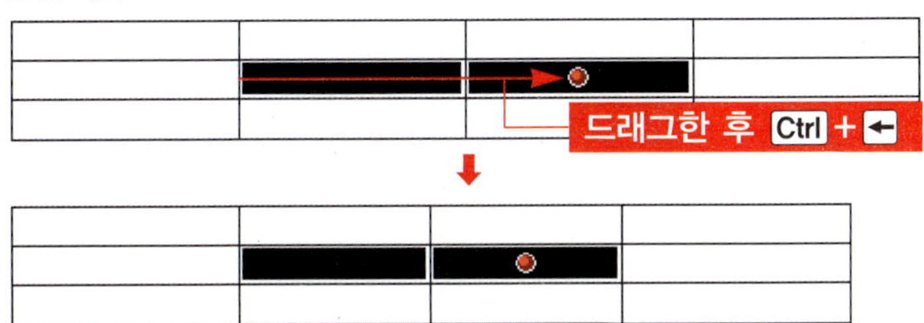

- Ctrl + → : 셀 블록으로 설정한 모든 칸의 너비를 늘리면서 표의 너비를 늘립니다.
- Ctrl + ↑ : 셀 블록으로 설정한 모든 줄의 높이를 줄이면서 표의 높이를 줄입니다.
- Ctrl + ↓ : 셀 블록으로 설정한 모든 줄의 높이를 늘리면서 표의 높이를 늘립니다.
- Alt + ← : 표의 크기는 변하지 않고 셀 블록으로 설정한 마지막 칸의 너비를 줄이면서 이웃한 오른쪽 칸의 너비를 늘립니다.

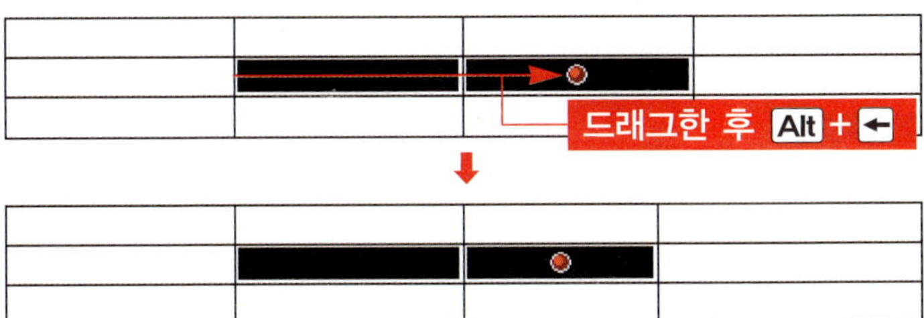

- Alt + → : 표의 크기는 변하지 않고 셀 블록으로 설정한 마지막 칸의 너비를 늘리면서 이웃한 오른쪽 칸의 너비를 줄입니다.
- Alt + ↑ : 표의 크기는 변하지 않고 셀 블록으로 설정한 마지막 줄의 높이를 줄이면서 이웃한 아래쪽 줄의 높이를 늘립니다.
- Alt + ↓ : 표의 크기는 변하지 않고 셀 블록으로 설정한 마지막 줄의 높이를 늘리면서 이웃한 아래쪽 줄의 높이를 줄입니다.
- Shift + ← : 표의 크기는 변하지 않고 셀 블록으로 설정한 마지막 셀의 너비를 줄이면서 이웃한 오른쪽 셀의 너비를 늘립니다.

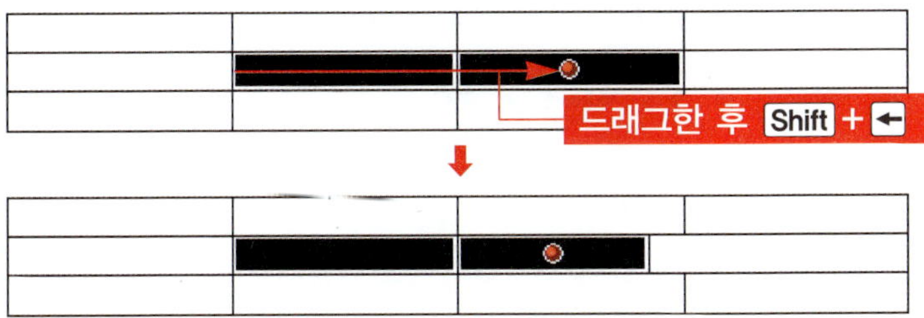

- Shift + → : 표의 크기는 변하지 않고 셀 블록으로 설정한 마지막 셀의 너비를 늘리면서 이웃한 오른쪽 셀의 너비를 줄입니다.
- Shift + ↑ : 표의 크기는 변하지 않고 셀 블록으로 설정한 마지막 셀의 높이를 줄이면서 이웃한 아래쪽 셀의 높이를 늘립니다.
- Shift + ↓ : 표의 크기는 변하지 않고 셀 블록으로 설정한 마지막 셀의 높이를 늘리면서 이웃한 아래쪽 셀의 높이를 줄입니다.

1 표 전체를 셀 블록으로 설정한 후 서식 도구 상자에서 글꼴(함초롬돋움)을 선택한 다음 ▤[가운데 정렬]을 클릭합니다.

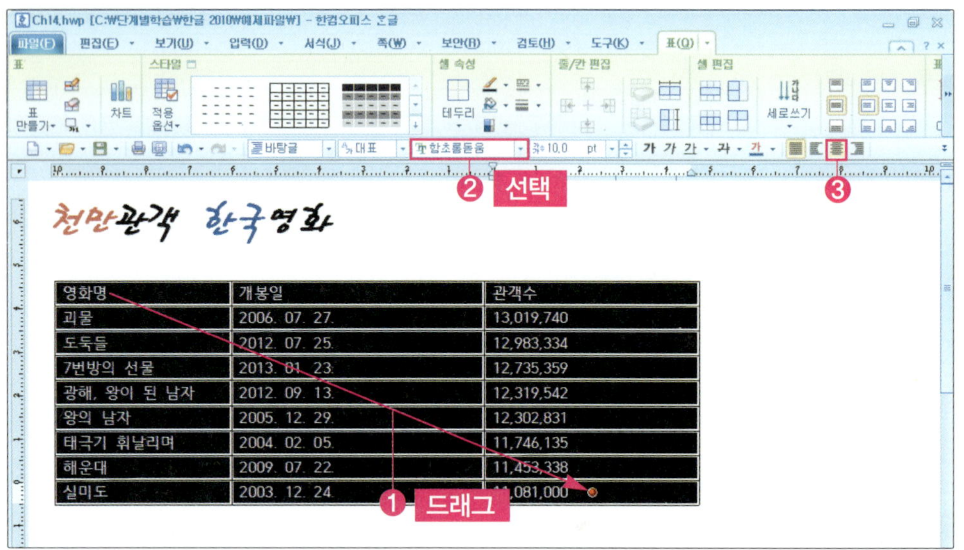

2 1줄을 셀 블록으로 설정한 후 서식 도구 상자에서 글자 색(에메랄드 블루)을 선택한 다음 **가**[진하게]를 클릭합니다.

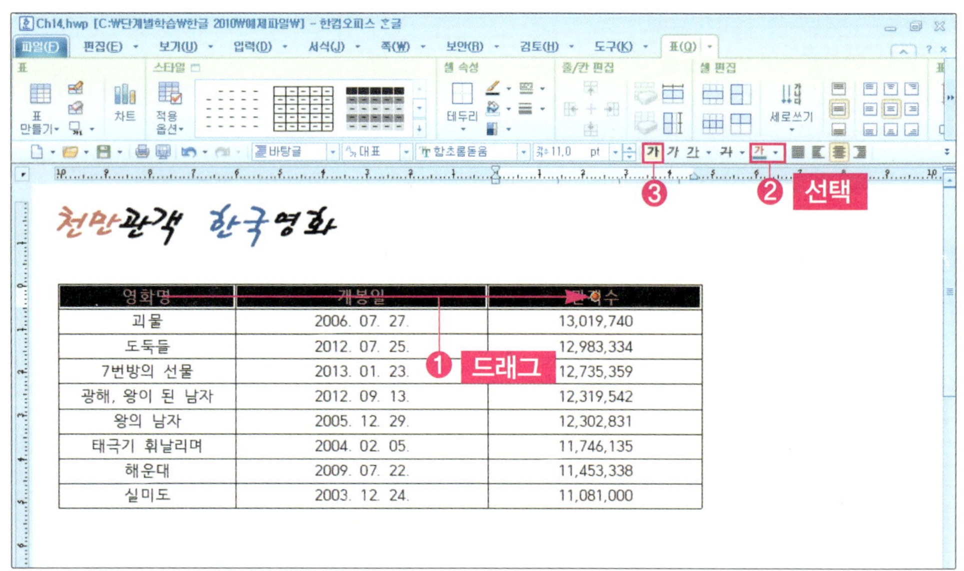

3 다음과 같이 표 내용에 글자 모양과 문단 모양이 지정됩니다.

영화명	개봉일	관객수
괴물	2006. 07. 27.	13,019,740
도둑들	2012. 07. 25.	12,983,334
7번방의 선물	2013. 01. 23.	12,735,359
광해, 왕이 된 남자	2012. 09. 13.	12,319,542
왕의 남자	2005. 12. 29.	12,302,831
태극기 휘날리며	2004. 02. 05.	11,746,135
해운대	2009. 07. 22.	11,453,338
실미도	2003. 12. 24.	11,081,000

01 다음과 같이 표를 만든 후 표 내용을 입력해 보세요.

북촌8경

북촌1경	창덕궁 전경
북촌2경	원서동 공방길
북촌3경	가회동 11번지 일대
북촌4경	가회동 31번지 언덕
북촌5경	가회동 골목길(내룸)
북촌6경	가회동 골목길(오름)
북촌7경	가회동 31번지
북촌8경	삼천동 돌계단길

힌트

[입력] 탭-[표] 그룹에서 [표]를 클릭하면 [표 만들기] 대화상자가 나타납니다. [표 만들기] 대화상자에서 줄 수(8)와 칸 수(2)를 입력한 후 [글자처럼 취급]을 선택한 다음 [만들기] 단추를 클릭하면 표를 만들 수 있습니다.

02 다음과 같이 표의 크기를 조정한 후 표 내용에 글자 모양과 문단 모양을 지정해 보세요.

- **표 전체** : 글꼴(맑은 고딕), 글자 크기(11), ≡[가운데 정렬]
- **1칸** : 글자 색(바다색)
- **2칸** : 글자 색(루비색)

북촌8경

북촌1경	창덕궁 전경
북촌2경	원서동 공방길
북촌3경	가회동 11번지 일대
북촌4경	가회동 31번지 언덕
북촌5경	가회동 골목길(내룸)
북촌6경	가회동 골목길(오름)
북촌7경	가회동 31번지
북촌8경	삼천동 돌계단길

Chapter 15 표 편집하기

표는 셀을 나누거나 합치고 셀 테두리와 셀 배경을 지정하는 등 다양하게 편집할 수 있습니다. 또한, 계산식을 사용하여 합계나 평균 등을 구하거나 1,000 단위 구분 쉼표를 넣을 수도 있습니다.
그럼, 표를 편집하는 방법에 대해 알아보겠습니다.

의류 판매량

분류	상품명	판매량
남성	잠바	1,280
	파카	1,050
	조끼	980
여성	티셔츠	1,450
	원피스	750
	치마	1,230
합계		6,740

Ch15.hwp

기초단계 01 셀 나누고 합치기

1 셀을 나누기 위해 2줄 2칸~3줄 3칸을 셀 블록으로 설정한 후 [표] 탭-[셀 편집] 그룹에서 ⊞[셀 나누기]를 클릭합니다.

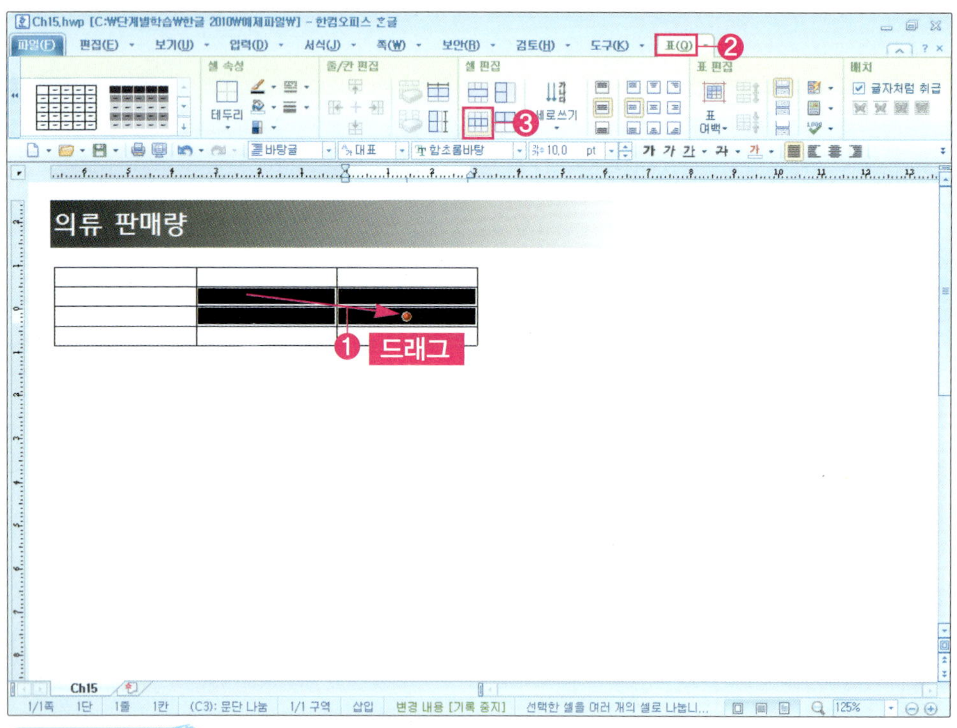

한마디 더!

- 셀 나누기는 커서를 둔 셀이나 셀 블록으로 설정한 셀을 나누어 두 개 이상의 셀로 만드는 것을 말합니다.
- 2줄 2칸~3줄 3칸을 셀 블록으로 설정한 후 [표] 탭의 ▪[목록] 단추를 클릭한 다음 [셀 나누기]를 클릭하거나 S를 눌러 셀을 나눌 수도 있습니다.

2 [셀 나누기] 대화상자가 나타나면 **줄 수 (3)를 입력**한 후 [나누기] 단추를 클릭합니다.

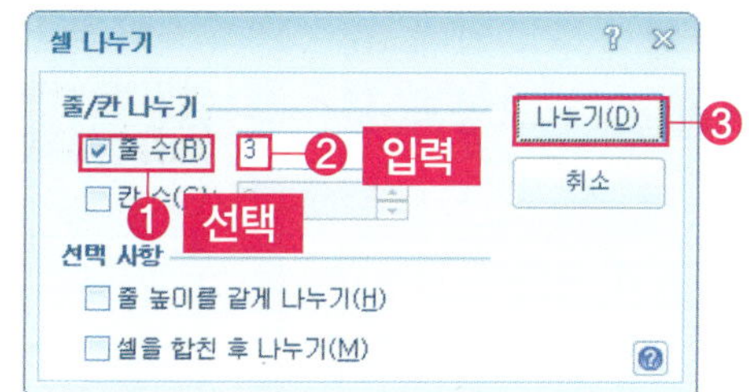

> **한마디 더!**
> [칸 수]는 선택 해제합니다.

3 셀이 나누어지면 셀을 합치기 위해 **8줄 1칸~8줄 2칸을 셀 블록으로 설정**한 후 [표] 탭-[셀 편집] 그룹에서 🖽[셀 합치기]를 클릭합니다.

> **한마디 더!**
> • 셀 합치기는 셀 블록으로 설정한 두 개 이상의 셀을 합쳐서 하나의 셀로 만드는 것을 말합니다.
> • 8줄 1칸~8줄 2칸을 셀 블록으로 설정한 후 [표] 탭의 [목록] 단추를 클릭한 다음 [셀 합치기]를 클릭하거나 M을 눌러 셀을 합칠 수도 있습니다.

알고 넘어갑시다

● 셀 높이를 같게와 셀 너비를 같게

셀을 나누거나 합치다 보면 셀의 높이나 너비가 서로 달라지는 경우가 있습니다. 이런 경우, 표 전체를 셀 블록으로 설정한 후 [표] 탭의 [목록] 단추를 클릭한 다음 [셀 높이를 같게]를 클릭하거나 H를 누르면 셀의 높이를 같게 만들 수 있고, [셀 너비를 같게]를 클릭하거나 W를 누르면 셀의 너비를 같게 만들 수 있습니다.

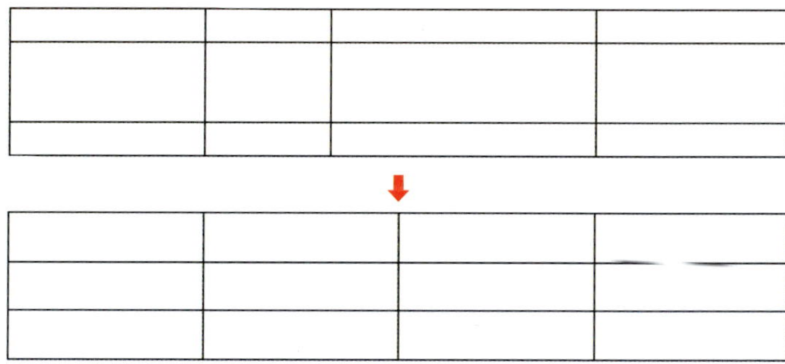

4 셀이 합쳐지면 **다음과 같이 각 셀에 표 내용을 입력한 후** 표 내용에 글자 모양과 문단 모양을 지정합니다.

- 표 전체 : 글자 크기(11)
- 1줄 : **가**[진하게]
- 1줄 1칸~1줄 3칸/2줄 1칸~8줄 2칸 : 를[가운데 정렬]
- 2줄 3칸~8줄 3칸 : 를[오른쪽 정렬]

의류 판매량

분류	상품명	판매량
남성	잠바	1280
	파카	1050
	조끼	980
여성	티셔츠	1450
	원피스	750
	치마	1230
합계		

◉ 줄/칸 추가하기

셀을 선택한 후 [표] 탭의 ▾[목록] 단추를 클릭한 다음 [줄/칸 추가하기]를 클릭하거나 [Alt]+[Insert]를 누르면 다음과 같이 [줄/칸 추가하기] 대화상자가 나타납니다. [줄/칸 추가하기] 대화상자에서 왼쪽/오른쪽/위쪽/아래쪽을 선택한 후 [추가] 단추를 클릭하면 줄이나 칸을 추가할 수 있습니다.

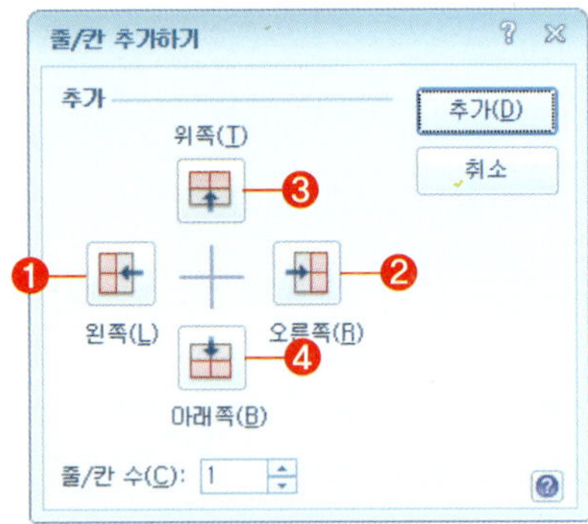

❶ 선택한 셀의 왼쪽에 칸을 추가합니다.
❷ 선택한 셀의 오른쪽에 칸을 추가합니다.
❸ 선택한 셀의 위쪽에 줄을 추가합니다.
❹ 선택한 셀의 아래쪽에 줄을 추가합니다.

◉ 줄/칸 지우기

셀을 선택한 후 [표] 탭의 ▾[목록] 단추를 클릭한 다음 [줄/칸 지우기]를 클릭하거나 [Alt]+[Delete]를 누르면 다음과 같이 [줄/칸 지우기] 대화상자가 나타납니다. [줄/칸 지우기] 대화상자에서 칸/줄을 선택한 후 [지우기] 단추를 클릭하면 줄이나 칸을 지울 수 있습니다.

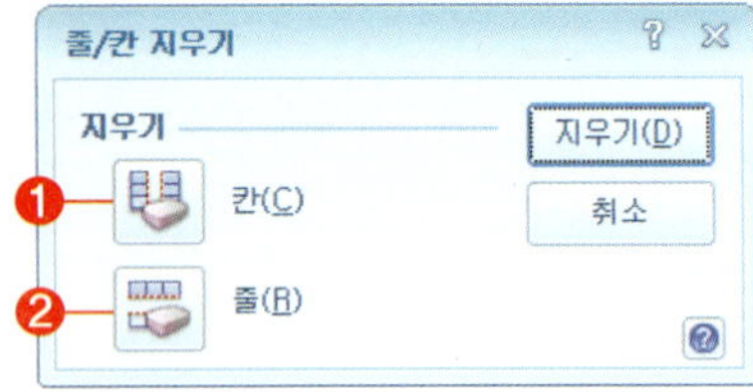

❶ 선택한 셀이 있는 칸 전체를 지웁니다.
❷ 선택한 셀이 있는 줄 전체를 지웁니다.

1 셀 테두리를 지정하기 위해 **표 전체를 셀 블록으로 설정**한 후 [표] 탭의 · [목록] 단추를 클릭한 다음 [셀 테두리/배경]–[각 셀마다 적용]을 클릭합니다.

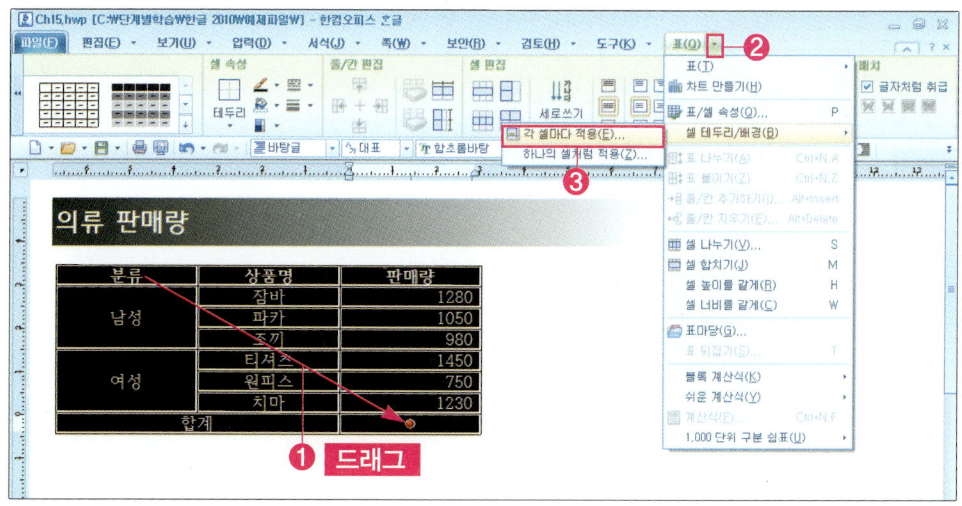

한마디 더!

표 전체를 셀 블록으로 설정한 후 ⌊L⌋을 눌러 셀 테두리를 지정할 수도 있습니다.

알고 넘어갑시다

●**각 셀마다 적용과 하나의 셀처럼 적용**

[각 셀마다 적용]을 클릭하면 다음과 같이 각 셀마다 셀 테두리나 셀 배경 등을 지정하지만 [하나의 셀처럼 적용]을 클릭하면 셀 블록으로 설정한 셀을 하나의 셀처럼 간주하여 셀 테두리나 셀 배경 등을 지정합니다.

▲ [각 셀마다 적용]을 클릭하여 대각선을 넣은 경우   ▲ [하나의 셀처럼 적용]을 클릭하여 대각선을 넣은 경우

2 [셀 테두리/배경] 대화상자가 나타나면 [테두리] 탭에서 **테두리 종류(선 없음)를 선택**한 후 █[왼쪽]과 █[오른쪽]을 클릭한 다음 [설정] 단추를 클릭합니다.

3 셀 테두리가 지정되면 셀 배경을 지정하기 위해 **1줄을 셀 블록으로 설정**한 후 **[표] 탭의 · [목록] 단추**를 클릭한 다음 **[셀 테두리/배경]–[각 셀마다 적용]**을 클릭합니다.

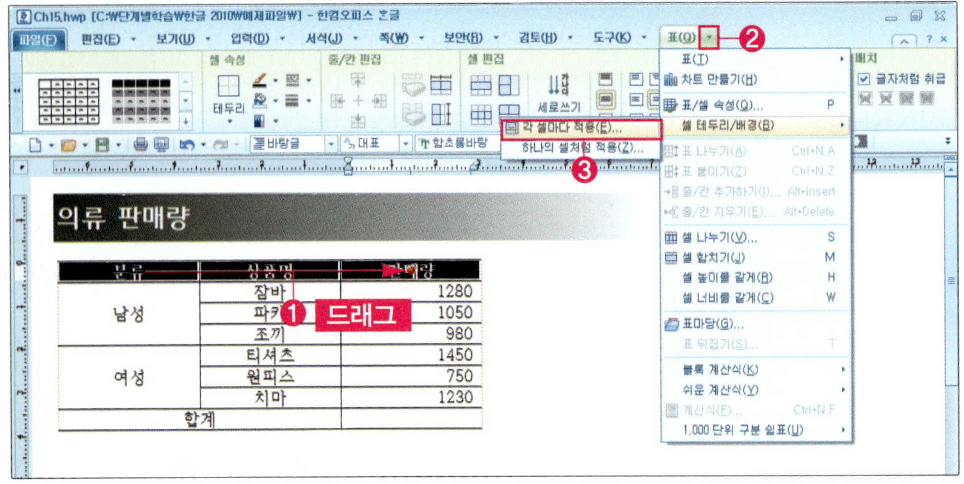

4 **[셀 테두리/배경]** 대화상자가 나타나면 **[배경]** 탭에서 **[색]**을 선택한 후 **면 색(바다색 60% 밝게)**을 선택한 다음 **[설정]** 단추를 클릭합니다.

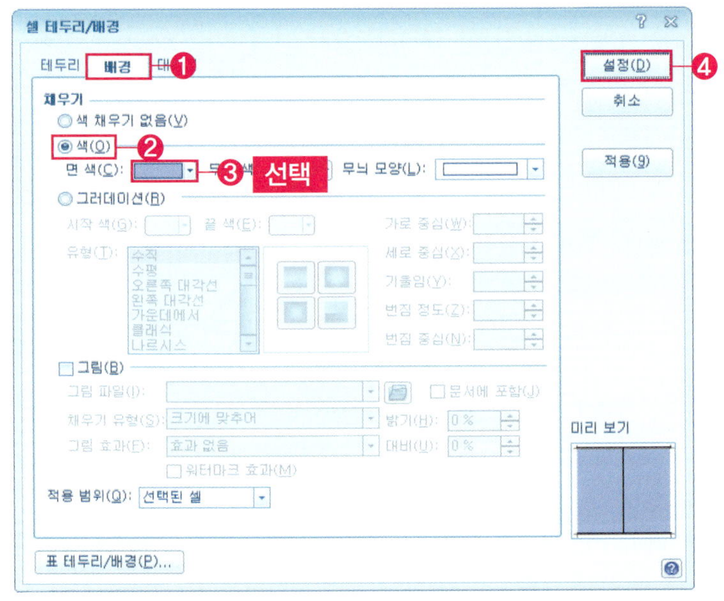

● 표 스타일 적용하기

표 스타일은 셀 테두리나 셀 배경 등을 미리 지정하여 하나의 형식으로 만들어 놓은 것입니다. 표를 선택한 후 [표] 탭–[스타일] 그룹에서 ⬇[자세히]를 클릭한 다음 표 스타일을 클릭하면 표에 해당 표 스타일을 적용할 수 있습니다.

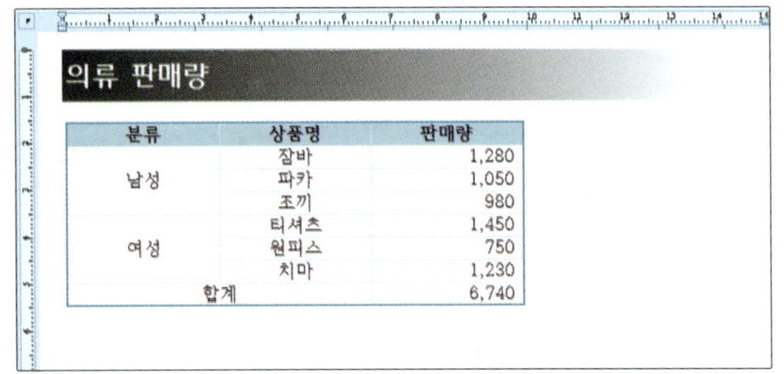

◀ '밝은 스타일 2 – 청록 색조' 표 스타일을 적용한 경우

5 다음과 같이 셀 배경이 지정됩니다.

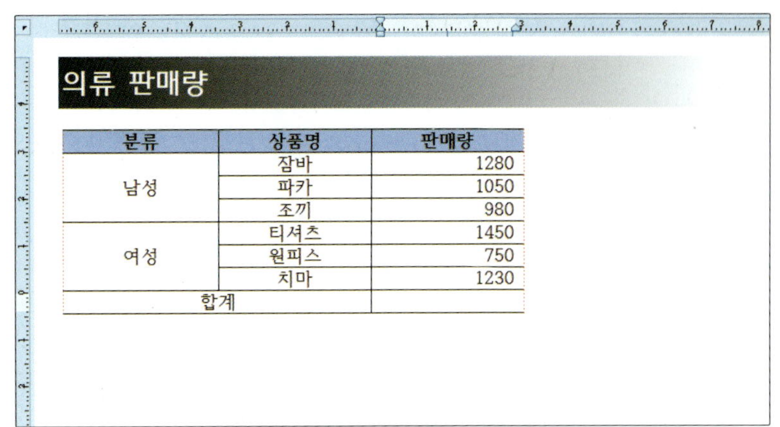

◉ 셀에 대각선 넣기

다음과 같이 [셀 테두리/배경] 대화상자의 [대각선] 탭에서 대각선 종류를 선택한 후 대각선을 선택하면 셀에 해당 대각선을 넣을 수 있습니다.

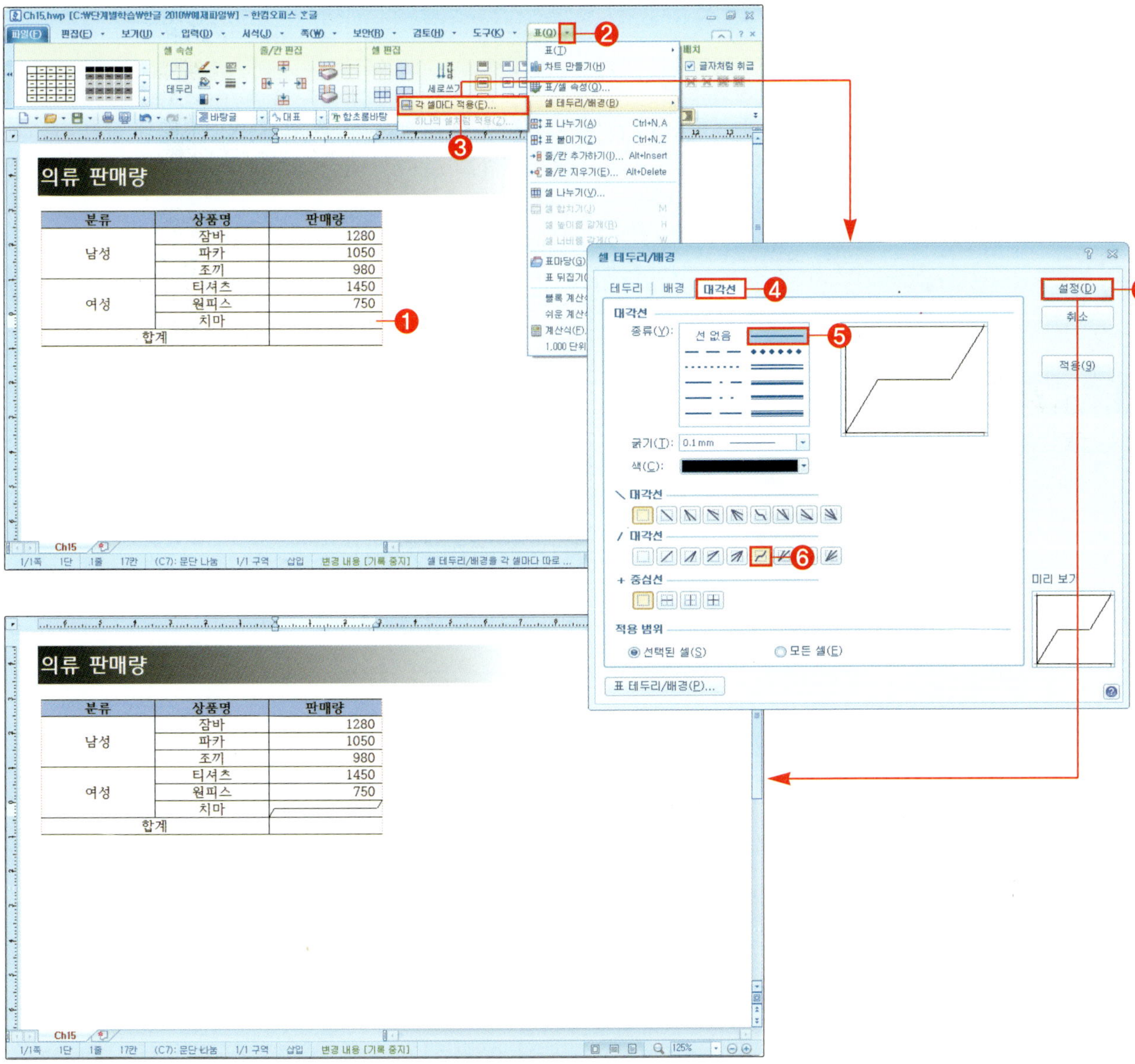

1 합계를 구하기 위해 2줄 3칸~8줄 3칸을 셀 블록으로 설정한 후 [표] 탭-[표 편집] 그룹에서 ▦[계산식]을 클릭한 다음 [블록 합계]를 클릭합니다.

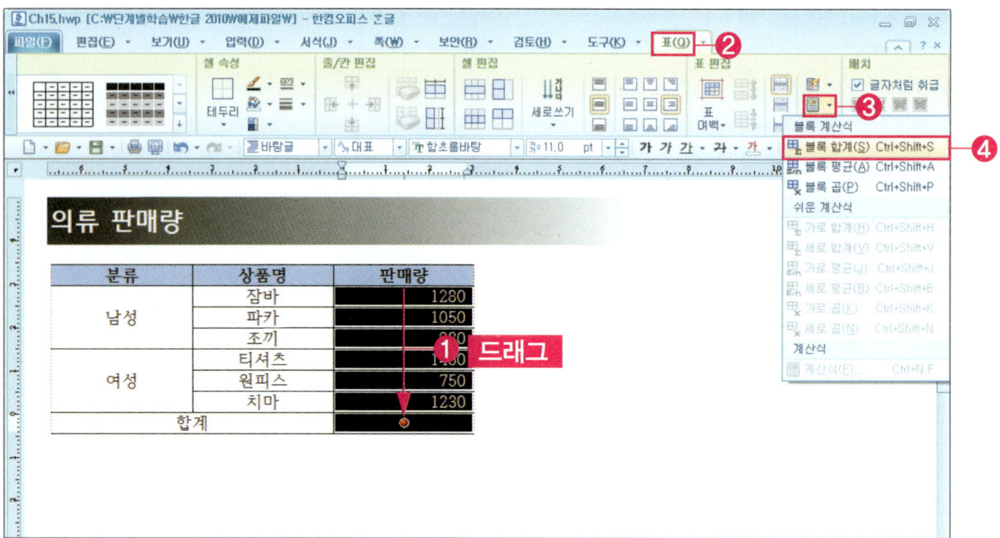

2 1,000 단위 구분 쉼표를 넣기 위해 2줄 3칸~7줄 3칸을 셀 블록으로 설정한 후 [표] 탭-[표 편집] 그룹에서 ⟨1,000 단위 구분 쉼표]를 클릭한 다음 [자릿점 넣기]를 클릭합니다.

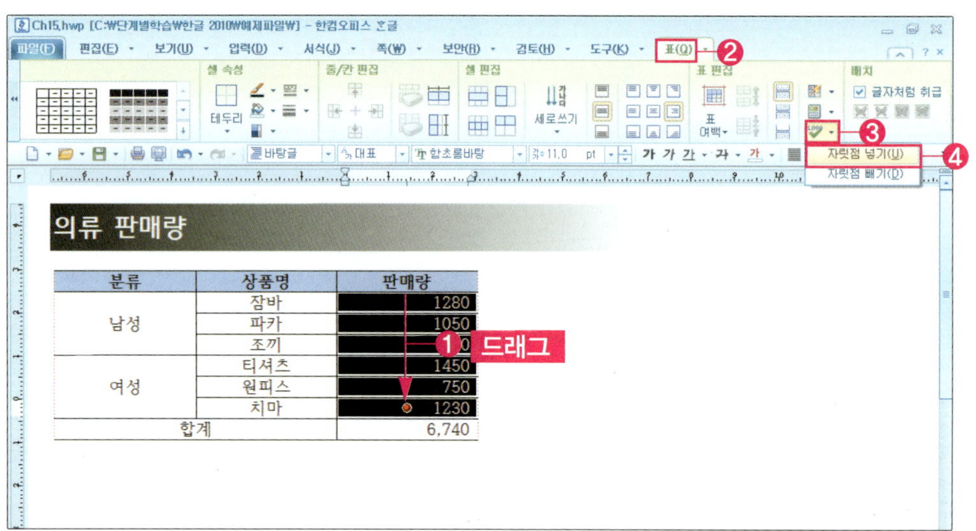

3 다음과 같이 1,000 단위 구분 쉼표가 넣어집니다.

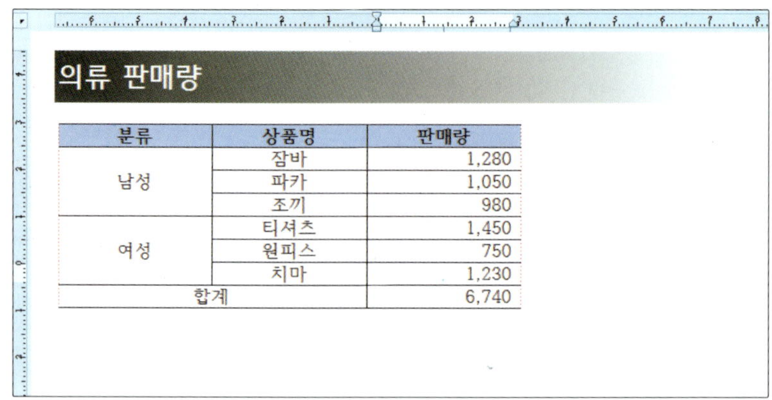

분류	상품명	판매량
남성	잠바	1,280
	파카	1,050
	조끼	980
여성	티셔츠	1,450
	원피스	750
	치마	1,230
합계		6,740

연습문제

📄 Ch15-연습.hwp

01 다음과 같이 셀을 나누고 합친 후 각 셀에 표 내용을 입력한 다음 셀 테두리와 셀 배경을 지정해 보세요.

- **표 전체** : 글자 크기(11), 셀 테두리(왼쪽/오른쪽(테두리 종류(선 없음)))
- **1줄** : **가**[진하게], 셀 테두리(아래(테두리 종류(══[이중 실선]))), 셀 배경(면 색(진달래색 60% 밝게))
- **1줄 1칸~1줄 3칸/2줄 1칸~6줄 2칸** : ▆[가운데 정렬]
- **2줄 3칸~6줄 3칸** : ▆[오른쪽 정렬]

노인복지시설 현황

분류		개소
노인주거복지시설	양로시설	303
	노인복지주택	87
노인의료복지시설	노인요양시설	2489
	노인요양공동생활가장	1590
평균		

02 다음과 같이 계산식을 사용하여 평균을 구한 후 2줄 3칸~5줄 3칸에 1,000 단위 구분 쉼표를 넣어 보세요.

노인복지시설 현황

분류		개소
노인주거복지시설	양로시설	303
	노인복지주택	87
노인의료복지시설	노인요양시설	2,489
	노인요양공동생활가장	1,590
평균		1,117.25

> **힌트**
>
> 2줄 3칸~6줄 3칸을 셀 블록으로 설정한 후 [표] 탭-[표 편집] 그룹에서 ▦[계산식]을 클릭한 다음 [블록 평균]을 클릭하면 평균을 구할 수 있습니다.

Chapter 16 차트 작성하기

차트는 수치 자료를 분석하여 그 관계를 일정한 양식의 그림으로 나타낸 것입니다. 차트를 작성하면 수치 자료를 막대나 원 등으로 표시해 주므로 수치 자료를 한 눈에 파악할 수 있습니다.
그럼, 차트를 작성하는 방법에 대해 알아보겠습니다.

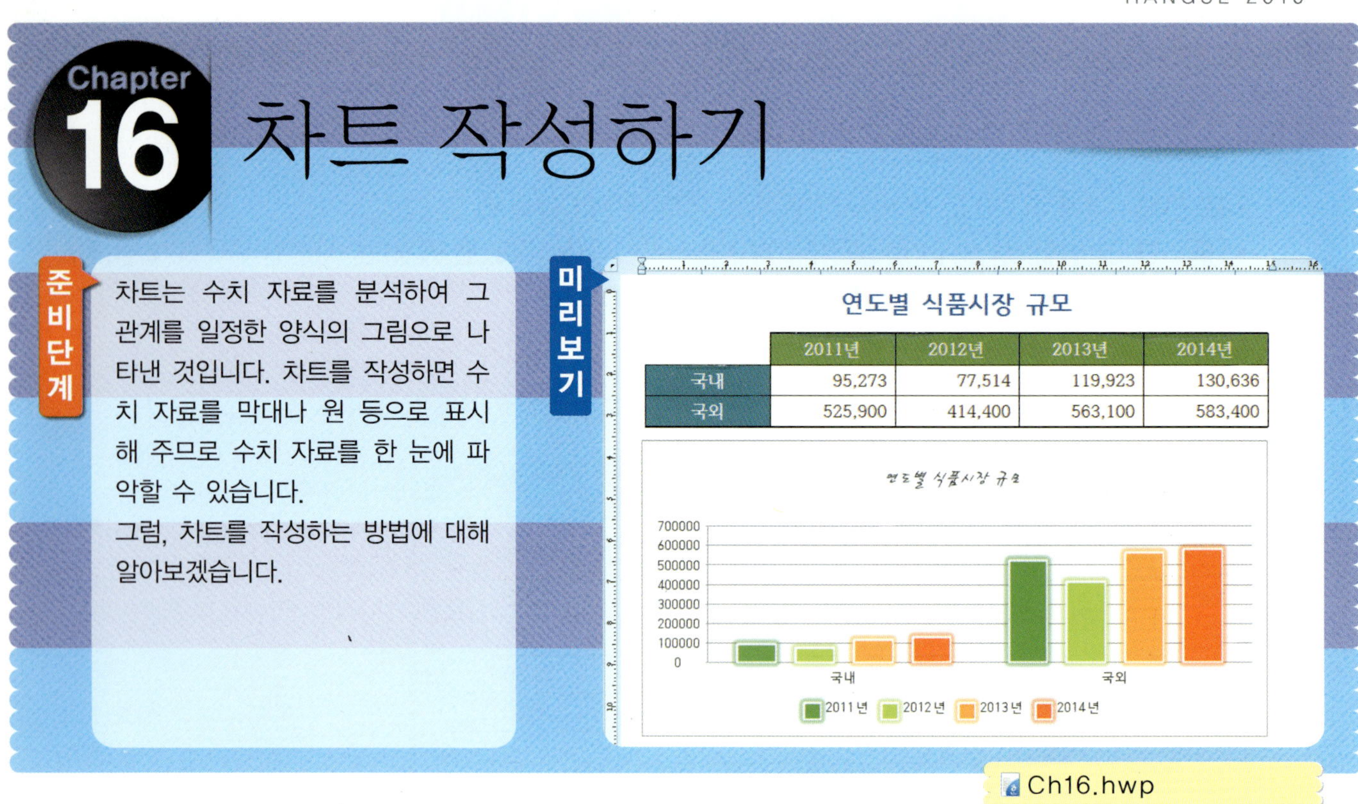

기초단계 01 차트 만들기

1 차트를 만들기 위해 **표 전체를 셀 블록으로 설정**한 후 [표] 탭–[표] 그룹에서 [차트]를 클릭합니다.

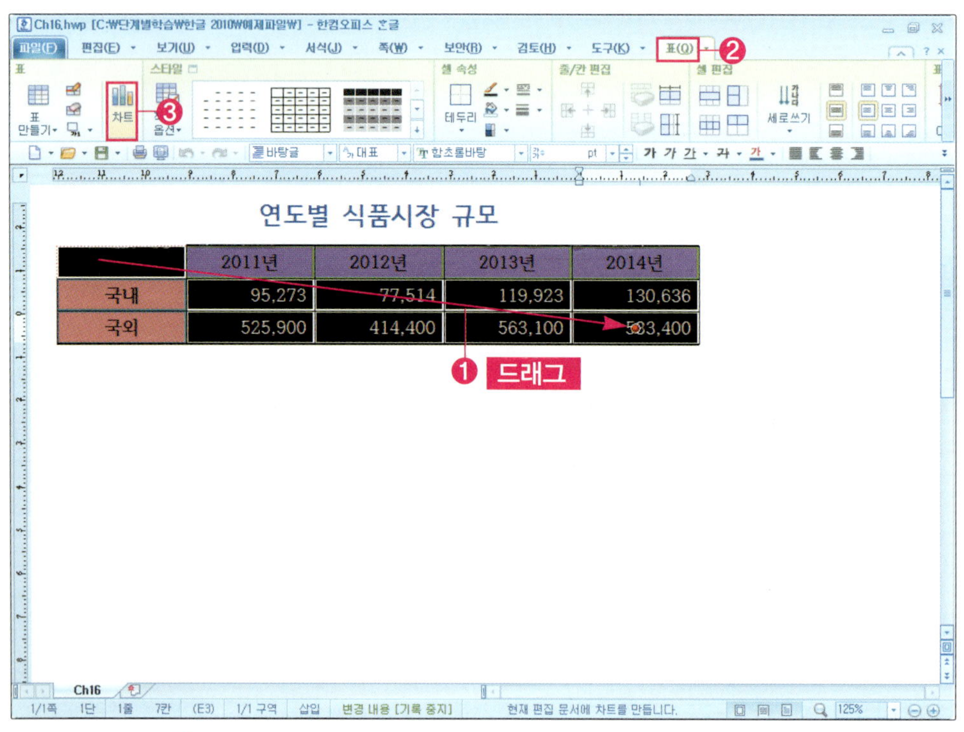

한마디 더!

차트 데이터(차트로 작성될 자료)를 셀 블록으로 설정한 후 [표] 탭의 [목록] 단추를 클릭한 다음 [차트 만들기]를 클릭하거나 [편집] 탭–[입력] 그룹에서 [차트]를 클릭하여 차트를 만들 수도 있습니다.

2 차트가 만들어지면 **차트를 선택**한 후 [차트] 탭–[배치] 그룹에서 **[글자처럼 취급]**을 선택합니다.

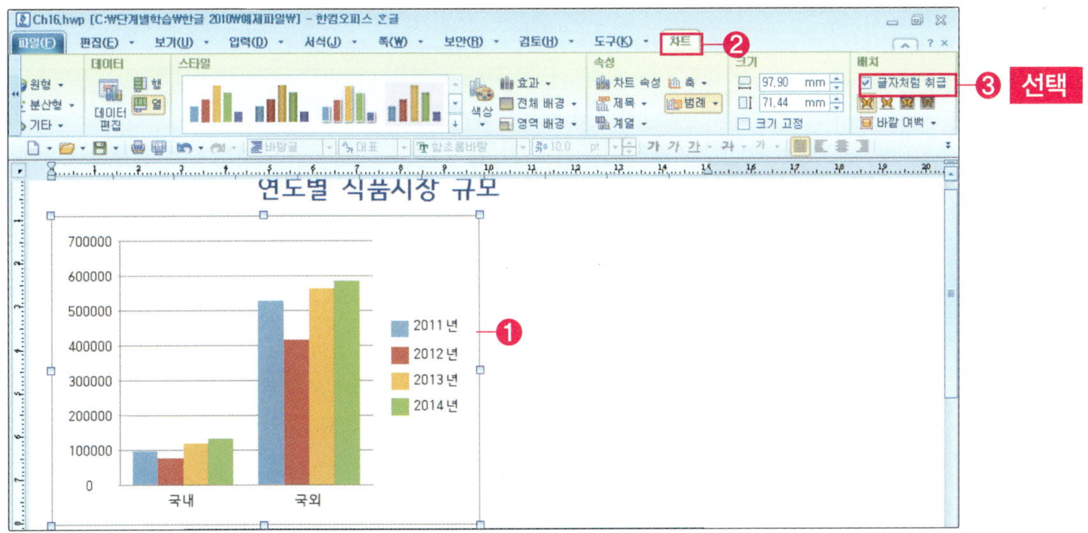

한마디 더!

- 차트로 마우스 포인터를 가져가서 마우스 포인터가 🖎 모양으로 변경되었을 때 클릭하면 차트를 선택할 수 있습니다.
- [글자처럼 취급]을 선택하면 차트를 하나의 글자처럼 취급합니다.

3 차트의 크기를 조정하기 위해 **다음과 같이 차트의 크기 조정 핸들(□)을 드래그**합니다.

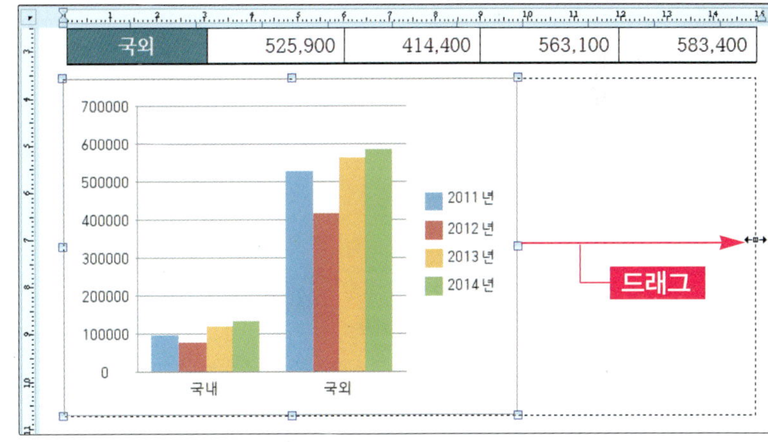

한마디 더!

차트의 오른쪽 가운데 크기 조정 핸들(□)로 마우스 포인터를 가져가서 마우스 포인터가 ↔ 모양으로 변경되었을 때 오른쪽으로 드래그합니다.

4 차트의 크기가 조정됩니다.

알 고 넘 어 갑 시 다

◉ **차트의 구성**

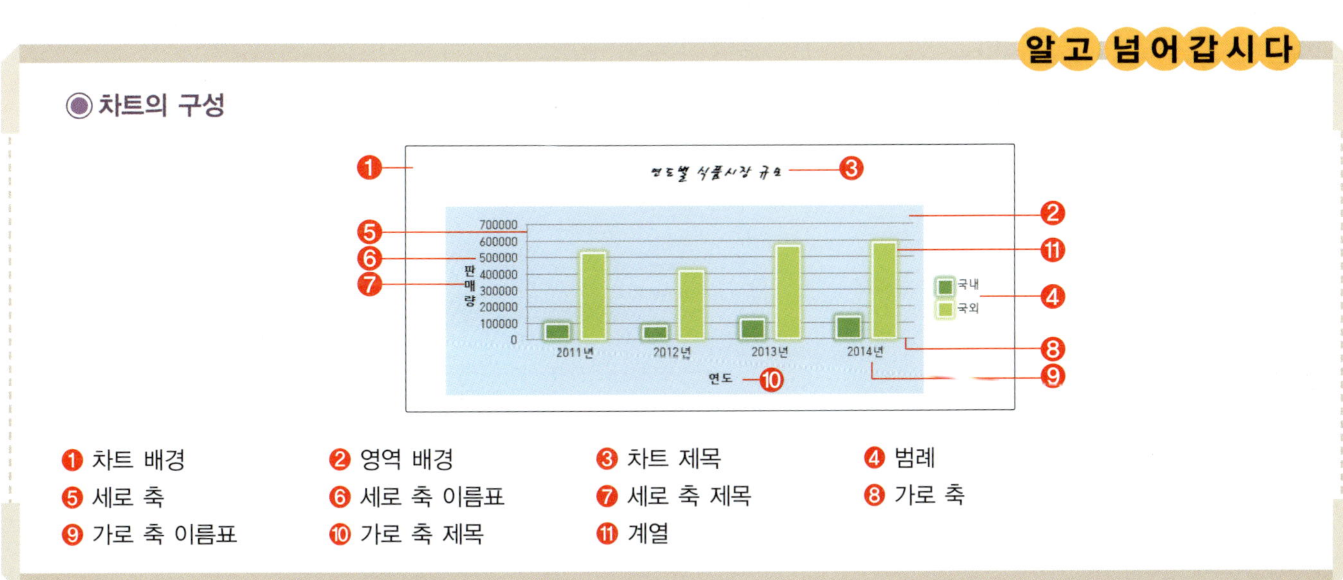

❶ 차트 배경   ❷ 영역 배경   ❸ 차트 제목   ❹ 범례
❺ 세로 축   ❻ 세로 축 이름표 ❼ 세로 축 제목   ❽ 가로 축
❾ 가로 축 이름표 ❿ 가로 축 제목   ⓫ 계열

1 차트 제목을 표시하기 위해 **차트를 선택**한 후 [차트] 탭-[속성] 그룹에서 [제목]의 · [목록] 단추를 클릭한 다음 [제목 모양]을 클릭합니다.

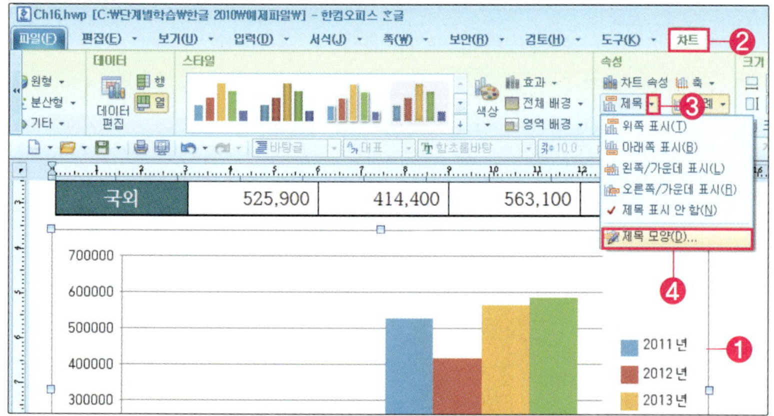

2 [제목 모양] 대화상자가 나타나면 [글자] 탭에서 **내용(연도별 식품시장 규모)을 입력**한 후 **글꼴(한컴 쿨재즈 M)과 크기(14)를 지정**한 다음 [위치] 탭을 클릭합니다. 그런 다음 [제목 모양] 대화상자의 [위치] 탭이 나타나면 **[보임]을 선택**한 후 **위치(위)를 선택**한 다음 [설정] 단추를 클릭합니다.

3 차트 제목이 표시되면 범례의 위치를 변경하기 위해 **차트를 더블클릭하여 차트 편집 상태로 전환**한 후 **범례를 더블클릭**합니다.

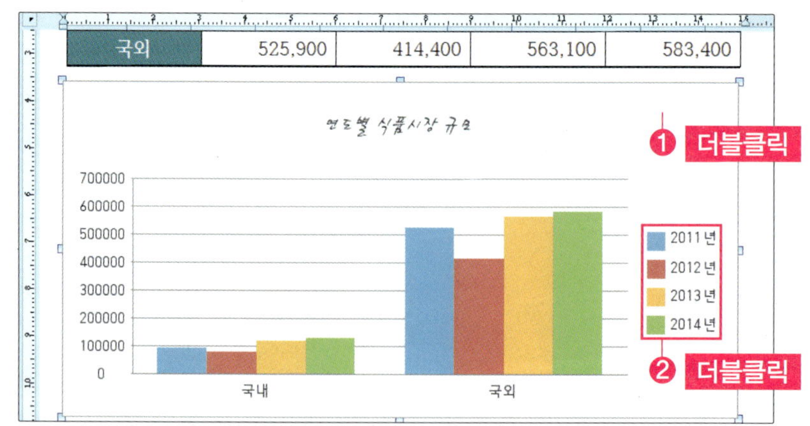

한마디 더!

- 차트 편집 상태로 전환되면 차트 요소(차트 제목, 범례, 계열 등)를 선택할 수 있으며 ⊹과 같이 차트의 크기 조정 핸들 위에 차트가 표시됩니다.
- 범례를 더블클릭할 때 범례에서 계열 표식(◯2011년)을 더블클릭하면 [계열 모양] 대화상자가 나타나고, 계열 이름(■2011년)을 더블클릭하면 [범례 모양] 대화상자가 나타납니다. 여기서는 [범례 모양] 대화상자를 나타내기 위해 범례를 더블클릭하는 것이므로 범례에서 계열 이름을 더블클릭합니다.

4 [범례 모양] 대화상자가 나타나면 [위치] 탭에서 **위치(아래)**를 선택한 후 [설정] 단추를 클릭합니다.

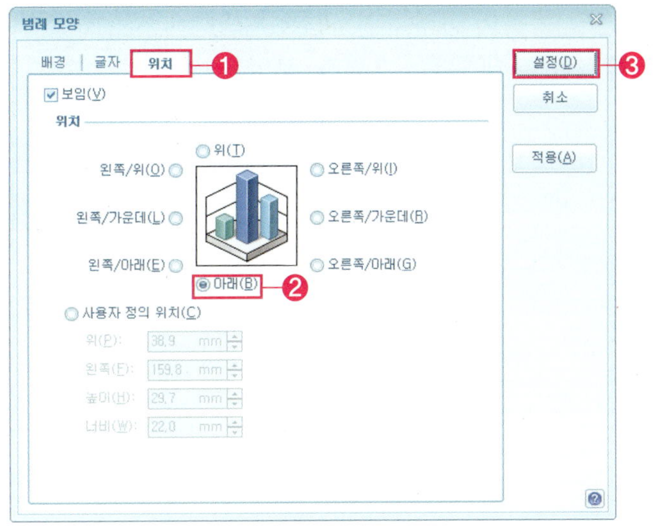

5 범례의 위치가 변경되면 차트 스타일을 적용하기 위해 [차트] 탭-[스타일] 그룹에서 ▼[자세히] 단추를 클릭합니다.

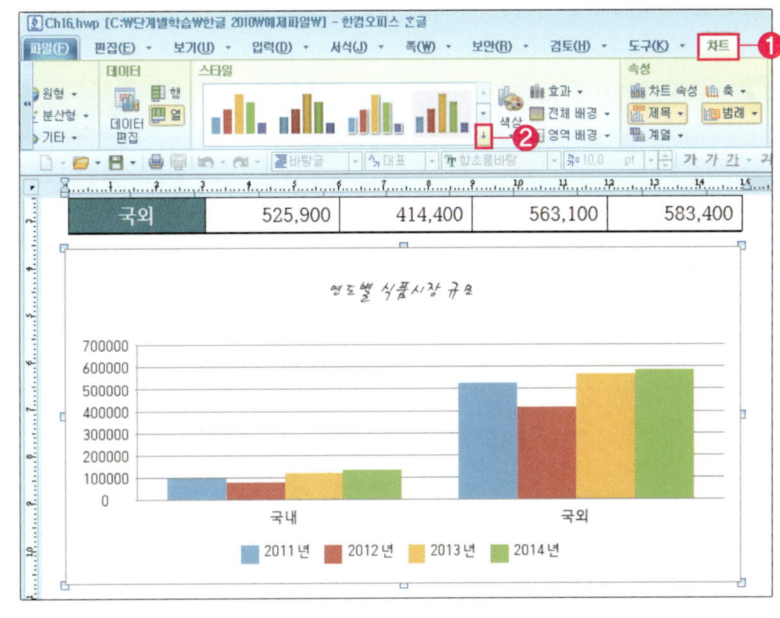

한마디 더!

차트 스타일은 계열의 면 색이나 차트 배경의 면 색 등을 미리 지정하여 하나의 형식으로 만들어 놓은 것 입니다.

● 차트 종류 변경하기

다음과 같이 차트를 선택한 후 [차트] 탭-[차트] 그룹에서 차트를 선택하면 차트 종류를 변경할 수 있습니다.

6 차트 스타일 목록이 나타나면 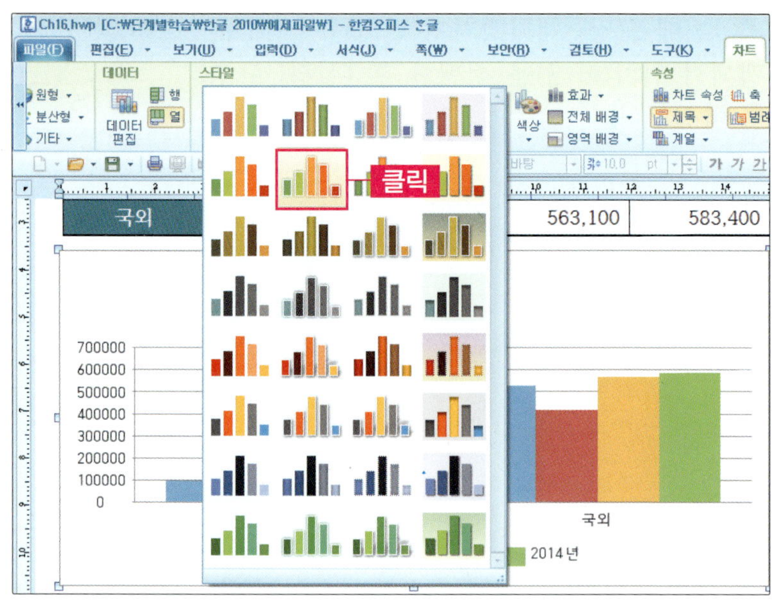[초록색/붉은색 혼합, 흰색 테두리, 그림자 모양]을 클릭합니다.

7 다음과 같이 차트 스타일이 적용됩니다.

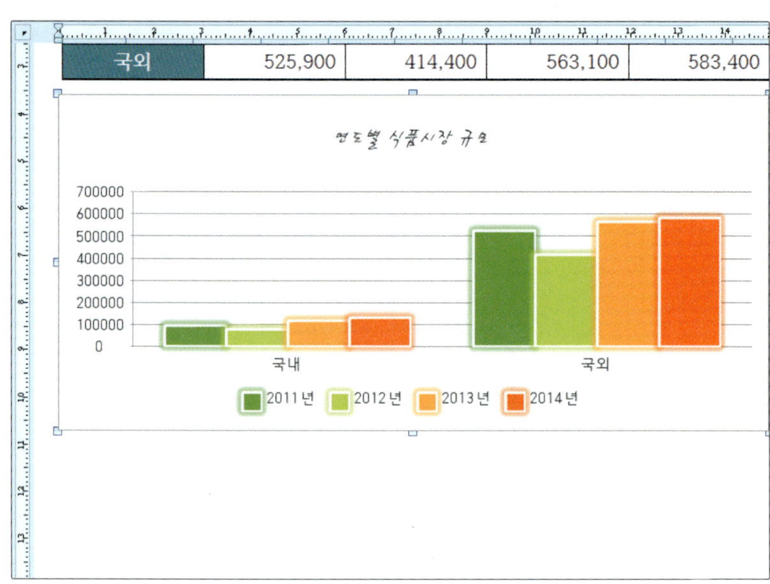

차트를 선택한 후 Delete 를 누르면 차트를 지울 수 있습니다.

● 행 자료 기준과 열 자료 기준

차트를 선택한 후 [차트] 탭-[데이터] 그룹에서 [행]을 클릭하면 차트를 행 자료 기준으로 표시할 수 있고, [열]을 클릭하면 열 자료 기준으로 표시할 수 있습니다. 여기서는 차트를 행 자료 기준으로 표시하면 구분(국내, 국외)이 범례에 표시되고, 열 자료 기준으로 표시하면 연도(2011년, 2012년, 2013년, 2014년)가 범례에 표시됩니다.

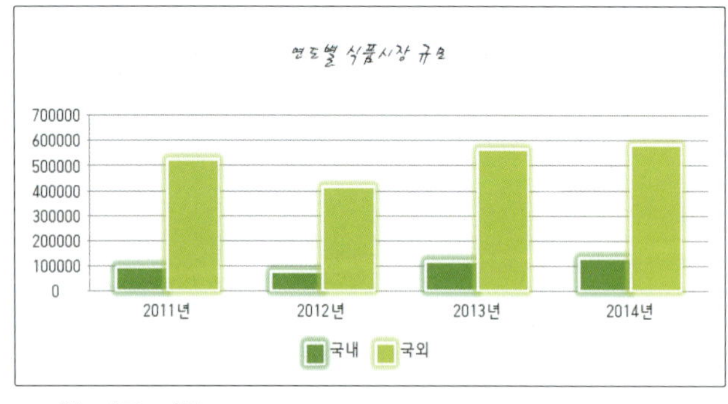

▲ 행 자료 기준

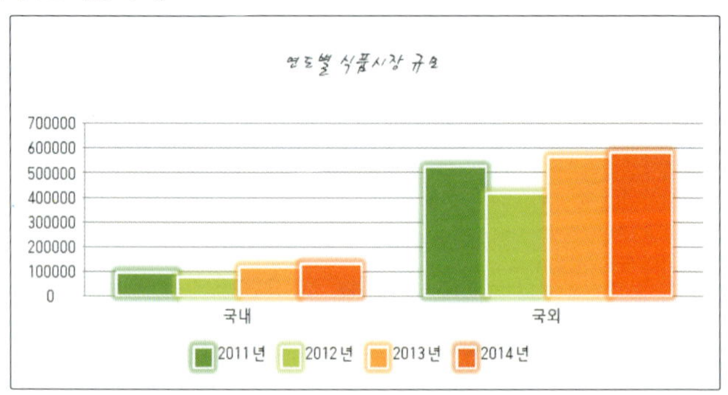

▲ 열 자료 기준

01 다음과 같이 차트를 만들어 보세요.

- **차트 데이터** : 2줄 1칸~3줄 5칸
- **차트 배치** : 글자처럼 취급

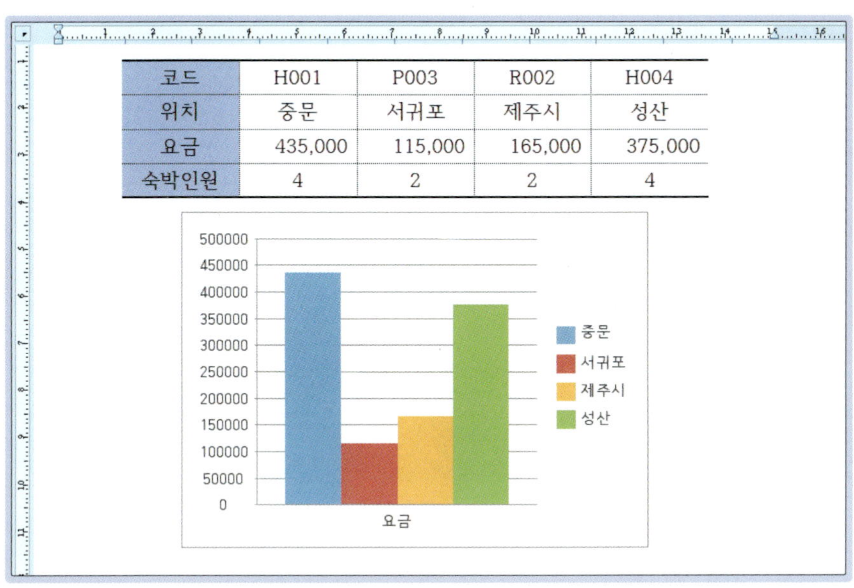

02 다음과 같이 차트를 편집해 보세요.

- **차트 종류** : [자료점 이름표(값) 안쪽 표시 3차원 설정 원형]
- **차트 제목** : 글꼴(한컴 윤고딕 230), 크기(12), 위치(위)
- **범례** : 글꼴(한컴 쿨재즈 M), 크기(12), 위치(위)
- **차트 스타일** : [파스텔색, 수수깡 모양]

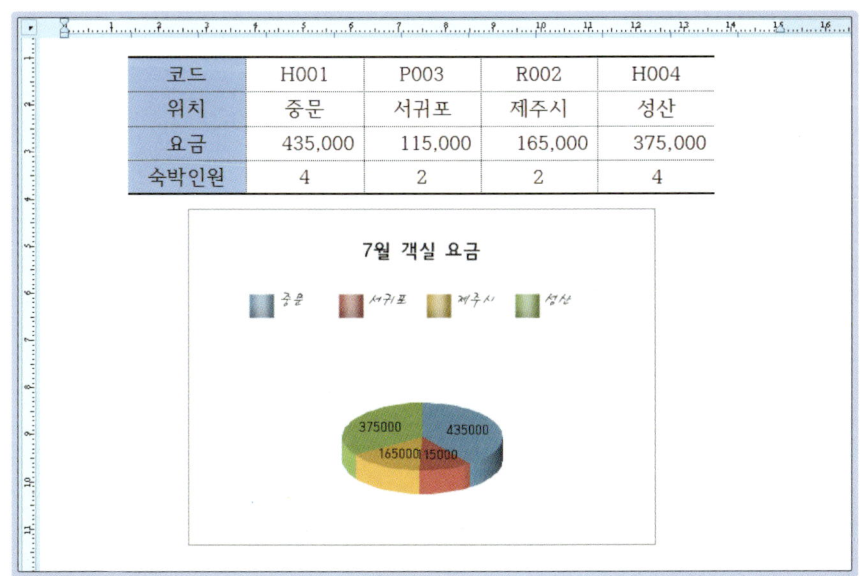

힌트

차트를 선택한 후 [차트] 탭-[차트] 그룹에서 [원형]을 클릭한 다음 [자료점 이름표(값) 안쪽 표시 3차원 설정 원형]을 클릭하면 차트 종류를 변경할 수 있습니다.

Chapter 17
쪽 번호 매기고
쪽 테두리/배경 지정하기

쪽 번호 매기기는 문서에 쪽 번호를 자동으로 매겨주는 기능입니다. 쪽 테두리/배경을 지정하면 문서의 각 쪽에 테두리를 넣거나 쪽 배경을 면 색과 무늬 등으로 채워 문서를 보기 좋고 예쁘게 꾸밀 수 있습니다.

그럼, 쪽 번호를 매기고 쪽 테두리/배경을 지정하는 방법에 대해 알아보겠습니다.

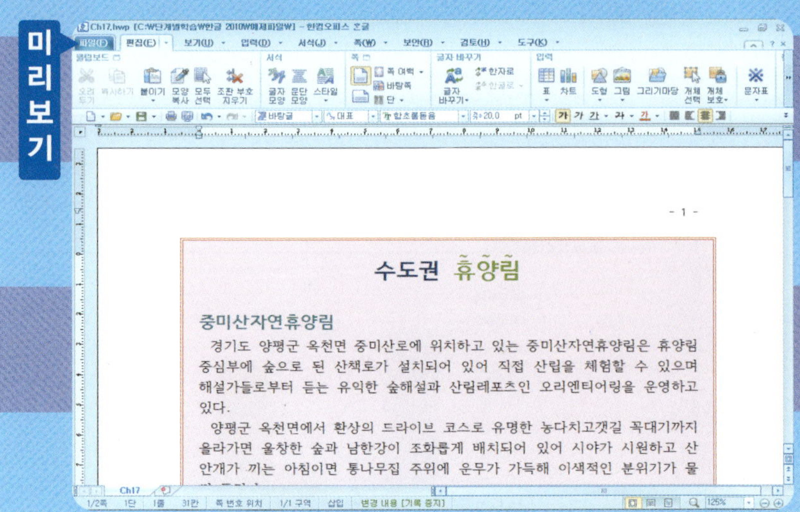

📄 Ch17.hwp

기초단계 01   쪽 번호 매기기

1 쪽 번호를 매기기 위해 [쪽] 탭-[쪽 모양] 그룹에서 [쪽 번호 매기기]를 클릭합니다.

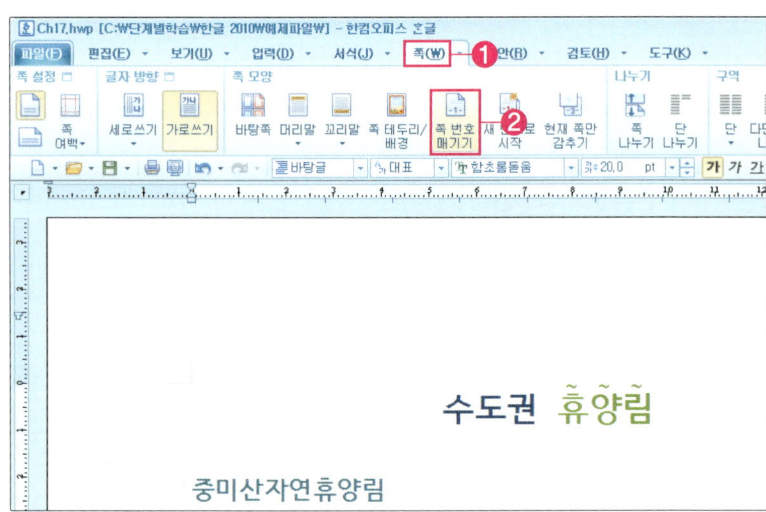

한마디 더!

• 현재 화면은 쪽 번호와 쪽 테두리/배경을 화면으로 확인하기 위해 [보기] 탭-[보기] 그룹에서 [쪽 윤곽]을 선택하여 쪽 윤곽을 보이게 한 화면입니다.
• [쪽] 탭의 · [목록] 단추를 클릭한 후 [쪽 번호 매기기]를 클릭하거나 Ctrl + N, P를 눌러 쪽 번호를 매길 수도 있습니다.

2 [쪽 번호 매기기] 대화상자가 나타나면 번호 위치(오른쪽 위)를 선택한 후 번호 모양(1,2,3)과 [줄표 넣기]를 선택한 다음 [넣기] 단추를 클릭합니다.

3 다음과 같이 쪽 번호가 매겨집니다.

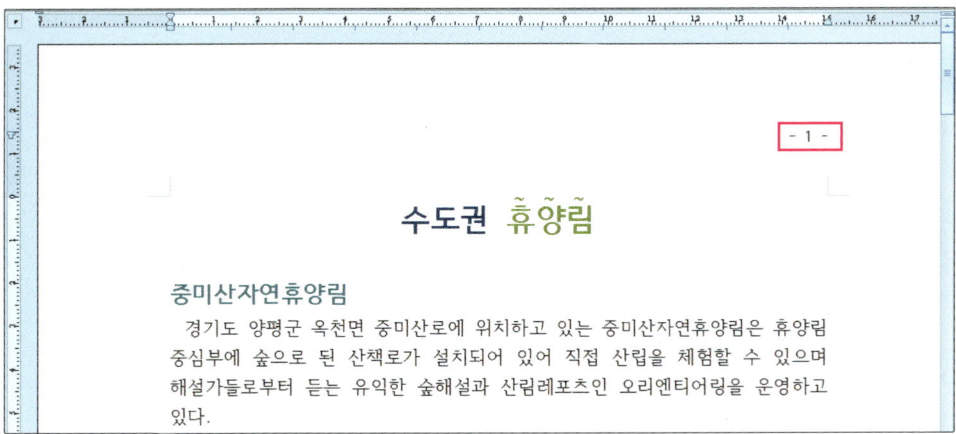

◉ 쪽 번호 지우기

다음과 같이 [보기] 탭-[표시/숨기기] 그룹에서 [조판 부호]를 선택하면 [쪽 번호 위치]를 확인할 수 있습니다. 쪽 번호를 지우려면 [쪽 번호 위치] 앞에 커서를 둔 후 Delete 를 누르면 됩니다.

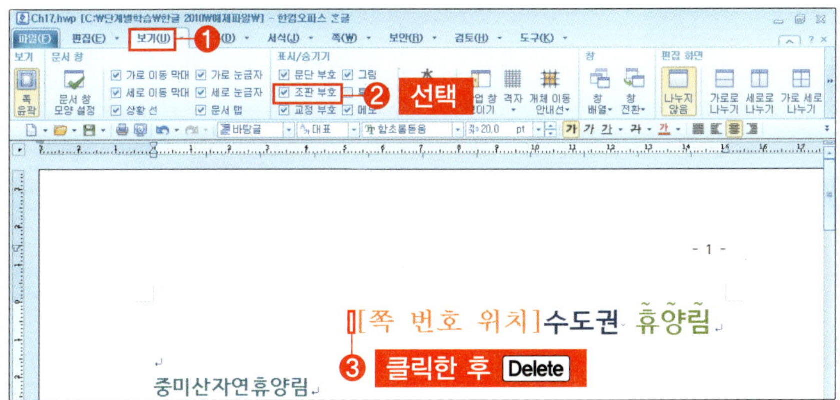

◉ 새 번호로 시작

[쪽] 탭-[쪽 모양] 그룹에서 [새 번호로 시작]을 클릭하면 [새 번호로 시작] 대화상자가 나타납니다. 다음과 같이 [새 번호로 시작] 대화상자에서 번호 종류를 '쪽 번호'로 선택한 후 시작 번호를 입력한 다음 [넣기] 단추를 클릭하면 쪽 번호를 새 번호로 시작할 수 있습니다.

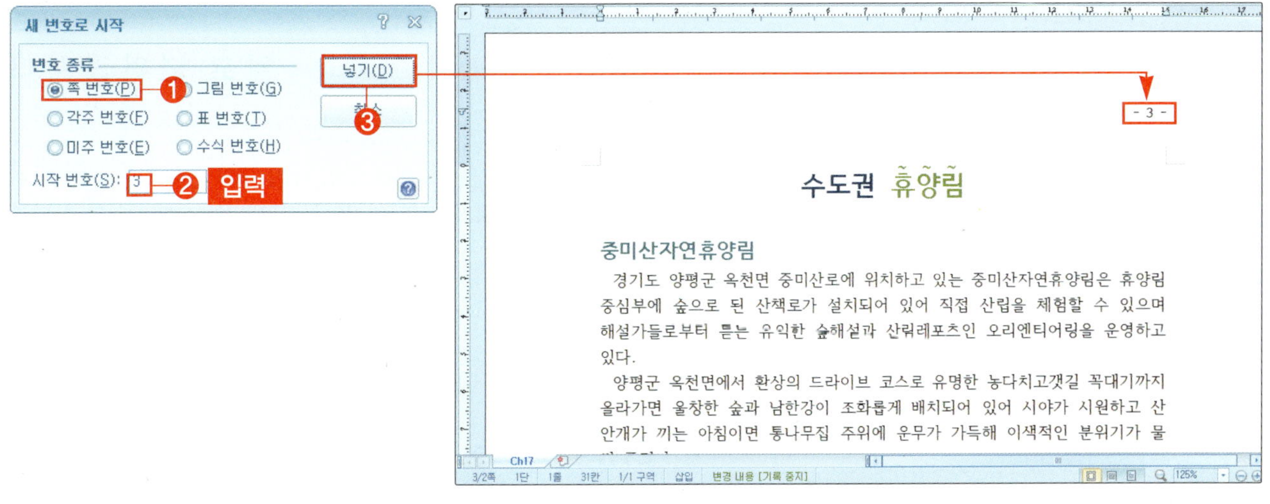

1 쪽 테두리/배경을 지정하기 위해 [쪽] 탭-[쪽 모양] 그룹에서 [쪽 테두리/배경]을 클릭합니다.

2 [쪽 테두리/배경] 대화상자가 나타나면 [테두리] 탭에서 테두리 종류(═[이중 실선]), 굵기(0.5mm), 색(루비색)을 선택한 후 ▣[모두]를 클릭한 다음 [배경] 탭을 클릭합니다. 그런 다음 [쪽 테두리/배경] 대화상자의 [배경] 탭이 나타나면 [색]을 선택한 후 면 색(진달래색 80% 밝게)을 선택한 다음 채울 영역(테두리)을 선택하고 [설정] 단추를 클릭합니다.

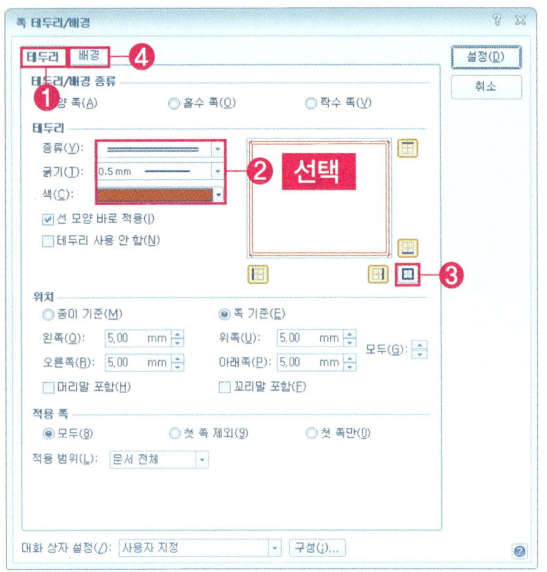
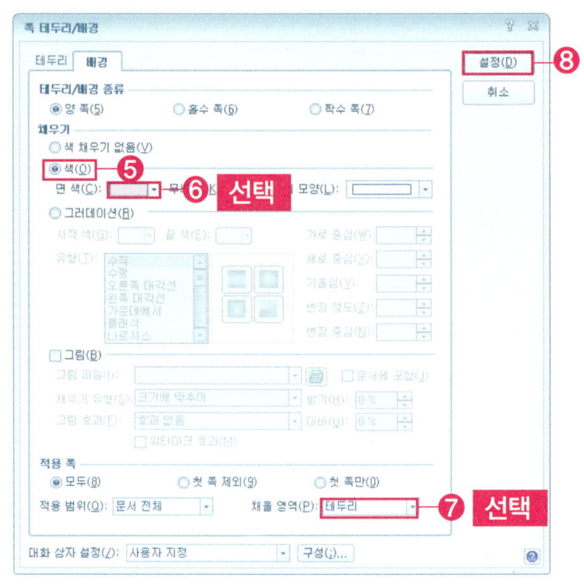

3 다음과 같이 쪽 테두리/배경이 지정됩니다.

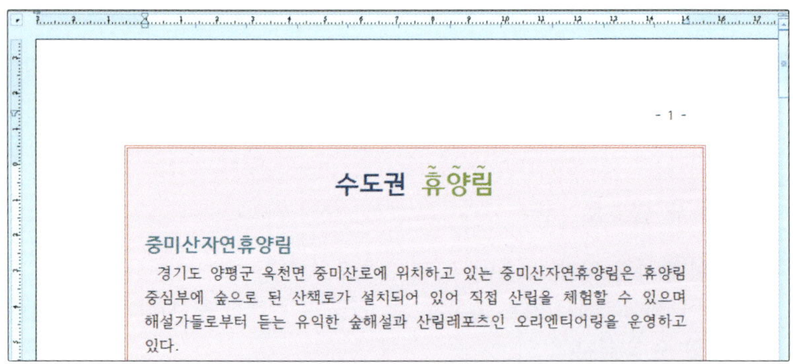

알고 넘어갑시다

● 채울 영역

[쪽 테두리/배경] 대화상자의 [배경] 탭에서 채울 영역을 '종이'로 선택한 경우에는 다음과 같이 편집 용지 전체를 면 색으로 채우고, '쪽'으로 선택한 경우에는 본문 편집 영역 안쪽(왼쪽/오른쪽/위쪽/아래쪽 여백과 머리말/꼬리말 여백 제외)을 면 색으로 채웁니다.

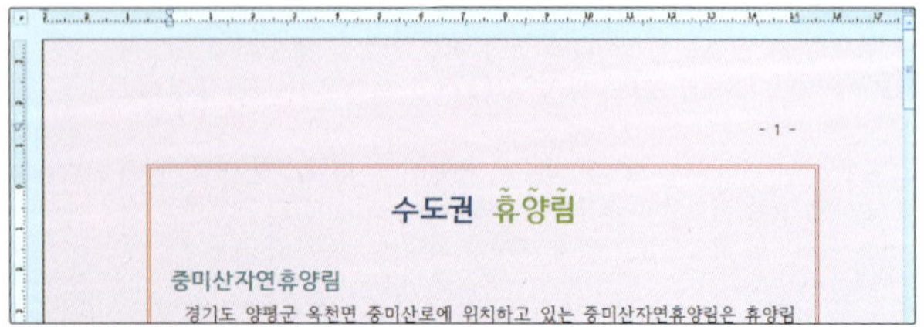

▲ 채울 영역을 '종이'로 선택한 경우

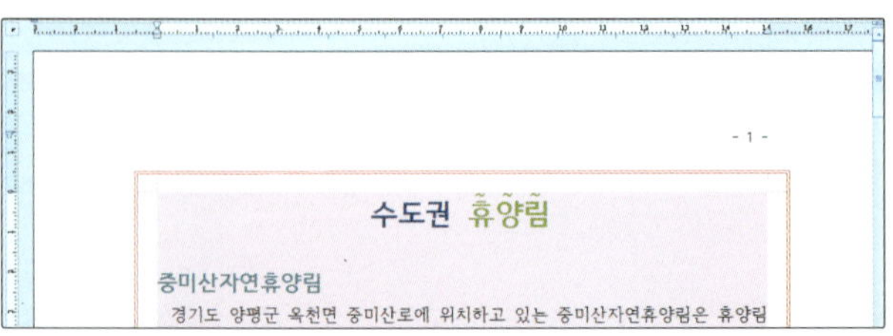

▲ 채울 영역을 '쪽'으로 선택한 경우

01 다음과 같이 쪽 번호를 매겨 보세요.

- **쪽 번호 매기기** : 번호 위치(왼쪽 위), 번호 모양(A,B,C), [줄표 넣기] 선택

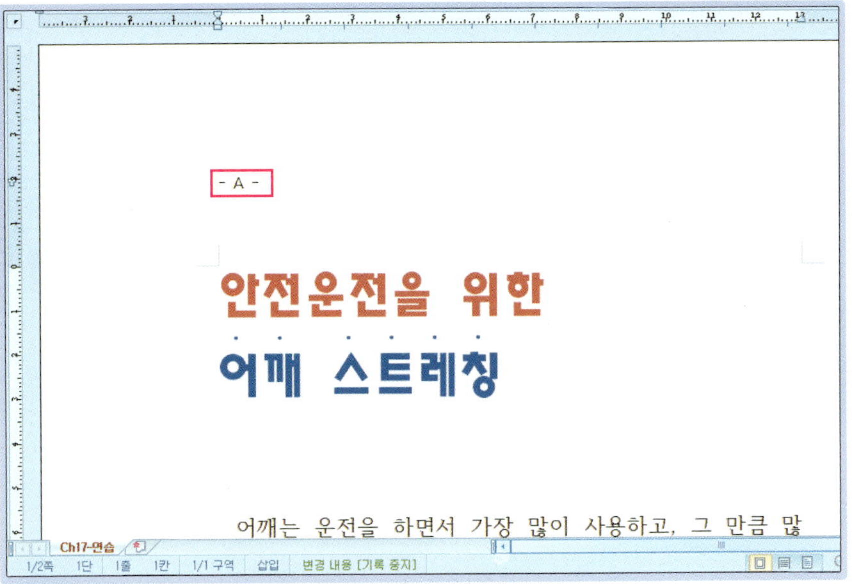

힌트

[쪽] 탭–[쪽 모양] 그룹에서 [쪽 번호 매기기]를 클릭하면 쪽 번호를 매길 수 있습니다.

02 다음과 같이 쪽 테두리/배경을 지정해 보세요.

- **쪽 테두리** : 테두리 종류(━[이중 실선]), 굵기(1mm), 색(에메랄드 블루), ▣[모두]
- **쪽 배경** : 면 색(에메랄드 블루 80% 밝게), 채울 영역(테두리)

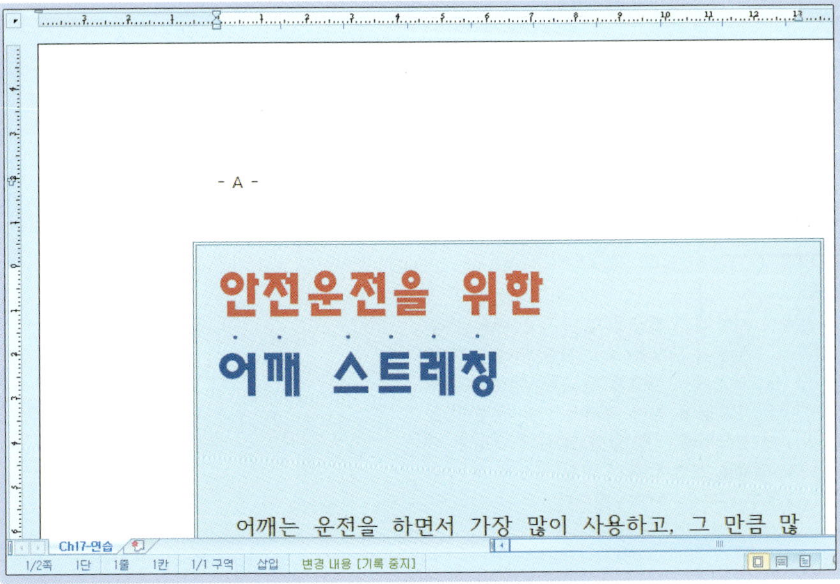

Chapter 18 머리말/꼬리말과 주석 삽입하기

머리말은 쪽의 상단, 꼬리말은 쪽의 하단에 고정적으로 들어가는 내용을 말합니다. 주석은 내용에 대한 보충 설명이나 참조 등을 말하며 해당 쪽의 하단에 넣는 각주와 마지막 쪽에 넣는 미주가 있습니다. 그럼, 머리말/꼬리말과 각주를 삽입하는 방법에 대해 알아보겠습니다.

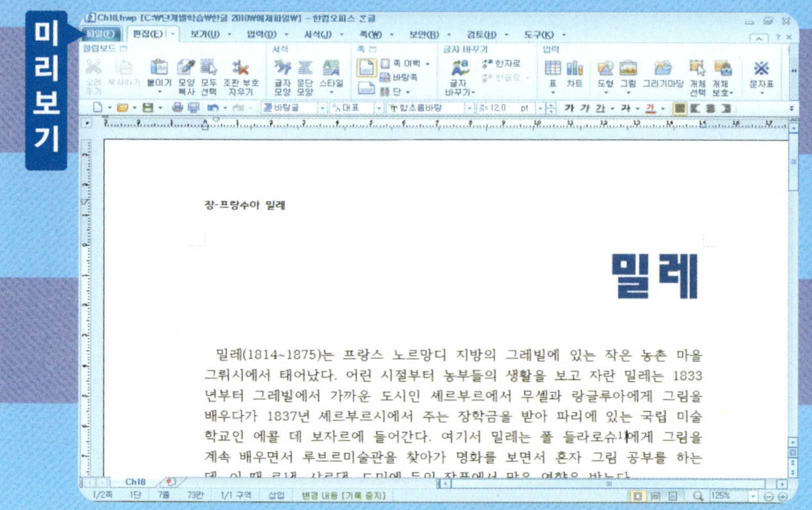

📄 Ch18.hwp

기초단계 01 머리말/꼬리말 삽입하기

1 머리말을 삽입하기 위해 [쪽] 탭-[쪽 모양] 그룹에서 [머리말]을 클릭한 후 [양 쪽]을 클릭한 다음 [모양 없음]을 클릭합니다.

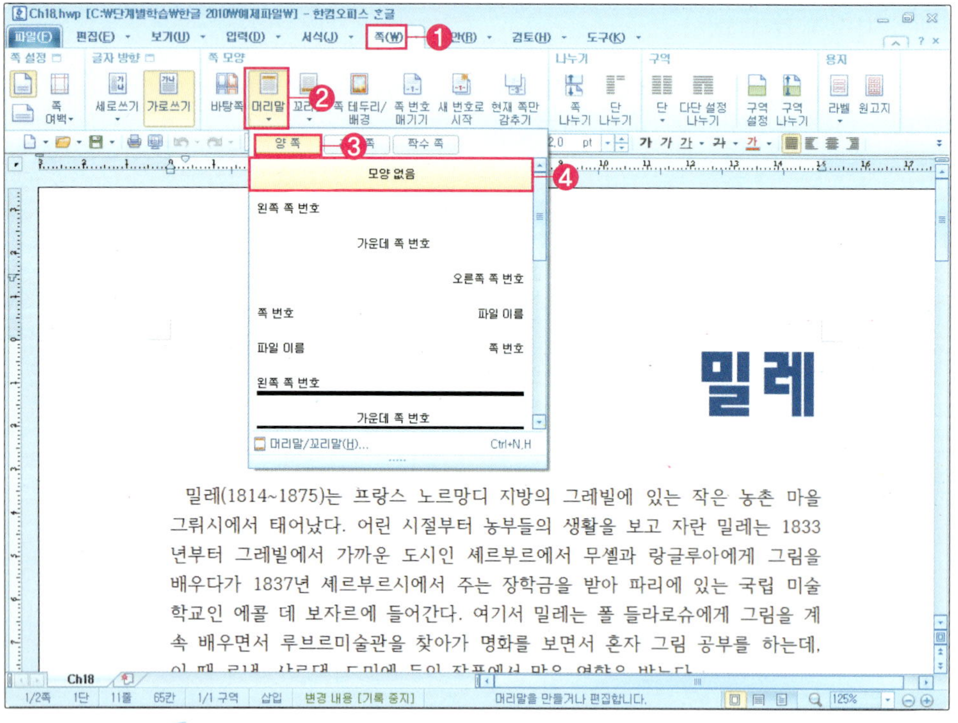

한마디 더!

현재 화면은 머리말/꼬리말과 각주를 화면으로 확인하기 위해 [보기] 탭-[보기] 그룹에서 [쪽 윤곽]을 선택하여 쪽 윤곽을 보이게 한 화면입니다.

2 머리말 입력 화면이 나타나면 **머리말(장-프랑수아 밀레)을 입력**한 후 블록으로 설정한 다음 [서식] 도구 상자에서 **가[진하게]를 클릭**합니다. 그런 다음 머리말 입력 화면을 닫기 위해 [머리말/꼬리말] 탭-[닫기] 그룹에서 **[머리말/꼬리말 닫기]를 클릭**합니다.

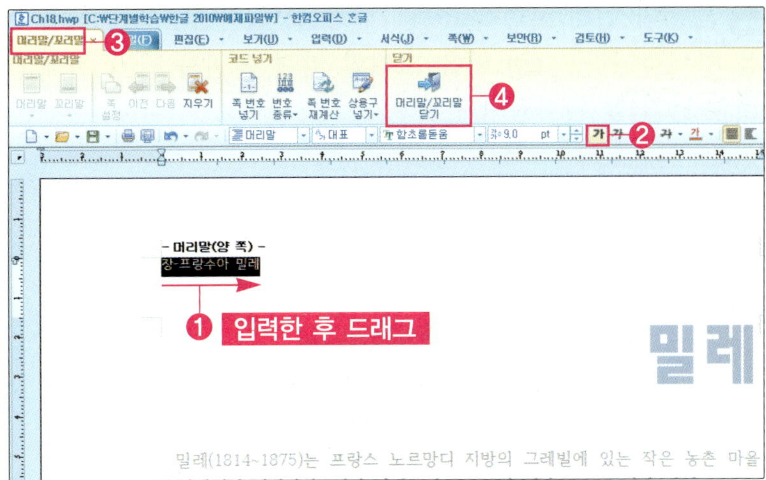

3 다음과 같이 머리말이 삽입됩니다.

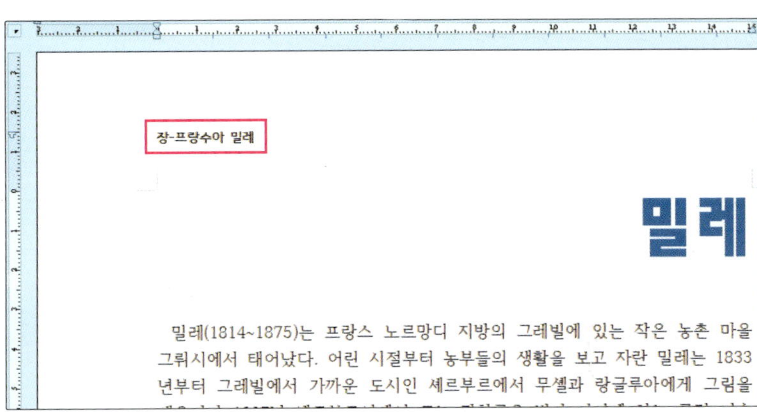

4 꼬리말을 삽입하기 위해 [쪽] 탭-[쪽 모양] 그룹에서 **[꼬리말]을 클릭**한 후 **[양 쪽]을 클릭**한 다음 **[모양 없음]을 클릭**합니다.

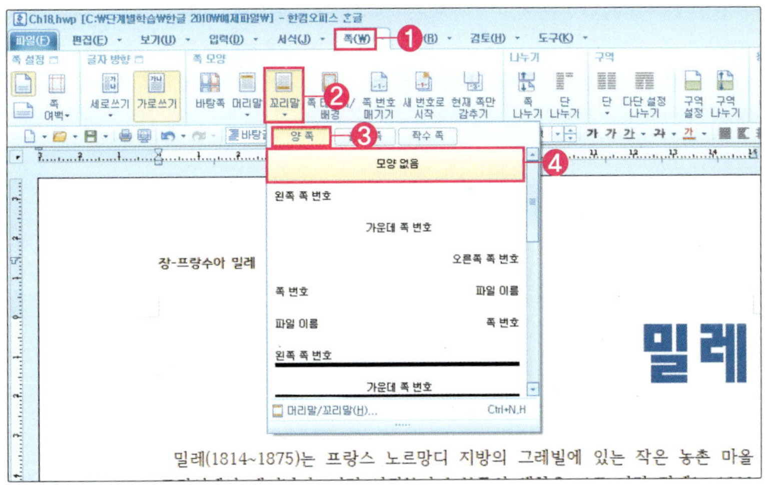

알 고 넘 어 갑 시 다

◉ [머리말/꼬리말] 대화상자를 사용하여 머리말/꼬리말 삽입하기

[머리말/꼬리말] 대화상자를 사용하여 머리말/꼬리말을 삽입할 수도 있습니다. [머리말/꼬리말] 대화상지는 [쪽] 탭의 ▾ [목록] 단추를 클릭한 후 [머리말/꼬리말]을 클릭하거나 **Ctrl**+**N**,**H**를 누르면 나타납니다.

[머리말/꼬리말] 대화상자 ▶ 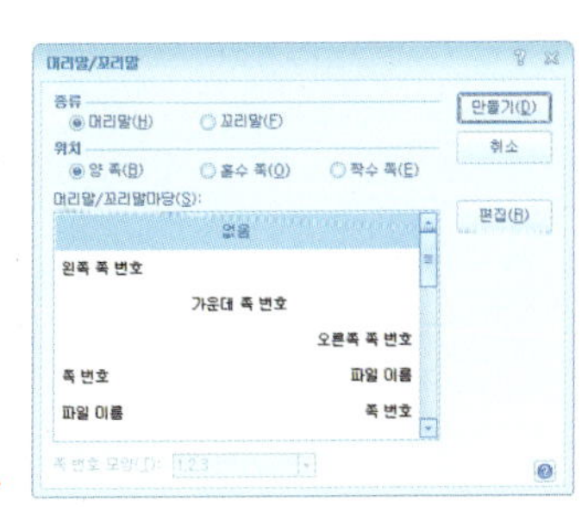

5 꼬리말 입력 화면이 나타나면 **꼬리말(아슬란갤러리)을 입력**한 후 [서식] 도구 상자에서 ▤**[오른쪽 정렬]**을 **클릭**합니다. 그런 다음 꼬리말 입력 화면을 닫기 위해 [머리말/꼬리말] 탭-[닫기] 그룹에서 **[머리말/꼬리말 닫기]**를 **클릭**합니다.

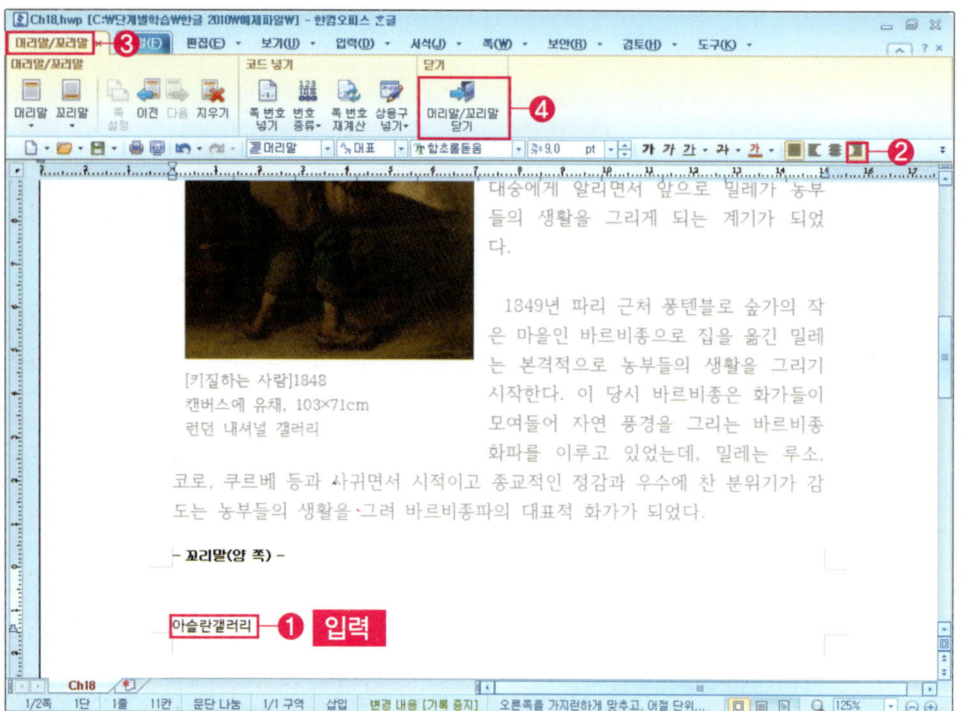

6 다음과 같이 꼬리말이 삽입됩니다.

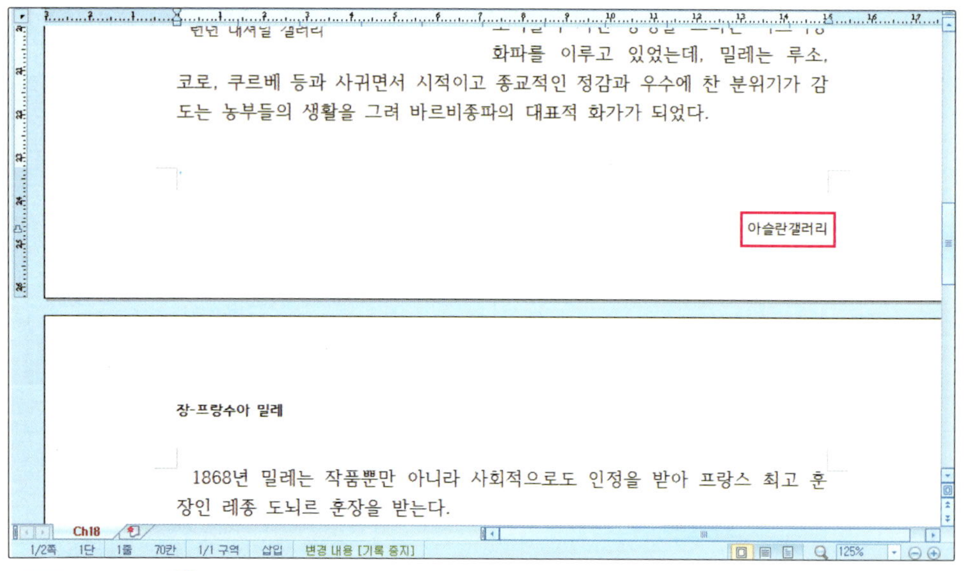

1 각주를 삽입하기 위해 '폴 들라로슈' 뒤에 커서를 둔 후 [입력] 탭-[참조] 그룹에서 [각주]를 클릭합니다.

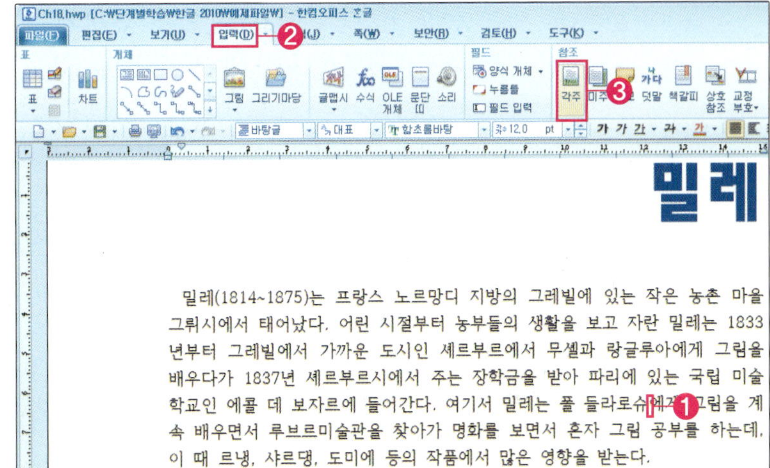

> **한마디 더!**
>
> '폴 들라로슈' 뒤에 커서를 둔 후 [입력] 탭의 ▾[목록] 단추를 클릭한 다음 [주석]-[각주]를 클릭하거나 Ctrl + N , N 을 눌러 각주를 삽입할 수도 있습니다.

2 각주 입력 화면이 나타나면 **다음과 같이 각주를 입력**합니다. 그런 다음 각주 입력 화면을 닫기 위해 [주석] 탭-[닫기] 그룹에서 [닫기]를 클릭합니다.

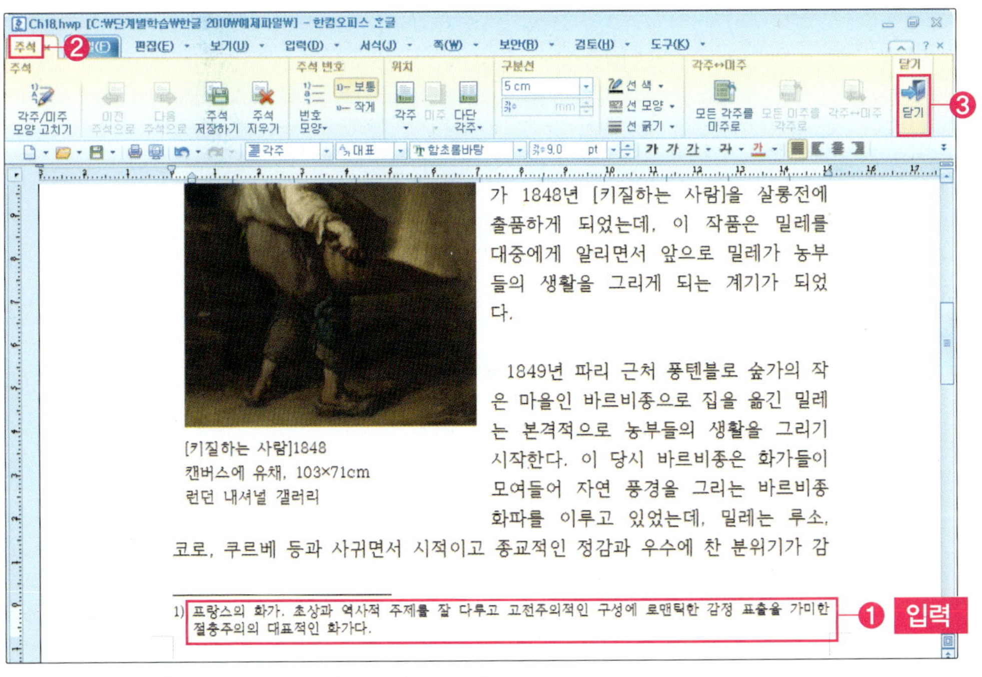

> **한마디 더!**
>
> - 각주는 해당 쪽의 하단에 넣어집니다.
> - Shift + Esc 를 눌러 각주 입력 화면을 닫을 수도 있습니다.

3 다음과 같이 각주가 삽입됩니다.

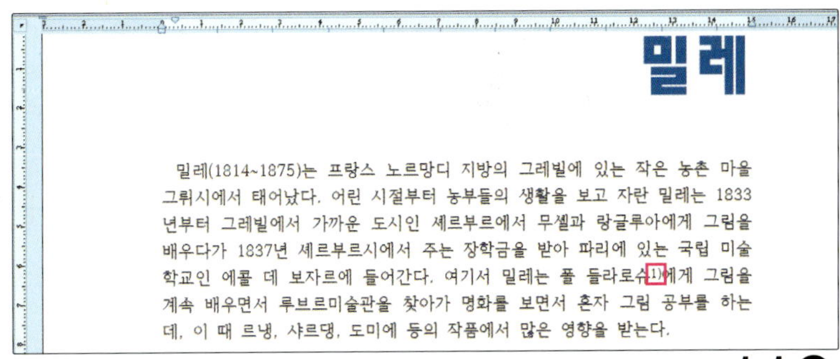

> **한마디 더!**
>
> 세로 이동 막대를 아래쪽으로 드래그하면 각주를 확인할 수 있습니다.

● 각주 번호 모양 변경하기

다음과 같이 각주 입력 화면에 커서를 둔 후 [주석] 탭–[주석 번호] 그룹에서 [번호 모양]을 클릭한 다음 각주 번호를 선택하면 각주 번호를 해당 각주 번호로 변경할 수 있습니다.

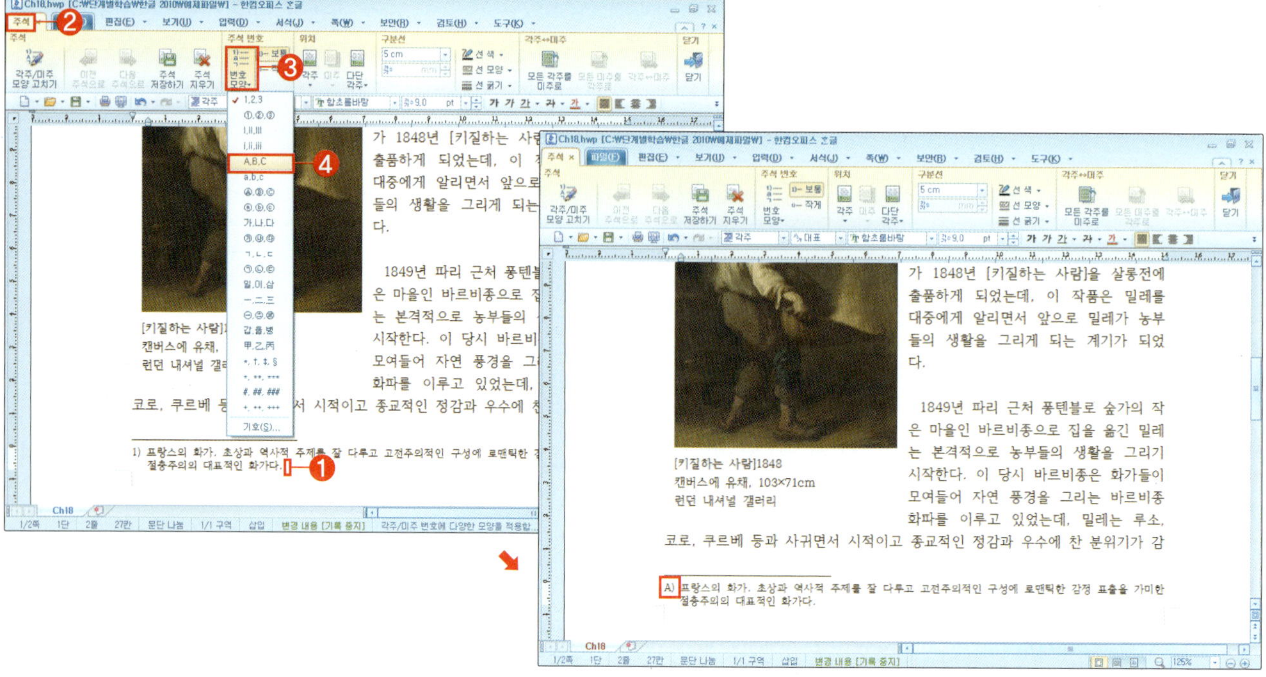

● 미주 삽입하기

다음과 같이 미주를 삽입할 내용 뒤에 커서를 둔 후 [입력] 탭–[참조] 그룹에서 [미주]를 클릭하면 미주 입력 화면이 나타납니다. 미주 입력 화면에서 미주를 입력한 후 [주석] 탭–[닫기] 그룹에서 [닫기]를 클릭하면 미주를 삽입할 수 있습니다. 미주는 마지막 쪽에 넣어지며 [입력] 탭의 ꞏ[목록] 단추를 클릭한 후 [주석]–[미주]를 클릭하거나 Ctrl+N, E를 눌러 미주를 삽입할 수도 있습니다.

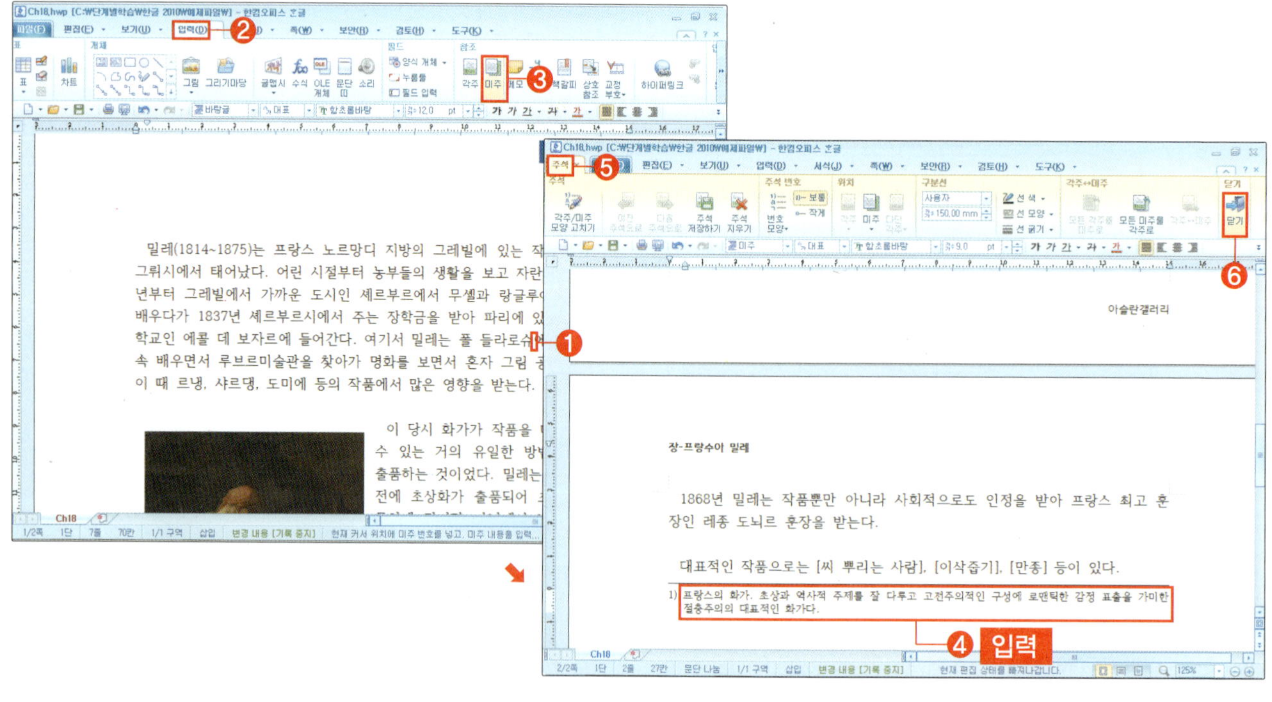

01 다음과 같이 머리말을 삽입해 보세요.

- **위치** : 양 쪽
- **머리말/꼬리말마당** : 모양 없음

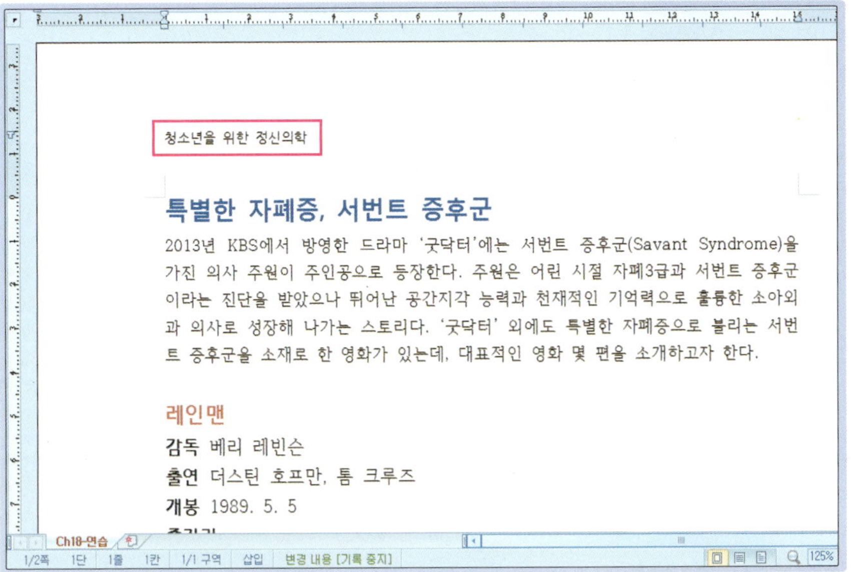

02 다음과 같이 '서번트 증후군(Savant Syndrome)'에 각주를 삽입해 보세요.

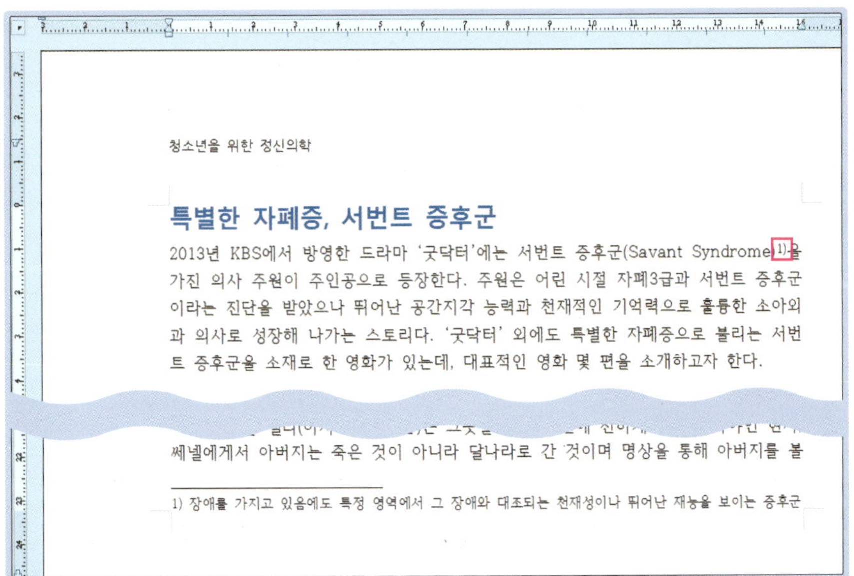

힌트

'서번트 증후군(Savant Syndrome)' 뒤에 커서를 둔 후 [입력] 탭-[참조] 그룹에서 [각주]를 클릭하면 '서번트 증후군 (Savant Syndrome)'에 각주를 삽입할 수 있습니다.

Chapter 19
책갈피 사용하고 다단 설정하기

준비단계

책갈피는 문서의 여러 곳에 책갈피를 넣어 두었다가 현재 커서의 위치에 상관없이 책갈피가 넣어져 있는 위치로 커서를 곧바로 이동시키는 기능입니다. 다단 설정은 한 쪽이나 문단을 여러 개의 단으로 나누는 기능입니다.

그럼, 책갈피를 사용하고 다단을 설정하는 방법에 대해 알아보겠습니다.

미리보기

싱가포르 나이트 사파리(Singapore Night Safari)

주소
80 Mandai Lake Road Singapore 729826

찾아가는 방법
DFS 갤러리 앞 버스 정류장에서 셔틀버스를 이용하거나 MRT 앙모키오역 버스 인터체인지에서 138번 탑승

볼거리
나이트 사파리는 1994년에 개장한 세계 최초의 야간 야생 공원으로 싱가포르관광청이 수여하는 '최고의 관광명소'에 9번이나 선정된 곳이다. 115종 1,000여 마리 이상의 동물들이 40만 평방미터 넓이의 공원에서 풀을 뜯고 사냥을 한다. 야생성이 강서 하루 3번 정도 무료로 진행된다. 트램을 타고 사자, 호랑이, 사슴, 하이에나, 맥, 코끼리 등을 아주 가까운 거리에서 만나볼 수 있으며 소요시간은 30~40분 정도 된다. 도보로 구석구석을 돌아보고 싶다면 2시간여 정도가 소요된다.

Ch19.hwp

기초단계 01 책갈피 사용하기

1 책갈피를 넣기 위해 '볼거리' 앞에 커서를 둔 후 [입력] 탭–[참조] 그룹에서 [책갈피]를 클릭합니다.

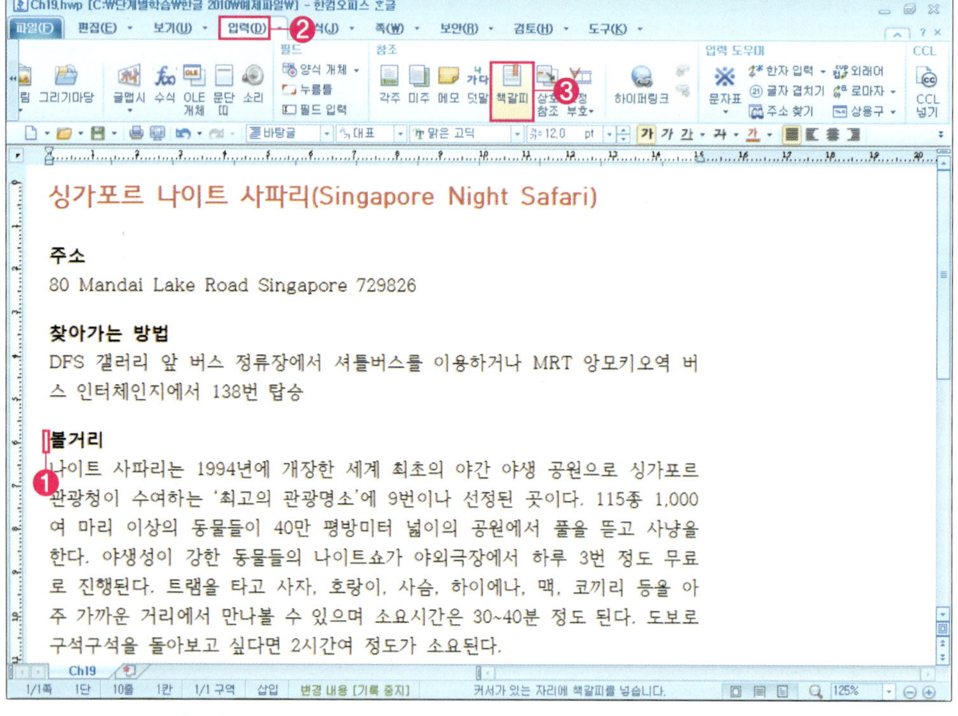

한마디 더!

'볼거리' 앞에 커서를 둔 후 [입력] 탭의 ▾ [목록] 단추를 클릭한 다음 [책갈피]를 클릭하거나 Ctrl+K, B를 눌러 책갈피를 지정할 수도 있습니다.

2 [책갈피] 대화상자가 나타나면 **책갈피 이름(볼거리)을 입력**한 후 **[넣기] 단추를 클릭**합니다.

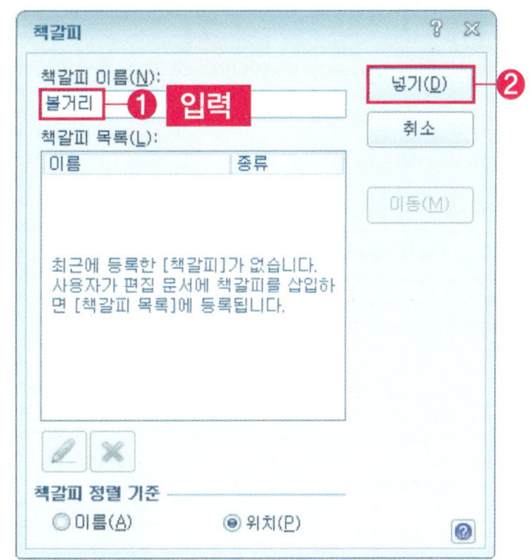

3 책갈피가 넣어지면 책갈피가 넣어져 있는 위치로 커서가 곧바로 이동되는지 확인하기 위해 **'싱가포르' 앞에 커서를 둔 후** [입력] 탭-[참조] 그룹에서 **[책갈피]를 클릭**합니다.

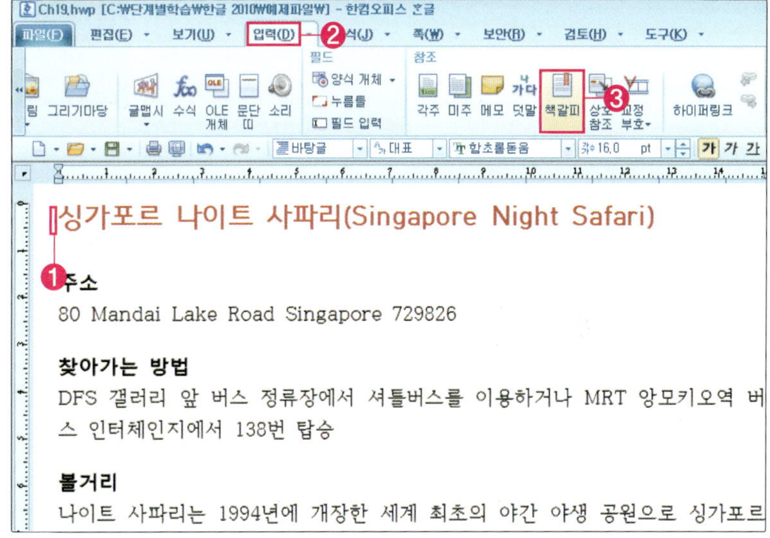

4 [책갈피] 대화상자가 나타나면 **책갈피(볼거리)를 선택**한 후 **[이동] 단추를 클릭**합니다.

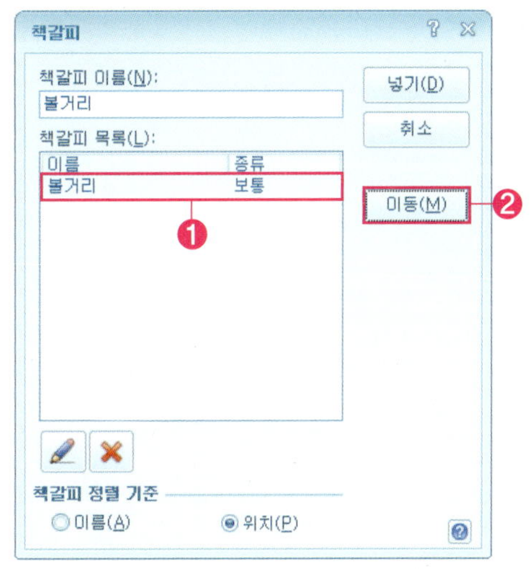

한마디 더!

[책갈피 이름 바꾸기]를 클릭하면 책갈피 이름을 변경할 수 있고, [삭제]를 클릭하면 책갈피를 지울 수 있습니다.

5 책갈피가 넣어져 있는 위치로 커서가 곧바로 이동되는 것을 확인할 수 있습니다.

1 다단을 설정하기 위해 10번째 문단을 블록으로 설정한 후 [쪽] 탭의 ·[목록] 단추를 클릭한 다음 [다단 설정]을 클릭합니다.

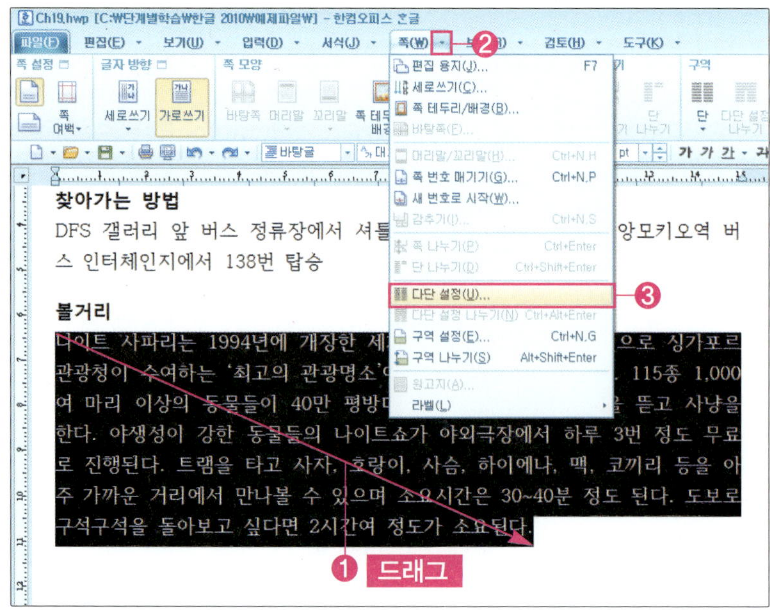

2 [단 설정] 대화상자가 나타나면 단 개수(2)를 입력한 후 [구분선 넣기]를 선택한 다음 구분선 종류(—[실선]), 굵기(0.12mm), 색(검정)을 선택하고 [설정] 단추를 클릭합니다.

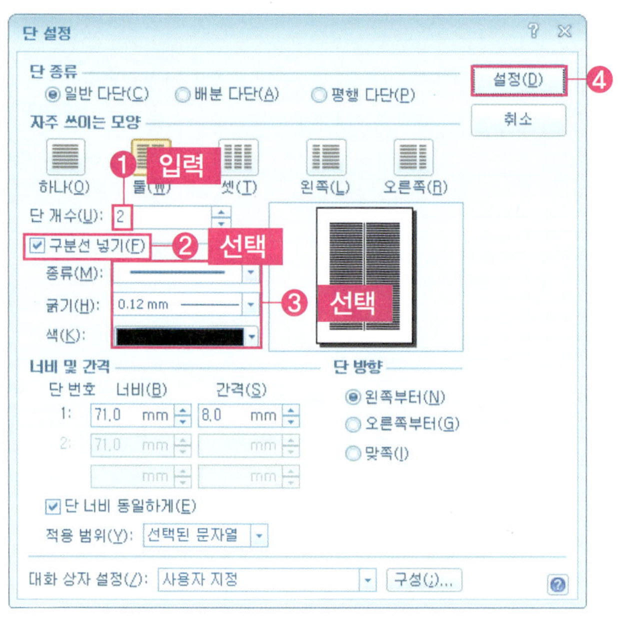

3 다음과 같이 다단이 설정됩니다.

01 다음과 같이 '활동 및 볼거리' 앞에 책갈피를 넣은 후 책갈피가 넣어져 있는 위치로 커서가 곧바로 이동되는지 확인해 보세요.

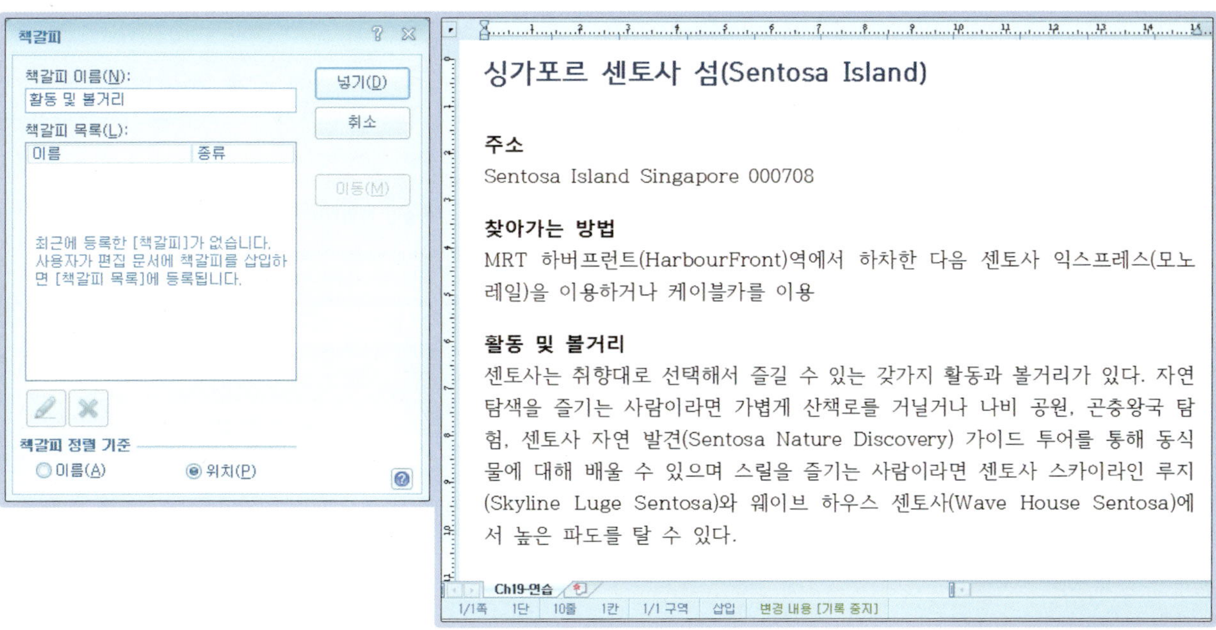

02 다음과 같이 다단을 설정해 보세요.

- **단의 개수** : 3
- **구분선 넣기** : 구분선 종류(····[점선]), 굵기(0.12mm), 색(검정)

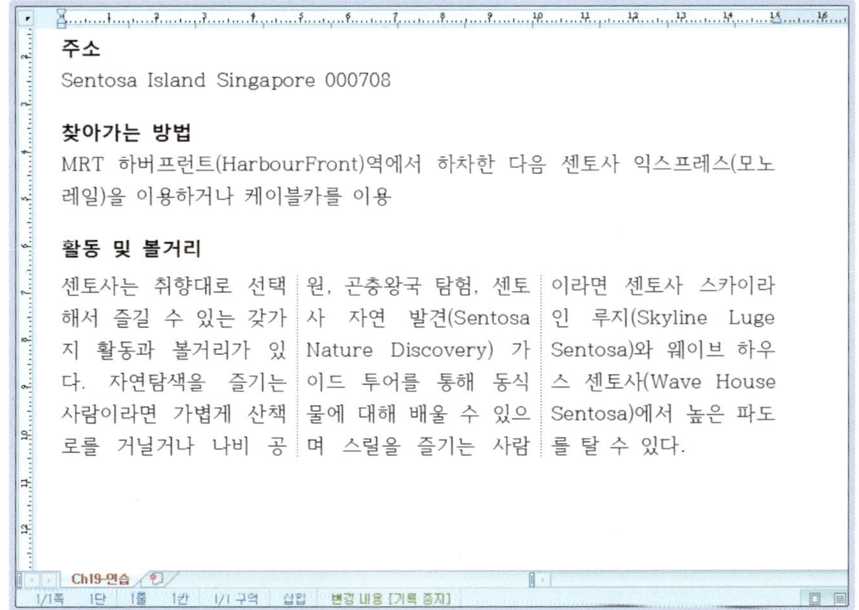

10번째 문단을 블록으로 설정한 후 [쪽] 탭의 · [목록] 단추를 클릭한 다음 [다단 설정]을 클릭하면 다단을 설정할 수 있습니다.

Chapter 20 메일 머지 사용하기

메일 머지는 초대장이나 안내장 등과 같이 내용은 같지만 받는 사람이 다른 문서를 한 번에 작성할 수 있는 기능입니다.
그럼, 메일 머지를 사용하는 방법에 대해 알아보겠습니다.

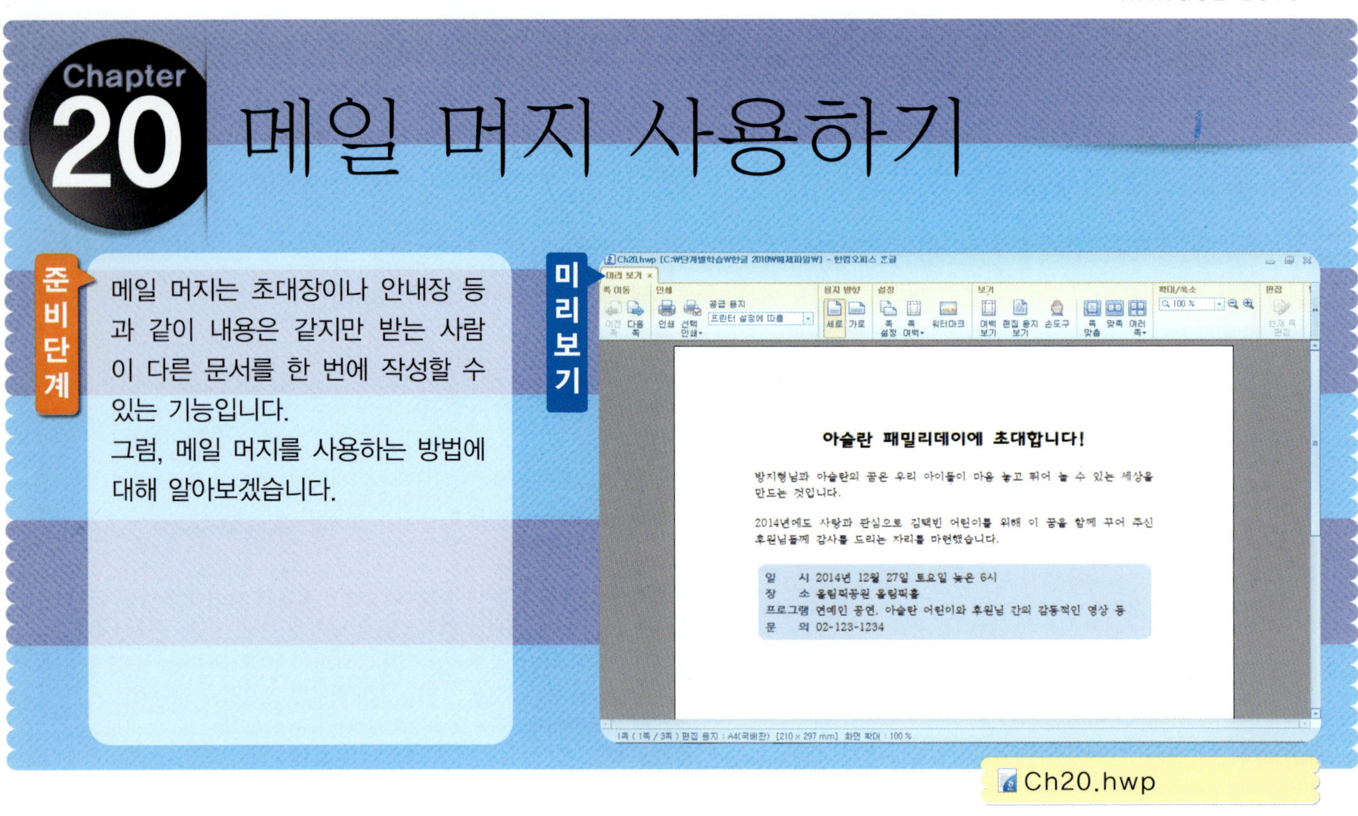

Ch20.hwp

기초단계 01 초대장에 메일 머지 표시 달고 메일 머지 자료 만들기

1 초대장에 메일 머지 표시를 달기 위해 '님과' 앞에 커서를 둔 후 [도구] 탭–[메일 머지] 그룹에서 [표시 달기]를 클릭합니다.

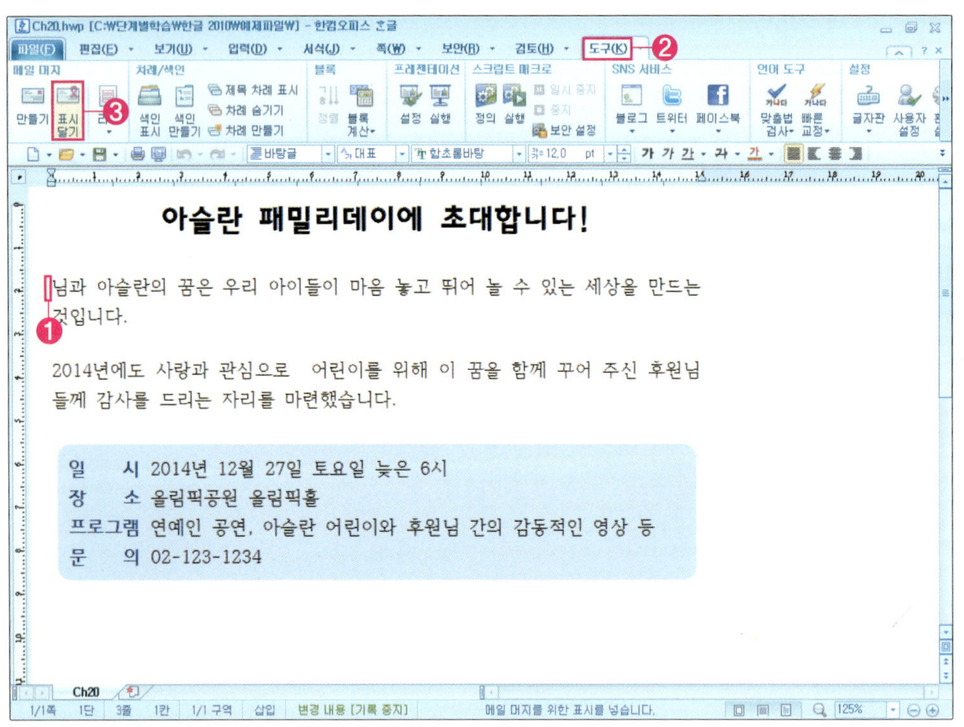

한마디 더!

'님과' 앞에 커서를 둔 후 [도구] 탭의 ▾ [목록] 단추를 클릭한 다음 [메일 머지]–[메일 머지 표시 달기]를 클릭하거나 Ctrl + K , M 을 눌러 메일 머지 표시를 달수도 있습니다.

2 [메일 머지 표시 달기] 대화상자가 나타나면 [필드 만들기] 탭에서 **필드 번호(1)를 입력**한 후 **[넣기] 단추를 클릭**합니다.

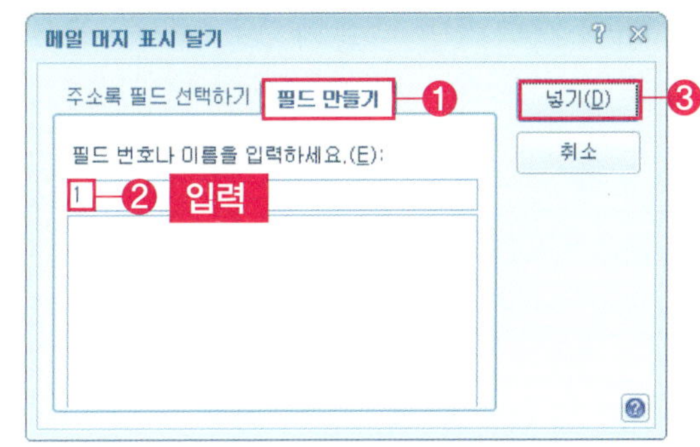

3 같은 방법으로 **다음과 같이 '어린이를' 앞에 메일 머지 표시를 답니다.**

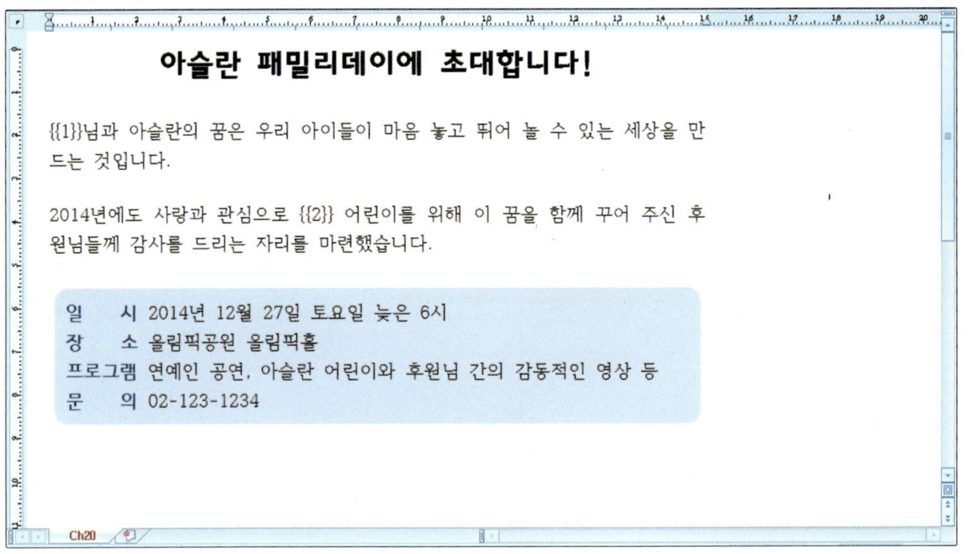

4 메일 머지 자료를 만들기 위해 **[파일] 탭-[새 문서]-[새 탭]을 클릭**합니다.

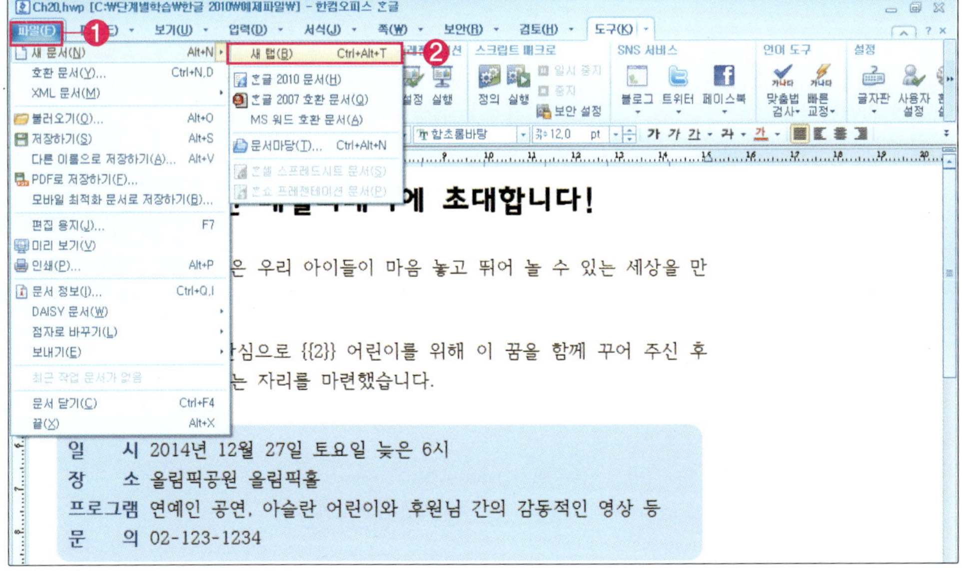

5 새 문서가 새 문서 탭에 나타나면 **다음과 같이 내용을 입력**합니다.

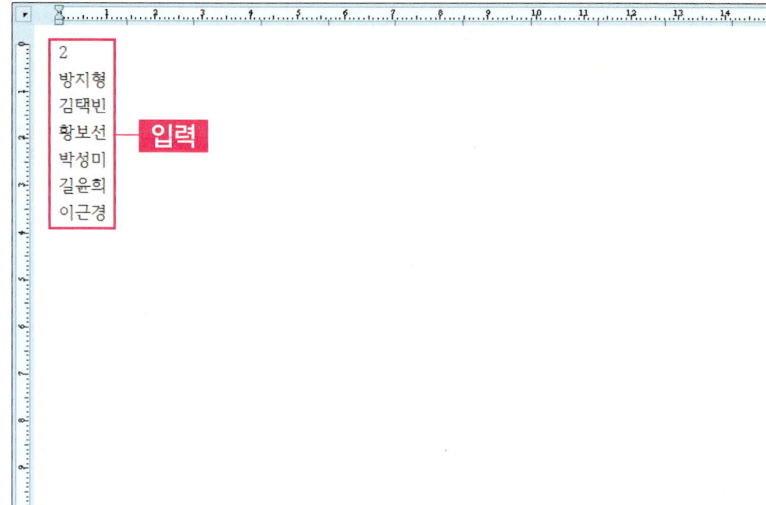

1줄에는 필드의 개수를 입력합니다.

6 메일 머지 자료를 저장하기 위해 [파일] 탭-[저장하기]를 클릭합니다.

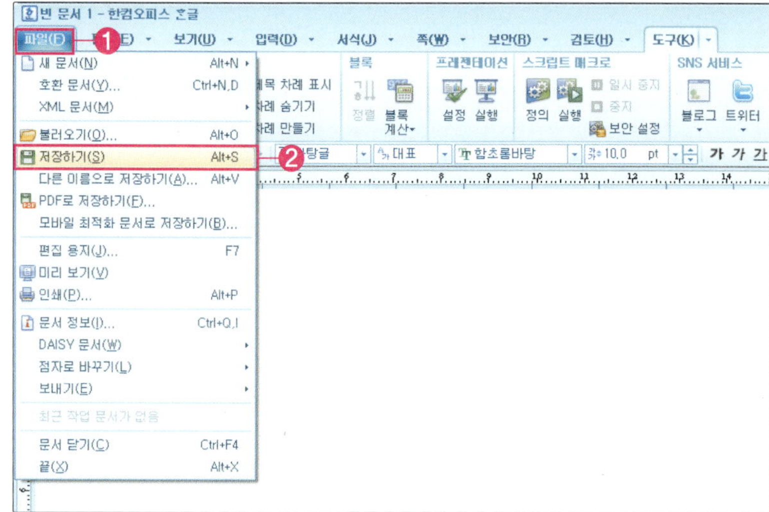

7 [다른 이름으로 저장하기] 대화상자가 나타나면 **저장 위치(내 문서)를 지정**한 후 **파일 이름(패밀리데이 자료)을 입력**한 다음 [저장] 단추를 클릭합니다.

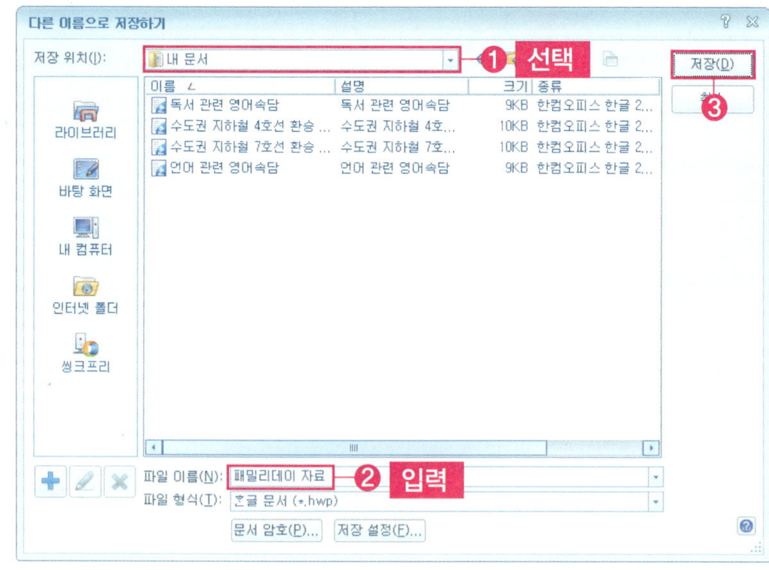

8 메일 머지 자료가 저장됩니다.

1 메일 머지를 만들기 위해 문서 탭에서 [Ch20] 탭을 선택한 후 [도구] 탭–[메일 머지] 그룹에서 [만들기]를 클릭합니다.

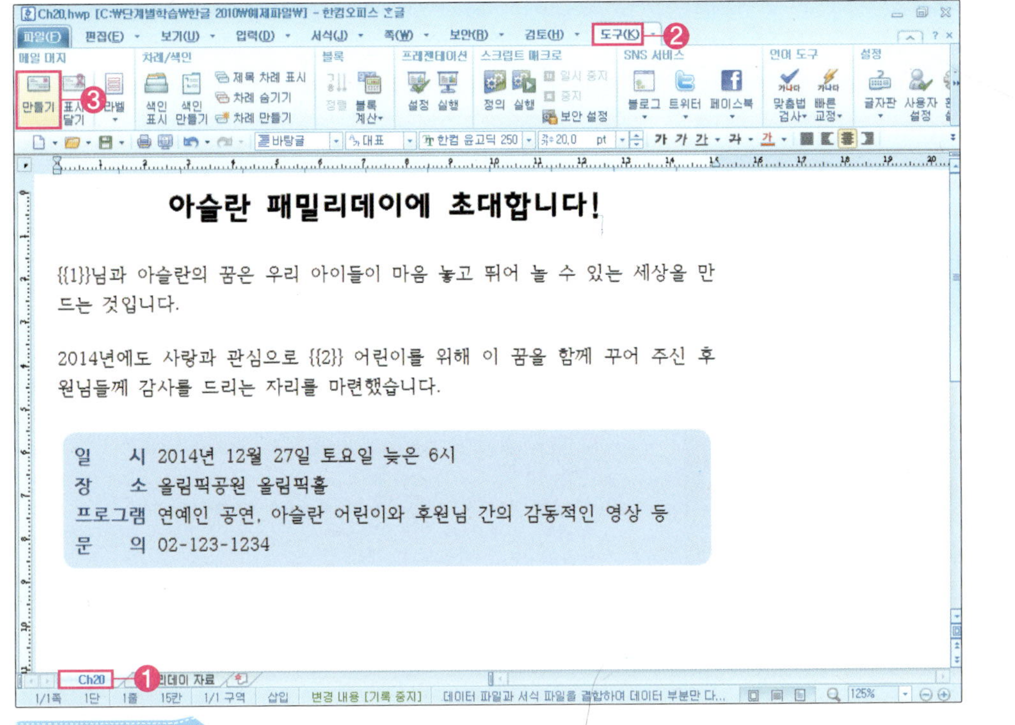

한마디 더!
- 문서 탭이 표시되어 있지 않은 경우에는 [보기] 탭–[문서 창] 그룹에서 [문서 탭]을 선택합니다.
- [도구] 탭의 · [목록] 단추를 클릭한 후 [메일 머지]–[메일 머지 만들기]를 클릭하거나 Alt+M을 눌러 메일 머지를 만들 수도 있습니다.

2 [메일 머지 만들기] 대화상자가 나타나면 자료 종류(흔글 파일)를 선택한 후 [파일 선택]을 클릭합니다.

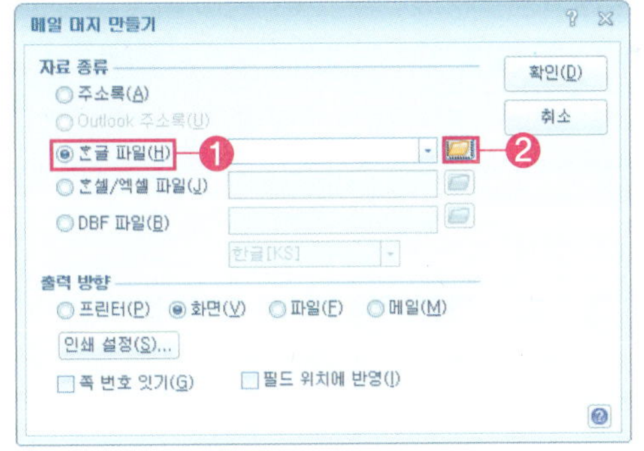

3 [흔글 파일 불러오기] 대화상자가 나타나면 찾는 위치(내 문서)를 지정한 후 파일(패밀리데이 자료)을 선택한 다음 [열기] 단추를 클릭합니다.

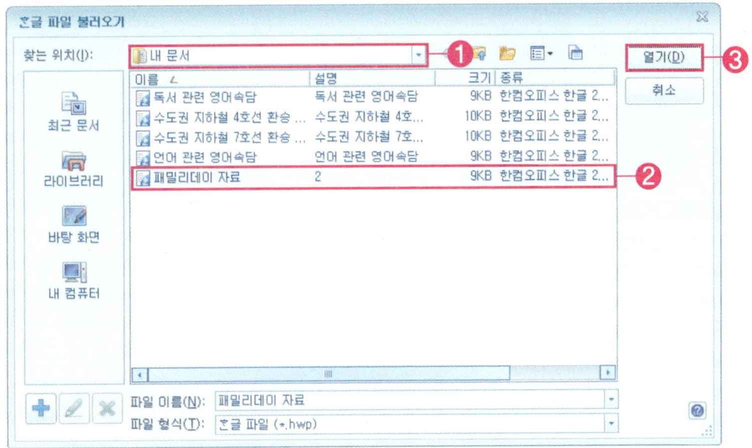

4 [메일 머지 만들기] 대화상자가 다시 나타나면 **출력 방향(화면)을 선택**한 후 [확인] 단추를 클릭합니다.

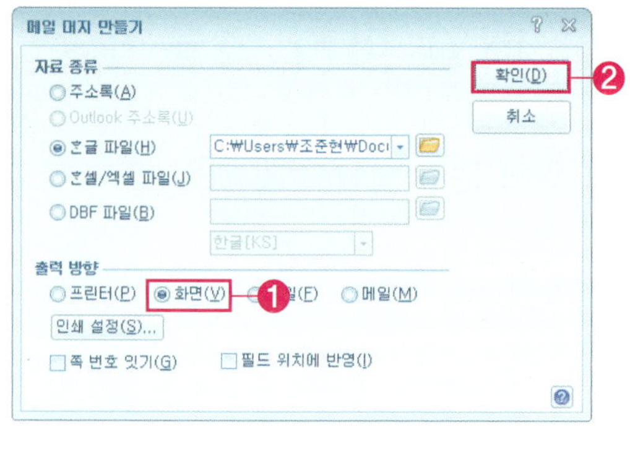

한마디 더!

메일 머지 결과를 인쇄하려면 출력 방향을 '프린터'로 선택하면 됩니다.

5 다음과 같이 미리 보기 화면에서 메일 머지 결과를 확인할 수 있습니다.

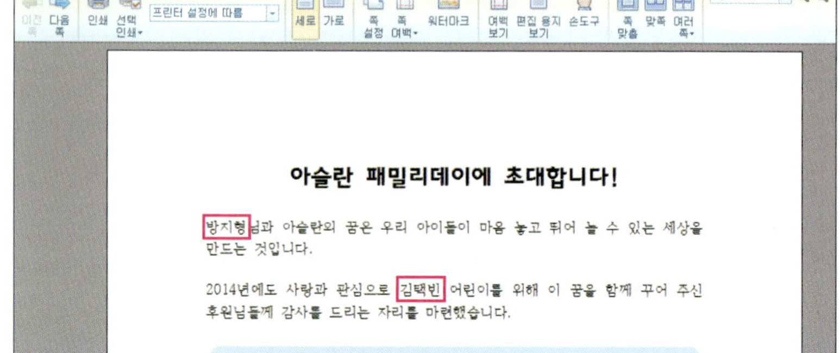

한마디 더!

미리 보기 화면을 클릭하면 화면 확대 비율이 '100%'로 조정되고 다시 클릭하면 '쪽 맞춤'으로 조정됩니다. 현재 화면은 메일 머지 결과를 확인하기 위해 미리 보기 화면을 클릭하여 화면 확대 비율을 '100%'로 조정한 화면입니다.

알고 넘어갑시다

● 메일 머지 결과 확인하기

[미리 보기] 탭-[쪽 이동] 그룹에서 [다음 쪽]을 클릭하면 다음 쪽을 확인할 수 있습니다. 2쪽을 확인하면 2번째 후원자와 어린이가, 3쪽을 확인하면 3번째 후원자와 어린이가 입력되어 있는 것을 확인할 수 있습니다.

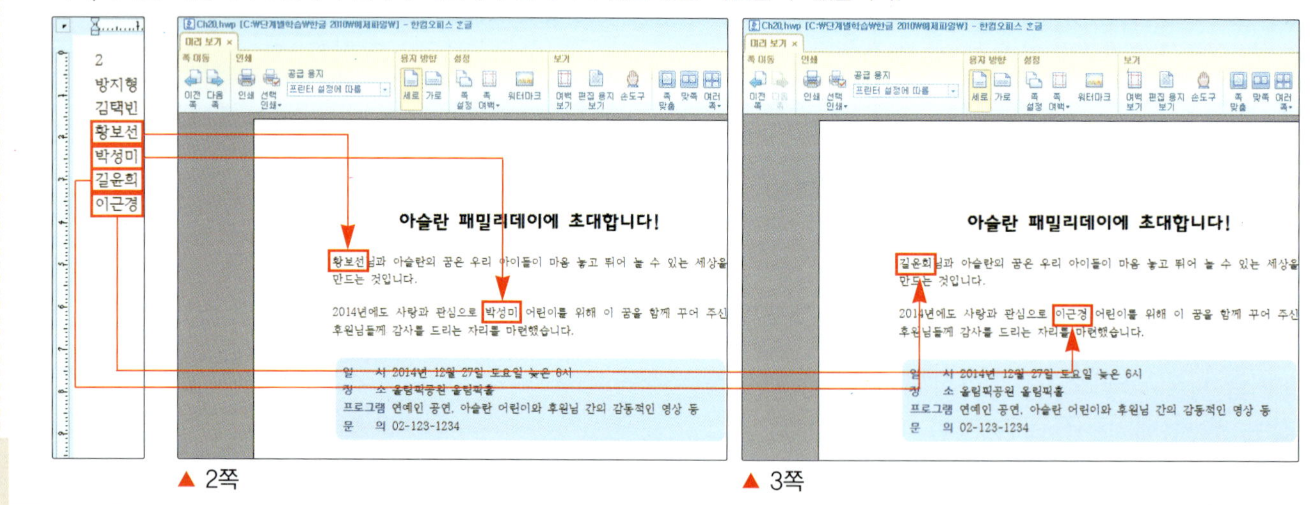

▲ 2쪽   ▲ 3쪽

01 다음과 같이 초대장의 '님,' 앞에 메일 머지 표시를 단 후 메일 머지 자료를 만들어 보세요.

- **저장 위치** : 내 문서
- **파일 이름** : 초청인

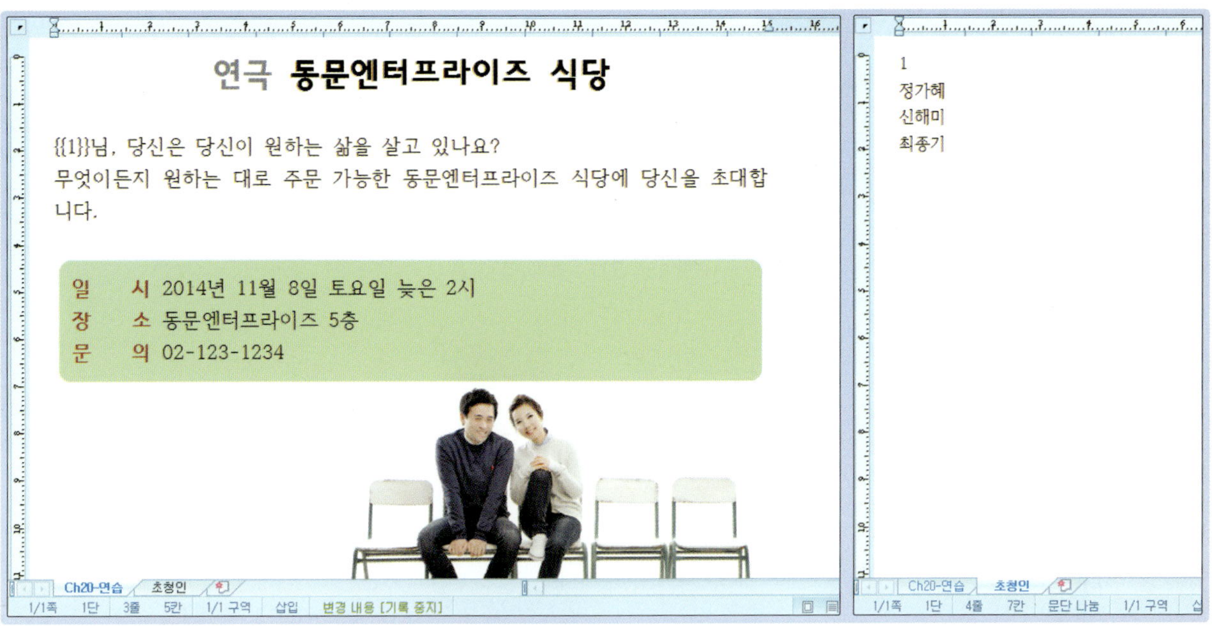

02 다음과 같이 메일 머지를 만든 후 미리 보기 화면에서 메일 머지 결과를 확인해 보세요.

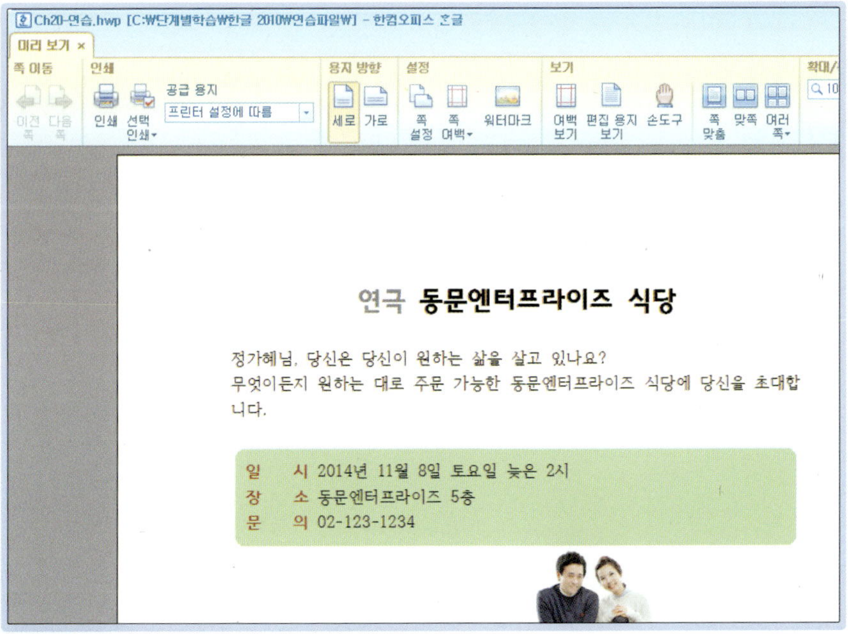

힌트

[메일 머지 만들기] 대화상자에서 출력 방향을 '화면'으로 선택하면 미리 보기 화면에서 메일 머지 결과를 확인할 수 있습니다.

◆ 수식 입력하기

수학이나 과학과 관련된 문서를 작성하다 보면 수식을 입력해야 하는 경우가 있습니다. 한글에서는 수식 편집기를 사용하면 수식을 쉽고 빠르게 입력할 수 있습니다.

그럼, 수식을 입력하는 방법에 대해 알아보겠습니다.

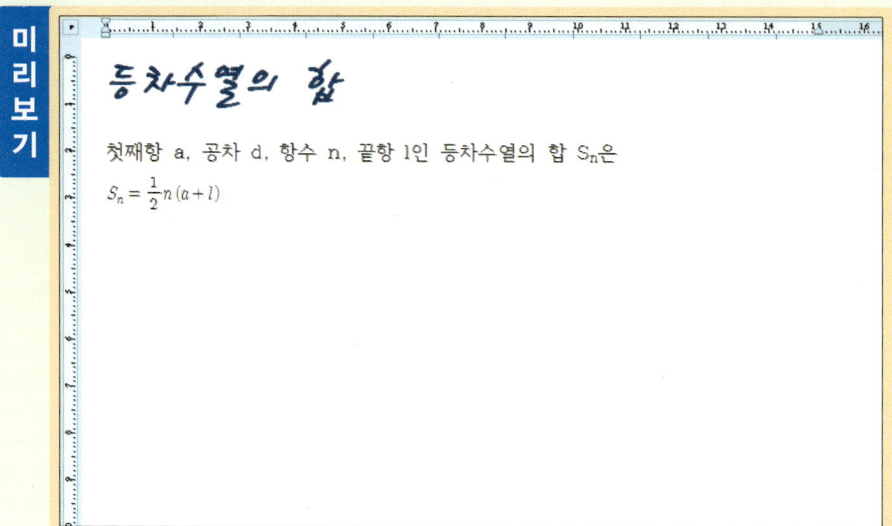

Sp02.hwp

01 수식을 입력하기 위해 **3줄에 커서를 둔 후** [입력] 탭-[개체] 그룹에서 [수식]을 **클릭**합니다.

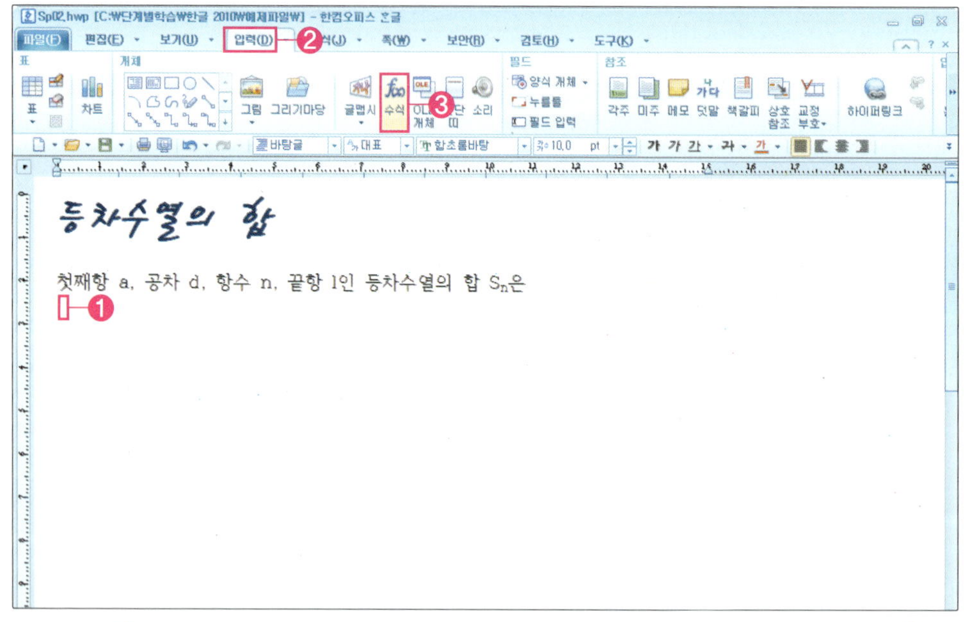

한마디 더!

[입력] 탭의 · [목록] 단추를 클릭한 후 [개체]-[수식]을 클릭하거나 Ctrl+N, M 을 눌러 수식을 입력할 수도 있습니다.

02 [수식 편집기]가 나타나면 ‘S’를 입력한 후 A␣[아래첨자]를 클릭합니다.

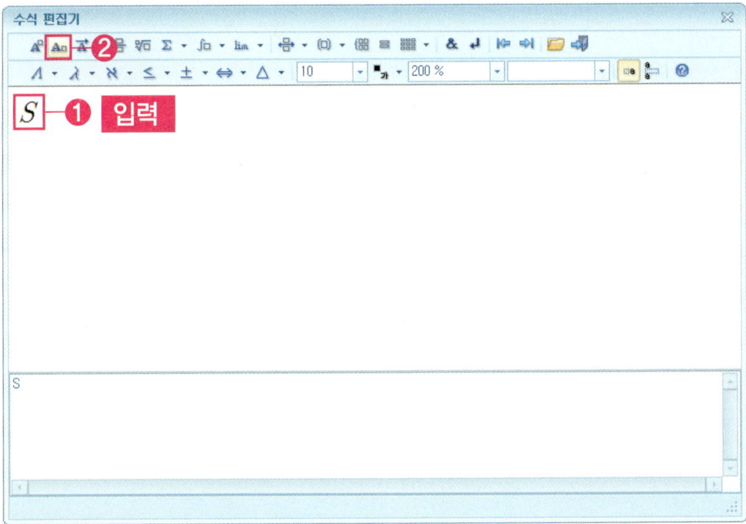

03 아래첨자가 나타나면 ‘n’을 입력한 후 ⇥[다음 항목]을 클릭합니다.

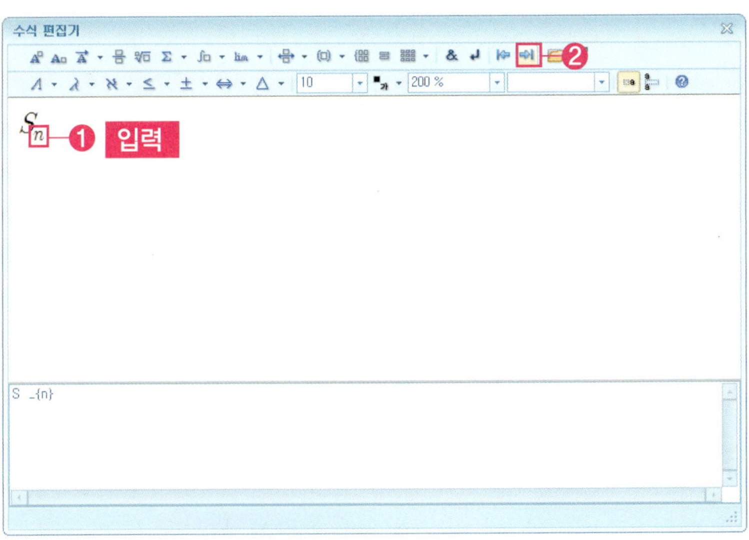

한마디 더!

⇥[다음 항목]을 클릭하거나 →를 누르면 다음 항목을 선택할 수 있습니다.

04 ‘=’를 입력한 후 ⊟[분수]를 클릭합니다.

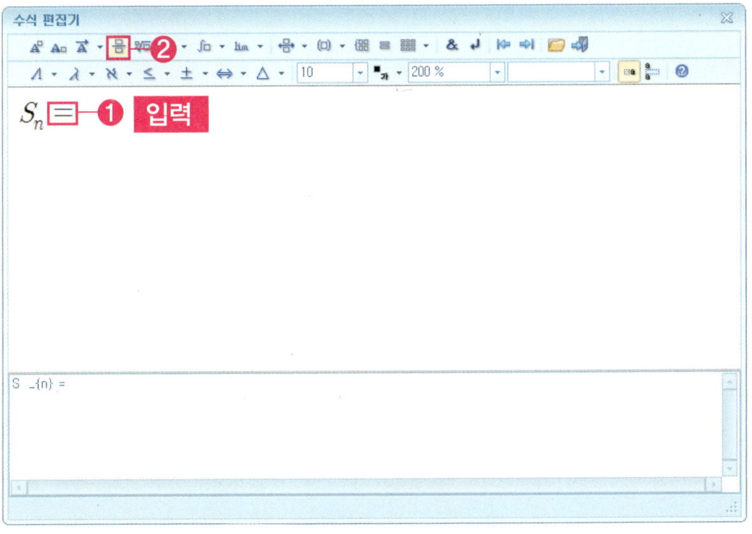

05 분수가 나타나면 '1'을 입력한 후 ▶[다음 항목]을 클릭합니다. 그런 다음 '2'를 입력한 후 ▶[다음 항목]을 클릭합니다.

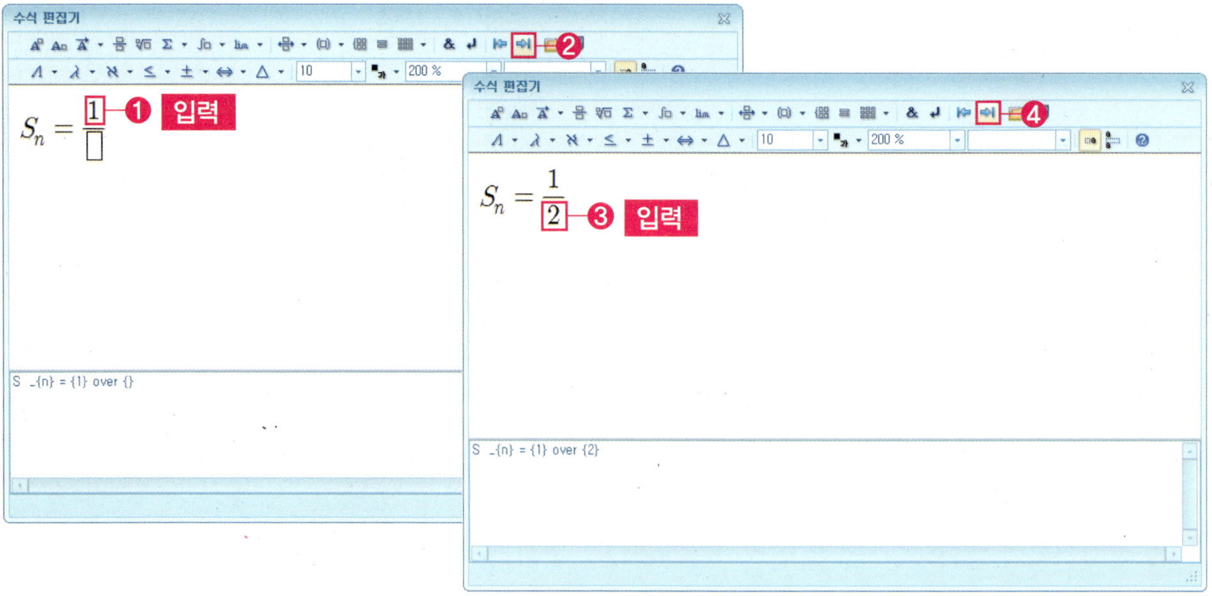

06 'n(a+l)'을 입력한 후 수식을 문서에 넣기 위해 ▶[넣기]를 클릭합니다.

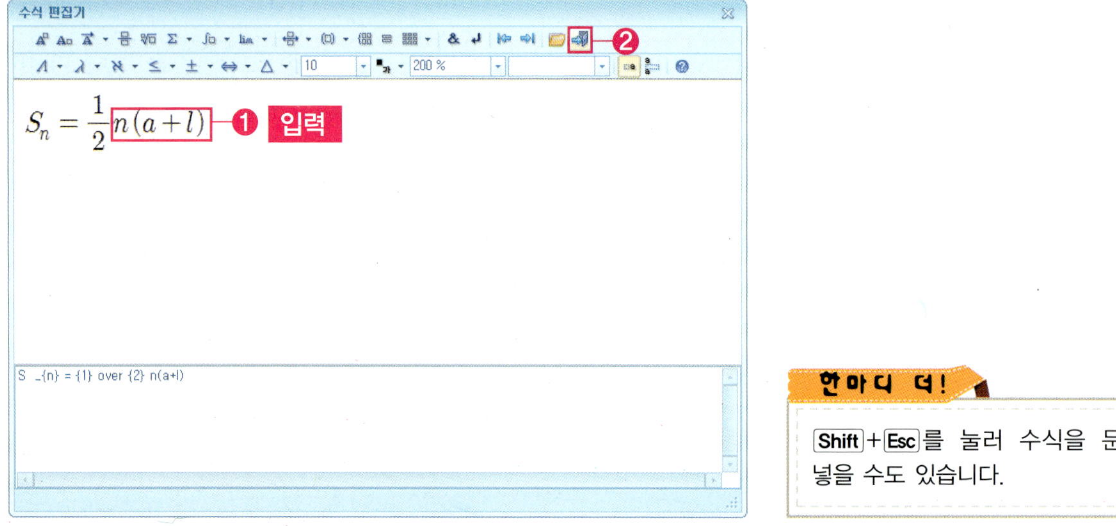

한마디 더!

Shift + Esc 를 눌러 수식을 문서에 넣을 수도 있습니다.

07 다음과 같이 수식이 입력됩니다.

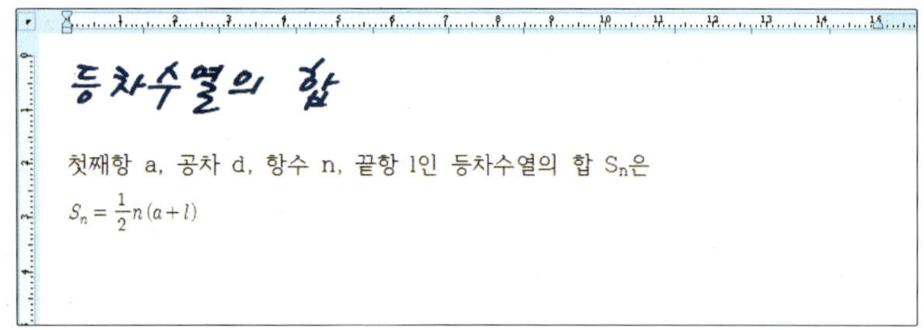

한마디 더!

수식을 더블클릭하면 수식을 수정할 수 있습니다.